Die peruanische Bildungsreform von 1972
und die berufliche Bildung für die Industrie

T0326587

# ÜBERGÄNGE

## Pädagogik in der Dritten Welt

Herausgegeben von
Prof. Dr. Ernest Jouhy und Prof. Dr. Günther Böhme

Reihe B: MONOGRAPHIEN

BAND 1

Verlag Peter D. Lang
Frankfurt a.M • Bern • Cirencester/U.K.

Willi Maslankowski

# Die peruanische Bildungsreform von 1972 und die berufliche Bildung für die Industrie

Unter besonderer Berücksichtigung der Lehrlingsausbildung

Verlag Peter D. Lang
Frankfurt a.M • Bern • Cirencester/U.K.

CIP-Kurztitelaufnahme der Deutschen Bibliothek

**Maslankowski, Willi**

Die peruanische Bildungsreform von 1972 [neun=
zehnhundertzweiundsiebzig] und die berufliche
Bildung für die Industrie : unter bes. Berücks.
d. Lehrlingsausbildung / Willi Maslankowski. -
Frankfurt a.M., Bern, Cirencester/U.K. : Lang,
1980.
   (Übergänge : Reihe B, Monographien ; Bd. 1)
   ISBN 3-8204-6037-3

D 30
ISBN 3-8204-6037-3
© Verlag Peter D. Lang GmbH, Frankfurt am Main 1980
Druck: fotokop Wilhelm Weihert KG, Darmstadt

"La educación en un país subdesarrollado es
la energía atómica de la modernización: puede
cambiarlo todo porque su potencialidad es
enorme."


"Die Bildung ist für ein unterentwickeltes Land
die Atomenergie der Modernisierung. Sie kann
alles ändern, weil ihre Möglichkeiten enorm
sind."


Fernando Romero

## Vorwort

Die Arbeit von Willi Maslankowski über einen Sektor der
peruanischen Bildungsreform gehört zu den Untersuchungen,
die im Umkreis der an der Frankfurter Universität etablierten Studienrichtung "Pädagogik in der Dritten Welt" entstehen. Sie trägt in diesem Zusammenhang dazu bei, der
europäischen Erziehungswissenschaft ein Feld zu erschließen,
dessen Vernachlässigung angesichts weltweiter Verflechtungen
und entsprechender pädagogischer Implikationen nicht trag-
bar ist. Das erziehungswissenschaftliche Interesse richtet
sich dabei nicht nur auf die Vermittlung der Fakten und des
bereits institutionell Etablierten, sondern in eminentem
Maße auf den spezifischen Anteil, den Pädagogik als Sozial-
und Handlungswissenschaft bei der genuinen Förderung von
Entwicklungsländern leisten kann. Dabei vermag die Arbeit
Maslankowskis besondere Aufmerksamkeit deshalb zu bean-
spruchen, weil sie den berufspädagogischen Sektor gerade
eines Landes zur Darstellung bringt, dessen bildungspolitische Initiativen - zumindest von ihrem umfassenden
Anspruch her - weithin als mustergültig verstanden werden
für den Versuch, ein geschlossenes Bildungssystem aus den
spezifischen Interessen und historischen Bedingungen eines
Landes heraus zu gestalten.

Maslankowski hat an den vorbereitenden Arbeiten im Lande
selbst intensiv mitgewirkt und kann für den Bereich der
beruflichen Bildung in Industrie und Handwerk die Autorität
des Fachmannes für sich in Anspruch nehmen. Die vorliegende
Arbeit ist von entsprechender wertvoller Detailkenntnis
geprägt. Sie hat den Vorzug einer nüchternen Sachlichkeit
für sich, die es sich zwar verwehren muß, den politischen
wie den weltanschaulichen Hintergründen und Triebkräften
im einzelnen nachzugehen, die aber umso deutlicher die
Konstruktion berufsbildender Maßnahmen und ihrer Organisation nachzugehen ermöglicht. Dadurch treten die Schritte,
die auf dem Wege der Planungen, Verordnungen, Gesetzgebung
in Richtung einer bildungspolitischen Institutionalisierung

zu tun sind, scharf hervor. Das wiederum mag erleichtern,
sie zum Maßstab möglicher ähnlicher Maßnahmen in vergleichbaren Ländern zu machen.

So dürfte der Nutzen dieser Arbeit doppelter Art sein:
einmal beinahe minutiös über die Regelungen beruflicher
Bildung in der Industrie zu informieren (wobei die zahlreichen Beilagen und Statistiken zu Ökonomie, Industrie,
Bevölkerung besondere Hilfen bieten werden), zum anderen
Voraussetzungen für vergleichende Studien zu schaffen, die
das Wissen um pädagogische Möglichkeiten und Aufgaben in
Ländern der Dritten Welt substantiell zu bereichern. Der-
gestalt wird sowohl die Neugier des Erziehungswissenschaft-
lers als die des Bildungspolitikers befriedigt.


Günther Böhme

DIE PERUANISCHE BILDUNGSREFORM VON 1972

UND DIE BERUFLICHE BILDUNG FÜR DIE INDUSTRIE

unter besonderer Berücksichtigung der Lehrlingsausbildung

## Inhaltsverzeichnis

## 0 Vorbemerkung

Die Anregung zu dieser Arbeit entstand am Rande der
Tätigkeit des Verfassers, für die Internationale Arbeitsorganisation (IAO) in Peru Programme der beruflichen Bildung
für die Industrie zu evaluieren. Nach mehreren Gesprächen in
Peru und beim Interamerikanischen Forschungs- und Publikations-
zentrum (CINTERFOR) in Montevideo/Uruguay sowie nach brief-
lichem Gedankenaustausch mit Berufsbildungsfachleuten in der
Bundesrepublik Deutschland kam der Entschluß zur Realisierung
dieser Untersuchung zustande.

Zunächst bestand die Absicht, die Arbeit mit geringfügig
abweichender Zielsetzung an der Universidad Nacional Mayor
de San Marcos in Lima durchzuführen. In Lima hätten sich
vermutlich die Quellen einfacher beschaffen lassen; auf
jeden Fall aber wäre das Problem der Übersetzung dieses
Materials in die deutsche Sprache gegenstandslos gewesen.
Die Initiativgespräche mit Frau Fina Castro und Herrn
Prof. Dr. Solari mußten leider frühzeitig abgebrochen werden,
nachdem sich herausgestellt hatte, daß Promotionsvorhaben zum
damaligen Zeitpunkt aus rechtlichen Gründen in Peru nicht
möglich waren. Der Generalsekretär der Universität,
Prof. Dr. Tarazona Camacho, empfahl, die vor dem Abschluß
stehenden neuen rechtlichen Regelungen für das Promotions-
verfahren abzuwarten. Das war jedoch wegen des zeitlich
begrenzten Aufenthaltes des Verfassers in Peru nicht möglich.

Nach Rückkehr in die Bundesrepublik Deutschland ergab sich
ein Kontakt mit Herrn Prof. Dr. Böhme und Herrn Prof. Dr. Jouhy
von der Johann-Wolfgang-Goethe-Universität, Frankfurt am Main,
die auf Grund ihrer Initiativen auf dem Gebiet der Pädagogik
in der Dritten Welt Interesse für das Vorhaben zeigten.

# 1 Einleitung

## 1.1 Ausgangslage der Untersuchung

Nach den insgesamt etwa 6jährigen Erfahrungen des Verfassers
innerhalb der Berufsbildung Lateinamerikas ist es in Gesprächen mit zahlreichen Berufsbildungsfachleuten aus nicht-
lateinamerikanischen Ländern immer wieder deutlich geworden,
daß die dort in vielen Ländern bestehenden rechtlichen Grundlagen zur Berufsbildung kaum beachtet werden. Das hat verschiedene Gründe. Oftmals ist insbesondere überhaupt nicht
bekannt, daß solche unabdingbaren Voraussetzungen vorliegen,
die es erlauben, bestimmte Aufgaben in Ländern der Dritten
Welt (1) zielstrebig und einheitlich anzugehen. In einigen
Fällen war auch eine gewisse Skepsis gegenüber den bekannten
bestehenden Vorschriften festzustellen.

Es fällt auch auf, daß deutsche berufspädagogische und
erziehungswissenschaftliche Fachzeitschriften über internationale Fragen der beruflichen Bildung, wenn überhaupt, dann
nur in lakonischen Kurzberichten, gewissermaßen am Rande
berichten. Eine internationale wissenschaftliche Diskussion
berufspädagogischer Probleme, die wenigstens andeutungsweise
einen Vergleich mit den anderen Wissenschaften wie etwa der
Medizin oder Physik oder mit der Technologie aushalten könnte,
ist auch ansatzweise nicht feststellbar. Ebenso ist wenig zu
erfahren über eine Beteiligung deutscher Forschungsgruppen an
internationalen Projekten, die auf die Ebene der internationalen
Kooperation vorstoßen (2).

Dem Verfasser ist während eines kurzen dienstlichen Aufenthaltes bei CINTERFOR in Montevideo eine konkrete Projektidee
für eine solche Kooperation zwischen den Ländern Lateinamerikas und der Bundesrepublik Deutschland unterbreitet
worden. Es ist bezeichnend, daß ein solcher Vorstoß aus der
Dritten Welt selber erfolgte.

Ähnliche Untersuchungen wie die vorliegende sind in der
Bundesrepublik Deutschland in entsprechenden Verzeichnissen
nicht aufgeführt (3).

Vor diesem Hintergrund wirkt es wie die längst überfällige
Beantwortung einer Frage, wenn man erfährt, daß an der
Johann-Wolfgang-Goethe-Universität, Frankfurt am Main, im
Fachbereich Erziehungswissenschaften die Studienrichtung
"Pädagogik in der Dritten Welt" eingerichtet worden ist.
Diese Studienrichtung gestaltet ihren Lehrbetrieb im Rahmen
interdisziplinärer Zusammenarbeit mit anderen Fachbereichen
und Instituten (4). Dieser, im Endeffekt die gesamte Pädagogik
umfassende Versuch, den vorstehend dargelegten defizitären
Kenntnis- und Kooperationsstand, der sich ja keineswegs auf
Fragen der Berufsbildung beschränkt, abzubauen, geht von der
Überzeugung der beteiligten Erziehungswissenschaftler aus, daß
dies ein bislang weithin vernachlässigter Auftrag der Pädagogik
zur Lösung von Problemen ist, die sich aus der Verflechtung
der Dritten Welt mit all jenen Nationen ergeben, die sich um
eine angemessene Form der Übertragung ihres Wissens und ihrer
Technik im Rahmen dessen, was recht pauschal und ungenau Entwicklungshilfe genannt wird, wenig sorgen. Das bedeutet nach
ihrer Auffassung, daß noch eine umfangreiche Forschungsarbeit
zu leisten ist, wenn die umrißhaft sich abzeichnenden pädagogischen Bedürfnisse und die Integration pädagogischen Wissens
in Maßnahmen, die der Dritten Welt gelten, konkrete Gestalt
gewinnen sollen (5).

Die vorliegende Untersuchung will hierzu einen Beitrag
leisten. Daß an ihrem Anfang Handlungs- und Feldforschung,
also die Untersuchung der pädagogischen Wirklichkeit in
der aktiven Auseinandersetzung mit den gegenwärtigen Bedingungen, gestanden hat, kommt dem Ansatz Jouhys entgegen, wenn
dieser fordert, daß Forschung in der Dritten Welt aus den
universitären Zentren heraus und hinein in die soziale und
kulturelle, konfliktuelle Wirklichkeit verlegt wird und

im wahrsten Sinne "vor Ort" geschehen muß (6). Für die
kritische Würdigung der Untersuchung wird es
wichtig sein, wie weit die Ergebnisse auch eine Bedeutung
für die Pädagogik in der Dritten Welt haben, die nach Böhme
einen erst noch zu gewinnenden Beitrag zur Pädagogik selbst
darstellt (7).

## 1.2 Untersuchungsziele

### 1.2.1 Allgemeine Zielsetzung

Aus dem Thema der Untersuchung geht hervor, daß sich die
generelle Zielsetzung auf die peruanische Bildungsreform
von 1972 richtet. Im wesentlichen sollen dabei folgende
Fragen beantwortet werden: Wodurch ist die peruanische
Bildungsreform ausgelöst worden, woraus besteht sie und
wie weit ist sie realisiert? Aus der alle Bereiche des
Bildungs- und Beschäftigungssystems durchdringenden Reform
wird die Lehrlingsausbildung für die Industrie (8) besonders
herausgestellt. Die Konzentration auf die industrielle
Lehrlingsausbildung bedeutet freilich nicht, daß von den
übrigen Bereichen überhaupt nicht die Rede sein wird. In dem
Bereich der industriellen Lehrlingsausbildung jedoch hat der
Verfasser in Peru zeitweise unmittelbar daran mitgewirkt,
die Reformziele zu verfeinern und sie insgesamt in die
Praxis umsetzbar zu machen. Die Untersuchung mit Hilfe dieser
"Feinstruktur" auf andere Bereiche auszudehnen, was sicher
gewinnbringend für die Pädagogik in der Dritten Welt wäre,
würde freilich den Rahmen einer Einzeluntersuchung weit
überschreiten. Es ist auch wichtig zu wissen, daß die Lehrlingsausbildung für die Industrie mit Abstand der am besten
entwickelte Bereich innerhalb der gesamten beruflichen Bildung Perus überhaupt ist und daß sich schon deshalb dieser
Bereich besonders für eine Untersuchung eignet.

Vielleicht gibt diese Untersuchung den Anstoß dazu, daß sich
andere Arbeiten anschließen. So wären z.B. die Lehrlingsausbildung in den anderen Wirtschaftssektoren, insbesondere der

Landwirtschaft, darzustellen und innerhalb der gesamten
beruflichen Bildung die Maßnahmen für die Erwachsenen. Um
das gesamte, theoretisch mögliche, Untersuchungsfeld abzu-
grenzen, sei erwähnt, daß es außer der Berufsbildung innerhalb der Gesamtreform auch die Vorschul-,Grundschul- und höhere
Bildung zu untersuchen gäbe. Ebenso lohnend dürfte jedoch auch
sein, zu sehen, wie die Reform die Bildungsforschung, die
Bildungstechnologie, die Lehrerbildung oder die Bildungsfinanzierung geregelt sehen will.

Mit einer solchen "Gesamtschau" stünde ein beispiel-
haftes Untersuchungsergebnis der Bildungsreform eines Dritt-
weltlandes zur Verfügung. Dem Verfasser ist kein anderes
lateinamerikanisches Land bekannt, in dem eine Bildungsreform
so konsequent und harmonisch aufeinander abgestimmt, kurz
"aus einem Guß" angelegt wurde, wie in Peru. "Es ist ein
Konzept, das jeden Bildungspolitiker der Bundesrepublik
Deutschland, der jahraus jahrein millimeterweise um bildungspolitischen Fortschritt kämpft, mit Staunen und Respekt erfüllt. Es kann als 'Magna Charta' einer fortschrittlichen,
demokratischen und humanistischen Bildungspolitik eines
Entwicklungslandes (und nicht nur für ein solches) bezeichnet
werden" (9). "Es wäre das Traumziel jedes fortschrittlichen
Bildungspolitikers in unserem Land, an der Konzeption und an
der Realisierung eines solchen Gesetzeswerkes mitzuwirken" (10).

## 1.2.2 Besondere Fragestellungen und Abgrenzungen

Von der bereits dargelegten allgemeinen Zielsetzung ausgehend,
lassen sich die speziellen Untersuchungsziele im einzelnen wie
folgt darstellen:

- Es soll die berufliche Bildung für die Industrie im Rahmen
  der peruanischen Bildungsreform von 1972 untersucht und
  dargestellt werden. Dabei sind u.a. die Fragen, welche
  Faktoren die Bildungsreform ausgelöst haben und worin diese
  besteht, zu beantworten. Für diesen Fragenkreis kann nicht
  darauf verzichtet werden, den sozio-ökonomischen Hintergrund
  Perus zu erhellen. Erst durch dessen Kenntnis kann die Reform
  insgesamt bewertet werden.

- Am Beispiel der beruflichen Bildung für die Industrie sollen
die bisherigen Auswirkungen der Reform gezeigt werden. Dafür
ist es notwendig, die industrielle Berufsbildung, wie sie
bis zur Bildungsreform schon bestanden hat, zu untersuchen
und darzustellen. Auf diese Weise wird besonders deutlich,
daß die Reform in diesem Bereich nicht auf ein Vakuum ge-
stoßen ist, das es nur noch auszufüllen gilt. Vielmehr ist
hierbei zu sehen, daß bereits Bestehendes harmonisch weiterentwickelt und mit den neuen Regelungen der Reform in Übereinstimmung gebracht werden mußte.

- Die Frage, wie weit die Reform bislang realisiert worden
ist, läßt sich am Beispiel der beruflichen Bildung für die
Industrie besonders deutlich bei den curricularen Auswirkungen auf die Lehrlingsausbildung zeigen. Deshalb soll
untersucht werden, ob und zu welchen curricularen Konsequenzen die Reform geführt hat, d.h. welche Ausbildungsinhalte jetzt auf welche Weise festgelegt werden.
- Ein abschließender Zielkomplex führt zu den Fragen, welche
Reformmaßnahmen im Rahmen des engeren Untersuchungsbereiches
weiterhin vorrangig anzugehen sind, welche als erfolgreich,
welche als beispielhaft und welche als unbefriedigend anzusehen sind; ferner ob und welche Bedeutung die gesamte
Reform für die Pädagogik in der Dritten Welt hat. Es soll
auch der Frage nachgegangen werden, worin wesentliche Unterschiede im Vergleich zur Bundesrepublik Deutschland bestehen
und was vielleicht als übernehmenswert empfohlen werden kann.

1.3 Untersuchungsschritte

Die genannten Ziele bestimmen im wesentlichen auch die einzelnen Untersuchungsschritte. Für deren Reihenfolge muß jedoch
außerdem der sich aus der historischen Entwicklung ergebende
Ablauf berücksichtigt werden. Die Untersuchung ist in drei Teile
und acht Abschnitte gegliedert. Der erste Teil gilt den Voraussetzungen und der Vorgeschichte. Im zweiten Teil wird die Bildungsreform und im dritten Teil werden ihre Auswirkungen und
Folgerungen behandelt.

Im Anschluß an den einleitenden ersten Abschnitt, in dem
Ausgang, Ziele, Schritte und Methode der Untersuchung dargelegt sind, sollen mit dem zweiten Abschnitt der Staats-
aufbau und die sozio-ökonomische Situation Perus beschrieben

werden. Dies ist, wie bereits erwähnt, unerläßlich, wenn man die gesamte Reform richtig einschätzen und bewerten will. Die Interaktionen aus Bildungs- und Beschäftigungssystem stellen in vielen Industrieländern derzeit die Polarität dar, aus der im wesentlichen die Diskussionen um Reformen im Bereich der Bildungspolitik gespeist werden. Es dürfte von Interesse sein, ob das auch im Falle Perus geschehen ist oder ob dort weitere oder andere Faktoren ausschlaggebend waren.

Von Bedeutung ist auch die politische Situation, in der Bildungsreformen zustande kommen. Demokratische Gesetzgebungsbedingungen, die für die Bildungsreform in Peru nicht bestanden, sind naturgemäß langwierig und verhindern sogar oftmals den "großen Wurf" einer Reform. Als Beispiel sei hierzu auf das Berufsbildungsgesetz (BBiG) der Bundesrepublik Deutschland von 1969 hingewiesen. Dieses Gesetz ist erst nach mehr als 50jähriger Diskussion zu einem Zeitpunkt zustande gekommen, als nach einem gewissen Abschluß der Erörterungen auch die parlamentarischen Mehrheiten dafür günstig waren. Die an unterschiedlichen Stellen geführte, aber insgesamt nahezu ununterbrochenen Überlegungen   um eine einheitliche und umfassende gesetzliche Regelung der Berufsbildung reichen   bis in das letzte Viertel des 19. Jahrhunderts zurück (11).

Innerhalb des zweiten Abschnittes dieser Arbeit ist auch zu klären, was es bedeutet, ein "Entwicklungsland" zu sein bzw. zur Gruppe der Länder der "Dritten Welt" zu zählen. Dabei soll freilich nicht nach den Ursachen von Unterentwicklung geforscht, sondern es sollen lediglich die entsprechenden Kategorien dargestellt werden, um Kriterien für die peruanische Situation zu gewinnen.

Im dritten Abschnitt wird die industrielle Berufsbildung bis zur Bildungsreform im Sinne eines Überblicks dargestellt. Wie noch näher dargelegt wird, kann das aus grundsätzlichen

Erwägungen nicht bedeuten, daß diese Untersuchung exakt mit
dem Jahr 1972 endet. Vielmehr muß sie bis etwa 1974/75 reichen,
dem Zeitpunkt, zu dem die Reformregelun en in der Praxis zu
greifen begonnen haben. Einem kurzen historischen Abriß, der
bis zu den Anfängen zurückreicht, folgt die Darstellung des
eigens für die berufliche Bildung der Industrie geschaffenen
Nationalen Dienstes für Berufsbildung (SENATI), der nicht
zuletzt dank seiner wohlüberlegten und fundierten Finanzierung
einen vergleichsweise beachtlichen Entwicklungsstand erreicht
hatte, als die Bildungsreform in Kraft trat. Zu diesem Entwicklungsstand dürfte jedoch zweifellos auch die internationale
Zusammenarbeit beigetragen haben, die dem SENATI seit seiner
Gründung zuteilgeworden ist. Es mag dahingestellt bleiben, ob
es für Peru besser gewesen wäre, wenn die internationale Hilfe
mehr auf alle vorhandenen Wirtschaftssektoren verteilt worden
wäre, anstatt sie auf den Industriesektor zu konzentrieren.
Vieles spricht dafür, daß die Ausbildung z.B. für die Landwirtschaft hätte favorisiert werden sollen. Dafür spricht allein
schon die Beschäftigungsstruktur des Landes. Andererseits
darf auch nicht verkannt werden, daß ein gut funktionierendes
Modell an einer Stelle als Anstoß für vergleichbare Einrichtungen an anderen Stellen eine große Bedeutung hat.

Mit dem vierten Abschnitt wird die Bedeutung der industriellen
Berufsbildung herausgestellt, die sich besonders auch in der
Existenz der gesetzlichen Grundlagen für die Lehrlingsausbildung zeigt. Sowohl das Gesetz vom 25.9.1973 (Ley de aprendizaje)
als auch die auf seiner Grundlage erlassene Verordnung vom
7.5.1974 (Reglamento de aprendizaje) über die Lehrlingsausbildung regeln bis ins einzelne diesen Teil der beruflichen Bildung für die Industrie. So verständlich und so begrüßenswert
dieses "Vorpreschen" eines Wirtschaftsbereiches mit einer
Ausbildungsform, nämlich der gesamten Lehrlingsausbildung,
auch sein mag, so besteht andererseits auch die Gefahr, daß
die Vielfalt der gesetzlichen Regelungen mit fortschreitender
Zeit unüberschaubar und damit letztlich wirkungslos bleibt.
Reformen dürfen sich nicht im Dickicht von Vorschriften

selbst ersticken! Auf dieses Problem wird ebenso näher
einzugehen sein wie auf die Harmonisierung der bestehenden
gesetzlichen Regelungen für den industriellen Sektor mit
denjenigen der Bildungsreform.

Der fünfte Abschnitt setzt sich mit der eigentlichen, besser
gesagt der allgemeinen Bildungsreform auseinander. Im Titel
der Untersuchung ist dafür die Jahreszahl 1972 genannt. Bei
dieser Jahreszahl, die der Inkraftsetzung des Bildungsgesetzes
entspricht, handelt es sich insofern um ein "gewähltes" Datum,
als Reformen schließlich nicht zu einem bestimmten Zeitpunkt
vom Himmel fallen, vielmehr entwickeln sie sich prozeßhaft
schon weit vor Inkraftsetzung ihrer gesetzlichen Grundlagen.
Letztlich vollziehen sie sich ständig weiter mit der fort-
schreitenden Evolution eines Landes. Dennoch ist es zweckmässig,
solchen für ein Land richtungsweisenden Neuerungen einen festen
Zeitpunkt zuzuordnen, so, wie im Falle dieser Untersuchung,
das Jahr, in dem die wichtigste rechtliche Grundlage der Reform, das Bildungsgesetz, in Kraft trat. Der Abschnitt soll
im Überblick die Ursprünge, Ziele und Inhalte der Gesamtreform
darstellen.

Der sechste Abschnitt, der ebenfalls die Bildungsreform betrifft,
ist ein weiterer Hauptteil der Untersuchung. Es ist bereits
im Titel darauf hingewiesen, daß sich diese Untersuchung schwer-
punktmäßig auf die Berufsbildung erstreckt. Die Verordnung
über die Berufsbildung und der ministerielle Beschluß über
die Berufsbildungsstätten regeln weitestgehend den berufsbildenden Teil der Gesamtreform. Der ministerielle Beschluß ist
von ausschlaggebender Bedeutung für die Frage der künftigen
Curricula in der beruflichen Bildung. Er wird deshalb besonders
für die Untersuchung der zu vermittelnden Ausbildungsinhalte
von grundlegender Bedeutung sein.

Mit dem siebten Abschnitt beginnt die Darstellung der Untersuchungsergebnisse. Es soll zunächst kurz auf die mehr allgemeinen Auswirkungen der Bildungsreform auf die berufliche Bildung
für die Industrie eingegangen und anschließend aufgezeigt werden,
ob und welche curricularen Auswirkungen die Bestimmungen der

Bildungsreform auf die Lehrlingsausbildung für die Industrie
haben. Besonders bei den Ausbildungsinhalten zeigt sich das
Durchgreifen der Reformvorschriften "vor Ort".
Die Ergebnisdarstellung wird im achten Abschnitt fortgesetzt.
Die hierbei vom vorausgehenden Abschnitt getrennte Betrachtung ist als kritische Würdigung gedacht, da die    Ergebnisse
mehr übergreifender Art sind. Während im vorausgehenden Abschnitt bis ins Detail gehende Reformauswirkungen in Peru
dargelegt werden, soll hier vor allem aufgezeigt werden, wie
die Reform weiterentwickelt werden muß, wie weit sie darüber
hinaus auch für die Pädagogik in der Dritten Welt von Bedeutung
ist und welche Feststellungen gemacht werden können, wenn die
entsprechenden Regelungen der Bundesrepublik Deutschland für
einen Vergleich herangezogen werden. Schließlich soll mit den
Schlußfolgerungen auf den bereits in der Ausgangslage erläuterten Sinn der Untersuchung eingegangen werden.
Im Anhang wird je ein Verzeichnis für Abkürzungen, Abbildungen,
Tabellen und Anlagen aufgeführt. Quellenangaben mit Anmer-
kungen und das Literaturverzeichnis geben Auskunft über die
benutzten Fundstellen. Als Anlagen sind solche Texte
als Ablichtung im Original enthalten, die von besonderer Bedeutung für die Untersuchung sind. Dabei handelt es sich in
erster Linie um die Wiedergabe von peruanischen Rechtsvorschriften, um statistische Angaben, Schaubilder und listen-
mäßige Aufzählungen.

## 1.4 Untersuchungsmethode

Eine Untersuchung, die sich auf Theorie und Praxis ökonomischer,
sozialer und bildungsplanerischer Bereiche erstreckt, kann
sich grundsätzlich nicht an einer bestimmten Methode orientieren. Die Methodik muß sich vielmehr auf die jeweils zu unter-
suchende Frage und das dafür herangezogene Untersuchungsmate-
rial einstellen. Deshalb ergibt sich der Einsatz des methodischen Instrumentariums aus der immanenten Sachlogik der im
Laufe der Untersuchung behandelten Sachverhalte. Die Untersuchung hat insgesamt einen direkten Bezug zu Fragen, die für
Überlegungen im Zusammenhang von Pädagogik für Länder der
Dritten Welt eine Rolle spielen.

Daß damit Neuland betreten wird, ist schon ausgeführt worden.
Für die Pädagogik in der Dritten Welt, die selbst noch der
Entfaltung bedarf, "müssen Forschungsmethoden (also) auf
dauernder Kooperation zwischen den Zentren in den Industrieländern und denen der Dritten Welt beruhen. Die Forschung
selbst muß mithin dazu beitragen, ... Persönlichkeitsstruk-
turen herauszubilden, die des Fortschritts fähig sind. Die
Wissenschaftliche Kooperation hat wesentlich zum Inhalt die
Schaffung eines Wissenschaftlers neuen Typs, der fähig wird,
sich erst von seinem 'Objekt' her als 'forschendes Subjekt' zu
konstituieren, als Teil des Feldes und der Gesamtstruktur zu
denken und zu analysieren, zu der er selbst gehört" (12).

Der Verfasser, der selber eine technisch-naturwissenschaftlich
orientierte methodische Ausprägung erfahren hat, kann die vorstehende Auffassung aus eigenen Erfahrungen bei der Arbeit
"vor Ort" zu dieser Untersuchung nur bekräftigen. Andererseits
kann nicht übersehen werden, daß es sich hier um eine Untersuchung aus dem Bereich der Pädagogik handelt, für die sehr
wohl die pädagogisch relevanten Forschungsmethoden zumindest
das Grundgerüst darstellen. Es sind dabei die Gruppen der
geisteswissenschaftlichen und der empirisch orientierten
Methoden zu unterscheiden.

Nur durch eine sehr große Anzahl persönlicher Gespräche in
Lima, vor allem im SENATI sowie im Bildungs-, Arbeits- und
Industrieministerium mit vielen an der Reformverfeinerung und
-realisierung beteiligten Personen, insbesondere pädagogischer,
juristischer, sozialwissenschaftlicher, wirtschaftswissen-
schaftlicher und psychologischer Fachrichtungen, war es
möglich, die eigenen Untersuchungsziele und -wege abzustecken.
Besonders deutlich haben sich Schwierigkeiten bei den zu
untersuchenden Fragen im Zusammenhang mit den Berufsbildern
gezeigt. Hierzu hat der Verfasser an einer großen Zahl von
Gruppendiskussionen und Seminaren mit Fachleuten für Arbeitsplatzanalysen und juristischen Spezialisten teilgenommen.

Die methodischen Schritte der vorliegenden Untersuchung
sind zu einem großen Teil gleichzusetzen mit dem Arbeitsablauf "vor Ort".

Die vorstehend in den Grundzügen dargelegte Vorgehensweise
"vor Ort" war maßgeblich davon bestimmt, daß die Besprechungs-
ergebnisse auch peruanischerseits als Aufhellung und Um-
setzung der Reformabsichten gesehen wurden. Der Verfasser
hat u.a. bei der Ausarbeitung des ministeriellen Beschlusses
über die Berufsbildungsstätten unmittelbar mitgewirkt. Das
hat mit dazu beigetragen, daß in den Bestimmungen zur
Gestaltung der Curricula die Bedeutung von Berufsbildern
(perfiles ocupacionales), auf die später noch näher eingegangen wird, angemessen berücksichtigt wurde.

Nach Rückkehr des Verfassers in die Bundesrepublik Deutschland galt es, das zahlreiche mitgebrachte Quellenmaterial
auszuwerten. Das waren insbesondere die entsprechenden
Rechtsvorschriften, Publikationen, schriftliche Gesprächs-
ergebnisse und statistisches Material. Es erwies sich als
notwendig, darüber hinaus auch eine große Anzahl von
deutschem Quellenmaterial zusätzlich heranzuziehen und auszuwerten.

Auf eine das methodische Instrumentarium für die Untersuchung
tangierende Frage muß noch gesondert eingegangen werden: die
Frage der Übersetzungen und der Terminologie.

Ein großer Teil des gesamten Quellenmaterials existiert
ausschließlich in spanischer Sprache und ist nicht nur zu
interpretieren, sondern häufig als Übersetzung auch zu
zitieren. Alle diese Übersetzungen sind vom Verfasser angefertigt. In der Vergangenheit hat er sehr häufig Texte aus
der deutschen in die spanische Sprache und umgekehrt übersetzt. Dabei hat sich gezeigt, daß selbst allgemein anerkannte
Wörterbücher, wie z.B. das von Slaby-Grossmann, häufig nicht

weiterhelfen. In diesen Fällen war es entscheidend, daß der
Verfasser außer mit der anderen Sprache auch mit den zu über-
setzenden Sachverhalten vertraut war. Für die Übersetzungen
haben sich die Synonymen-Wörterbücher wie z.B. das von Pey
und Ruiz verfaßte und das amtliche Wörterbuch der Spanischen
Akademie als hilfreich erwiesen. Für das Gesamtverständnis
der vorliegenden Untersuchung besonders wichtige Begriffe
sind in Anlehnung an die entsprechenden Begriffe des deutschen
Sprachgebrauchs und nicht etwa wörtlich übersetzt. Als ein
typisches Beispiel dieser Art ist die im peruanischen Bildungsgesetz von 1972 aufgeführte "calificación profesional
extraordinaria" anzusehen. In dem bereits zitierten Buch
"Erziehung auf peruanisch" ist das ziemlich wörtlich mit
"ausserordentliche Facheignung" übersetzt worden. Eine solche
Übersetzung ist im Hinblick auf den deutschen Sprachgebrauch,
insbesondere auf entsprechende deutsche Rechtsvorschriften,
wie z.B. die Handwerksordnung, das Berufsbildungsgesetz und
das Ausbildungsplatzförderungsgesetz, aber auch den Bildungsgesamtplan, wenn überhaupt, nur sehr ungenau einzuordnen. Aus
der Sicht des Verfassers wird statt dessen "Berufsbildung"
bzw. das Synonym "berufliche Bildung" für treffender gehalten.

Die eminente Bedeutung der Frage der Übersetzung wird u.a.
unterstrichen durch die Tatsache, daß in der Diskussion über
die peruanische Bildungsreform zuweilen von Berufsbildung
auch im Zusammenhang mit den Bildungsgängen, die zur Hochschulreife führen, gesprochen wird. Es wird im Rahmen der Untersuchung noch näher darauf eingegangen, daß das absolut unzutreffend ist und daß es sich bei einer solchen Auslegung um
eine eindeutige Fehlinterpretation handelt.

Für andere entsprechende Forschungsprojekte, vor allem
im Rahmen der Pädagogik in der Dritten Welt, dürfte
die Frage der Übersetzungen zu einer Kernfrage werden.
Die Kenntnis der jeweiligen Landessprache und der

zu untersuchenden Sachverhalte sind die beste Garantie für
eine sinnentsprechende Darstellung der Forschungsergebnisse.
Diese Voraussetzung müßte von den auszuwählenden Forschern
erfüllt werden. Andernfalls ergeben sich zunehmend die dem
Verfasser aus seiner Praxis bekanntgewordenen Fälle, daß
gute Sprachkenner in Ermangelung der Sachkenntnis ein nahezu
unzutreffendes Bild wiedergeben oder gute Sachkenner wichtige Informationen aus sprachlichen Gründen nicht oder nur
unzutreffend berücksichtigen. Die zu diesem Aspekt der
Untersuchung vom Verfasser geführten zahlreichen Gespräche,
insbesondere auch in der Bundesrepublik Deutschland, mit
anerkannten ausgebildeten deutschen und ausländischen Über-
setzern haben die fundamentale Bedeutung des Übersetzungs-
problems bekräftigt. Es würde hier zu weit führen, die vielen
Beispiele zu nennen, die sich in diesem Zusammenhang im
Rahmen der Untersuchung gezeigt haben. Es bleibt zu hoffen,
daß die terminologischen Festlegungen im Rahmen dieser
Arbeit für andere, insbesondere künftige Untersuchungen
ähnlicher Art hilfreich sein mögen.

Der Vollständigkeit halber sei noch erwähnt, daß die richtige Begriffswahl, die häufig von entscheidender Bedeutung
für das richtige Verständnis eines Sachzusammenhanges ist,
auch innerhalb des spanischen Sprachraums vor großen Schwierigkeiten steht. So ist z.B. die erwähnte "calificación
profesional extraordinaria" in Uruguay oder Argentinien
fast unverständlich. Dort wird die allgemein weitaus
üblichere spanische Bezeichnung "formación profesional"
verwendet. Beispiele auch dieser Art könnten in großer
Zahl aufgeführt werden. Wie wichtig diese gesamte Problematik ist, mag auch daran zu erkennen sein, daß CINTERFOR
ein Projekt für die Vereinheitlichung der Terminologie
im Bereich der beruflichen Bildung der spanischsprechenden
Länder Lateinamerikas und der Kariben angeregt hat. Als ein
erster Schritt hierzu kann die von Santiago Agudelo Mejía
verfaßte und von CINTERFOR herausgegebene Terminologie der
beruflichen Bildung in Lateinamerika gesehen werden (13).

ERSTER TEIL: Voraussetzungen und Vorgeschichte

## 2. Staatsaufbau und sozio-ökonomische Situation Perus

### 2.1 Peru als Entwicklungsland

Nach Angaben des Bundesministeriums für wirtschaftliche
Zusammenarbeit (BMZ) ist der Begriff "Entwicklungsländer"
zu Beginn der 5Oer Jahre geprägt worden und hat keine
Definition (1). Für die Frage der Zuordnung eines Landes
zur Gruppe der Entwicklungsländer kann die für die internationale Anerkennung von Entwicklungshilfe-Leistungen
maßgebliche "Liste der Entwicklungsländer und -gebiete
nach der Einteilung des Entwicklungshilfe-Ausschusses (DAC)
der OECD" herangezogen werden, die im Anhang als Anlage 1
enthalten ist (2). In dieser Liste, nach der sich u.a. die
Bundesregierung richtet (3), ist Peru aufgeführt.

Die Entwicklungsländer haben jedoch folgende gemeinsamen
Merkmale:

- niedriger Lebensstandard bei extrem ungleicher Verteilung
  der vorhandenen Güter und Dienstleistungen

- geringe Produktivität und Mangel an Arbeitsplätzen

- schlechter Gesundheitszustand und unzureichende
  gesundheitliche Betreuung

- ungenügende Versorgung mit Nahrungsmitteln

- fehlende Bildungsmöglichkeiten

Für den Ursprung der Bezeichnung "Dritte Welt", wie die
Entwicklungsländer im allgemeinen Sprachgebrauch auch genannt
werden, gibt es mehrere Erklärungen. Am häufigsten wird von
einer Einteilung der Welt in die Erste (die westliche),
die Zweite (die östliche) und die Dritte (die südliche) Welt
gesprochen. Es heißt gelegentlich aber auch, daß die Dritte
Welt das Pendant zur Alten und zur Neuen Welt sei.

Das DAC-Verzeichnis wurde zum ersten Male im Jahre 1960 aufgestellt. Es ist sehr allgemein gehalten, weil die Gesamtzahl der Staaten und abhängigen Territorien von Zeit zu Zeit wechselt.

Wie zum Schluß der DAC-Liste zum Ausdruck kommt, zählen nach der Einteilung der Vereinten Nationen die in der Liste aufgeführten europäischen Länder nicht zu den Entwicklungsländern. Die Vereinten Nationen setzen als Maßstab das Pro-Kopf-Einkommen der Bevölkerung, das nicht mehr als 25% des Einkommens der hochentwickelten Länder sein darf, wenn ein Land als Entwicklungsland gelten soll. Die entscheidende Grenze liegt z.Z. bei 500 US-Dollar (4).

Der Vollständigkeit halber sei noch darauf hingewiesen, daß innerhalb der Vereinten Nationen verschiedene Entwicklungsländer-Verzeichnisse gehandhabt werden, die nicht nur von der DAC-Liste, sondern auch voneinader abweichen. Hervorgehoben werden sollte die Liste der besonders armen Entwicklungsländer, von der mit 28 Ländern 12% der gesamten Bevölkerung der Entwicklungsländer erfaßt werden und in der aus Amerika lediglich Haiti aufgeführt ist (5). Die Vereinten Nationen stützen sich bei der Klassifikation eines besonders armen Entwicklungslandes auf die drei Indikatoren: Brutto-Inlands-Produkt (BIP) pro Kopf, Anteil der industriellen Produktion am BIP und Alphabetisierungsgrad.

Innerhalb der Strukturdaten der Entwicklungsländer in den als Anlage 2 beigefügten Tabellen sind zu den gemeinsamen Merkmalen u.a. Angaben für Peru enthalten (6). Für die Angaben in den Tabellen wird darauf hingewiesen, daß die Daten zwar den jeweils angegebenen offiziellen Quellen entstammen, daß aber dennoch vorsichtig mit ihnen zu

verfahren ist, da sie nach verschiedenen Methoden erhoben
worden sind und teilweise auf Schätzungen beruhen (7). Der
Hinweis auf die Vorsicht, mit der beim Gebrauch dieser
statistischen Angaben zu verfahren ist, wird bekräftigt
durch die Einsichtnahme in die entsprechenden Angaben des
Statistischen Bundesamtes, die als Anlage 3 im Anhang
beigefügt sind (8). In den Vorbemerkungen zu diesen Angaben
heißt es u.a., daß bei Statistiken von Entwicklungsländern
zu berücksichtigen sei, "daß hinsichtlich des sachlichen
und zeitlichen Ausmaßes und auch bezüglich ihrer Zuverlässigkeit nicht in jedem Falle derselbe Maßstab angelegt
werden darf wie an Statistiken in Industrieländern" und daß
"die Aussagefähigkeit der statistischen Angaben insbesondere
aus verfahrenstechnischen Gründen oft mehr oder weniger eingeschränkt ist" (9). Diese Angaben sind jedoch auch deshalb
hier herangezogen worden, weil sie noch weitere wichtige
Entwicklungsindikatoren Perus darstellen und somit das Bild
der Strukturdaten, wie es die Tabellen der Anlage 2 liefern,
erweitern und abrunden. Das gilt insbesondere für die Angaben zum Informationswesen, zur Landwirtschaft und zum
Verkehr.

Zusammengefaßt ergibt sich für Peru folgende Konstellation
als Entwicklungsland, wobei die jeweils gleiche Gruppe mit-
aufgeführter südamerikanischer Länder in den Tabellen auch
einen Vergleich innerhalb dieser Region ermöglicht.

Das für Entwicklungsanstrengungen wichtige Jahreswachstum
der Bevölkerung liegt mit 2,9% erheblich über dem für den
gleichen Zeitraum (1960 - 1974) ermittelten Jahreswachstum
des Pro-Kopf-Bruttosozialprodukts von 2,0%. Das bedeutet,
daß sich der vergleichsweise ohnehin schon geringe Lebensstandard ständig verschlechtert, sofern es nicht gelingt,
dieses Verhältnis günstiger zu gestalten. Nach jüngsten
Angaben hat sich die Situation offenbar bereits derart
zugespitzt, daß von einer schweren Hungersnot in Peru
gesprochen wird (10).

Solchermaßen besorgniserregende Nachrichten machen die
Problematik von Reformen so umfassenden Ausmaßes wie in
Peru deutlich. Die Befriedigung der menschlichen Existenzbedürfnisse kann auf lange Sicht auch dort nicht vernach-
lässigt werden. Es muß sich zeigen, ob und welche Konsequenzen sich aus dieser prekären Notlage für die gesamte
peruanische Reform ergeben. Die in die Bildungsreform gesetzten Erwartungen sind sicher zu hoch angesetzt, wenn
angenommen wurde und wird, daß sich im Zuge ihrer Realisierung auch in kurzer Zeit positive Auswirkungen auf die unmittelbaren Lebensverhältnisse der Peruaner ergeben. Wie
wenig damit gerechnet werden kann, zeigt u.a. auch die Zunahme der Auslandsverschuldung Perus um ca. 0,9 Milliarden
US-Dollar im Jahre 1977 auf 1,48 Milliarden US-Dollar im
Jahre 1980 (geschätzt). Bereits 1977 betrug die Auslandsverschuldung mehr als die Hälfte der Exporteinnahmen des
Landes. Sie ist inzwischen auf insgesamt 7,7 Milliarden
US-Dollar angestiegen. Mitteilungen in verschiedenen Veröffentlichungen in der deutschen Presse bestätigen die Zu-
spitzung dieser Entwicklung. Mehrere Abwertungen der Währung
(Sol) und Erhöhung der Benzinpreise mit der Folge von weiteren Preissteigerungen haben zu Inflationsraten von durch-
schnittlich mehr als 40% geführt. Für einzelne Grundnahrungs-
mittel wurden die Preise sogar zwischen 50%-115% erhöht.
Dem stehen Lohnzuwächse von nur ca. 13% gegenüber. Die in
diesem Zusammenhang in der Bundesrepublik Deutschland zeitweise diskutierte Frage der Angleichung der Einkommensver-
besserung der abhängig Beschäftigten an den Preisanstieg,
nimmt sich dagegen vergleichsweise als beinahe nebensäch-
lich aus. In Peru hat diese Entwicklung zu mehreren
Protestdemonstrationen, Streiks und öffentlichen Krawallen
geführt. Der Ausnahmezustand mußte mehrmals verhängt
werden (11).

Auf die Lösung dieser vordringlichen Fragen kann sicher
nicht mehr lange gewartet werden. Möglichkeiten dafür sind
am Beispiel der ärmsten Entwicklungsländer inzwischen

aufgezeigt worden. Vielleicht wird Peru dabei neben Haiti
das zweite amerikanische Entwicklungsland dieser Kategorie.
Es bleibt nur zu hoffen, daß die wie auch immer geartete
Lösung nicht dazu führt, daß alle eingeleiteten Reformen
über Bord geworfen werden. Das gilt nicht zuletzt für die
Bildungsreform, deren Auswirkungen vermutlich am längsten
auf sich warten lassen müssen.

Der mit 23,1% vergleichsweise hohe Anteil des Industriesektors
(nur verarbeitende Industrie) am Bruttoinlandsprodukt zeigt
die große Bedeutung dieses Sektors für Peru. Es wird im
einzelnen noch dargelegt werden, wie dieser Wirtschaftssektor, dessen berufliche Bildung hier untersucht werden
soll, strukturiert ist.

Die Angaben zum Außenhandel zeigen, daß die peruanische Wirtschaft wenig exportabhängig ist, andererseits aber die produ-
zierten Güter und Dienstleistungen für den eigenen Bedarf
nicht ausreichen. Das zeigt ein Importüberschuß, der zu einem
negativen Handelsbilanzsaldo von 10 Mio US-Dollar geführt
hat (1974); was wiederum deutlich macht, daß die Entwicklung
des peruanischen Binnenmarktes dringend erforderlich ist.

Hinweise auf einen schlechten Gesundheitszustand und eine
unzureichende gesundheitliche Betreuung ergeben sich aus der
vergleichsweise geringen Lebenserwartung der Männer mit
52,6 Jahren und der Zahl von 1802 Einwohnern pro Arzt. Ein
vergleichsweise ebenfalls ungünstiges Bild ergibt sich mit
26,0% Analphabeten (Bevölkerung über 15 Jahre). Die allerdings hohe Einschulungsquote von 90% läßt eine künftige Verbesserung erwarten.

Das eingangs erwähnte Merkmal des Mangels an Arbeitsplätzen
wird nicht widerlegt durch die Angabe von nur 4,9% Arbeitslosen. Abgesehen von der grundsätzlichen Problematik von
Statistiken und dem generellen Vorbehalt, dem alle vorstehenden statistischen Angaben unterliegen, ist hierzu ein weiterer
Vorbehalt (vgl. Fußnote zu Tabelle 8 der Anlage 2) ausge-
sprochen, der den Wert dieser Angabe verstärkt relativiert.

Weitere Indikatoren ergeben sich aus Anlage 3 zum Informationswesen. Danach ergibt sich für Peru ein relativ günstiges
Bild mit 138 Rundfunkgeräten und 122 Tageszeitungen je 1000
Einwohner (1972). Ferner zeigt sich, daß 46% (1970) der gesamten Erwerbspersonen männliche Erwerbspersonen in der Landwirtschaft sind und daß die Landwirtschaft dabei nur 16%
(1972) Anteil am Bruttoinlandsprodukt hat (Industrie = 23,1%).

Die Tabelle der Anlage 4 gibt Auskunft über die im Rahmen
der Entwicklungshilfe Peru zur Verfügung gestellten Mittel (12).
In Anbetracht der für Peru relativ ungünstigen Strukturdaten
erscheint die Pro-Kopf-Entwicklungshilfeleistung an dieses
Land kaum angemessen.

Hinweise auf die Verteilung der an Peru geleisteten Hilfe
ergeben sich aus Unterlagen des Nationalen Planungsinstituts
(Instituto Nacional de Planificación/INP) für 1970 (13).
Danach bestand damals folgende sektorale Aufgliederung der
einzelnen Hilfe-Projekte:

Tabelle 1: Sektorale Aufgliederung der peruanischen
            Hilfe-Projekte

| Empfängerinstitutionen | Anteil an Projektzahl in % |
|---|---|
| Ministerium für Landwirtschaft | 23,2 |
| Ministerium für Wirtschaft und Finanzen | 2,2 |
| Ministerium für Erziehung | 7,5 |
| Ministerium für Energie und Bergbau | 6,7 |
| Ministerium für Industrie und Handel | 3,7 |
| Ministerium für Inneres | 0,8 |
| Ministerium für Gesundheit | 19,4 |
| Ministerium für Arbeit | 3,0 |
| Ministerium für Verkehr | 6,7 |
| Ministerium für Wohnungsbau | 3,0 |
| Ministerium für Äußeres | 5,9 |
| Präsidialamt | 5,2 |
| Universitäten | 12,7 |
| | 100,0 |

Der größte Anteil der Projekte lag danach im landwirtschaftlichen Sektor. Es folgen der Gesundheits- und Bildungssektor
(einschließlich der Universitäten). Die Projekte reichten im
Rahmen von 1-Mann-Projekten bis zu größeren Beratungsgruppen,
von institutioneller bis zu regionaler Beratung bei der Aufstellung nationaler Entwicklungspläne.

Etwa ein Drittel der Projekte (31,3%) wurde zum damaligen
Zeitpunkt durch UN-Organisationen durchgeführt. Ein weiteres
Drittel entfiel auf die USA, England und Frankreich. Im restlichen Drittel war auch die Bundesrepublik Deutschland neben
weiteren 6 Industrieländern vertreten.

## 2.2 Staatsaufbau

### 2.2.1 Staatsgewalt

Die Republik Peru (República del Perú) erlangte am
28. Juli 1821 die Unabhängigkeit, nachdem der argentinische
General San Martín mit seinen Truppen die unter spanischer
Führung kämpfenden Kolonialtruppen besiegt hatte und in
Lima eingezogen war.

Zuvor bestand das von Francisco Pizarro 1531 gegründete
Vizekönigreich Peru, nachdem er mit seinen Truppen die bis
dahin herrschenden Inkas unterworfen hatte.

Die in der Verfassung von 1933 festgelegte Ausübung der
Staatsgewalt wird seit dem 3.10.1968 durch Revolutionsre-
gierungen der Streitkräfte wahrgenommen. Seit diesem Tag
ist das laut Verfassung vorgesehene Zweikammerparlament
der präsidialen Republik, das aus dem Senat (Senado) mit
45 Mitgliedern und dem Abgeordnetenhaus (Cámara de
Diputados) mit 140 Mitgliedern bestand, aufgelöst. Die
Ausübung der Legislative wird seitdem durch den Präsidenten
und die Militärregierung vollzogen (1).

In Artikel 6 des Statutes der Revolutionsregierung (Estatuto
del Gobierno Revolucionario), das die Verfassung von 1933
außer Kraft gesetzt hat, ist die jetzt gültige Ausübung von
Exekutive und Legislative festgelegt (2). Dort heißt es, daß
der Präsident der Republik die Funktionen ausübt, die nach der
Verfassung der Exekutive zukommen, und daß er mit Zustimmung
des Ministerrates (Consejo de Ministros) auch die Funktionen
ausübt, die nach der Verfassung der Legislative vorbehalten
sind. Die erforderlichen Rechtsvorschriften werden gemeinsam
mit den Mitgliedern der Militärjunta auf dem Wege von
"Gesetzesverordnungen" (decretos-leyes), d.h. Regierungsver-
ordnungen mit Gesetzeskraft erlassen. Dieser Sachverhalt
ist von ausschlaggebender Bedeutung für das Verständnis der

relativ kurzen Zeitspanne für die Verabschiedung des
Bildungsgesetzes, das 1972, also bereits 4 Jahre nach
Beginn der Revolutionsregierung, gültig war. Es ist kaum
anzunehmen, daß die Revolutionsregierung bereits vor ihrer
Machtergreifung die Bildungsreform in allen Einzelheiten
vorbereitet hatte. In Anbetracht der Tatsache, daß der aus-
geschaltete verfassungsmäßige Gesetzgebungsweg ein schnelles
Inkrafttreten der Reform erleichterte, ist die kurze Zeitspanne immer noch sehr bemerkenswert.

Seitens der Revolutionsregierung wird immer wieder betont,
daß sie so lange an der Macht bleiben wolle, bis alle
strukturellen Reformen durchgeführt und konsolidiert sind.
Nach der z.Zt. gültigen Planung der Revolutionsregierung
sind Änderungen grundsätzlicher Art, wenn überhaupt, nicht
vor 1980 zu erwarten, da im sog. Plan "Túpac Amaru" für 1980
allgemeine Wahlen angekündigt sind (3). Selbst für den Fall,
daß es dabei zu einem grundlegenden Wechsel in der politischen Führung des Landes kommt, dürfte dennoch eine Reihe
von Reformmaßnahmen, insbesondere die Bildungsreform, nicht
durch einen Machtwechsel widerrufen werden. "Die Serie
weitreichender Reformen führte inzwischen zu durchgreifenden Änderungen in der wirtschaftlichen und sozialen Struktur
keineswegs zum Schaden Perus" (4).


## 2.2.2 Staatsgebiet

Die zentralistisch organisierte Verwaltung gliedert Peru
in folgende 23 alphabetisch geordneten Bezirke (departamentos)
und das von der Regierung direkt verwaltete Gebiet
"Provincia Constitutional de Callao":

Abbildung 1: Verwaltungseinteilung, Bevölkerungsdichte 1972

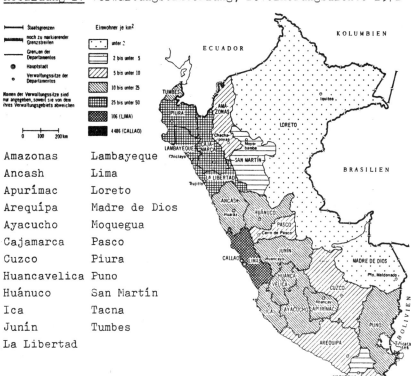

| Staatsgrenzen | Einwohner je km² |
|---|---|

noch zu markierender Grenzstreifen

Grenzen der Departamentos

Hauptstadt

Verwaltungssitze der Departamentos

Namen der Verwaltungssitze sind nur angegeben, soweit sie von dem ihres Verwaltungsgebiets abweichen

0    100    200 km

unter 2

2 bis unter 5

5 bis unter 10

10 bis unter 25

25 bis unter 50

106 (LIMA)

4 486 (CALLAO)

| Amazonas | Lambayeque |
|---|---|
| Ancash | Lima |
| Apurímac | Loreto |
| Arequipa | Madre de Dios |
| Ayacucho | Moquegua |
| Cajamarca | Pasco |
| Cuzco | Piura |
| Huancavelica | Puno |
| Huánuco | San Martín |
| Ica | Tacna |
| Junín | Tumbes |
| La Libertad | |

Die geographische Lage der einzelnen Bezirke innerhalb der
Staatsgrenzen kann der Abbildung 1 entnommen werden (5).
Die Bezirke sind in 148 Provinzen (provincias) und 1662
Kreise (distritos) aufgeteilt. Die Bezirke werden durch
ernannte Präfekten verwaltet, die ihrerseits Subpräfekte
sowie Landräte (teniente gobernadores) für die Provinz-
bzw. Kreisverwaltungen bestimmen. Nach Aufhebung der örtlichen Selbstverwaltung durch die Revolutionsregierung
werden die Bürgermeister in den Gebietshauptstädten ebenfalls ernannt (6).

Peru ist mit 1.285.000 km$^2$ nach Brasilien und Argentinien
das drittgrößte Land Südamerikas. Es ist fünfmal so groß wie
die Bundesrepublik Deutschland. Geographisch lassen sich
folgende - auch klimatisch unterschiedliche - Landschaften
trennen: Die 2.300 km lange Pazifikküste (costa), die etwa
1/10 der Gesamtfläche des Landes einnimmt, das Gebirgsland
der Anden (sierra) und das bisher kaum erschlossene Urwald-
gebiet (selva), das etwa Zweidrittel der Gesamtfläche erfaßt (7). Nach Reparaz ist Peru "die Demonstration fast
aller Klimazonen und Landschaften dieser Erde, ein Modell
ohnegleichen ... Man wird schwerlich ein Land finden, dessen
Oberfläche und Landschaften mehr Kontraste aufweisen" (8).
Die für Peru typische Dreiteilung der Oberfläche kommt in
dem mit Abbildung 2 dargestellten Landschaftsprofil von
Zentralperu deutlich zum Ausdruck (9).

<u>Abbildung 2:</u>  Landschaftsprofil von Zentralperu

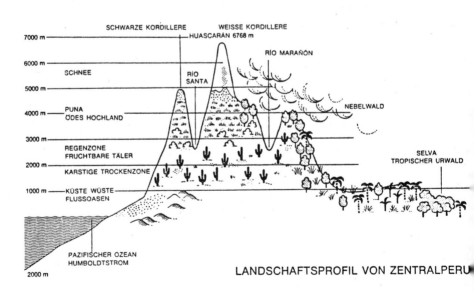

Anstatt von drei ist gelegentlich auch von vier unterschiedlichen Regionen die Rede. Diese Einteilung, die weniger häufig vorgenommen wird, ergibt sich durch die Aufteilung des Urwaldgebietes in die östliche Tiefebene und das
sich an das Hochland der Anden anlehnende Bergland (montaña).

## 2.2.3 Bevölkerung

Die Gesamtbevölkerung beträgt im Jahre 1977 (ohne die
indianische Urwaldbevölkerung) 16.889.000. Ihre Aufteilung
auf die vier Altersgruppen: unter 15 Jahre, 15 - 45 Jahre,
45 - 65 Jahre und älter als 65 Jahre ist in Tabelle 2 wiedergegeben (10). Daraus ist zu entnehmen, daß fast die
Hälfte aller Peruaner jünger als 15 Jahre ist.

Tabelle 2: Bevölkerung nach Altersgruppen

| Gegenstand der Nachweisung | 1961[1) | 1965 | 1970 | 1975 |
|---|---|---|---|---|
| | % der Gesamtbevölkerung | | | |
| Bevölkerung nach Alters-gruppen (im Alter von ... bis unter ... Jahren) 2)    JM | | | | |
| unter 15 | 44,6 | 45,0 | 45,0 | 44,2 |
| 15 - 45 | 41,3 | 41,3 | 41,3 | 42,0 |
| 45 - 65 | 10,5 | 10,5 | 10,6 | 10,6 |
| 65 und älter | 3,6 | 3,2 | 3,1 | 3,2 |

1) Volkszählungsergebnis vom 2. Juli. - 2)Ohne indianische Urwaldbevölkerung (1961: rd. 100 000
1972: 39 800)

Rassisch besteht die Bevölkerung aus 49% Indianern,
37% Mestizen und 13% Weißen (11). Von der indianischen
Bevölkerung bewohnt mit den Quetschuas der größte Teil das
Andenhochland. Im östlichen Tiefland leben Waldindianer
(Pano, Tupi) z.T. noch nomadisch. Die Mestizen, die aus der
Mischung von Weißen und Indianern entstanden sind, bevölkern
verstreut das Land. Die weiße Bevölkerung ist meist altspa-
nischen Ursprungs. Außer diesen drei Hauptgruppen der Bevöl-
kerung sind noch die Neger und Ostasiaten (Chinesen und
Japaner) sowie die Mischungen daraus zu erwähnen. Bis zum
Jahre 1975 war Spanisch einzige Staatssprache. Durch ein
Gesetz vom 27.5.1975 ist nunmehr auch Quetschua offizielle

Landessprache (12). Neben Quetschua, das von 3,5 Millionen
Bewohnern gesprochen wird, gibt es noch das im Gebiet um
den Titicacasee gesprochene Aymará. Weitere Indianersprachen
haben nur geringe Bedeutung und sind lediglich lokal ver-
breitet.

Die Reformpolitik zielt darauf ab, ein einheitliches peruanisches Nationalbewußtsein zu fördern und für die sozio-ökonomische Entwicklung zu nutzen. Die unterschiedlichen Rassen
gehören auch zu unterschiedlichen Kulturkreisen mit jeweils
anderen Wertvorstellungen, Sitten und Mentalitäten. Das hat
nicht nur unterschiedliche Einstellungen zu den jeweils
anderen Kulturkreisen zur Folge, sondern führt auch zu kom-
plexen Reaktionen gegenüber dem gesamten Reformprozeß. Eine
Analyse dieser Zusammenhänge, die sicher sehr aufschlußreich
wäre, würde den Rahmen dieser Untersuchung sprengen.

Als ein Ansatz einer solchen Analyse können die Ausführungen
von Hendrikson gesehen werden. Danach sind folgende fünf
peruanische Kulturen zu unterscheiden, die sich keineswegs
nur nach rassisch-biologischen Kriterien trennen lassen (13):

| | | |
|---|---|---|
| Kultur der Hochlandindianer | ) | = ursprüngliche Kulturen |
| Kultur der Waldindianer | ) | |
| | | |
| Kultur der Cholos | ) | |
| Kultur der Urwaldindianer | ) | = Mischkulturen |
| (Loretanos) | ) | |
| | | |
| Urbane Kultur | ) | = Zielkultur |

Ein für Peru ebenso wie für andere Entwicklungsländer sich
ständig verschärfendes Problem besteht in der zunehmenden
Verstädterung des Landes. Während die städtische Bevölkerung
bereits 1972 rund 60% der Gesamtbevölkerung ausmachte, war
die Urwaldzone zu diesem Zeitpunkt lediglich mit nur 4 - 7%

bevölkert (14). Diese sich tendenziell verschärfende Entwicklung führt zum weiteren Anwachsen der Stadtgebiete insbesondere des Großraumes Lima - Callao, wo sich die Elends-
viertel (barriadas, offiziell als pueblos jovenes bezeichnet),
ständig weiter vergrößern. Tabelle 3 gibt die zahlenmäßige
Entwicklung nach peruanischen Schätzungen an (15).

Tabelle 3: Schätzung der städtischen und ländlichen
Bevölkerung von 1960 - 2000 (in tausend)

| Jahr | Städtisch | Ländlich | Städtisch in % | Total |
|------|-----------|----------|----------------|-------|
| 1960 | 4 674.3 | 5 350.3 | 46.6 | 10 024.6 |
| 1965 | 5 780.8 | 5 868.8 | 49.6 | 11 649.6 |
| 1970 | 7 131.6 | 6 454.7 | 52.5 | 13 586.3 |
| 1975 | 8 875.0 | 6 993.8 | 55.9 | 15 868.8 |
| 1980 | 10 894.8 | 7 632.2 | 58.8 | 18 527.0 |
| 1985 | 13 498.6 | 8 113.2 | 62.4 | 21 611.8 |
| 1990 | 16 762.5 | 8 379.8 | 66.7 | 25 142.3 |
| 1995 | 20 834.1 | 8 264.4 | 71.6 | 29 098.5 |
| 2000 | 25 884.3 | 7 606.7 | 77.3 | 33 491.0 |

Folgt man hierzu den Ausführungen des BMZ (16), so ist
kaum damit zu rechnen, daß sich die starke Bevölkerungszunahme auf absehbare Zeit verringert. Die peruanische
Regierung vertritt offenbar den Standpunkt, daß das Land
nicht übervölkert und eine Geburtenkontrolle überflüssig
ist. Daß die peruanische Regierung in diesem Bereich keine
Einmischung von außen duldet, zeigt die Tatsache, daß eine
von der Ford-Foundation finanzierte Organisation für Fami-
lienplanung 1974 zur Schließung gezwungen wurde. Diese
Haltung der Regierung dürfte durch die religiöse Einstellung der überwiegend römisch-katholischen Bevölkerung
unterstützt werden.

Die dargelegte ungünstige Entwicklung der Verstädterung und die damit zusammenhängende hohe Unterbeschäftigung und prekäre Nahrungsmittelversorgung der Bevölkerung dürften sich von dieser Seite her nicht mildern lassen.

## 2.3 Beschäftigungsstruktur

Die peruanische Beschäftigungsstruktur zeigt sich nach dem Bevölkerungs- und Wohnstättenzensus von 1972 gemäß der als **Anlage 5** beigefügten Tabelle (1). Darin sind alle ab 15 Jahre arbeitsfähigen bzw. -willigen Personen (población económicamente activa), getrennt nach Arbeitslosen (desocupados) und Beschäftigten (ocupados) auf die einzelnen Wirtschaftssektoren (ramas de actividad) verteilt. Innerhalb der Wirtschaftssektoren sind die jeweils erreichten Bildungsstufen (nivel de educación) angegeben. Die Tabelle gibt insofern ein realistisches Bild, als die nicht arbeitsfähigen bzw. -willigen Personen (población económicamente no activa) nicht erfaßt worden sind (2). Es handelt sich dabei um Pensionierte, Rentner, Studenten, mithelfende Familienangehörige, Jugendliche unter 17 Jahren, die nicht arbeiten oder in Ausbildung stehen, Geistliche, Greise, Invalide, Gefangene und Arbeitsunwillige. Im einzelnen zeigt sich folgendes Bild: Die 3.786.16o arbeitsfähigen bzw. -willigen Personen über 15 Jahre (28% der Gesamtbevölkerung) verteilen sich wie folgt auf die einzelnen Wirtschaftssektoren:

Tabelle 4: Wirtschaftssektoren

| | |
|---|---:|
| Land- und Forstwirtschaft, Jagdwesen | 1.5o2.481 |
| Fischerei | 33.138 |
| Bergbau | 52.931 |
| Industrie | 481.167 |
| Elektrizität, Gas und Wasser | 7.232 |
| Bauwirtschaft | 170.996 |
| Handel und Gaststättengewerbe | 399.o99 |
| Transport und Lagerwesen | 164.6o9 |
| Banken und Versicherungen | 45.6o8 |
| Kommunale, soziale und persönliche Dienste | 664.377 |
| Sonstige | 264.522 |

Daraus geht hervor, daß der weitaus größte Teil der Peruaner
(ca. 4o%) in der Land- bzw. Forstwirtschaft beschäftigt ist.
Erst an dritter Stelle folgt der industrielle Sektor
(ca. 12,7%). Insgesamt stehen den 3.572.326 Beschäftigten
213.834 Arbeitslose (ca. 5,6%) gegenüber. Bei diesen 5,6%
ausgewiesener Arbeitslosigkeit ist jedoch noch zusätzlich die
Unterbeschäftigung (subempleo) zu sehen. Hierüber befinden
sich innerhalb der veröffentlichten Ergebnisse des Zensus
von 1972 keine Angaben. An anderer Stelle ist nach Angaben
des Arbeitsministeriums jedoch für 1972 eine Unterbeschäftigung von 44,2% genannt (3). Dort heißt es auch, daß mit
diesem Wert insbesondere die Zahl der akut Unterbeschäftigten
(subempleo agudo) gegenüber früheren Jahren gesenkt werden
konnte. Akute Unterbeschäftigung ist dabei definiert durch
Einkünfte, die unterhalb des dritten Teiles des Mindestlohnes liegen. Die Unterbeschäftigung ergibt sich nach
allgemeiner Erläuterung zu 80% durch reduzierte Einkünfte
und zu 20% durch verminderte Arbeitszeit (d.h. weniger als
35 h pro Woche).

Dieser nicht nur in Peru chronische Charakter der Arbeitslosigkeit verschärft sich durch eine verdeckte (gegenüber
der statistisch offenen) Arbeitslosigkeit und besonders durch
die vorstehend erläuterte Unterbeschäftigung. Die Unschärfe
der entsprechenden Angaben zeigt sich für Peru z.B. auch an
den beiden Angaben zur offenen Arbeitslosigkeit für 1972 mit
den bereits genannten 5,6% nach dem Zensus und den 4,2% des
Arbeitsministeriums.

Nach einer Untersuchung der Vereinten Nationen wird geschätzt,
daß die offene Arbeitslosigkeit in ganz Lateinamerika von
5,6% im Jahre 1950 auf 11,1% im Jahre 1965 gestiegen ist und
daß unter Einschluß der verdeckten Arbeitslosigkeit das
"Gesamt-Arbeitslosigkeits-Äquivalent" für 1960 etwa 26% der
Gesamtarbeitskraft betragen hat (4). Im übrigen sei an die
Ausführungen über die Unzulänglichkeiten bei den Angaben zur
Arbeitslosigkeit erinnert.

Für die Untersuchung ist es von Bedeutung, kurz auf die von
der Revolutionsregierung angestrebte Entwicklung der Beschäftigungsstruktur in Peru hinzuweisen. Die gesamte Beschäftigungspolitik wird im Rahmen der Gesamtplanung des Landes
(vgl. "Plan Inca" von 1975 und "Plan Túpac Amaru" von 1977)
mit den übrigen Bereichen koordiniert. Das zeigt sich u.a.
deutlich in dem bereits zitierten Bericht zur Beschäftigungs-
situation (situación ocupacional del Perú) von 1975. Es wird
hervorgehoben, daß die Ergebnisse der Arbeitsmarktunter-
suchung in die Planungen der Bildungseinrichtungen einfließen
müssen, und zwar sowohl in qualitativer als auch in quantita-
tiver Hinsicht, und daß sie mit der gesamten Landesplanung
im Einklang zu stehen haben (5).

Für die qualitativen Aspekte wird gefordert, daß die Programme
der beruflichen Bildung in erster Linie die nationale Entwicklungsplanung zu berücksichtigen haben, daß sie einen wichtigen
Beitrag zur Hebung der Ausbildungsqualität leisten und daß sie
auch jugendliche Arbeitslose erfassen müssen (6).

Weiter heißt es, daß die neuen Anforderungen der sozio-ökonomischen Planungen des Landes strukturelle Veränderungen u.a.
der beruflichen Bildung erfordern. Diese habe sich unmittelbar
nach dem Einsatz der Absolventen im Beschäftigungssystem zu
richten und im Geiste der Solidarität und sozialen Kooperation
zu vollziehen (7).

Mit längeren Ausführungen wird Kritik geübt an der bestehenden
Berufsbildung (1974). Es wird beklagt, daß nur ein geringer
Teil der Bildungseinrichtungen auch technische Bildungsinhalte
vermittelt. Solche Inhalte würden nur von den außerschulischen
Bildungseinrichtungen berücksichtigt. Es müsse aber von allen
Bildungseinrichtungen dafür Sorge getragen werden, daß die von

ihnen vermittelten Abschlußqualifikationen im Einklang
stünden mit der nationalen Planung und damit mit den Erfordernissen des Beschäftigungssystems. Es wird ferner bemängelt,
daß die Berufsbildungsmaßnahmen sich in erster Linie auf die
städtischen Gebiete, insbesondere den Großraum von Lima konzentrieren. Trotzdem hätten dort 17,5% der Beschäftigten
keinerlei berufsvorbereitende Ausbildung erhalten. Außerdem
sei die im Großraum von Lima vermittelte Berufsbildung von
höherer Qualität als die in den übrigen Stadtgebieten des
Landes. Nicht zuletzt habe sich die berufliche Bildung noch
nicht einmal teilweise auf die neuen Anforderungen des Bildungsgesetzes von 1972 eingestellt (8).

Für die sogenannten Facharbeiterberufe wird darauf hingewiesen, daß für die einzelnen Berufe unbedingt ein genaues
Berufsbild (perfil de la ocupación) festzulegen sei (9).

Ebenfalls wird aus der Sicht der Beschäftigungspolitik auf
die Bedeutung einer genauen Überprüfung aller Berufsbildungseinrichtungen des Landes hingewiesen. Diese Überprüfung habe
sich vordringlich auf die vermittelten Ausbildungsqualitäten,
d.h. die für diese in erster Linie maßgeblichen Curricula zu
richten (10).

Diese richtungsweisenden Vorgaben für das Bildungssystem von
Seiten des Beschäftigungssystems gipfeln in der Forderung,
daß die einzelnen Ausbildungsgänge sich hinsichtlich ihrer
Dauer ebenfalls nach den erforderlichen Qualifikationen zu
richten hätten und keinesfalls unangemessen lang sein dürften
(11). Auf diese Eckwerte jeder Ausbildungsmaßnahme, d.h.
Ausbildungsinhalt, Ausbildungsdauer und Qualifikationshöhe,
wird noch in anderem Zusammenhang später eingegangen.

## 2.4 Industrieller Sektor

Es wurde bereits ausgeführt, daß der Sektor der Industrie
mit 23,1% einen vergleichsweise hohen Anteil zum Bruttoinlandsprodukt beiträgt und daß ca. 12,7% (1972) der
Peruaner über 15 Jahre,in ihm beschäftigt sind.

Nach der als Anlage 6 beigefügten Tabelle (1) verteilen
sich diese auf insgesamt 95 Wirtschaftszweige (ramas de
actividad económica). Damit ist der industrielle Sektor
der mit Abstand am weitesten verzweigte aller Wirtschaftssektoren.

Die 95 verschiedenen Wirtschaftszweige des industriellen
Sektors geben zwar einen ersten Anhaltspunkt für entsprechende Berufsbildungsmaßnahmen, reichen aber für eine
genauere Beurteilung nicht aus. In der Zielsetzung dieser
Untersuchung ist darauf verzichtet worden, die industrielle
Lehrlingsausbildung Perus auch daraufhin exakt zu untersuchen, welche Anzahl von Lehrlingen für welche Qualifikationen auszubilden sind. Auf die Schwierigkeiten solcher Angaben, soweit sie überhaupt gemacht werden können, sei hier
nur hingewiesen. Dennoch reicht die dargelegte Aufteilung des
Industriesektors nicht aus, die industrielle Lehrlingsausbildung im Rahmen der Bildungsreform hinreichend vollständig
zu beurteilen. Es müssen deshalb weitere Strukturdaten
dieses Sektors herangezogen werden. Dafür eignet sich eine
Untersuchung des Instituts für Iberoamerika-Kunde über die
Kleinindustrie in Peru von M. Minkner. Dieser Studie, die
ebenfalls nach umfangreicher Feldarbeit in Peru zustande kam,
sind außer dem bereits erwähnten Bevölkerungs- und Wohnstättenzensus von 1972 weitere zahlreiche entsprechende Quellen
zugrundegelegt worden (2). Nach dieser Untersuchung sind
die einzelnen Wirtschaftszweige der gesamten peruanischen
Industrie zu den nachfolgend aufgeführten Branchen zusammengefaßt worden (3):

Tabelle 5: Einteilung der peruanischen Industrie
nach Branchen

| Gruppierung | Branche |
|---|---|
| 20 | Nahrungsmittel |
| 21 | Getränke |
| 22 | Tabak |
| 23 | Textilien |
| 24 | Konfektion und Schuhe |
| 25 | Holz und Kork |
| 26 | Möbel |
| 27 | Papier und Papierprodukte |
| 28 | Druckerzeugnisse |
| 29 | Leder |
| 30 | Gummi und Gummiprodukte |
| 31 | Chemische Erzeugnisse |
| 32 | Erdöl, Erdöl- und Kohlederivate |
| 33 | Nichtmetallische Minerale |
| 34 | Metallerzeugung |
| 35 | Metallverarbeitung |
| 36 | Maschinenbau (allgemein) |
| 37 | Maschinenbau (elektrisch) |
| 38 | Maschinenbau (Transport) |
| 39 | Diverse Industrien |

In der Untersuchung sind die Betriebe des Industriesektors
nach Beschäftigtengrößenklassen den bereits aufgeführten
Branchen zugeordnet worden. Dabei werden folgende vier
Betriebsgrößenklassen, deren Summe den industriellen Sektor
ergibt, unterschieden (4):

| | |
|---|---|
| Gruppe I: | Betriebe mit 5 bis 19 Beschäftigten; |
| Gruppe II: | Betriebe mit 20 bis 49 Beschäftigten; |
| Gruppe III: | Betriebe mit 50 bis 99 Beschäftigten; |
| Gruppe IV: | Betriebe mit 100 und mehr Beschäftigten. |

Tabelle 6 gibt einen aufschlußreichen Überblick über die
Zahl der Industriebetriebe und der Beschäftigten innerhalb
der aufgeführten Betriebsgrößenklassen und Branchen (5):

Tabelle 6: Zahl der Industriebetriebe und Beschäftigten nach
Branchen und Beschäftigtengrößenklassen 1970

| Brch\Bgk | Betriebe | | | | | Beschäftigte | | | | |
|---|---|---|---|---|---|---|---|---|---|---|
| | 5 - 19 | 20 - 49 | 50 - 99 | 100 u. mehr | Insges. | 5 - 19 | 20 - 49 | 50 - 99 | 100 u. mehr | Insges. |
| 20 | 998 | 156 | 41 | 52 | 1.247 | 9.171 | 4.585 | 2.976 | 14.917 | 31.649 |
| 21 | 309 | 60 | 18 | 11 | 398 | 2.534 | 1.794 | 1.250 | 4.086 | 9.664 |
| 22 | 1 | - | - | 3 | 4 | 12 | - | - | 658 | 670 |
| 23 | 282 | 137 | 49 | 75 | 543 | 2.801 | 4.165 | 3.542 | 15.130 | 25.638 |
| 24 | 611 | 129 | 33 | 21 | 794 | 5.482 | 3.836 | 2.284 | 5.475 | 17.077 |
| 25 | 241 | 51 | 11 | 8 | 311 | 2.289 | 1.496 | 714 | 1.273 | 5.772 |
| 26 | 245 | 73 | 23 | 12 | 353 | 2.119 | 2.338 | 1.488 | 2.032 | 7.977 |
| 27 | 37 | 17 | 9 | 11 | 74 | 419 | 575 | 610 | 2.604 | 4.208 |
| 28 | 269 | 75 | 24 | 11 | 379 | 2.569 | 2.276 | 1.696 | 2.836 | 9.377 |
| 29 | 88 | 19 | 9 | 5 | 121 | 770 | 540 | 637 | 571 | 2.518 |
| 30 | 49 | 6 | 3 | 6 | 64 | 391 | 216 | 183 | 1.888 | 2.678 |
| 31 | 246 | 104 | 37 | 47 | 434 | 2.364 | 3.352 | 2.666 | 9.657 | 18.039 |
| 32 | 3 | 6 | 3 | 2 | 14 | 26 | 185 | 217 | 1.593 | 2.021 |
| 33 | 205 | 56 | 28 | 30 | 319 | 2.056 | 1.736 | 1.932 | 6.728 | 12.452 |
| 34 | 25 | 11 | 2 | 14 | 52 | 242 | 380 | 140 | 7.342 | 8.104 |
| 35 | 250 | 74 | 37 | 19 | 380 | 2.436 | 2.142 | 2.464 | 2.889 | 9.931 |
| 36 | 157 | 57 | 15 | 17 | 246 | 1.522 | 1.675 | 956 | 3.572 | 7.725 |
| 37 | 85 | 26 | 17 | 11 | 139 | 840 | 828 | 1.203 | 1.886 | 4.757 |
| 38 | 208 | 36 | 15 | 14 | 273 | 1.744 | 1.146 | 1.086 | 3.186 | 7.162 |
| 39 | 245 | 93 | 31 | 19 | 388 | 2.246 | 2.914 | 2.093 | 2.740 | 9.993 |
| Insgesamt | 4.554 | 1.186 | 405 | 388 | 6.533 | 42.033 | 36.179 | 28.137 | 91.063 | 197.412 |

Brch = Branche
Bgk = Beschäftigtengrößenklasse

Diese strukturelle Aufhellung des Industriesektors gestattet
bereits wertvolle Hinweise auf eine entsprechende Lehrlingsausbildung, läßt sich aber anhand der Untersuchung des
Instituts für Iberoamerika-Kunde noch weiter verfeinern.

Die Zugehörigkeit eines Betriebes zu einer bestimmten Branche
und zu einer bestimmten Beschäftigtengrößenklasse gestattet
einen noch genaueren Hinweis auf die entsprechenden Ausbildungsmaßnahmen, wenn die jeweils vorherrschende Produktionsform bekannt ist. Dieses Kriterium führt zu der auch in der
Bundesrepublik Deutschland bestehenden Zuordnung der Betriebe
zum Bereich des Handwerks und der Industrie. M. Minkner
charakterisiert das peruanische Handwerk (artesanía) als
eine Produktionsform,"in der bei überwiegend manuellen
Arbeitsvorgängen Produktionsprozeß und -ergebnis von der
Kraft, der Geschicklichkeit, der Schnelligkeit und der
Sicherheit abhängen, mit der der Arbeitende die Werkzeuge

benutzt" (6). "Wesentliches Merkmal der kleinen Industrie-
und Handwerksbetriebe ist, daß sie über keinen oder keinen
ausreichenden, dazu nicht in mengen- und qualitätsmäßiger
sowie zeitlicher Kontinuität abgesicherten Zugang zu den
notwendigen Ressourcen für ihre Produktions- und Unter-
nehmenstätigkeit verfügen "(7).

Ohne daß das im einzelnen aufgeführt ist, kann gesagt werden, daß in den Konzepten von Handwerk und Industrie als
zweier unterschiedlicher Produktionsformen für die Industrie folgende Situation vorherrschend ist. Dort besteht
industrielle Fertigung mit Werkzeugen und Maschinen,
verbunden mit weitgehender Arbeitsteilung und Spezialisierung. Diese Betriebe verfügen über moderne Anlagen und
Managementmethoden sowie über ausreichende Ressourcen. Die
unterschiedlichen Produktionsformen sind auch in Peru in den
unterschiedlichen Betriebsgrößen denkbar.

Die Untersuchung von M. Minkner hat, dem vorstehenden Konzept
folgend, zu der als Anlage 7 beigefügten sehr aufschlußreichen
Einteilung des industriellen Sektors in Peru geführt (8). Es
wird dafür allerdings darauf hingewiesen, daß die Einordnung
der Unternehmen Schwierigkeiten bereitet, da nicht nur die
Übergänge von einem Bereich zum anderen fließend sind und
viele Mischformen unter den Unternehmen existieren, sondern
auch über die Merkmalzuordnung zu den Bereichen keine Einig-
keit herrscht. In Anlage 7 sind den fünf verschiedenen, nach
Produktionsarten getrennten Betriebsarten insgesamt 12 Merkmale zugeordnet. Dabei zeigt sich bei dem für die vorliegende
Untersuchung besonders wichtigen Merkmal der Ausbildung, daß
lediglich die Beschäftigten der mittleren und großen Betriebe
eine "formalisierte Ausbildung" erhalten. Das dürfte jedoch
der größere Teil aller Beschäftigten sein, da die Betriebe
mit 5 - 49 Beschäftigten, also weder Mittel- noch Großbetriebe,
zwar 88% aller Betriebe darstellen, aber nur 40% der Beschäftigten absorbieren (9).

Aus der Untersuchung werden nachfolgend einige weitere, für
die vorliegende Arbeit wesentliche Ergebnisse zusammengefaßt.

Das niedrige Bildungsniveau und die geringe Qualifikation
der Arbeitnehmer sowie die Schwierigkeit, gut ausgebildetes
Personal zu bekommen, ist von den Unternehmern kleinerer
Betriebe allgemein beklagt worden. Das Bildungsniveau ist
in der Kleinindustrie wesentlich niedriger als in Mittel-
und Großbetrieben, die als Einstellungsbedingung häufig die
abgeschlossene Grundbildung fordern (10).

Das Defizit an qualifizierten Arbeitskräften besteht in Peru
besonders deutlich im kaufmännischen und technischen Bereich
(11).

Neben den teilweise beachtlichen Erfolgen des für die Berufsbildung des Industriesektors geschaffenen SENATI ist zeitweilig zu folgenden Punkten Kritik geäußert worden (12):
Es wird quantitativ und qualitativ am Bedarf vorbeiproduziert. Mit den Ausbildungsprogrammen werden die modernen,
größeren Betriebe gefördert, und es wird dadurch einer Des-
integration der Industriestruktur Vorschub geleistet. Es
wird eine privilegierte Schicht von Fachkräften geschaffen,
wodurch sich die Ausbildungslücke zwischen einer relativ
kleinen Gruppe und der Masse der Industriearbeiter vergrößert. Innerhalb der unterschiedlichen Berufsbildungsmaßnahmen liegt bei Zugrundelegung der Stunden pro Teilnehmer
die Lehrlingsausbildung an der Spitze (1974: ca. 13%), was
in Anbetracht der Strukturveränderungen im Bildungsbereich
und im Industriesektor zu überprüfen ist. Die Maßnahmen des
SENATI erreichen vor allem die Mittel- und Großbetriebe.
Dazu muß allerdings gesehen werden, daß das Ausbildungsangebot vor allem von Betrieben mit mehr als 50 Beschäftigten
in Anspruch genommen wird, obwohl alle Betriebe mit mehr als
15 Beschäftigten den SENATI durch Beiträge finanzieren. Von
den kleineren Betrieben, die den SENATI finanzieren, ist ein
Teil nicht in der Lage, darüber hinaus auch noch einen

Lehrling unter Vertrag zu nehmen, da dieser die Firma zusätzlich finanziell belastet. Außerdem ist dem Kleinindustri-
ellen wenig einsichtig, daß nur eine formalisierte systematische Berufsausbildung den Anforderungen seiner Produktion
gewachsen ist. Für die Betriebspraktika bei der Lehrlingsausbildung werden vom SENATI nur solche Unternehmen ausgewählt,
in denen der Lehrling ähnliche Verhältnisse antrifft, wie sie
ihm in den gut ausgestatteten Werkstätten des SENATI zur Verfügung stehen. Die Kapazität der Ausbildungszentren ist zu
begrenzt, um auch die Beschäftigten der den SENATI nicht
finanzierenden Unternehmen (weniger als 15 Beschäftigte) im
notwendigen Umfang in die Maßnahmen einbeziehen zu können.
Vielen Kleinunternehmen ist die Ausbildungsmöglichkeit des
SENATI nicht oder sehr wenig bekannt, oder es wird vorge-
zogen, nach eigener Interessenlage auszubilden. Dafür wird
insbesondere als Argument angeführt, daß die Ausbildung der
SENATI-Lehrlinge zu theoretisch ist und die praktischen
Erfahrungen unter modellhaften Bedingungen an sehr guten
Maschinen und Werkzeugen vermittelt werden und daß diese
Bedingungen in der Realität der Kleinindustrie nicht anzutreffen sind. Diese Kritik gilt entsprechend auch für die
übrigen Berufsbildungsmaßnahmen. Bei einem Vergleich des
gesamten Angebots des SENATI mit der Bedürfnisstruktur der
kleinen Industriebetriebe zeigt sich, daß diese Gruppe nicht
nur nicht erreicht wird, sondern daß auch das Angebot nicht
darauf abgestimmt ist.

Einen Überblick über die räumliche Verteilung der Industriestandorte in Peru zeigt die als Anlage 8 beigefügte Karte
(13). Daraus geht hervor, daß sich dieser Wirtschaftssektor
überwiegend an der Küste entwickelt hat. Schon vor einigen
Jahren wurden 82% der gesamten Industrieproduktion und 78%
aller Handelsumsätze im Gebiet um Lima erstellt (14).

Bedingt durch das auch weiterhin steigende Bevölkerungswachstum benötigt Peru jährlich über 100.000 neue Arbeitsplätze, um die heranwachsenden und zusätzlich neu in den Arbeitsprozeß zu integrierenden Arbeitskräfte aufzufangen (15). Diese Prognose für die peruanische Arbeitsmarktentwicklung steht im Einklang mit der Voraussage der IAO, nach der alljährlich bis zum Jahre 2000 weltweit 50 Millionen neue Arbeitsplätze geschaffen werden müssen, um die ständig steigende Zahl der arbeitsfähigen Menschen mit Arbeit versorgen zu können (16). Zu dieser notwendigen Expansion muß auch der industrielle Sektor, der bislang nur ca. 12,7% der Peruaner beschäftigt, einen Beitrag leisten. Deshalb ist es von Bedeutung, welche Entwicklung für diesen Sektor vorgesehen ist. Die Grundlage für diese Entwicklung bildet das Industriegesetz von 1970 (decreto ley No. 18.350). Auf seiner Grundlage ist die Industriepolitik der Revolutionsregierung vor allem auf folgendes gerichtet (17):

- Umformung der Produktionsstruktur

- Dezentralisierung der Industriestandorte

- stärkere Betätigung des öffentlichen Sektors

- Verringerung der wirtschaftlichen und technologischen Abhängigkeit vom Ausland

- Beteiligung der Arbeitnehmer an der Führung und am Eigentum der Betriebe

Aus den Planungsangaben des industriellen Sektors sind nachfolgend nur die für vorliegende Untersuchung besonders relevanten herangezogen worden (18):

- Erhöhung der Produktivität durch technologische Verbesserungen Ausbildung von Facharbeitern und ihre Teilnahme an der Unternehmensführung

- Ausbildungsförderung von Spezialarbeitern hauptsächlich für die Industriezweige, die größere technologische Entwicklungen aufweisen und solche, für die ein größerer Wachstumsrhythmus vorgesehen ist

- Als die gesamte Entwicklung stützende und flankierende
  Maßnahme wird die Arbeit des SENATI herausgestellt. Dabei
  dürfte es für die Erreichung des Ziels von ausschlaggebender Bedeutung sein, "ob die vorgesehenen Ausbildungsprogramme
  quantitativ, qualitativ und zeitlich passend zum Ablauf des
  Industriealisierungsprogrammes durchführbar sind".

## 2.5 Sozialpartner

Die beiden voraufgegangenen Unterabschnitte zeigen die Bedeutung des peruanischen Beschäftigungssystems für das
Bildungssystem. Damit wird die Rolle der beiden Sozialpartner,
Arbeitgeber und Arbeitnehmer, die das Beschäftigungssystem in
Industrieländern maßgeblich mitgestalten, in den Vordergrund
gerückt. Die Lösung bestimmter Fragen, z.B. im Zusammenhang
mit Berufsbildern, ist ohne die direkte Mitwirkung der
Sozialpartner kaum umsetzbar. In besonderen Fällen muß sogar
die Zustimmung beider Partner vorliegen, wie noch darzulegen
ist. Deshalb ist es im Rahmen dieser Untersuchung wichtig
zu klären, wie sich die Situation der Sozialpartner in
Peru darstellt.

Für die Arbeitgeber-Organisationen ist von Hendrikson festgestellt worden, daß sie sich politisch sehr zurückhaltend
verhalten und daß sich ihre Aktivität im wesentlichen auf
die Wahrung ihrer Sektorinteressen beschränkt. Insgesamt
werden sie im wesentlichen durch folgende nationalen Ver-
bände repräsentiert (1):

- Sociedad Nacional de Industria            SNI
- Sociedad Nacional Agraria                 SNA
- Sociedad Nacional de Pesquería            SNP
- Sociedad Nacional de Minería y Petroleo   SNMP
- Confederación Nacional de Comerciantes    CONACO

Diese Organisationen zählen auch in- und ausländische Groß-
unternehmen zu ihren Mitgliedern und gelten schon deshalb
als die das Großkapital vertretenden Interessengruppen.
Dennoch kam es 1970 zu einer gewissen Annäherung von Revolutionsregierung und Arbeitgeber-Verbänden, als sich nämlich
beide Seiten zum "Intersektoriellen Komitee der wirtschaftlichen Bewegung gegen die Unterentwicklung" (comité
multisectorial del frente económico de acción contra el
subdesarrollo) zusammenschlossen. In gewisser Hinsicht
kommt diesem Zusammenschluß die gleiche Bedeutung zu wie in
der Bundesrepublik Deutschland der "Konzertierten Aktion",
wenngleich in Peru die Arbeitnehmer-Seite bei der Gründung
des Zusammenschlusses nicht vertreten war. Obwohl die
Arbeitgeber-Organisationen zumindest zum damaligen Zeitpunkt
den Gewerkschaften mit großem Mißtrauen gegenüberstanden,
haben es diese dennoch verstanden, sich zu etablieren und zu
einem maßgeblich mitbestimmenden Faktor zu entwickeln. Heute
bestehen auf nationaler Ebene folgende vier insbesondere
politisch unterschiedlich orientierte Konföderationen (2):

- Confederación de Trabajadores del Perú            CTP
- Confederación General de Trabajadores del Perú    CGTP
- Confederación Nacional de Trabajadores            CNT
- Central de Trabajadores de la Revolución Peruana  CTRP

Rechtsgrundlagen der peruanischen Gewerkschaften, die sich
nach englischem Vorbild orientiert haben, sind vor allem die
peruanische Verfassung von 1933, die Erklärung der Menschen-
rechte der Vereinten Nationen von 1948 und verschiedene Ab-
kommen der Internationalen Arbeitsorganisation. Gewerkschaftlich organisieren dürfen sich nur Arbeiter und Angestellte
mit Anstellungsverträgen nach Ablauf ihrer Probezeit und
Lehre. Einzelne Gewerkschaften können nur in Unternehmen
gebildet werden, sofern sich dabei jeweils wenigstens
zwanzig Mitglieder vereinen lassen. Eine Trennung nach Ange-
stellten und Arbeitern ist nicht erforderlich (3).

Zur Bildung einer der vier Konföderationen sind mindestens
zehn Föderationen, die ihrerseits wiederum mindestens fünf
einzelne Gewerkschaften vereinen müssen, notwendig (4).

In Anbetracht der Mitgliedsbedingungen (Anstellungsvertrag),
der hohen Zahlen von Arbeitslosen und Unterbeschäftigten
sowie der großen Zahl kleiner Betriebe überrascht es nicht,
daß in Peru nach allgemeinen Schätzungen nur ca. 25% - 30%
der Arbeitsfähigen gewerkschaftlich organisiert sind. Wie
die Abbildung 3 zeigt, haben sich die meisten Gewerkschaften
in der Industrie bzw. im Handwerk gebildet (5).

Abbildung 3: Verteilung der Gewerkschaften auf
Wirtschaftssektoren

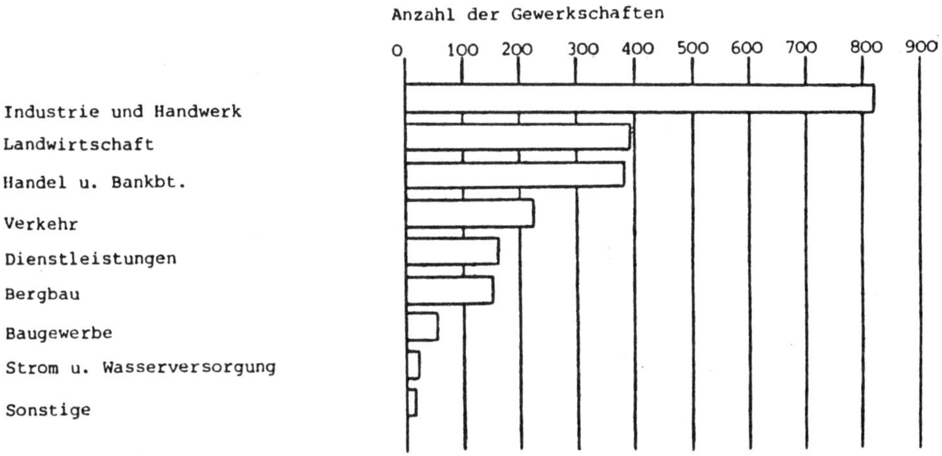

Anzahl der Gewerkschaften

Die absolut und relativ hohe Zahl von mehr als 800 einzelnen
Gewerkschaften im Sektor Industrie und Handwerk erklärt sich
vor allem durch die Gründungsbedingungen einer Gewerkschaft

(ab 20 Mitglieder eines Unternehmens) und die im Verhältnis
dazu große Zahl von Betrieben mit mehr als 20 Beschäftigten.
Die durch die Gewerkschaften ausgehandelten Lohn- und Gehalts-
tarife liegen in der Regel über den jeweils gesetzlich vorgeschriebenen Mindestlöhnen. Sie gelten allerdings nur für die
an den Verhandlungen beteiligt gewesenen Betriebe (6). Insgesamt ist die Arbeiterbewegung in Peru bis zum gegenwärtigen
Zeitpunkt zu sehr zersplittert und deshalb geschwächt. Die
Zuordnung der einzelnen Gewerkschaften zu den vier großen
Konföderationen, deren Unterschiede im wesentlichen politischer Natur sind, ist nicht immer genau zu bestimmen. Eine
einheitliche Dachorganisation, vergleichbar etwa dem Deutschen
Gewerkschaftsbund, fehlt ebenso, wie es andererseits keinen
Spitzenverband der Arbeitgeber-Organisationen gibt.

## 2.6 Zusammenfassung

Nach dem auch für die Regierung der Bundesrepublik Deutschland
maßgeblichen DAC-Verzeichnis der OECD gehört Peru zu den Entwicklungsländern. Obgleich Peru nicht zu den 28 ärmsten Entwicklungsländern zählt, sind viele seiner Strukturdaten zu
den Merkmalen, unter denen die Bevölkerungen in Entwicklungsländern leiden, im südamerikanischen Vergleich relativ un-
günstig. Das gilt besonders für den allgemeinen Lebensstandard,
der sich zudem durch das tendenziell wachsende Auseinander-
klaffen von Bevölkerungszunahme einerseits und Wachstum des
Pro-Kopf-Bruttosozialproduktes andererseits auch noch ständig
verschlechtert. Die Peru im Rahmen der öffentlichen Zusammenarbeit der DAC-Länder übertragenen Mittel erscheinen in Anbetracht der ungünstigen Strukturdaten vergleichsweise unangemessen niedrig. Der ständige Anstieg der Auslandsverschul-
dungen auf derzeit 7,7 Milliarden US-Dollar bedarf ebenso
dringend einer Lösung wie der ebenfalls zunehmende Abstand
von Preissteigerungsraten und Einkommenszuwächsen. Peru
dürfte diese die Existenzbedürfnisse der Bevölkerung betreffenden Probleme kaum allein lösen können. Dabei bieten auch
die eingeleiteten Reformmaßnahmen, die ihrer Natur nach durch-
weg erst langfristig wirksam werden können, kaum durch-
schlagende Hilfe. Es bleibt zu hoffen, daß die Reformen

selber, insbesondere jedoch die Bildungsreform, nicht in
Anbetracht der sehr schlechten wirtschaftlichen Lage auf-
gegeben werden.

Die seit dem 28. Juli 1821 unabhängige Republik Peru wird
seit dem 3. Oktober 1968 von einer Revolutionsregierung
der Streitkräfte regiert. Nach dem Statut der Revolutionsregierung, das die Verfassung von 1933 außer Kraft gesetzt
hat, werden die notwendigen Rechtsvorschriften der einzelnen
Reformen auf dem Wege von sogenannten Gesetzesverordnungen,
d.h. unter Ausschaltung des verfassungsmäßigen Gesetzgebungs-
weges, erlassen. Nach den derzeitigen Planungen der Revolutionsregierung sind politische Änderungen grundsätzlicher
Art, wenn überhaupt, nicht vor 1980 zu erwarten, da für
dieses Jahr allgemeine Wahlen angekündigt sind.

Peru ist mit 1.285.000 km$^2$ nach Brasilien und Argentinien
das drittgrößte Land Südamerikas und fünfmal so groß
wie die Bundesrepublik Deutschland. Es ist verwaltungsmäßig
in 23 Bezirke gegliedert und läßt sich geographisch in die
auch klimatisch unterschiedliche Küsten-, Gebirgs- und
Urwaldzone, die den weitaus größten Teil darstellt, einteilen.

Im Jahre 1977 hatte Peru knapp 17 Mio Einwohner, von denen
noch 1975 fast die Hälfte jünger als 15 Jahre war, wie
Tabelle 2 zeigt. Wiederum knapp die Hälfte der Einwohner
sind Indianer, gefolgt von einem großen Anteil von Mestizen
und relativ wenig Weißen. Neben Spanisch ist auch Quetschua
offizielle Landessprache. Die unterschiedliche rassische
Zugehörigkeit der Einwohner hat auch unterschiedliche Kultur-
kreise, Wertvorstellungen, Sitten und Mentalitäten zur Folge.
Die altersmäßig und rassisch kontrastreich aufgeteilte Bevölkerung wohnt zudem überwiegend in urbanen Ballungszentren.
Diese sich tendenziell fortsetzende ungünstige Entwicklung

einer ständigen Zunahme der städtischen und Abnahme der
ländlichen Bevölkerung ist nicht geeignet, der Verschlechte-
rung des allgemeinen Lebensstandards entgegenzuwirken.

Mit ca. 3,8 Mio Arbeitsfähigen bzw. -willigen stehen 28%
aller Peruaner dem Beschäftigungssystem zur Verfügung. Der
weitaus größte Teil ist in der Land- bzw. Forstwirtschaft
beschäftigt. Erst an dritter Stelle folgt der Sektor der
Industrie. Von diesen 28% der Peruaner sind nach offiziellen
Angaben lediglich 5,6% arbeitslos. In Anbetracht der Unge-
nauigkeiten der Angabe zur offenen Arbeitslosigkeit von
5,6% und der zusätzlichen Probleme der verdeckten Arbeitslosigkeit und der Unterbeschäftigung ist mit einem weitaus
höheren Wert für die Arbeitslosenquote in Peru zu rechnen.

Von Seiten des in Peru für das Beschäftigungssystem maßgeblich zuständigen Arbeitsministeriums werden an das
gesamte Bildungssystem grundsätzliche und weitreichende
qualitative und quantitative Forderungen erhoben. Das gilt
besonders für die berufliche Bildung, die sich danach
strukturell und inhaltlich weitgehend an den Erfordernissen
des Arbeitsmarktes auszurichten hat. Für die verschiedenen
Ausbildungsgänge wird gefordert, daß sich vor allem auch
ihre Ausbildungsdauer an den erforderlichen Qualifikationen
orientieren soll und daß für die Lehrberufe unbedingt genaue
Berufsbilder festzulegen sind.

Im Sektor der Industrie, der mit knapp einem Viertel am
peruanischen Bruttoinlandsprodukt beteiligt ist, sind
ca. 13% der älter als 15jährigen Peruaner beschäftigt. Er
ist mit insgesamt 95 Wirtschaftszweigen der am meisten
verzweigte aller Wirtschaftssektoren. Eine Verteilung der
Betriebe des Sektors auf vier verschieden große Betriebsgrößenklassen zeigt, daß ca. dreiviertel aller Betriebe
auf die Gruppe 5 - 19 Beschäftigte entfallen. Andererseits

arbeitet jedoch knapp die Hälfte der Beschäftigten in Betrieben der Großindustrie mit mehr als 100 Beschäftigten. Die Zuordnung der Betriebe zu den in Peru bestehenden verschiedenen Produktionsformen führt zu der auch in der Bundesrepublik Deutschland bekannten Einteilung in Handwerk und Industrie. In Peru ist diese Zweiteilung jedoch, im Gegensatz zur Bundesrepublik Deutschland, nicht so gravierend, daß das zu unterschiedlichen Rechtsgrundlagen geführt hätte. In der Bundesrepublik Deutschland ist z.B. die Berufsbildung für das Handwerk weitgehend in der Handwerksordnung und die in der Industrie maßgeblich durch das Berufsbildungsgesetz geregelt. Für die Belange der beruflichen Bildung und damit für diese Untersuchung ist die Zuordnung der peruanischen Industriebetriebe zu fünf Gruppen mit unterschiedlichen Produktionsformen aufschlußreicher als die Gruppeneinteilung nach Betriebsgrößenklassen.

Ebenso wie aus dem gesamten Beschäftigungssystem werden auch seitens des Industriesektors Forderungen an das Bildungssystem, insbesondere an die berufliche Bildung erhoben. Es wird insgesamt ein niedriges Bildungsniveau und Defizit an qualifizierten Arbeitskräften vor allem im kaufmännischen und technischen Bereich beklagt. In diesem Zusammenhang wird an dem eigens für die Ausbildung für den Industriesektor geschaffenen SENATI Kritik geäußert. Danach bildet der SENATI quantitativ und qualitativ am Bedarf vorbei aus. Seine Maßnahmen sind insbesondere auf die ihn finanzierenden Mittel- und Großbetriebe zugeschnitten. Das Angebot des SENATI ist nicht auf die in Peru bedeutungsvolle Gruppe der handwerklichen und Kleinbetriebe, die allerdings nur teilweise den SENATI finanzieren, abgestimmt.

Nach der geographischen Verteilung der Industriestandorte wird der weitaus größte Teil der gesamten Produktion und Handelsumsätze Perus an der Küste erstellt. Damit wird

verständlich, warum die Entwicklungsplanung der Revolutionsregierung für die Industrie u.a. eine Dezentralisierung der
Industriestandorte anstrebt.

Es zeigt sich, daß auch in Peru vom Beschäftigungssystem
weitreichende Forderungen an das Bildungssystem gestellt
werden. Soweit der industrielle Sektor davon betroffen ist,
sind die Konsequenzen aus diesen Forderungen vor allem vom
Arbeits-, Industrie- und Bildungsministerium gemeinsam zu
ziehen. Das wird in vielen Fällen sinnvoll nur in Zusammenarbeit mit den Arbeitgeber- und Arbeitnehmer-Organisationen
gesohehen können. Dabei könnte sich erschwerend auswirken, daß
sich weder die bestehenden fünf Spitzenverbände der Wirtschaft
noch die vier gewerkschaftlichen Konföderationen zu jeweils
einer Spitzenorganisation zusammengeschlossen haben. Andererseits bietet die Existenz dieser Organisationen die Möglichkeit, die angestrebten Reformen gemeinsam zu erörtern und
im Interesse aller zu realisieren.

## 3 Industrielle Berufsbildung bis zur Bildungsreform

### 3.1 Historischer Abriß

Die Bemühungen, ein auf die peruanischen Verhältnisse zuge-
schnittenes Bildungssystem zu erhalten, wie es heute in der
Bildungsreform konzipiert ist, reichen bis weit vor die Erlangung der Unabhängigkeit (1821), nämlich bis in die
Kolonialzeit (1531-1821) zurück. Darin war die Entwicklung
der Berufsbildung eingeschlossen.

Das gesamte Geschehen ist abwechslungsreich und ausgeprägt
verlaufen. Es wurde maßgeblich bestimmt von dem Versuch einer
Lösung von den aus Spanien importierten Einflüssen, die in
erster Linie die Aufrechterhaltung der Ansprüche einer kolo-
nialen Herrschaftsschicht zum Ziel hatten. Gleichzeitig ist
schon frühzeitig angestrebt worden, Peru auf die Erfordernisse der von Europa ausgegangenen industriellen Revolution
einzustellen. In diesen wirtschaftlich-industriellen Ände-
rungsprozeß war Peru insbesondere wegen seiner in Europa
benötigten Bodenschätze praktisch von Anfang an einbezogen.
Außerdem galt das Land als zukünftiger Absatzmarkt industri-
eller Erzeugnisse des Auslands.

Zu dieser für die Entwicklung eines eigenständigen peruanischen
Bildungssystems schwierigen Ausgangssituation kam noch die
exponierte Lage eines jungen, sehr kontrastreichen und wenig
entwickelten Landes hinzu.

Vor diesem Hintergrund wird es verständlich, daß alle Bemühungen um ein angemessenes Bildungssystem von dem Leitge-
danken getragen wurden, daß Peru sich in erster Linie nur
dann gesamtgesellschaftlich und wirtschaftlich weiterentwickeln könne, wenn es sich ein auf die besonderen Belange
des Landes, insbesondere das Beschäftigungssystem, abgestelltes Bildungswesen schafft und wenn es dies möglichst losgelöst

von äußeren, insbesondere europäischen Einflüssen aus
eigener Kraft realisiert.

Dieser wie ein roter Faden die gesamte Entwicklung durch-
laufende Leitgedanke ist zu allen Zeiten in Peru von allen
Initiatoren eines modernen peruanischen Bildungswesens mehr
oder weniger deutlich zum Ausdruck gebracht worden. Stell-
vertretend für die vielen Beiträge in diesem Zusammenhang
werden nachfolgend diejenigen Äußerungen wiedergegeben, die
den Sachverhalt besonders deutlich herausstellen oder deren
Autoren einen besonders starken Einfluß auf das Zustande-
kommen eines neuen Bildungssystems hatten. Das sind vor
allem José Carlos Mariátegui, Victor Raúl Haya de la Torre,
Carlos Cueto Fernandini, Antonio Pinilla und Fernando Romero (1).

Mariátegui setzt das Schaffen und damit die Arbeit als die
Bestimmung des Menschen an den Anfang, wenn er ausführt:
"Die Bestimmung des Menschen ist das Schaffen. Die Arbeit
ist Schaffung und damit Beitrag zur Befreiung. Der Mensch
verwirklicht sich in seiner Arbeit. Der Fehler vieler
Reformer bestand in ihrer abstrakt-idealistischen Methode,
in ihrem ausschließlich pädagogischen Dogma. Ihre Ideen
haben die enge Verbindung ignoriert, die zwischen der Wirtschaft und der Bildung bestehen. Sie haben versucht, dies
zu ändern, ohne daß ihnen Gesetzmäßigkeiten bekannt waren.
Die realistische moderne Orientierung war jedoch darüber
informiert, vor allem durch die Erfordernisse des Industrialismus. Nicht umsonst ist der Industrialismus, der durch seine
Konsequenzen beherrscht, das besondere Phänomen unserer Zivilisation. Er verlangt von den Schulen mehr Techniker als
Ideologen und mehr Ingenieure als Rektoren. Die Übereinstimmung
von Wirtschaft und Bildung offenbart sich konkret in den
Ideen der Pädagogen, die sich wahrhaft der Neuerung

der Schule widmen. Pestalozzi, Froebel u.a., die realistisch
für eine Neuerung gearbeitet haben, die berücksichtigt haben,
daß eine moderne Gesellschaft vor allem eine Gesellschaft von
Arbeitenden ist. Die Schule der Arbeit bedeutet einen neuen
Sinn von Bildung, ein eigenes Prinzip von einer Zivilisation
der Arbeiter" (2).

Haya de la Torre zielt auf die Problematik einer Übertragung
von Bildungsauffassungen zwischen Ländern mit grundlegenden
unterschiedlichen Verhältnissen, indem er feststellt: "Wenn man
die Methodologie (gemeint ist der historische Relativismus)
auf die zentrale Problematik anwendet: Die Verbindung
zwischen tatsächlicher nationaler Entwicklung und ihrer
Bemühung darum herzustellen, so ermöglicht das, den großen
Irrtum der Transplantation von Bildungsauffassungen zu vermeiden. Tatsächlich sind diese Auffassungen in anderen Ländern
mit unterschiedlichen geographischen, technologischen, kulturellen und ökonomischen Verhältnissen benutzt worden, und
nicht nur das, sondern auch in Funktion von eigenen, ursprünglichen Erlebnissen des betreffenden Volkes" (3).

Die in Europa verlaufenen Prozesse von Industrialisierung
und Demokratisierung veranlassen Fernandini zu der Auffassung,
daß sich Bildung sinnvoll nur in enger Anlehnung an die Erfordernisse der Gesellschaft entwickeln kann: "In den europäischen Ländern verliefen der Prozeß der Industrialisierung
und die Konsolidierung der Demokratie auf der Basis einer
Bildung im Hinblick auf die Arbeit und die spezifischen
Erfordernisse der Mittelklasse. Nur in einer engen Verbindung
von Bildungsanstrengungen und Erfordernissen der Gesellschaft,
wie z.B. die der Industrie und des Arbeitsmarktes in den verschiedenen Aspekten des öffentlichen und privaten Lebens,
kann die nationale Orientierung der Bildung gesehen werden"(4).

Pinilla greift einen nicht nur für Peru verhängnisvollen
entwicklungshemmenden Faktor auf, indem er der
aus Frankreich eingeführten Konzeption eines abstrakten
Auswendiglernens eine klare Absage erteilt: "Die pädagogische Idee der Enzyklopädisten ist beeinflußt gewesen von
der Unkenntnis des Wertes, der sich aus der Beziehung von
Bildung und Wirtschaft ergibt. Die Bildungsbemühungen sind
gegenüber den ökonomischen und sozialen Erfordernissen, an
denen sie hätten ausgerichtet werden müssen, fremd geblieben.
Man hat sie getrennt von der produktiven Arbeit und den
konkreten wirtschaftlichen und sozialen Notwendigkeiten der
Gemeinschaft. Während der republikanischen Zeit (nach 1821)
bestand keine Bildungsverwaltung, die mit einem klaren Konzept die Ziele im Primar-, Sekundar-, technischen und höheren
Bildungswesen im Rahmen eines nationalen Fortschrittes aufgezeigt hat. Das war vor allem Ergebnis der importierten Konzeption einer französischen, pädagogischen Enzyklopädie, die
mit der Beherrschung bloßer Information und der Fähigkeit,
Texte zu wiederholen, einer wahren Bildungsanstrengung im
Wege gestanden hat" (5).

Die Überzeugung, daß Peru sich vor allem durch ein angemessenes aus eigener Kraft geschaffenes Bildungssystem im
notwendigen Umfang entwickeln kann, kommt besonders deutlich
beim Gründungsdirektor des SENATI, Fernando Romero, zum Ausdruck: "Die Bildung ist für ein unterentwickeltes Land die
Atomenergie der Modernisierung. Sie kann alles verändern,
weil ihre Möglichkeiten enorm sind" (6). "Wenn ein Land
außerstande ist, das Bildungssystem zu entwickeln, das sein
Volk benötigt, verdient es keinen Respekt und ist nicht
würdig, zu den freien Nationen gezählt zu werden" (7).

Für ein weiteres Verständnis der Bemühungen um ein dem Land
angemessenes Bildungssystem, in das die berufliche Bildung
von Beginn an eingeschlossen war, sind einige wesentliche
Aspekte bzw. Ereignisse hervorzuheben. Damit soll keineswegs
eine lückenlose Betrachtung erfolgen, die den Rahmen dieser
Untersuchung ohnehin sprengen würde. Zudem sind entsprechende

Untersuchungen durchgeführt worden; so z.B. mit der Dissertation von Fernando Romero (8). Romero greift an einer anderen Stelle auf die Ergebnisse seiner Untersuchung zurück, wenn er ausführt: "Die spanischen Eroberer unter Franzisco Pizarro brachten ihre Bildungsrealitäten mit nach Peru. Es war das von Europa importierte System einer öffentlichen Bildung in religiösen Institutionen, das aus Reformation und Gegenreformation hervorgegangen war. Ohne ihre Ziele ablehnen zu wollen, hat dieser Import während vier Jahrhunderte einer dem Land angemessenen Entwicklung seines Bildungssystems im Wege gestanden. Wie bekannt ist, war für Spanien stets die Religion das integrale Element seiner Zivilisation. Sein Katholizismus konnte jedoch nicht auf ein Vizekönigreich, wie Peru es damals war, ohne weiteres übertragen werden. Peru war geographisch völlig anders und mit einer Minorität spanischer Abstammung gegenüber einer immensen indianischen Majorität bevölkert, die eine gegenüber der christlich-europäischen völlig fremde Zivilisation hatte. Erst als Peru 1821 die Unabhängikeit erlangt hatte, wurde daran gedacht, Bildung im Hinblick auf Demokratie zu vermitteln. Die ersten Bildungseinrichtungen, die diesen Orientierungswechsel erfuhren, waren die bestehenden Lateinschulen und die durch religiöse Orden geleiteten Bildungseinrichtungen. Das war im Vergleich zu Europa, wo diese Entwicklung bereits weitgehend abgeschlossen war, verspätet. Die maßgeblichen Stellen während unserer ersten republikanischen Jahre haben die Lektion ignoriert, die die nordamerikanische und französische Revolution erteilt hatte. Sie haben nicht begriffen, daß Demokratie ohne eine auf sie eingestellte Bildung wie ein Fisch ohne Wasser oder ein Vogel ohne Flügel ist" (9).

Außer der Umorientierung der bestehenden Einrichtungen kamen gleichzeitig Neueinrichtungen hinzu. 1837 wurde in Lima eine "theoretische und praktische Schule für Landwirtschaft,

Gartenbau und Botanik" gegründet. 1845 erging eine Verordnung über die Gründung von "Lehrlingsschulen in den Werkstätten der Handwerker". 1849 wurde ein Gesetz zur Schaffung von "Handwerksschulen" in den Bezirkshauptstätten mit
dem Ziel erlassen, daß sich die hilflosen Klassen selbst
helfen und sich für die Nation nützlich machen konnten.
Dieses Gesetz bedeutete die Geburt der technischen Bildung
in Peru. Die in ihm festgelegten Ziele haben mehr als 100 Jahre
lang die technische Bildung des Landes bestimmt. Die auf seiner Grundlage geschaffenen Schulen wurden entgegen der im
Gesetz festgelegten Benennung später, gemäß der in Frankreich
entstandenen "Ecole Centrale des Arts et Manufactures"
"escuelas de artes y oficios" benannt (Schulen für Handwerk
und Beruf). In diesen Schulen wurden Ingenieure, Architekten,
Meister und Facharbeiter ausgebildet. Die theoretische und
praktische Ausbildung dauerte - je nach Abschlußqualifikation -
bis zu vier Jahre (10).

Es vergingen 15 Jahre, bevor am 9.12.1864 die erste Schule
dieser Art in Lima eingeweiht werden konnte. In Anwesenheit
des damaligen Präsidenten Pezet, seiner Mitarbeiter und des
gesamten Diplomatischen Corps fand eine feierliche Einweihung
statt. Dabei wurde unter anderem von dem auch außerhalb seines
Heimatlandes bekannten Argentinier, Domingo Faustino Sarmiento,
eine Rede gehalten, in der u.a. folgendes zum Ausdruck kam:
"Mit den Schulen für Handwerk und Beruf, in denen Mathematik
angewandt auf die Handwerke gelehrt wird, wird Peru die Natur
beherrschen und seine verschiedenen natürlichen Reichtümer
fördern können. Das wird insgesamt mehr Reichtum bedeuten
als das Gold der Inkas, das Silber von Potosí oder der Guano
der Inseln. Diese Schulen sind Konsequenzen der Schlacht von
Ayacucho, an der unsere Väter teilgenommen haben" (11).

1924 wurde in Lima die erste Schule für die technische Bildung von Frauen eröffnet. 1927 folgte die Eingliederung der
kaufmännischen Bildung in das Sekundarschulwesen (12).

Das erste peruanische Bildungsgesetz von 1941 war der vorläufige Schlußpunkt der Bemühungen um ein dem Land angemessenes Bildungssystem. In ihm war bereits die technische Bildung
den anderen Bildungsarten gleichgestellt (13). In seinem
Kapitel VII, Titel I war die Schaffung einer "Abteilung für
technische Bildung" festgelegt (14). Am 10.8.1945 berief der
erste peruanische Bildungsminister, Jorge Basadre, Fernando
Romero als Leiter der neu gegründeten Abteilung für technische Bildung und beauftragte ihn, einen Plan für die
Reorganisation der technischen Bildung Perus zu schaffen (15).
Damit begannen die Aktivitäten, die im industriellen Sektor
zur Herauslösung der Berufsbildung aus dem übrigen Bildungssystem und 1961 zur Gründung des SENATI führten. Dieser für
die vorliegende Untersuchung besonders bedeutungsvolle Abschnitt (1941 - 1961) muß nun ausführlicher dargestellt
werden.

## 3.2 Nationaler Dienst für Berufsbildung (SENATI)

### 3.2.1 Entstehung und Zielsetzung

Mit Gesetz Nr. 13771 vom 19.12.1961 wurde der Servicio Nacional
de Aprendizaje y Trabajo Industrial (SENATI) als selbständige
juristische Person öffentlichen Rechts mit eigenem Vermögen
gegründet.

Als Ziel wurde festgelegt, daß er einen Beitrag zur Verbesserung der Situation der Arbeitnehmer der verarbeitenden
Industrie durch Lehrlingsausbildung, berufliche Fortbildung
und Spezialausbildung entsprechend den Erfordernissen der
wirtschaftlichen Entwicklung des Landes zu leisten habe (1).
Es dauerte fast fünf Jahre, bevor am 31.3.1966 mit dem Zentrum
in Lima das erste Berufsbildungszentrum vom damaligen peruanischen Präsidenten, Fernando Belaúnde Terry, eingeweiht
werden konnte. Eine Luftbildaufnahme des unmittelbar an der
Amerika durchziehenden panamerikanischen Straße (Panamericana)
gelegenen SENATI-Geländes in Lima ist als Anlage 9 beigefügt (2).

Die Bestrebungen, die zur Gründung des SENATI führten, gehen
bis in die Zeit nach Erlaß des ersten Bildungsgesetzes (1941)
zurück.

Wie bereits ausgeführt wurde, übernahm Fernando Romero die
Leitung der durch das Bildungsgesetz von 1941 geschaffenen
Abteilung Technische Bildung des Bildungsministeriums. Ein
maßgeblicher Teil seiner Arbeit war die Erstellung eines
Planes für die Reorganisation der technischen Bildung in Peru.
In diesem Zusammenhang wurde im Jahre 1945 auf Initiative
Romeros ein nationales Komitee für technische Bildung
(comité consultivo nacional de educación técnica) gegründet.
In dem Komitee wurde erstmals versucht, die Probleme der
Berufsbildung in enger Zusammenarbeit mit der Privatindustrie
zu lösen (3). Gleichzeitig begann die Arbeit des peruanisch-
nordamerikanischen kooperativen Dienstes für Bildung
(servicio cooperativo peruano-norteamericano de educación)
unter Leitung des kalifornischen Pädagogen J. Graham
Sullivan (4). Von 1945 bis 1947 vervierfachte die Regierung
die Haushaltsmittel für technische Bildung. Die Anzahl der
Schüler dieses Bereiches konnte verfünffacht werden (5). Im
Jahre 1946 bestanden sieben polytechnische Schulen, 27 landwirtschaftliche Schulen, 37 industrielle Schulen für Jungen
und 16 für Mädchen, 15 Handelsschulen und 8 vorberufliche
Schulen (6). Mit Beginn der 50er Jahre entstanden eine Reihe
von Berufsbildungseinrichtungen, die sich um eine moderne,
den Erfordernissen des Landes angepaßte Berufsbildung be-
mühten (7), so z.B. das Institut für die Ausbildung von
Lehrern an technischen Sekundarschulen (escuela normal
superior "CANTUTA") in Lima, die Lehrlingsausbildungsstätte
"Jesus obrero" in Comas bei Lima, die Technische Sekundar-
schule "San Juan Bosco" in Puno, drei u.a. mit Unterstützung
des Deutschen Gewerkschaftsbundes errichtete Berufsbildungsstätten in den Andenorten Huancayo, Taraco und Chucuito,
die Technologieschule (escuela de tecnología) innerhalb der
Universität für Ingenieurwissenschaften und das französisch-
peruanische Technische Institut, beide in Lima.

Aus den Diskussionen, die bei der Suche um ein nationales
Selbstverständnis der peruanischen Berufsbildung geführt
wurden, hebt sich eindeutig die Ausrichtung der Ziele der
Berufsbildung an den ökonomischen und sozialen Bedürfnissen
des Landes ab. Dabei wird jedoch keineswegs die Bedeutung
der auf den einzelnen gerichteten Zielsetzung außer acht
gelassen. Es ist vor allem Romero, der auch hierzu richtungs-
weisende Impulse gegeben hat (8). So stellt er selbst die
Frage, ob technische Bildung humanistisch oder technisch-
beruflich zu orientieren sei. Humanismus und Technik,
humanistische Bildung und technische Bildung sind für ihn
keine unversöhnliche Gegensätze, sondern notwendige Aspekte
der sozialen Strukturen.

Die ausgeprägte Orientierung der Berufsbildung an den Erfordernissen des Beschäftigungssystems äußert sich auch in der
Anerkennung des wirtschaftlichen Aufstiegs einiger Industrieländer, insbesondere der Bundesrepublik Deutschland und Japans.
Es kommt mehrfach zum Ausdruck, daß die auf das jeweilige
Wirtschaftssystem dieser Länder abgestellte Berufsbildung
letztlich für den wirtschaftlichen Aufschwung als grundlegend gesehen wird. Deshalb hat Romero in einem Schaubild,
das als Anlage 10 beigefügt ist, die typische Berufsbildung
eines entwickelten Landes derjenigen Perus gegenübergestellt
(9). In der Analyse des Schaubildes wird hervorgehoben, daß
die Allgemeinbildung, auf der die Berufsbildung aufbaut,
in entwickelten Ländern umfangreicher ist und daß die Summe
aus allgemeiner und beruflicher Bildung in entwickelten
Ländern erheblich größer als in Peru ist (10).

Im Anschluß an das vorstehend erwähnte 1945 gegründete technische Komitee, das nur einige Jahre tätig war, entstand die
für die Berufsbildung ebenfalls bedeutungsvolle Industrielle
Stiftung (Patronato Industrial). Auf Initiative der Stiftung
leitete Fernando Romero 1958 den ersten Fortbildungslehrgang
von neun Monaten für Meister der verarbeitenden Industrie.

Auf Anordnung der Regierung wurde die Stiftung 1959 aufgelöst.
Hauptursache für die Auflösung waren die unüberbrückbaren
Meinungsverschiedenheiten zwischen der Stiftung und den für
technische Bildung verantwortlichen staatlichen Stellen über
die Methoden der Lehrlingsausbildung und der beruflichen Fortbildung für die Industrie. Staatlicherseits sollte die schulische polytechnische Bildung ohne betriebliche Ausbildungsabschnitte beibehalten werden. Nach den Vorstellungen der
Industrie sollten die Lehrlinge jedoch nur während der Hälfte
ihrer Ausbildungszeit in einem Polytechnikum, die andere
Hälfte in einem Betrieb ausgebildet werden. Die Auffassung
der Industrie stützte sich vor allem auf die Erfahrungen des
1940 in Brasilien gegründeten SENAI und der anschließenden
Gründung des SENA in Kolumbien.

Die Bestrebungen der Industrie fanden Ausdruck im Industrie-
förderungsgesetz vom 30.11.1959 (ley No. 13270). In dessen
Artikeln 33 und 36 wurden steuerliche Abschreibungsmöglich-
keiten für Investitionen im Zusammenhang mit der Einrichtung
und dem Unterhalt von Berufsbildungsstätten und der Förderung
der für die Industrie notwendigen Arbeitskräfte festgelegt (11).
Um diese neuen gesetzlichen Vorschriften, die den Berufsbil-
dungsabsichten der Industrie sehr entgegen kamen, gangbar zu
machen, wurde 1960 die Kommission für Technische Bildung
(Comisión de Educación Técnica) gegründet. Unter Leitung von
Alejandro Tabini erstellte diese Kommission den Entwurf des
Gesetzes Nr. 13771, mit dem der SENATI 1961 gegründet wurde.

Inzwischen ist die Fassung des Gesetzes von 1961 mehrfach geändert worden. Neue Artikel wurden hinzugenommen, andere im
Wortlaut geändert oder ersatzlos gestrichen. Diese Änderungen
wurden insbesondere notwendig durch die Gesetze Nr. 18983 vom
12.10.1971, Nr. 19619 vom 21.11.1972 und Nr. 20631 vom
4.6.1974. Die sich daraus ergebende Fassung vom 4.6.1974 ist
als <u>Anlage 11</u> beigefügt. Weitere Modifikationen des Gründungsgesetzes dürften auch künftig notwendig werden, so z.B.

durch die Gründung der verselbständigten Berufsbildung für
den Sektor Tourismus durch CENFOTUR, das ab 1978 die Berufsbildung dieses Sektors übernimmt (12). Vorher lag dessen
Berufsbildung im Aufgabenbereich des SENATI, was u.a. auch
zur Änderung der ursprünglichen Bezeichnung des SENATI geführt hatte.
Es muß hier darauf hingewiesen werden, daß die Darlegung
aller Aspekte des SENATI durch das Gründungsgesetz alleine
nicht möglich ist. Dafür wäre eine große Zahl weiterer
Rechtsnormen heranzuziehen, was allerdings den Rahmen dieser
Untersuchung sprengen würde. So wurde z.B. anläßlich der
Evaluierung, d.h. Bewertung des Zwei-Jahresplanes 1975-1976
des SENATI durch dessen Planungsabteilung insgesamt 28 Rechts-
und Planungsgrundlagen, die alle für den SENATI Bedeutung
haben, herangezogen (13).Bei näherer Einsicht in diese Zusammenhänge entsteht der Eindruck, daß dieser gesamte Komplex
eine eigene Untersuchung erforderlich macht. Für den Fortgang
der vorliegenden Untersuchung können nur die im Hinblick auf
deren Zielsetzung relevanten Sachverhalte berücksichtigt
werden.

## 3.2.2 Organisatorischer Aufbau

Der organisatorische Aufbau des SENATI ist in seinen Grundzügen in den Artikeln 8 - 12 des als Anlage 11 beigefügten
Gesetzes Nr. 13771 festgelegt. Danach bestehen auf nationaler
Ebene:
- der Nationalrat (Consejo Nacional)
- die Nationaldirektion (Dirección Nacional)

und auf regionaler Ebene:
- die Regionalräte (consejos regionales)
- die Regionaldirektionen (direcciónes regionales)

Mitglieder des Nationalrates sind:
- der vom Minister für Industrie und Tourismus
  ernannte Präsident
- zwei Vertreter des Ministeriums für Industrie und
  Tourismus

- ein Vertreter des Bildungsministeriums
- ein Vertreter des Arbeitsministeriums
- ein Vertreter des nationalen Planungsinstituts
- ein Vertreter der Universität für Ingenieurwissenschaften
- ein Vertreter der Arbeitgeberorganisationen des
  Industriesektors
- ein Vertreter der industriellen Gemeinschaftsunternehmen
- ein Vertreter der Beschäftigten des SENATI
- ein Vertreter der Arbeitgeberorganisationen des
  Hotel- und Gaststättengewerbes
- ein Vertreter der Beschäftigten des Hotel- und
  Gaststättengewerbes

Durch die Verselbständigung der Berufsbildung bei CENFOTUR
seit 1978 dürften die beiden zuletzt genannten Vertreter
wohl ausgeschieden sein.

Die Nationaldirektion wird vom Nationaldirektor geleitet und
gliedert sich in die Organisationseinheiten, wie sie im
SENATI-Statut festgelegt sind. Das Organisationsschema
1975 - 1976 ist im Anhang als Anlage 12 beigefügt.

Die verschiedenen dezentralisiert einzurichtenden Regionalräte kommen durch Beschluß des Nationalrates zustande. Die
Organisation auf regionaler Ebene entspricht weitgehend derjenigen auf nationaler Ebene. Bislang bestehen neben dem
Nationalrat und der Nationaldirektion auf regionaler Ebene
die jeweils entsprechenden Einrichtungen für das Zentrum
des Landes in Lima, den Norden in Chiclayo und den Süden in
Arequipa. Nachfolgende Abbildung vermittelt einen Einblick
in die Einzugsbereiche der drei genannten regionalen
Zentren (14).

Abbildung 4: Regionalzentren des SENATI

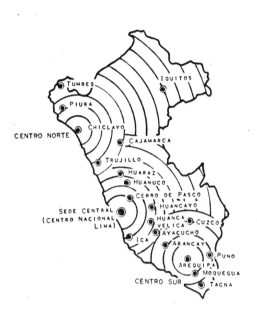

SENATI
CENTRO REGIONAL DEL NORTE
(CHICLAYO)
CENTRO REGIONAL DEL SUR
(AREQUIPA)
CENTRO NACIONAL - LIMA

Es würde hier zu weit führen, der Organisationsstruktur des SENATI, wie sie vorstehend lediglich in Grundzügen dargestellt ist, in allen Einzelheiten nachzugehen. Dazu müßte vor allem das Statut des SENATI herangezogen werden. Für die Zielsetzung vorliegender Untersuchung sind diese Zusammenhänge jedoch nicht von besonderer Bedeutung. Erwähnung finden sollten allerdings die den Nationalrat in seiner Arbeit unterstützenden beratenden Kommissionen (comisiónes consultivas). Im Jahre 1974 bestanden bereits folgende vier beratenden Kommissionen (15):

- für die Politik des SENATI
- für Ausbildungsfragen
- für Finanzierungsfragen
- für Kontrollmaßnahmen

3.2.3 Finanzierung

Für das Verständnis des SENATI, insbesondere seiner Maßnahmen,
ist seine Finanzierung, d.h. Herkunft und Verteilung der Mittel
von großer Bedeutung. Die Grundzüge dafür sind in den Artikeln
3 - 5 in der als Anlage 11 beigefügten modifizierten Fassung
des Gründungsgesetzes Nr. 13771 festgelegt. Danach erhält der
SENATI monatlich 1,5% der Lohn- und Gehaltssummen derjenigen
verarbeitenden Industrieunternehmen, die während eines Jahres
einen täglichen Durchschnitt von mehr als 15 Beschäftigten
haben. Hierbei werden als Bemessungsgrundlage jeweils nur
24.000 Soles pro Lohn- bzw. Gehaltsempfänger als Grundlage
berücksichtigt. Weitere Einkünfte können sich für den SENATI
aus Schenkungen, Nachlässen, Subventionen und freiwilligen
Beiträgen ergeben. Für die Pflichtbeiträge kommen nur diejenigen Unternehmen öffentlichen oder privaten Rechts in
Frage, bei denen üblicherweise Arbeiten anfallen, die gemäß
der Internationalen Standardklassifikationen der Berufe, der
IAO, zur verarbeitenden Industrie zählen. Ende 1975 trugen
insgesamt 2.207 Unternehmen zur Finanzierung des SENATI bei.
Davon entfielen 275 auf die Nord-, 1.895 auf die Zentral-
und 137 auf die Südregion (16). Diejenigen Unternehmen, die
über die vorstehend dargelegte Abgrenzung der Tätigkeiten
hinaus noch zusätzliche andere Tätigkeiten ausüben, werden
nur insoweit für die Beitragszahlungen herangezogen, wie auf
sie die Kriterien der verarbeitenden Industrie zutreffen.

In Artikel 14 ist festgelegt, daß 80% der Einkünfte auch für
die Region eingesetzt werden müssen, von der sie aufgebracht
wurden.

Weitergehende Finanzierungsmodalitäten, insbesondere die
Einziehung der Mittel und Sanktionen bei verspäteter oder
unterlassener Zahlung, sind in dem bereits erwähnten
SENATI-Statut geregelt. Ihre Darlegung ist für die Ziele
dieser Untersuchung entbehrlich. Darüber hinaus entsteht
bei näherem Einblick in diese Zusammenhänge der Eindruck,
daß auch dieses Thema eine eigenständige Untersuchung

erforderlich macht. Das wird u.a. auch dadurch deutlich,
daß der SENATI in der Regel keine Steuern zahlt und daß
von ihm solche Erzeugnisse, die nicht in Peru hergestellt
werden, zollfrei eingeführt werden können (Artikel 18). Die
gesamte Finanzierungsregelung des SENATI muß dabei im Einklang stehen mit den entsprechenden Vorschriften des Bildungsgesetzes von 1972. Daß es dabei zu Schwierigkeiten
kommen kann, wird aus einer Presseveröffentlichung von 1976
deutlich, in der die privaten Unternehmen eine Revision der
Finanzierungsregelungen der Bildungsreform, insbesondere des
Artikels 2o4 des Bildungsgesetzes fordern (17).

Nachfolgend wird ein Überblick über einige ausgewählte Daten
zur finanziellen Situation des SENATI gegeben.

Das Vermögen der Institution betrug am 31.12.1974:
556.539.487 Soles, während es am 31.12.1972 noch 324.694.529
Soles waren (18).

Im Jahre 1975 standen insgesamt 411.869.000 Soles an Haus-
haltsmitteln zur Verfügung. Aus der als Anlage 13 beigefügten Aufstellung geht hervor, daß von diesem Betrag
282.940.000 Soles für laufende Kosten und der Rest für Investitionen, insbesondere den Bau von Gebäuden aufgewendet
wurden. Der größte Teil der laufenden Kosten entfiel in
dieser Zeitspanne auf das mit der Lehrlingsausbildung
befaßte Personal (19).

## 3.2.4 Maßnahmen

Die vom SENATI seit seiner Gründung eingerichteten Maßnahmen
stehen im Einklang mit der ursprünglichen Zielsetzung, wie
sie im Gründungsgesetz von 1961 festgelegt ist. An der Festlegung dieser Zielsetzung war der spätere erste Direktor des
SENATI, Fernando Romero, maßgeblich beteiligt. Auf seine
insgesamt große Bedeutung in diesem Zusammenhang ist bereits
bei der Darstellung der Entstehung und Zielsetzung des SENATI
eingegangen worden.

Es verwundert nicht, daß Romero seine geradezu leidenschaft-
liche Forderung nach einer selbst zu schaffenden, auf die
peruanischen Belange abgestimmten beruflichen Bildung für die
Industrie noch einmal für die gesamte Arbeit des SENATI brenn-
punktartig zusammengefaßt und konkretisiert hat.

Als Orientierungsgrundlage der Arbeit des SENATI, die 1966
in Lima begonnen wurde, sind im Jahre 1965 von ihm deshalb
"Prinzipien, Methoden und Techniken der Lehr-, Vervollkomm-
nungs- und Spezialkurse" festgelegt worden. Diese Orientierungsgrundlage wurde vom SENATI u.a. in die deutsche Sprache
mit dem Ziel übersetzt, die am Aufbau der Institution beteiligten deutschen Stellen von Beginn an in die Gesamtziel-
setzung zu integrieren. Im Vorwort dazu wird noch einmal die
Unzulänglichkeit des Bildungssystems als Ausgangslage herausgestellt. Die Notwendigkeit einer Abkehr von europäischen
Modellen unter gleichzeitiger Einbeziehung der dort entwickelten modernen Technologien wird ebenso verdeutlicht wie
die Tatsache, daß alle Maßnahmen insbesondere auf die Belange
der peruanischen Industrie abzustellen sind. Für das Verständnis der gesamten Arbeit des SENATI erscheint es angebracht,
Romeros eigenen vom SENATI in die deutsche Sprache übersetzten
Worten, wie sie in dem Vorwort niedergelegt sind, zu folgen.
Die Übersetzung hat der Verfasser vorliegender Untersuchung
im Hinblick auf eine sinngemäßere Übersetzung geringfügig
geändert (1):

"Obwohl Peru im Jahre 1821 eine unabhängige Regierung annahm,
befinden wir uns bis heute bei unserem Erziehungssystem noch
innerhalb eines Kolonialsystems, das wir uns selbst freiwillig auferlegt haben. Die Erziehungsgrundlagen gleichen
denen Europas. Die Studienpläne und Programme wechseln nach
den Sonderheiten in jenen Ländern, und ganz allgemein wenden
wir bei einer Nation, in der der Durchschnitt der Schulzeit
nicht einmal zwei Jahre erreicht, eine Erziehungsphilosophie
an, die in Ländern entwickelt worden ist, in denen Jahrhunderte vor der christlichen Aera sich die Formen der griechisch-
lateinischen Zivilisation bildeten, die zur Grundlage der
heute in der Welt gültigen diente.

Wir wagen nicht zu verallgemeinern. Aber was unser Land angeht, so ist die bestehende Erziehungskrise, die, obwohl wir seit 144 Jahren unser Volk erziehen, täglich gefährlicher wird, ein Beweis, daß die bis jetzt von uns angewandten Systeme kein günstiges Ergebnis gebracht haben.

Es ist nicht unsere Aufgabe, vergleichende Erziehungsstudien zu machen. Wenn wir die vorstehenden Tatsachen erwähnten, dann nur, um darzulegen, daß sich unsere Institution ganz bewußt ist, daß man in unserer Umwelt die sklavische Nachahmung auswärtiger Methoden nicht wiederholen kann. Dies würde unweigerlich zum Mißerfolg führen, weil jene Methoden uns nicht erlaubten, unsere Mission zu erfüllen.

Wenn wir den besonderen Fall des SENATI betrachten, so glauben wir, daß kein wie immer gearteter Grund besteht, der uns zwingt, die europäischen Modelle der berufsmäßigen Ausbildung im mittleren Rahmen, d.h. Facharbeiter und Meister, die im allgemeinen einen Kurs von drei Jahren Dauer umfaßt, zu übernehmen. Ein solches Modell ist ausgezeichnet für Länder, in denen es ein gut organisiertes Arbeitspotential gibt, mit hunderten von geeigneten Technikern, Vorarbeitern, qualifizierten und halbqualifizierten Arbeitern.

Um dieses Arbeitspotential in genügender Stärke zu erhalten, ist es notwendig, neue Menschen vorzubereiten, deren Anzahl einmal von dem erforderlichen Ersatz und zum anderen von der steigenden Weiterentwicklung abhängt. Dieses ist aber in Peru nicht der Fall. Wegen des Mißerfolges des offiziellen technischen Erziehungssystems müssen wir die oben angeführten Gruppen erst einmal gleichzeitig heranbilden. Außerdem können wir uns nicht erlauben, langsam vorzugehen. Zwei Phänomene, auf die wir keinen Einfluß haben, stehen dem entgegen: das explosive Anwachsen der Bevölkerung, das uns dazu zwingt, viele Beschäftigungsmöglichkeiten zu schaffen, und ein industrielles Wachstum, das, verglichen mit dem, was seit 20 Jahren geschieht, ebenfalls fast explosiv ist.

Wir sind zu dem Schluß gekommen, daß wir mit den jetzt
gebräuchlichen Erziehungsformeln zur Erfüllung unserer
Mission in Gegensätze und Konflikte geraten würden. Deshalb
haben wir uns entschlossen, Prinzipien, Methoden und technische Grundsätze anzuwenden, die den üblichen Spielregeln
der klassischen Form der technischen Erziehung im mittleren
Rahmen durchaus entgegengesetzt sind.

Dabei wollen wir keineswegs andere beeinflussen, unserem
Weg zu folgen. Wir sind aber ganz sicher, daß dieser der
verarbeitenden Industrie unseres Landes im gegenwärtigen
Augenblick den besten Erfolg verspricht, denn er entspricht
den Prinzipien, die alle Tätigkeiten des SENATI bestimmen:
durch entsprechende Ausnutzung der Kenntnisse und der Erfahrung des peruanischen Personals des SENATI das zu tun,
was Peru nötig braucht, um das peruanische Problem zu
lösen.

Nun bedeutet dies keineswegs, daß wir, bei aller Bescheiden-
heit, nicht bereit wären, Anregungen und Kritiken des Auslandes anzunehmen. Es bedeutet sogar mehr. Wie aus dem Folgenden ersichtlich, haben wir alle nur möglichen Vorsichtsmaß-
regeln getroffen, um eine integrale Arbeit, besser gesagt:
eine Gemeinschaftsarbeit, mit den verschiedenen Gruppen der
ausländischen Experten, die mit dem SENATI zusammenarbeiten
werden, zu programmieren. Es ist absolut notwendig, daß der
Leser begreift, daß in unserem staatlichen Institut eine
Erfahrung anfängt, die vielleicht einzig in der Welt ist:
verschiedene Gruppen von Instrukteuren aus den verschiedenen
Ländern, ..., die ihre eigenen Werkzeuge und Maschinen be-
nutzen und ebenso die gleichen Methoden und nationalen
Techniken ihrer Ursprungsländer anwenden werden, tragen auf
ihren Schultern die Verantwortung für die kooperativen
Programme zur Heranbildung von Spezialisten. So wie wir
ihnen die größtmögliche Aktionsfreiheit erlauben werden,

welche mit den technischen und verwaltungsmäßigen Grund-
sätzen, die alle Arbeit des SENATI bestimmen, vereinbar ist,
so bietet sich uns die Gelegenheit, auf sichere Art die Möglichkeiten dieser Methoden und Techniken kennenzulernen und
die Art, wie sie sich auf die menschliche und industrielle
Wirklichkeit Perus auswirken. Wenn wir dann am Ende der
Versuchszeit, die zwischen einem und fünf Jahren schwankt,
feststellen werden, daß jene Methoden geeigneter als die
unsrigen sind, dann sind wir bereit, diese in ihrer Gesamtheit für uns zu übernehmen."

Diese Ausführungen bringen u.a. noch einmal deutlich zum
Ausdruck, daß Peru sich in erster Linie selbst bei der
Lösung der anstehenden Probleme helfen muß und daß dabei
ausländische Hilfe nur im unbedingt notwendigen Umfang einbezogen werden soll. Die Situation, die sich aufgrund dieser
Auffassung ergeben hat, dürfte zumindest zum damaligen Zeitpunkt ein Novum gewesen sein; man könnte sagen "ein berufsbildender Modellversuch". Die Maßnahmen begannen im SENATI-
Zentrum in Lima gleichzeitig. Zu einem Teil jedoch unter
alleiniger peruanischer Leitung sowohl in organisatorisch-
administrativer als auch technisch-pädagogischer Hinsicht.
In einem anderen Teil lag lediglich die organisatorisch-
administrative Leitung in peruanischer Verantwortung; die
technisch-pädagogische Leitung lag hierbei in deutschen,
schweizer, niederländischen, englischen und dänischen Händen.
In einigen Fällen wurde sogar von diesen Ländern in den
gleichen Ausbildungsberufen ausgebildet.

Der in allen Belangen peruanisch geleitete Teil der Ausbildung, der von Beginn an mit der Beratung durch Experten der
IAO rechnen konnte, umfaßte den weitaus größten Teil der Auszubildenden. Er hatte es insofern auch am schwersten.

Es war für den Verfasser, der die Anfänge des SENATI deutscherseits miterlebt und mitgestaltet hat, beeindruckend, wie
zielstrebig der eigenständige peruanische Weg weiterentwickelt wurde und wie objektiv und aufmerksam dabei die Sonderheiten der anderen Nationen, zu denen später noch

zahlreiche weitere hinzukamen, geprüft und soweit wie möglich auch übernommen wurden. Hierzu könnte eine Fülle von
Beispielen aufgeführt werden. Interessanterweise entwickelte
sich dabei nicht nur eine Art Konkurrenzsituation zwischen
den Methoden der Industrieländer einerseits und denen des
SENATI andererseits, sondern auch innerhalb der Industrieländer.

Es war insgesamt für alle Beteiligten ein lehrreicher Prozeß
und ein Ansatz, der sich für Peru deshalb als richtig erwiesen
hat, weil die ausländischen Erfahrungen sinnvoll in das eigene
Vorgehen integriert werden konnten.Es wäre zu wünschen, daß die
vielen, in regelmäßigen Sitzungen miteinander erörterten Lö-
sungsmöglichkeiten für die jeweils anstehenden Probleme in
einer Art Begleitbericht eines Modellversuchs nachvollzogen
werden könnten.

Im Anschluß an die vorstehenden Ausführungen Romeros wird nachfolgende von den beiden Nordamerikanern Allen und Richards
entwickelte mathematische Formel erörtert, die als Grundlage
für die anlaufenden Maßnahmen herangezogen worden ist (2):

$$L = G + T + I + (U + Mo)$$

In dieser Formel bedeuten:

L  -  berufliche Leistungsfähigkeit
G  -  handarbeitliche Geschicklichkeit
T  -  Technologisches Fachwissen
I  -  zusätzliche Informationen
U  -  Urteilsfähigkeit
Mo -  hohe Moral

Diese Faktoren werden anschließend nach Auffassung des SENATI
im Hinblick auf die Lage der allgemeinen Erziehung in Peru
mit wechselnder prozentualer Verteilung verschiedenen Kategorien von Beschäftigungen zugeordnet. Diese Verteilung ist
als Tabelle 7 wiedergegeben (3):

Tabelle 7: Berufliche Leistungsfähigkeit und
Beschäftigungskategorien

| KATEGORIE: | Handwerkl. Geschick- lichkeit | Techno- logie | Zusätzl. Informa- tionen | Urteils- fähig- keit | Moralische Faktoren der Persönlichkeit | TOTAL |
|---|---|---|---|---|---|---|
| | % | % | % | % | % | % |
| Arbeiter mit Grundschulung | 50 | 15 | 25 | 5 | 5 | 100 |
| Arbeiter mit fortgeschritte- ner Schulung (weitfassend) | 35 | 35 | 10 | 10 | 10 | 100 |
| Spezialarbeiter | 40 | 30 | 10 | 10 | 10 | 100 |
| Qualifizierter Arbeiter | 30 | 30 | 10 | 15 | 15 | 100 |

Für die Werte der prozentualen Verteilung wird ausgeführt,
daß diese auf die Situation Perus bezogen sind. Diese grundlegenden anfänglichen Orientierungsdaten haben insbesondere
zu der nachfolgend erläuterten Lehrlingsausbildung und der
Berufsbildung von Beschäftigten, die in Zentren sowie in Betrieben erfolgt, geführt. Die Berufsbildung in mobilen Berufsbildungsstätten, die Ausbilderausbildung und die technische Beratung kamen später als notwendige flankierende
Maßnahmen hinzu. Mit diesen Maßnahmen erfaßt der SENATI alle
Stufen der Beschäftigungspyramide des industriellen Sektors,
wie das auch in Abbildung 5 zum Ausdruck kommt (4).

Abbildung 5: Beschäftigungspyramide und Maßnahmen des SENATI

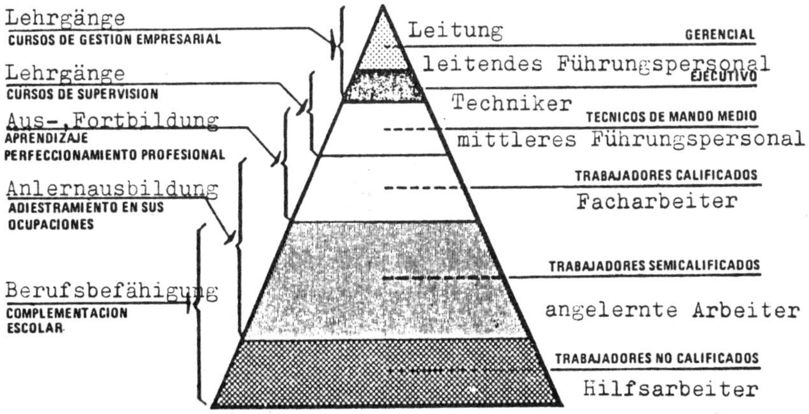

Lehrgänge
CURSOS DE GESTION EMPRESARIAL

Lehrgänge
CURSOS DE SUPERVISION

Aus-,Fortbildung
APRENDIZAJE
PERFECCIONAMIENTO PROFESIONAL

Anlernausbildung
ADIESTRAMIENTO EN SUS
OCUPACIONES

Berufsbefähigung
COMPLEMENTACION
ESCOLAR

Leitung                     GERENCIAL
leitendes Führungspersonal  EJECUTIVO
Techniker
            TECNICOS DE MANDO MEDIO
mittleres Führungspersonal

            TRABAJADORES CALIFICADOS
Facharbeiter

            TRABAJADORES SEMICALIFICADOS
angelernte Arbeiter

            TRABAJADORES NO CALIFICADOS
Hilfsarbeiter

### 3.2.4.1 Lehrlingsausbildung

Die Lehrlingsausbildung, die sich an Jugendliche vor der
Aufnahme eines Beschäftigungsverhältnisses richtet, hat für
den SENATI gemäß seiner ursprünglichen Zielsetzung von Anfang
an im Mittelpunkt gestanden. Ihre besondere Bedeutung kommt
auch in den dafür bestehenden gesetzlichen Grundlagen zum Ausdruck. Auf diese wird wegen ihrer fundamentalen Bedeutung für
die vorliegende Untersuchung in einem eigenen Abschnitt eingegangen. An dieser Stelle kann daher auf weitergehende Ausführungen zur Lehrlingsausbildung verzichtet werden.

### 3.2.4.2 Berufsbildung von Beschäftigten in Zentren

Die Berufsbildung von beschäftigten Arbeitnehmern
(perfeccionamiento de trabajadores en servicio - PTS) richtet
sich im Gegensatz zur Lehrlingsausbildung an bereits im Berufsleben stehende Erwachsene. Diesen wird in Tages- und Abend-
lehrgängen in den Zentren des SENATI Gelegenheit geboten, die
für ihre Arbeit erforderlichen Fertigkeiten und Kenntnisse
zu erwerben bzw. zu erweitern. Durch diese Lehrgänge soll
insbesondere das Nachholen der Abschlüsse der Lehrlingsausbildung ermöglicht werden. Der Inhalt der Lehrgänge
ist daher weitestgehend auf die Inhalte der Lehrlingsausbildung abgestellt.

Je nach Dauer der einzelnen Berufsbildungsgänge für Lehrlinge sind die Tages- oder Abendlehrgänge für Beschäftigte in
mehrere Ausbildungsmodule (módulos) von jeweils 90 Stunden
aufgeteilt. Die kürzeste Ausbildung besteht aus insgesamt
14 Modulen (14 x 90 Stunden), die längste aus 27 Modulen
(27 x 90 Stunden) (5). Der erfolgreiche Abschluß eines
einzelnen Ausbildungsabschnittes wird durch ein Zeugnis
bescheinigt. Bei Vorlage aller für einen bestimmten Ausbildungsabschluß erforderlichen Abschnittszeugnisse kann
das Abschlußzeugnis erworben werden, das dem am Ende der
Lehrlingsausbildung ausgestellten Zeugnis gleichgestellt
ist.

Mit dieser Aufteilung eines Ausbildungsganges in einzelne
Abschnitte, deren erfolgreicher Abschluß jeweils bescheinigt wird, realisiert der SENATI praktisch das von der IAO
als für Entwicklungsländer besonders geeignet herausgestellte Ausbildungssystem "moduls of employable skills" (MES).

Wegen der unmittelbaren Sachnähe hierzu sei auf den vom
Bundesministerium für Bildung und Wissenschaft und von drei
Bundesländern geförderten mit Frankreich abgestimmten
Modellversuch "contrôle continúe" hingewiesen. Im Rahmen
dieses Modellversuchs, der auf der Grundlage einer Verordnung nach § 28 Abs. 3 BBiG durchgeführt wird, wird den Auszubildenden am Ende eines einzelnen Ausbildungsabschnittes
nach erfolgreicher Prüfung ein Teilzeugnis ausgestellt. Die
nach dem BBiG vorgesehene punktuelle Abschlußprüfung am
Ende der Berufsausbildung kann durch Vorlage aller entsprechender Teilzeugnisse ersetzt werden.

Außer der Möglichkeit, einen bestimmten Ausbildungsabschluß
nachzuholen, werden im Rahmen der PTS-Maßnahme jedoch auch
Lehrgänge angeboten, die die Allgemeinbildung erweitern oder
die einen unmittelbaren inhaltlichen Bezug zur Beschäftigung
haben (6). Mit der erweiterten Allgemeinbildung wird vielfach erst die Voraussetzung für den Eintritt in einen bestimmten Ausbildungsgang nach Modulen geschaffen. Beschäftigungsbezogene Lehrgänge haben z.B. Zeichnunglesen oder die Handhabung bestimmter Werkzeuge und Geräte zum Gegenstand.

### 3.2.4.3 Berufsbildung von Beschäftigten in Betrieben

Im Gegensatz zur vorherigen wird diese Maßnahme zur Berufsbildung von Beschäftigten in den Betrieben durchgeführt
(adiestramiento dentro de la empresa - ADE) (7). Lernort ist
damit der Betrieb, den die Teilnehmer für ihre Berufsbildung
nicht verlassen müssen. Im Mittelpunkt der Maßnahme steht
die betriebliche Berufsbildungsstätte (unidad de instrucción).
Der Leiter dieser Berufsbildungsstätte ist ebenfalls Beschäftigter des jeweiligen Betriebes. Er arbeitet mit Unterstützung

und in Abstimmung mit dem SENATI. Bei der Wahrnehmung seiner
Aufgaben wird er durch sogenannte Beaufsichtiger (supervisores)
unterstützt (8). Die Beaufsichtiger werden von den Ausbildern
des SENATI beraten.

Die Maßnahmen der betrieblichen Berufsbildungsstätten richten
sich an alle Beschäftigten des Betriebes und sind in erster
Linie auf dessen Bedarf abgestellt. Der nachträgliche Erwerb
eines Ausbildungsabschlusses kann dabei naturgemäß nicht,
wie beim PTS-Programm, Ausgangspunkt der Überlegungen sein.
Dieser ist hierbei vielmehr, "den Arbeiter in technischer,
geistiger und ethischer Beziehung zu vervollkommnen. Dem
Arbeiter das Bewußtsein seiner Arbeit geben; dem Arbeiter
das Vertrauen in sein eigenes Wissen vermitteln; erreichen,
daß der Arbeiter seine Beschäftigung beherrscht und daß er
das Niveau seiner Kenntnisse erhöht; dem Arbeiter helfen,
seine Produktivität zu erhöhen; den Arbeiter mit seiner
Unternehmung, seinen Vorgesetzten und seinen Kollegen verbinden; die Persönlichkeit des Arbeiters vervollkommnen;
wünschenswerte Fähigkeiten in den Arbeitern entwickeln" (9).

Das als Anlage 14 im Anhang beigefügte Schaubild vermittelt
einen Einblick in die Funktion einer solchen betrieblichen
Berufsbildungsstätte, die dort als Schulungseinheit bezeichnet ist (10).

### 3.2.4.4 Berufsbildung in mobilen Berufsbildungsstätten

Im November 1971 begann der SENATI mit der Berufsbildung von
Beschäftigten in mobilen Berufsbildungsstätten (unidades
móbiles). Die erste Berufsbildungsstätte dieser Art war ein
Lastkraftwagen mit zwei Anhängern. Diese Einheit war ausgestattet mit Ausbildungsgegenständen für Kraftfahrzeugmechanik und zusammenklappbarem Mobiliar (11). Folgende 14 Lehrgänge konnten damit durchgeführt werden (12):

Ottomotore, Dieselmotore, Kraftfahrzeugpflege, Kraftüber-
tragungsmechanik, Mechanik der Lenkung und Bremsen, Kraft-
fahrzeugelektrik, Oberflächenfeinbearbeitung,

Versuchsanordnungen zum Dieselverfahren, hydraulische
Systeme, Messungen, Hilfseinrichtungen, Transportsysteme,
Ladeeinrichtungen sowie Einspritzanlagen.

Bis Ende 1975 waren insgesamt 8 solcher mobiler Berufsbildungsstätten in Betrieb genommen worden. Außer der ersten,
für Kraftfahrzeugmechanik, ermöglichen die übrigen mobilen
Berufsbildungsstätten Lehrgänge in:

Landmaschinen (Nr. 2), Wartung und Schweißen (Nr. 3 und 4),
Werkzeugmaschinen (Nr. 5), Elektrotechnik und Elektronik
(Nr. 6), Nahrungsmittelzubereitung (Nr. 7) sowie Generatoren
(Nr. 8). Die Lehrgänge der einzelnen mobilen Berufsbildungs-
stätten dauern in der Regel drei Monate (13).

Eine weitere Variante mobiler Berufsbildungsstätten besteht
in der seit 1975 im Einsatz befindlichen Berufsbildungsstätte
auf Schienen der peruanischen Eisenbahn. Diese Berufsbildungsstätte, die eng mit dem südlichen Regionalzentrum des SENATI
in Arequipa zusammenarbeitet, besteht aus 4 Güterwagen, von
denen 2 als Unterrichtsräume und jeweils einer für Lehrgänge
in Dieselelektrik bzw. Luftdruckbremsen eingerichtet sind (14).

Mit den mobilen Berufsbildungsstätten sollen vor allem diejenigen Beschäftigten erreicht werden, deren Betriebe zu weit
von den SENATI-Zentren entfernt sind oder deren Betriebe noch
keine eigenen Berufsbildungsstätten eingerichtet haben, die
also weder an den Maßnahmen zur Berufsbildung von Beschäftigten
in Zentren (PTS) noch in Betrieben (ADE) teilnehmen können.
Es liegt auf der Hand, daß es sich bei dieser Zielgruppe um
Beschäftigte von kleineren und regional abgelegenen Betrieben
handelt.

### 3.2.4.5 Ausbilderausbildung

Seit Ende des Jahres 1974 verfügt der SENATI mit dem mit
französischer Hilfe zustandegekommenen Institut "Blaise Pascal"
auch über eine Ausbildungsstätte für Ausbilder (instructores).

Ziel dieser Einrichtung ist die Aus- und Fortbildung des
Ausbildungspersonals des SENATI. Auf der Grundlage von
jeweils mit dem SENATI abgeschlossenen Verträgen können
jedoch auch Ausbilder von Einrichtungen anderer Wirtschaftssektoren ausgebildet werden. Die Hauptaufgabe des Instituts
besteht in einer 16monatigen Ausbildung künftiger SENATI-
Ausbilder. Dafür kommen insbesondere Facharbeiter, d.h.
ehemalige SENATI-Lehrlinge, folgender Fachrichtungen in Frage:
Werkzeugmaschinen, Bauschlosserei, Elektrotechnik und Elektronik, Technisches Zeichnen und Entwerfen sowie Kraftfahr-
zeugtechnik (15).

Die Absolventen des Instituts können aufgrund ihrer fachpraktischen, fachtheoretischen und pädagogisch-methodischen
Qualifikation als Ausbilder im SENATI, in Unternehmen des
industriellen Sektors und sonstigen Berufsbildung vermittelnden Einrichtungen eingesetzt werden.

Es ist hier darauf hinzuweisen, daß die Ausbilder des SENATI
in den Werkstätten sowohl die praktische Unterweisung als
auch den unmittelbar darauf bezogenen theoretischen Unterricht erteilen. Für die allgemeinen Kurse in Naturwissen-
schaften, Technischem Zeichnen, Mathematik, Spanisch, Unfallverhütung und Sport werden darüber hinaus besondere Lehrer
eingesetzt.

Die im wesentlichen durch das duale System in der Bundesrepublik Deutschland entstandene grundsätzliche Trennung in
theoretischen Berufsschulunterricht durch Gewerbelehrer und
praktische Unterweisung durch Meister bzw. betriebliche
Ausbilder gibt es dort in dieser Form nicht. Für den SENATI
erscheint der von ihm eingeschlagene Weg, der im übrigen auch
von der IAO empfohlen wird, der angemessenere. Einerseits ist
die in der Bundesrepublik Deutschland mit dem dualen System
entstandene Trennung von Berufsschule und Ausbildungsbetrieb
im SENATI nicht gegeben, andererseits sind die Vorteile einer
Ausbildung "aus einer Hand" nicht zu verkennen. Es sei dahingestellt, ob die Trennung von praktischer Unterweisung und

unmittelbar darauf bezogenem theoretischem Unterricht mit
fortschreitendem Industriealisierungsgrad eines Landes letztlich nicht doch die zweckmäßigere Form darstellt. Zunehmender
Industriealisierungsgrad bedeutet auch zunehmende Spezialisierung und damit notwendigerweise auch eine Abkehr von einer
Ausbildung durch einen "Gesamtausbilder". Die Zukunft wird
zeigen, ob sich diese Entwicklung auch im SENATI einstellen
wird.

## 3.2.4.6 Technische Beratung

Mit den Spezialisierungslehrgängen für Personal der Betriebsleitung (asesoría técnica) insbesondere kleiner und mittlerer
Betriebe leistet der SENATI einen Beitrag zur Fortbildung von
Beschäftigten, die in der Regel an Universitäten ausgebildet
worden sind. Damit erreichen seine Maßnahmen, angefangen von
der Ausbildung von Arbeitern bis zum Führungspersonal der
Betriebsleitung, alle Stufen des Beschäftigungssystems des
industriellen Sektors.

Grundanliegen dieser Maßnahme ist die Produktivitätssteigerung
der Betriebe durch Fortbildung und Unterstützung des leitenden
Personals. Die Maßnahmen bestehen sowohl aus Lehrgängen von
in der Regel 2o - 3o Stunden in Zentren des SENATI als auch
in Beratungen innerhalb der Betriebe. Die Lehrgänge im SENATI
erstrecken sich z.B. auf folgende Themen (16):

Kostenrechnung, Qualitätskontrolle, Produktionsplanung,
Marketing, Personalwesen, Arbeitszeit und -kostenberechnung,
Lagerhaltung, Einkauf und Vorratshaltung.

Die Beratungen in den Betrieben entstehen häufig aufgrund
der Teilnahme an den Lehrgängen im SENATI. Die dort vermittelten theoretischen Grundlagen werden dann am Beispiel der
praktischen Belange der einzelnen Betriebe angewandt.

Im Zweijahresplan 1975/ 76 waren 100 Lehrgänge für die technische Beratung von 1.224 Betrieben des Landes vorgesehen (17).

Im Rahmen der technischen Beratung hat der SENATI Ende 1973 ein "Institut für Industrieentwicklung und Berufsförderung für Kleinunternehmen" (Instituto para el Desarrollo Industrial y Profesional de la Pequeña Empresa - IDINPRO) gegründet.

"IDINPRO beabsichtigt, eine Verbindung zwischen SENATI und den Kleinunternehmen herzustellen, mit dem Ziel, sowohl zur Verbesserung und Erhöhung der industriellen Produktivität als auch zur beruflichen Fortbildung von mittleren Führungskräften beizutragen. Diese Tätigkeit ist hauptsächlich auf mittlere und kleinere Betriebe des metallmechanischen Sektors ausgerichtet" (18).

IDINPRO wurde in Form eines simulierten Unternehmens, das alle Elemente eines mittleren Betriebes aufweist, gegründet. Entsprechenden Unternehmen wird so lange eine technische Beratung gewährt, bis eine zufriedenstellende Produktion erreicht ist, d.h. insbesondere, bis Gewinn erzielt wird. In die Beratungsmaßnahmen ist u.a. auch die Klärung der Formalitäten zur Beschaffung von Krediten eingeschlossen. Im Anhang ist als Anlage 15 ein Schaubild über IDINPRO und seinen organisatorischen Aufbau beigefügt (19).

## 3.2.5 Internationale Zusammenarbeit

Die Problematik einer Einschaltung ausländischer Unterstützung bei der Lösung spezifisch peruanischer·Probleme ist bereits mehrfach zum Ausdruck gekommen. Den Initiatoren einer besseren beruflichen Bildung für Peru ist es klar, daß trotz aller eigenen Anstrengungen gänzlich ohne ausländische Hilfe keine zufriedenstellenden Lösungen zu erreichen sind. Das zeigt sich besonders bei der Beschaffung von geeigneten Ausbildungseinrichtungen und -gegenständen und dem entsprechend qualifizierten Personal. So ist es durchaus

verständlich und führt nicht zu Widersprüchen, daß auf
vielen speziellen Gebieten dem SENATI zunächst fremde Hilfe
zuteil werden mußte, bevor auch dort das peruanische Personal
nach einer angemessenen Einarbeitungszeit selbständig mit
den zunächst fremden Einrichtungen weiterarbeiten konnte.
Dem Verfasser ist kein Fall bekannt geworden, in dem etwa
nach dem Abzug des ausländischen Personals auch dessen
Aufgabenbereich brachliegen geblieben wäre. Im Gegenteil,
das ursprünglich fremde Element wurde, wenn auch häufig in
modifizierter Form, in den später rein peruanisch verlaufenden Berufsbildungsprozeß übernommen.

Die im Zusammenhang mit der anfänglichen Orientierung der
Arbeit des SENATI aufgestellten Leitlinien, wonach bewußt
auch ausländische Einrichtungen und Experten in die Arbeit
einbezogen werden sollten, hat zu einer Kooperation mit zahlreichen Industrienationen auf den verschiedensten Gebieten
geführt. Gemäß der als Anlage 16 im Anhang enthaltenen
Übersicht haben 13 Staaten auf den in Tabelle 8 aufgeführten
Gebieten dem SENATI Hilfe gewährt, d.h. insbesondere Ein-
richtungsgegenstände geliefert und Experten entsandt (20).
In vielen Fällen wurden auch Stipendien für die Vorbereitung
von peruanischen Fachkräften in diesen Ländern bereitge-
stellt. Die Einrichtungen sind in der Regel im Rahmen von
Schenkungen peruanisches Eigentum geworden:

Tabelle 8: Internationale technische Kooperation
mit dem SENATI

| Land | Einrichtung |
|------|-------------|
| Österreich: | Montagewerkstatt und mobile Berufsbildungsstätte für Eisenbahnpersonal |
| Belgien: | Werkstätten für die Ausbildung von Schweißern und in Textilberufen |
| Kanada: | Werkstatt für Qualitätskontrollen |
| Dänemark: | Schmiedewerkstatt |
| Finnland: | Tischlerwerkstatt |
| Frankreich: | Ausbilderausbildung: Institut "Blaise Pascal" |
| Bundesrepublik Deutschland: | Werkstätten für Werkzeugbau, Kraftfahrzeugmechanik, Stahlkonstruktionen, Werkzeugmaschinen und Technisches Zeichnen. Ferner Einrichtung eines programmierten Prüfungsverfahrens und einer Beratung von Klein- und Mittelbetrieben |
| Großbritannien: | Werkstätten für Werkzeugmaschinen, Stahlkonstruktionen, Werkzeugbau, Textiltechnik, Gießerei und Modellbau sowie Druckereitechnik |
| Niederlande: | Werkstätten für Schweißen sowie für Otto- und Dieselmotoren. Ferner Einrichtung des Systems der mobilen Berufsbildungsstätten und einer Werkstatt für Kühltechnik |
| Italien: | Werkstatt für Druckereitechnik |
| Japan: | Werkstatt für Elektronik |
| Spanien: | Werkstatt für Werkzeugmaschinen |
| Schweiz: | Werkstätten für Feinmechanik und Zeitmessungen |

Zusätzlich zur Kooperation mit diesen Staaten ist noch
diejenige mit den Vereinten Nationen zu erwähnen, die durch
ihre Unterorganisation, IAO, den SENATI von Beginn an mit-
konzipiert und auch Werkstätten eingerichtet hat. Nicht zuletzt sind noch nachfolgend aufgeführte, dem SENATI entsprechende Einrichtungen anderer lateinamerikanischer Staaten
zu nennen, von denen der SENATI technische Beratung erhalten
hat oder mit denen Erfahrungen ausgetauscht wurden und
werden (21):
SENA/Kolumbien, SENAI und SENAC/Brasilien, INCE/Venezuela,
INACAP/Chile, FOMO/Bolivien, INA/Costa Rica, INFOP/Honduras,
INTECAP/Guatemala sowie CINTERFOR/IAO.


## 3.3 Zusammenfassung

Die Entwicklung der peruanischen industriellen Berufsbildung,
die insbesondere anfänglich mit der Entwicklung des Gesamt-
bildungssystems parallel verlief, läßt sich bis in die Kolonialzeit (1531 - 1821) zurückverfolgen. Sie ist gekennzeichnet
durch das Bestreben, sich von den aus Spanien importierten
europäischen Einflüssen zu lösen und sich auf die Erfordernisse der weltweit anwachsenden industriellen Revolution
einzustellen, der sich Peru vor allem wegen seiner in Europa
benötigten Rohstoffe schon früh gegenübergestellt sah. Leit-
gedanken erwuchsen vor allem aus der Überzeugung, daß Peru
sich in erster Linie durch ein auf seine Belange abgestelltes
Bildungssystem gesamtgesellschaftlich weiterentwickeln könne
und daß es sich dieses System möglichst selbständig verschaffen müsse, d.h. ohne erneute fremde Einwirkung.

Erst mit der Unabhängigkeit im Jahre 1821 begann eine Hin-
wendung zur demokratischen Erziehung. Das Gesetz von 1849
zur Schaffung von Handwerksschulen war die Geburtsstunde
der beruflichen Bildung in Peru. Die Ziele dieses Gesetzes
haben bis zum ersten peruanischen Bildungsgesetz von 1941 die
berufliche Bildung des Landes bestimmt.

Bereits in diesem ersten Bildungsgesetz wurden berufliche
und allgemeine Bildung als gleichrangig angesehen. Die Arbeit
der aufgrund des Bildungsgesetzes im Bildungsministerium 1945
geschaffenen Abteilung für Technische Bildung führte in enger
Zusammenarbeit mit der Industrie des Landes 1961 zum Gesetz
Nr. 13771, mit dem der SENATI geschaffen wurde. Es war ihm
das Ziel gestellt worden, einen Beitrag zur Verbesserung der
Situation der Arbeitskräfte der verarbeitenden Industrie
durch Lehrlingsausbildung und berufliche Fortbildung entsprechend den Erfordernissen des Landes zu leisten. Hauptursache für die Verselbständigung und Herausnahme der beruflichen Bildung für die Industrie aus dem Gesamtbildungssystem
waren die unüberbrückbaren gegensätzlichen Standpunkte der
Industrie und der für das Gesamtbildungssystem zuständigen
staatlichen Stellen über die Methoden der Lehrlingsausbildung und der beruflichen Fortbildung. Das Gründungsgesetz
des SENATI von 1961 ist mehrfach novelliert worden. Mit
seiner Fassung von 1974 ist der SENATI bestätigt, aber
organisatorisch wieder weitgehend in das Gesamtbildungssystem eingegliedert worden.

Auf nationaler Ebene leiten den SENATI der Nationalrat
und die Nationaldirektion in Lima. Auf regionaler Ebene
bestehen Regionalräte und Regionaldirektionen, und zwar
für den Norden des Landes in Chiclayo, für das Zentrum
in Lima und für den Süden in Arequípa.

Der SENATI wird vor allem durch die peruanische Industrie
finanziert. Jedes Unternehmen der verarbeitenden Industrie
mit mehr als 15 Beschäftigten muß an den SENATI 1,5% seiner
Lohn- und Gehaltssummen abführen. 80% dieser Einkünfte müssen auch wieder für die Region ausgegeben werden, von der sie
aufgebracht wurden.

Die Maßnahmen des SENATI sind von Beginn an im Einklang mit
seiner ursprünglichen Zielsetzung entwickelt worden. Dabei
ist bewußt die Hilfe des Auslandes, insbesondere für die

Aufbauphase, mit eingeplant worden. Auf der Grundlage der
Überlegungen der beiden Nordamerikaner Allen und Richards
zur beruflichen Leistungsfähigkeit sind die Lehrlingsausbildung sowie die Berufsbildung von Beschäftigten in Zentren
und im Betrieb eingerichtet worden. Dabei hat die Lehrlingsausbildung, die bis in Einzelheiten gesetzlich geregelt ist,
von Beginn an im Mittelpunkt gestanden. Mit der Berufsbildung
der Beschäftigten in Zentren (PTS) soll vor allem die Möglichkeit eingeräumt werden, die Abschlüsse der Lehrlingsausbildung in einem Modulsystem nachzuholen. Mit der Berufsbildung der Beschäftigten in den Betrieben (ADE) wird insbesondere den betrieblichen Anforderungen an den Ausbildungsstand
des Personals Rechnung getragen.

Zu diesen Maßnahmen kamen später als flankierende Maßnahmen
die Berufsbildung in mobilen Berufsbildungsstätten, die Ausbilderausbildung und die technische Beratung hinzu. Mit den
mobilen Berufsbildungsstätten (unidades móbiles) sollen seit
1971 vor allem diejenigen Beschäftigten erreicht werden, deren
Betriebe weit von den SENATI-Zentren entfernt sind oder deren
Betriebe noch keine eigene Berufsbildungsstätte eingerichtet
haben. Mit der Ausbilderausbildung in dem eigens dafür geschaffenen Institut "Blaise Pascal" werden seit 1974 vor
allem ehemalige erfolgreiche SENATI-Lehrlinge in 16monatiger
fachpraktischer, fachtheoretischer und pädagogisch-methodischer
Ausbildung auf ihren Einsatz als Ausbilder vorbereitet. Im
Gegensatz zu den Ausbildern in der Bundesrepublik Deutschland
hat der SENATI-Ausbilder sowohl die praktische Unterweisung
als auch den Theorieunterricht zu erteilen. Die technische
Beratung (asesoría técnica) richtet sich insbesondere an das
überwiegend an Universitäten ausgebildete Führungspersonal
der Betriebe. Damit erfassen die Maßnahmen des SENATI, von
der Ausbildung angelernter Arbeiter bis zum Führungspersonal
der Betriebsleitung, alle Stufen des Beschäftigungssystems
des industriellen Sektors. Durch Kurzlehrgänge in den

SENATI-Zentren sollen die Grundlagen zur Produktivitätssteigerung der Betriebe gelegt werden. In anschließenden
entsprechenden Beratungen der Betriebe werden deren spezifische Probleme zu lösen versucht.

Eine Variante besonderer Art im Rahmen der technischen
Beratung ist das seit Ende 1973 arbeitende "Institut für
Industrieentwicklung und Berufsförderung für Kleinunternehmen (IDINPRO)" mit dessen Arbeit insbesondere die Verbindung zwischen SENATI und den Kleinunternehmen hergestellt
werden soll.

Die vom SENATI von Beginn an eingeplante Kooperation mit
Industrieländern hat zur Zusammenarbeit mit folgenden
Staaten geführt:

Österreich, Belgien, Kanada, Dänemark, Finnland, Frankreich,
der Bundesrepublik Deutschland, Großbritannien, Niederlande,
Italien, Japan, Spanien und der Schweiz.

Diese Länder haben in der Regel technische Einrichtungen,
Experten und Stipendien für bestimmte Berufe oder Berufsgruppen zur Verfügung gestellt. Die IAO hat maßgeblich bei
der Errichtung des SENATI vor allem durch Beratung mitgewirkt. Ferner bestand bzw. besteht ein enger Erfahrungsaus-
tausch mit den dem SENATI entsprechenden lateinamerikanischen
Einrichtungen in Kolumbien, Brasilien, Venezuela, Chile,
Bolivien, Costa Rica, Honduras und Guatemala. Nicht zuletzt
ist der SENATI am Interamerikanischen Forschungs- und Publi-
kationszentrum (CINTERFOR) in Uruguay beteiligt.


## 4 Gesetzliche Grundlagen der industriellen Lehrlingsausbildung

Es ist bereits zu Beginn der Untersuchung darauf hingewiesen
worden, daß der Zeitpunkt der Bildungsreform nicht mit der
Inkraftsetzung des Bildungsgesetzes von 1972 gleichzusetzen
ist, sondern daß dieser Zeitpunkt realistisch auf 1974/75

im Hinblick auf das Wirksamwerden der Reformbestimmungen
festzulegen ist. Dadurch wird auch verständlich, warum für
die gesetzlichen Grundlagen der Lehrlingsausbildung bis zur
Bildungsreform nachfolgend das Gesetz Nr. 20151 vom 25.9.1973
und seine Durchführungsverordnung Nr. 012-74-IT/DS vom 7.5.1974
herangezogen werden.

Mit Art. 39 des Gesetzes vom 25.9.1973 ist das entsprechende
frühere Gesetz (Nr. 14553) vom 11.7.1963 aufgehoben worden.
Die Bestimmungen dieses voraufgegangenen Gesetzes, mit dem
insbesondere der Lehrvertrag geregelt war, sind im wesent-
lichen auch in den beiden neuen Rechtsgrundlagen enthalten.
Deshalb wird das Verständnis der Lehrlingsausbildung bis zur
Bildungsreform nicht beeinträchtigt, wenn auf das ältere
Gesetz für die folgenden Ausführungen verzichtet wird.

4.1 Gesetz über die Lehrlingsausbildung

4.1.1 Inhalt des Gesetzes

Das als Anlage 17 im Anhang beigefügte Gesetz Nr. 20151 vom
25.9.1973 regelt mit insgesamt 39 Artikeln die Lehrlingsausbildung für die Industrie (1).

Einleitend wird sein Geltungsbereich auf die Lehrlingsausbildung des industriellen Sektors festgelegt und zwischen
der Ausbildung in Zentren einerseits und in Betrieben andererseits unterschieden. Am Anfang der Ausbildung steht prinzipiell
eine von der eigentlichen Ausbildung getrennte Vor-Ausbildung.
Die Berechtigung für die Aufnahme der Vor-Ausbildung hängt
vom Bestehen eines Auswahlverfahrens, insbesondere vom Bestehen einer Aufnahmeprüfung ab. Weder in der Vor-Ausbildung
noch in der eigentlichen Ausbildung, für die ein Lehrvertrag
abgeschlossen wird, entstehen für den Lehrling Kosten. Bewerber müssen mindestens 14 und dürfen höchstens 20 Jahre bei
Beginn der Vor-Ausbildung sein.

Das Gesetz greift die wesentlichen Bestimmungen seines Vor-
gängers zu den Fragen des Lehrvertrages wieder auf. Regelungen hierzu bilden das Kernstück jeglicher geordneter
Berufsausbildung. Der Industriesektor Perus hatte folgerichtig diese regelungsbedürftigen Sachverhalte von Beginn
an gesetzlich gesichert.

Dem Lehrling muß vom Betrieb eine monatliche Unterhaltsbeihilfe und eine bestimmte soziale Leistung gewährt werden.

Zu den im Gesetz festgelegten Pflichten des Lehrlings zählt
u.a., je nach Ausbildungsdauer bis zu einem bzw. zwei Jahren
in dem Betrieb später zu arbeiten, mit dem der Lehrvertrag
bestanden hat. Verstößt er gegen die Verpflichtung, d.h.
verläßt er insbesondere unmittelbar nach Beendigung der
Lehrzeit den Vertragsbetrieb, so kann er von diesem zur
Erstattung aller für seine Ausbildung entstandenen Kosten
herangezogen werden. Diese Regelung mag einer freien Wahl
des Arbeitsplatzes zwar im Wege stehen, sie hat aber andererseits maßgeblich dazu beigetragen, daß das für die Ausbildungsmaßnahme wichtige Instrument, der Lehrvertrag, überhaupt von den Betrieben akzeptiert wurde. Der peruanischen
Industrie, die mit diesen Bestimmungen am Anfang ihrer
systematischen Berufsausbildung steht und die, wie das
ganze Land, unter den Bedingungen eines Entwicklungslandes
leidet, ist daraus schwerlich ein Vorwurf zu machen. In
der Bundesrepublik Deutschland hat es hierzu insbesondere
in den ersten Jahren nach 1945 Parallelen gegeben. Es war
z.B. mit der Bundesbahn und der Bundespost sogar der öffentliche Dienst, der Stipendien für Ingenieurschulen mit der
Verpflichtung verbunden hatte, nach dem Studium auch eine
bestimmte Mindestzeit in seine Dienste zu treten.

Für die Dauer der Ausbildungszeit sind die Lehrlinge vom
Wehrdienst befreit. Sie gehören jedoch in dieser Zeit der
Reserve an.

Ausbildungsinhalte und -dauer werden vom SENATI festgelegt.
Lehrlinge unter 18 Jahren dürfen nur bis zu 8 Stunden täglich
und 45 Stunden wöchentlich ausgebildet werden. Dem Lehrling
wird vom SENATI nach Beendigung der Ausbildung ein Zeugnis
ausgestellt.

Der SENATI übernimmt die den vertragschließenden Betrieben
auferlegten Kosten, falls ein Betrieb während der Vertrags-
dauer aufgelöst wird, und vermittelt dem Lehrling einen
neuen vertragschließenden Betrieb. Die Bedingungen für eine
vorzeitige Beendigung des Lehrvertrags und die daraus ent-
stehenden Konsequenzen sind sehr detailliert festgelegt.

Über die Lehrverträge wird vom SENATI ein Verzeichnis ge-
führt. In Artikel 36 des Gesetzes wird er verpflichtet, den
Entwurf einer Verordnung über die Lehrlingsausbildung in
Zentren auszuarbeiten. Auf diese, inzwischen vorliegende,
Rechtsgrundlage wird später noch besonders eingegangen.

Außer der Ausbildung in Zentren ist auch die in Betrieben
auf der Grundlage von Lehrverträgen durchzuführen. Dabei
wird davon ausgegangen, daß sich die Ausbildung in den Einrichtungen des Betriebes vollzieht und der Lehrling die
gleiche Unterhaltsbeihilfe erhält wie bei einer Ausbildung in
Zentren. Der Vertrag für eine Lehrlingsausbildung in Betrieben wird durch eine besondere, vom Bildungs- und Industrieminister zu erlassende Verordnung geregelt. Es wird nachfolgend darauf eingegangen, warum die Verordnung und damit
auch die Lehrlingsausbildung in Betrieben praktisch noch
nicht bestehen.

## 4.1.2 Ausbildungswege und -modalitäten

Mit dem Gesetz über die Lehrlingsausbildung für die Industrie
sind vor allem die allgemein gültigen regelungsbedürftigen
Rahmenbedingungen festgelegt worden. Sie gelten sowohl für
die Lehrlingsausbildung in Zentren als auch in Betrieben.

Damit sind die beiden unterschiedlichen Wege der industriellen Lehrlingsausbildung gemäß Art. 2 des Gesetzes genannt.

In Art. 36 ist festgelegt, daß die Lehrlingsausbildung in
Zentren nach den Bestimmungen einer dafür zu erlassenden
Verordnung zu regeln ist. Auf diese Verordnung wird später
gesondert eingegangen.

Für die Ausbildung in Zentren ist zur Vermeidung von Miß-
verständnissen darauf hinzuweisen, daß ihre Bezeichnung im
Gesetz nicht den tatsächlichen Verhältnissen entsprechend
gewählt wurde. Sie verläuft nämlich nicht in allen Fällen
ausschließlich in Zentren, sondern auch unter Hinzuziehung
von Betrieben. In allen Fällen obliegt den SENATI-Zentren
jedoch die Verantwortung für die Einhaltung des Lehrvertrages
und damit für die Erreichung des Ausbildungszieles. Der Ein-
fachheit halber wird nachfolgend jedoch die im Gesetz ge-
wählte Bezeichnung verwendet.

Es genügt, an dieser Stelle lediglich zu erwähnen, daß die
Lehrlingsausbildung in Zentren in folgenden drei Modalitäten
verlaufen kann:

- alternierend in Zentren und in Betrieben (modalidad a)

- ausschließlich in Zentren (modalidad b)

- vorwiegend im Betrieb mit zwischengeschalteten
. Tagen in Zentren (modalidad c)

Es stellt sich die Frage, wie die zu der in Zentren analog verlaufende Ausbildung in Betrieben geregelt werden soll. Dafür gab
es bis zum Zeitpunkt der Feldarbeit des Verfassers keine
Regelungen. Dieser Weg der industriellen Lehrlingsausbildung
besteht praktisch nicht, wenn man von den unsystematisch und
staatlicherseits ungeregelt verlaufenden Einzelfällen absieht.

Die bereits dargelegte Berufsbildung in Betrieben (ADE), die
andere Ziele verfolgt, sowie die noch im einzelnen darzustel-
lende "Modalität c" der Ausbildung in Zentren, die der dualen

Berufsausbildung in der Bundesrepublik Deutschland weitgehend entspricht, dürfen nicht mit der Lehrlingsausbildung
in Betrieben verwechselt werden. Nach Art. 37 des Gesetzes
ist ausdrücklich auch für diesen Ausbildungsweg der Abschluß
eines Lehrvertrags vorgesehen. In Art. 38 ist festgelegt,
daß die Einzelheiten dieses Vertrags in einer Verordnung, die
gemeinsam vom Bildungs-, Arbeits- und Industrieminister zu
erlassen ist, geregelt werden. In diesen beiden Vorschriften
ist, entgegen der üblichen Praxis in Peru, ein Zeitpunkt,
bis zu dem spätestens die geforderte gesetzliche Grundlage
erlassen sein muß (vgl. z.B. die 90-Tage-Frist in Art. 36),
nicht enthalten. Das läßt erkennen, daß zur Zeit des Inkraft-
tretens des Gesetzes noch keine konkreten Vorstellungen über
die Ausgestaltung dieses Weges bestanden haben.

Es kann an dieser Stelle daher nur gesagt werden, daß der
Gesetzgeber in Peru bei dem fraglichen Ausbildungsweg, d.h.
demjenigen, der ausschließlich in Betrieben verlaufen soll,
daran gedacht hat, Lehrlingsausbildung auch ohne Einschaltung
der SENATI-Zentren zu ermöglichen. Ein solcher Weg stünde im
vollen Einklang mit Art. 208 des Bildungsgesetzes von 1972,
wonach berufliche Bildung vorwiegend (básicamente) außerschulisch (no escolarizada) zu sein hat.

Eine Parallele zur ausschließlich betrieblichen Lehrlingsausbildung, d.h. ohne Hinzuziehung eines weiteren Lernortes
wie z.B. Berufsbildungszentrum, Berufsschule oder mobile
Berufsbildungsstätte, besteht in der Bundesrepublik Deutschland nicht. Sie kann allenfalls in der handwerklichen Ausbildung vor Entstehung der Berufsschulen gesehen werden.

## 4.2 Verordnung über die Lehrlingsausbildung in Zentren

Die auf der Grundlage von Art. 36 des Gesetzes über die
Lehrlingsausbildung für die Industrie erlassene Verordnung
Nr. 012-74-IT/DS vom 7.5.1974 regelt mit insgesamt 62 Artikeln
die Lehrlingsausbildung in Zentren. Die Verordnung ist als
Anlage 18 im Anhang beigefügt (2). Nachfolgend wird der Inhalt

der Bestimmungen im Sinne einer Übersicht zusammengefaßt.
Dabei werden die für die Untersuchungsziele besonders bedeutungsvollen Sachverhalte stärker hervorgehoben. Die Ab-
schnittsüberschriften entsprechen den Bezeichnungen der
jeweiligen Kapitel der Verordnung.

#### 4.2.1 Allgemeine Bestimmungen

Es wird zunächst der Bezug zu Art. 2o9 des Bildungsgesetzes
von 1972 hergestellt, in dem u.a. darauf hingewiesen wird,
daß die Lehrlingsausbildung, wie dort vorgeschrieben, die
systematische und integrale Ausbildung von Jugendlichen für
die Ausübung von Ausbildungsberufen (ocupaciones específicas)
erlaubt. Im letzten Artikel der Verordnung ist im Rahmen
der dort festgelegten Definitionen als Ausbildungsberuf
definiert: Feld der beruflichen Tätigkeit, in der der Lehrling als Facharbeiter (trabajador calificado) tätig sein
wird.

Gemäß der als Anlage 19 beigefügten Liste wird im SENATI
in den in folgender Tabelle aufgeführten 37 Ausbildungsberufen ausgebildet (3):

Tabelle 9: Ausbildungsberufe des SENATI

| Berufsgruppe | Ausbildungsberuf |
|---|---|
| Druckereigewerbe | Schriftsetzer, Fotomechaniker, Offset-Drucker, Typographischer Drucker, Graveur, Buchbinder, Siebdrucker, Graphischer Zeichner |
| Metallbau | Kesselschmied, Schmied, Bauschlosser, Schweißer |
| Qualitätskontrolle | Industriekontrolleur |
| Elektrotechnik | Elektroinstallateur, Maschinenelektriker |
| Elektronik | Instandsetzer elektronischer Geräte |
| Gießereigewerbe | Gießer, Modellbauer |
| Mechanik | Technischer Zeichner, Werkzeugmacher, Teilezusammensetzer, Fräser, Maschinenschlosser, Feinmechaniker, Kältemaschinenmechaniker, Betriebsschlosser, Dreher |
| Kraftfahrzeuggewerbe | Kraftfahrzeugmechaniker für Otto-Motore, Kraftfahrzeugmechaniker für Dieselmotore |
| Textilmechanik | Spinnereimechaniker, Webereimechaniker |
| Textilkontrolle | Textil-Physiklaborant, Textil-Chemielaborant |
| Langfasertextilien | Kontrolleur in Langfaserweberei, Kontrolleur in Langfaserspinnerei, Kontrolleur in Maschenweberei |
| Uhrmacherei | Uhreninstandsetzer |

Aus der Aufstellung in Anlage 19 ist zu entnehmen, daß die
meisten Lehrberufe im Zentrum in Lima vermittelt werden;
einige in allen drei Zentren oder in zwei oder nur einem
der drei Zentren des SENATI.

In den allgemeinen Bestimmungen wird darauf hingewiesen, daß
die Lehrlingsausbildung in Zentren nicht nur in Übereinstimmung mit dem Bildungsgesetz von 1972, sondern auch im Einklang mit der Entwicklungsplanung des Industriesektors zu
stehen hat. Die Ausbildung in Zentren wird jeweils mit Förder-
derung der Lehrlinge durch einen Betrieb durchgeführt. Die
drei Modalitäten der Lehrlingsausbildung in Zentren sind im
voraufgegangenen Abschnitt bereits kurz erwähnt worden. Eine
detailliertere Ausgestaltung geht aus der Abbildung 6 hervor (4):

Abbildung 6: Die drei Modalitäten der Lehrlingsausbildung
in Zentren

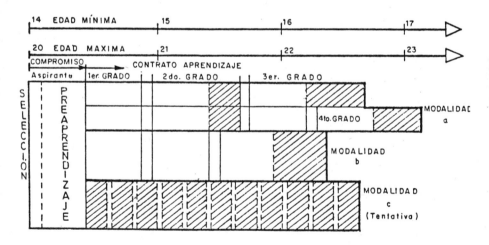

Die schraffierten Felder der Abbildung kennzeichnen die
Anwesenheit im vertragschließenden Betrieb bzw. den betrieblichen Ausbildungsabschnitt. Die unschraffierten Felder
kennzeichnen die Ausbildung in Zentren. Die Modalität b
verläuft danach am wenigsten, die Modalität c am meisten
in Betrieben.

Die oberhalb der drei Modalitäten eingezeichneten beiden
Pfeile für das Mindest- bzw. Höchstalter zeigen, daß die
Lehrlinge zwischen 14 und 20 Jahren die Vor-Ausbildung
beginnen können und je nach Ausbildungsdauer mit etwas
mehr als 17 bzw. 23 Jahren die Ausbildung beenden; d.h. sie
sind zwischen 14 und ca. 23 Jahre alt.

Aus der Abbildung ist ersichtlich, daß in allen Modalitäten
die Ausbildung in drei zeitlich aufeinander folgende Stufen
(grados) gegliedert ist. Modalität a enthält darüber hinaus
eine vierte Stufe. Die Ausbildungen dauern je nach Ausbildungsberuf zwischen 28 und 38 Monaten einschließlich der je
nach Berufsgruppe inhaltlich einheitlichen Vor-Ausbildung
(pre-aprendizaje) von fünfeinhalb Monaten Dauer. Auf die
Vor-Ausbildung und die ihr vorausgehende Auswahl der Lehrlinge wird anschließend noch näher eingegangen.

Aus dem als Anlage 20 beigefügten Schaubild ist der Zusammenhang der industriellen Lehrlingsausbildung in Zentren mit
dem Gesamtbildungssystem zu entnehmen (5). Es zeigt sich
dabei, daß dieser Weg der Lehrlingsausbildung gesetzlich
harmonisch in das Gesamtbildungssystem eingefügt ist. Auf
den Konflikt der Modalitäten a und b zum Art. 2o8 des Bildungsgesetzes von 1972 (vorwiegend außerschulische Ausbildung!) wird später noch in anderem Zusammenhang eingegangen.

Die vertragschließenden Betriebe und die Lehrlinge widmen
sich ausschließlich der vom SENATI festgelegten Zuordnung
der Ausbildungsberufe zu den Modalitäten und den Ausbildungsinhalten. Die Ausbildungsdauer wird ebenfalls vom SENATI
entsprechend den Erfordernissen der einzelnen Ausbildungsberufe festgelegt. Die vom SENATI festgelegten Ausbildungsinhalte werden unter Berücksichtigung der Art. 6, 7 und 59
des Bildungsgesetzes von 1972 von ihm je nach Modalität alleine
oder in Zusammenarbeit mit den Betrieben ermittelt.
Mit der letzten allgemeinen Bestimmung der Verordnung wird
für die Lehrlingsausbildung in Zentren folgendes

festgelegt:

- Bewerbung, Einschreibung und Auswahl
- Vor-Ausbildung
- Ausbildung und Lehrvertrag
- Abschlußprüfung und Zeugnis

### 4.2.2 Bewerbung, Einschreibung und Auswahl der Lehrlinge

Der SENATI bestimmt auf der Grundlage der Planung des
Industriesektors jeweils diejenigen Ausbildungsberufe, für
die Bewerbungen angenommen werden. Die Zahl der freien
Ausbildungsplätze wird vom SENATI jährlich auf der Grundlage von Art. 8 des Gesetzes über die Lehrlingsausbildung
ermittelt. Danach sind die zur Verfügung stehenden Ausbildungsplätze mit Bewerbern (postulantes) sowohl der den
SENATI finanzierenden als auch der ihn nicht finanzierenden
Betriebe des industriellen Sektors zu besetzen; d.h. daß
der SENATI gesetzlich auch für diejenigen Betriebe Ausbil-
dungsleistungen zu erbringen hat, die nicht an seiner
Finanzierung beteiligt sind; das sind vor allem Kleinbetriebe mit weniger als 15 Beschäftigten.

Für den Fall, daß Bewerbungen nicht in ausreichender Zahl
eingehen, sind die den SENATI finanzierenden Betriebe verpflichtet, auf je 25 Beschäftigte einen Lehrvertrag mit
einem Lehrling für die Ausbildung im SENATI abzuschließen.
Der SENATI legt erforderlichenfalls die Einzelheiten für
diesen Fall fest (6).

Für die Einschreibung müssen die Bewerber beiderlei Ge-
schlechts bestimmte Voraussetzungen erfüllen. Sie müssen

durch Vorlage geeigneter Dokumente nachweisen, daß sie am
Tage der Einschreibung mindestens 14 und höchstens 20 Jahre
alt sind, körperlich und geistig gesund sind und über eine
militärische Einschreibung verfügen (7). Ferner ist ein
polizeiliches Führungszeugnis vorzulegen. Nicht zuletzt
aber ist der Nachweis der vom SENATI für die einzelnen
Berufsgruppen festgelegten Mindestkenntnisse und -fähigkeiten
zu erbringen.

Die eingeschriebenen Bewerber müssen zur Erfüllung der
zuletzt genannten Voraussetzung an einer Auswahlprüfung
(selección) in bestimmten Fertigkeiten und Kenntnissen
gemäß den Besonderheiten der jeweiligen Berufsgruppe teilnehmen.

Die zur Verfügung stehenden Plätze für die Vor-Ausbildung
werden entsprechend der Reihenfolge der Bewertungen der
Auswahlprüfung besetzt. Bei gleicher Bewertung haben gemäß
Art. 3 des Gesetzes über die Lehrlingsausbildung Waisen
von ehemaligem Personal des industriellen Sektors und Nach-
kommen von Beschäftigten dieses Sektors Vorrang. Jeder Bewerber kann sich mehr als einmal bewerben. Bei jeder folgenden Bewerbung sind alle Bedingungen erneut zu erfüllen, auch
wenn in vorausgegangenen Auswahlprüfungen ausreichende
Leistungen erbracht wurden.

### 4.2.3 Vor-Ausbildung

Die Vor-Ausbildung dient der beruflichen Orientierung des
Anwärters (aspirante) für einen bestimmten Ausbildungsberuf.
Sie dauert 5 1/2 Monate und findet notwendigerweise in den

Zentren des SENATI mit folgender, in der Verordnung detailliert
angegebener, Zielsetzung statt:

- Feststellung des Kenntnisstandes und der Verhaltensweise
  des Anwärters
- Orientierung des Anwärters im Hinblick auf einen für ihn
  geeigneten Ausbildungsberuf
- Feststellung des Eignungsgrades des Anwärters für die
  Lehrlingsausbildung

- Information des Anwärters über die beruflichen Realitäten
  und der sich daraus ergebenden notwendigen Arbeitsein-
  stellungen
- Vermittlung der für die jeweilige Berufsgruppe polyvalenten
  Grundkenntnisse

Die Vor-Ausbildung entspricht damit weitgehend der beruflichen Grundbildung in der Bundesrepublik Deutschland, insbesondere dem schulischen Berufsgrundbildungsjahr (BGJ).
Das BGJ in der Bundesrepublik Deutschland dauert allerdings
12 Monate, ist auf die spätere Berufsausbildung anrechenbar
und erstreckt sich auf insgesamt 13 Berufsfelder aller
Wirtschaftssektoren (9).

Nach Annahme des Bewerbers für die Vor-Ausbildung wird
zwischen ihm und dem SENATI eine Verpflichtung (vgl. Abb. 6:
compromiso) abgeschlossen. Die Verpflichtung muß von einem
Elternteil oder dem gesetzlichen Vertreter gegengezeichnet
werden. Damit wird die Gewähr übernommen, die Bestimmungen
über die Vor-Ausbildung einzuhalten.

Während der Vor-Ausbildung erhält der Anwärter monatlich
eine vom Nationalrat des SENATI festgelegte finanzielle
Unterstützung. Am Ende der Vor-Ausbildung werden die
Anwärter geprüft. Aufgrund der Prüfungsergebnisse
wird die Zuordnung der Anwärter zu einem

bestimmten Ausbildungsberuf flexibel gehandhabt, d.h.,
daß bei ausreichenden Prüfungsleistungen auch andere
Ausbildungsberufe als der angestrebte erlernt werden
können.

## 4.2.4 Vertragschließende Betriebe

In Übereinstimmung mit Art. 8 des Gesetzes über die Lehrlingsausbildung können alle Betriebe des industriellen
Sektors, die den SENATI finanzieren ebenso wie die, die ihn
nichtfinanzieren, Lehrverträge abschließen.

Im Falle von freiwilligem Vertragsabschluß zur Deckung der
Ausbildungskapazität des SENATI haben die ihn finanzierenden
Betriebe Vorrang. Von ihnen werden wiederum diejenigen vor-
gezogen, die über eine betriebliche Berufsbildungsstätte
(unidad de instrucción) verfügen. Für die Regelung in den
Fällen, in denen nicht genügend freiwillige Vertragsangebote
eingehen, sei auf den voraufgehenden Unterabschnitt hingewiesen, wonach die den SENATI finanzierenden Betriebe verpflichtet werden können, je 25 Beschäftigte einen Lehrling
für die Ausbildung im SENATI abzustellen. Wenn diese Regelung angewandt wird, werden vom SENATI solche Ausbildungsberufe für die "Pflichtbesetzung" festgelegt, die zu den
Produktionserzeugnissen der jeweiligen Betriebe einen direkten oder indirekten Bezug haben. Diejenigen Betriebe, die
freiwillig Vertragsabschlüsse anbieten, aber die Unterzeich-
nung der in Aussicht gestellten Lehrverträge später ablehnen,
sind zu den in Art. 19 des Gesetzes über die Lehrlingsausbildung festgelegten finanziellen Abgaben an den SENATI
verpflichtet.

## 4.2.5 Ausbildung und Lehrvertrag

Im Lehrvertrag für die Ausbildung in Zentren sind u.a. die
Bedingungen für die vertragschließenden Betriebe festgelegt. Ein solcher Betrieb hat die Rechte und Pflichten, die
aus dem Vertragsverhältnis während der Ausbildung eines Lehrlings in einer der drei Modalitäten hervorgehen.

Der Lehrvertrag enthält u.a. die Angabe des Ausbildungsberufes, die Ausbildungsdauer und die Höhe der Unterhaltsbeihilfe. Die Rechte und Pflichten des Lehrlings sind ebenso
festgelegt wie diejenigen des vertragschließenden Betriebes.
Es gibt detaillierte Bestimmungen für den Fall einer vor-
zeitigen Vertragsbeendigung und die sich daraus ergebenden
Konsequenzen. Den Lehrling treffen harte Sanktionen bei
schlechter Führung, insbesondere bei unentschuldigtem
Fehlen: ihm wird für diese Zeit die Unterhaltsbeihilfe
nicht gewährt.

Die Tatsache, daß die vertragschließenden Betriebe die
interne Ordnung des SENATI zu befolgen haben, dieser aber
nicht umgekehrt diejenigen der Betriebe, zeigt deutlich die
Dominanz des SENATI bei der Lehrlingsausbildung in Zentren.
So entscheidet auch der SENATI grundsätzlich in Fällen von
gegensätzlichen Auffassungen der Vertragsparteien über die
Vertragseinhaltung.

Der Lehrvertrag wird unterschrieben vom gesetzlichen Vertreter des vertragschließenden Betriebes, vom Lehrling und
von einem der beiden Elternteile oder dem gesetzlichen Vertreter des Lehrlings. Die Richtigkeit bescheinigt der jeweilige Regionaldirektor des SENATI. Der für das jeweilige
SENATI-Zentrum zuständige Jugendrichter beglaubigt den
Vertragsabschluß.

Die Einhaltung des Lehrvertrages unterliegt der Aufsicht des
SENATI. Maßgebend sind ausschließlich die Bestimmungen des
Gesetzes über die Lehrlingsausbildung und der auf seiner
Grundlage erlassenen Verordnung. Die Dauer des Vertragsver-
hältnisses richtet sich nach der vom SENATI festgelegten
Ausbildungsdauer des jeweiligen Ausbildungsberufes. Während
der Ausbildung hat der vertragschließende Betrieb das Recht
und die Pflicht, die Einhaltung der vom SENATI festgelegten
theoretischen und praktischen Ausbildungsabschnitte zu
überwachen. Teile der Ausbildung können in den vertragschließenden Betrieben nach vorheriger Koordinierung

zwischen SENATI und Betrieb durchgeführt werden. Die Koordinierung gewährleistet, daß die Durchführung den internen Arbeitsablauf, die Produktion sowie ihre Verteilung bzw. ihren Vertrieb nicht beeinträchtigt. Die Ausbildungsabschnitte der Betriebe für die Ausbildung von Lehrlingen in der Modalität c bedürfen zusätzlich der Genehmigung des SENATI.

Wegen der besonderen Bedeutung der Regelungen im Zusammenhang mit den Ausbildungsabschnitten in Betrieben für die Ziele dieser Untersuchung wird im Zusammenhang mit den Curricula hierauf eingegangen.

Die Lehrverträge werden bei den Regionaldirektionen in ein Verzeichnis eingetragen. Detaillierte Vorschriften gemäß den Artikeln 27 - 29 des Lehrlingsgesetzes regeln die Beendigung, insbesondere die Kündigung von Lehrverträgen. Das gleiche gilt für die Unterbrechung eines Lehrverhältnisses. Aus diesem gesamten, sehr ins einzelne gehenden Regelungskomplex ist der Fall von unentschuldigtem Fehlen des Lehrlings hervorzuheben. Dafür ist festgelegt, daß der Lehrvertrag als aufgelöst gilt, wenn der Lehrling an drei aufeinanderfolgenden Tagen oder während 5% der für die Ausbildung in der jeweiligen Ausbildungsstufe erforderlichen Tage unentschuldigt fehlt.

Auf der Grundlage von Art. 8 des Lehrlingsgesetzes ist der Abschluß eines neuen Lehrvertrages für den Fall geregelt, daß der vertragschließende Betrieb aufgelöst wird. Während der Lehrzeit erhält der Lehrling von seinem Betrieb eine monatliche Unterhaltsbeihilfe von mindestens 50% des für den Betrieb jeweils gültigen Mindestlohnes. Für jeden Tag, den der Lehrling unentschuldigt fehlt, wird die monatliche Unterhaltsbeihilfe um 1/25 gekürzt.

#### 4.2.5.1 Curricula

Die Untersuchung der Curricula wird nachfolgend an einem
der 37 Lehrberufe des SENATI exemplarisch durchgeführt.
Dafür wird der Beruf des Schweißers insbesondere wegen
der für ihn bestehenden Vergleichsmöglichkeit mit dem
entsprechenden inhaltlich einheitlich geregelten Beruf
der Länder des Andenpaktes ausgewählt. Außerdem ist das
Berufsbild des Schweißers das im industriellen Sektor in
Peru am weitesten entwickelte Berufsbild auf der Grundlage
der Vorschriften der Bildungsreform, worauf später noch
näher eingegangen wird.

Die vom SENATI gemäß Art. 23 des Gesetzes über die Lehrlingsausbildung für die Ausbildung zum Schweißer festgelegten Ausbildungsinhalte bestehen insgesamt aus den Inhalten für den Beruf des Schweißers (programas sintéticos),
den allgemeinen Lehrgängen (cursos generales) und dem
Sport.

Die in der Modalität a verlaufende Ausbildung zum Schweißer,
die sich einschließlich der Vor-Ausbildung über drei Stufen
in 22 Monaten in SENATI-Zentren zuzüglich der restlichen
14 Monate im Betrieb vollzieht, hatte ursprünglich in insgesamt drei Jahren den Ablauf, wie er der als Anlage 22
beigefügten Tabelle zu entnehmen ist (10):

- Grundkursus (ciclo básico) 18 Monate

- Fortgeschrittenenkursus (ciclo avanzado) 12 Monate

- Spezialkursus (ciclo especializado) 6 Monate

Der Grundkursus bestand aus der dreimonatigen Vor-Ausbildung,
einem neunmonatigen Ausbildungsabschnitt in Zentren, einem
fünfmonatigen Aufenthalt im Betrieb und Urlaub. Der Fortgeschrittenenkursus bestand neben Urlaub aus 6 Monaten Ausbildung in Zentren und 5 Monaten Aufenthalt im Betrieb. Der
Spezialkursus fand ausschließlich in Zentren statt.

Für die Vermittlung der Ausbildungsinhalte in Zentren
standen somit nach Abzug des Urlaubs und der Betriebsauf-
enthalte einschließlich der Vor-Ausbildung insgesamt
24 Monate zur Verfügung.

Entsprechend dieser Strukturierung können folgende Angaben zu den Ausbildungsinhalten in den drei Lehrjahren
gemacht werden:

## 1. Lehrjahr (11):

Drei Monate Vor-Ausbildung durch theoretischen Unterricht
in Zentren mit 6 Themen in Chemie/Physik, 9 im Technischen
Zeichnen, 14 in Spanisch, 4 in Mathematik, 2 in Arbeitsschutz und Unfallverhütung.

Neun Monate praktische Grundausbildung in Zentren mit
18 unmittelbar berufsbezogenen Fertigkeiten und Kenntnissen
sowie mit theoretischem Unterricht mit 9 Themen in Chemie/
Physik, 16 im Technischen Zeichnen, einer Wiederholung in
Spanisch, 9 Themen in Mathematik, 30 in Arbeitsschutz und
Unfallverhütung sowie 4 in Sport.

## 2. Lehrjahr (12):

Sechs Monate praktische Fortgeschrittenenausbildung in
Zentren mit 11 unmittelbar berufsbezogenen Fertigkeiten
und Kenntnissen sowie mit theoretischem Unterricht mit
6 Themen in Chemie/Physik, 7 im Technischen Zeichnen,
5 in Spanisch, 8 in Mathematik, 20 in Arbeitsschutz und
Unfallverhütung sowie 2 in Sport.

## 3. Lehrjahr (13):

Sechs Monate praktische Spezialausbildung in Zentren mit
8 unmittelbar berufsbezogenen Fertigkeiten und Kenntnissen
sowie mit theoretischem Unterricht mit 7 Themen in
Chemie/Physik, 4 im Technischen Zeichnen, 6 in Spanisch,
10 in Mathematik sowie 10 in Arbeitsschutz und Unfallverhütung.

Die einzelnen Themen sowie die Fertigkeiten und Kenntnisse
geben Auskunft über die in dem Beruf vermittelten Ausbildungsinhalte. Die Angaben gehen weit über das hinaus, was
allgemein unter einem Ausbildungsberufsbild zu verstehen
ist. Dafür ergeben sich nähere Hinweise insbesondere aus
§ 25 Abs. 2 Nr. 3 BBiG, aber auch aus dem CINTERFOR-Projekt
128 über den Nachweis beruflicher Qualifikationen. Nicht
zuletzt muß hierzu auf den für Peru maßgeblichen noch zu
erörtenden ministeriellen Beschluß über Berufsbildungsstätten hingewiesen werden.

Die Berufsbilder bestehen also in der Aufzählung der
Fertigkeiten und Kenntnisse, die Gegenstand der Berufsausbildung bzw. der Abschlußprüfung eines bestimmten Berufes
sind. Wird diese Kennzeichnung eines Berufsbildes auf die
Curricula des hier erörterten Berufes Schweißer angewendet,
so kann dessen Berufsbild durch die für die drei Lehrjahre
genannten unmittelbar berufsbezogenen Fertigkeiten und
Kenntnisse festgelegt werden. Damit ist nicht gesagt, daß
die ebenfalls vermittelten Kenntnisse im Rahmen des theoretischen Unterrichts, insbesondere in Chemie/Physik, Technischem Zeichnen, Mathematik sowie Arbeitsschutz und Unfallverhütung keine Bedeutung für die Berufsausbildung haben.
Diese Kenntnisse sind aber in der Regel nicht unmittelbar
auf die Berufsausübung bezogen. Ihre Vermittlung schafft
vielmehr erst die Voraussetzung für eine sinnvolle Berufsausbildung oder unterstützt die Ausbildung als flankierende
Maßnahme.

Nach dieser Abgrenzung kann unter Einbeziehung der für die
drei Lehrjahre genannten unmittelbar berufsbezogenen Fertigkeiten und Kenntnisse folgendes Berufsbild für den vom
SENATI ausgebildeten Schweißer angegeben werden:

1. Lesen und Erklären von Technischen Zeichnungen

2. Erkennen und Auswählen von Werkstoffen und Werkzeugen

3. Messen und Anreißen

4. Handhaben der Grundwerkzeuge

5. Auswählen der Schweißmittel

6. Vorbereiten von Verbindungen

7. Herstellen von Fügungen

8. Sägen von Hand

9. Kaltbiegen und -richten einfacher Werkstücke

10. Ausführen einfacher Schweißarbeiten

11. Ausführen einfacher Schmiedearbeiten

12. Härten, Anlassen und Glühen von Stahl

13. Schleifen von Schneidwerkzeugen

14. Bohren, Senken und Gewindeschneiden

15. Meißeln und Stanzen von Hand und mit Maschine

16. Ausführen von Abwicklungen einfacher geometrischer Formen

17. Herstellen einfacher Schmiedewerkzeuge

18. Skizzieren von Hand

19. Herstellen von lösbaren und unlösbaren Verbindungen

2o. Biegen von Rohren

21. Herstellen von Lehren und Schablonen

22. Anreißen einfacher Abwicklungen und Durchdringungen

23. Horizontal- und Vertikalschweißen von Eisenwerkstoffen

24. Weich- und Hartlöten

25. Erkennen einfacher elektrischer Schaltungen

26. Lesen und Erklären branchenüblicher Kennzeichen und Symbole

27. Herstellen von Schweißverbindungen in den vier Grund-
positionen

28. Feststellen von Schweißfehlern mit einfachen und besonderen Verfahren, insbesondere durch Biegen und Röntgen-strahlen

29. Schweißen von kleinen und dünnwandigen Werkstücken aus Eisen- und Nichteisenmetallen

30. Schweißen mit Maschinen und Geräten für besondere
    Elektro- und Gasschweißverfahren

31. Punktschweißen

32. Gasbrenn- und Lichtbogenschneiden

Die Wiedergabe des gesamten Berufsbildes ermöglicht den späteren genauen Vergleich mit dem entsprechenden neuen Berufsbild
nach der Bildungsreform. An diesem Beispiel soll ja exemplarisch die Auswirkung der Bildungsreform auf die berufliche
Bildung der Industrie gezeigt werden. Das aus den SENATI-
Angaben herausanalysierte Berufsbild zeigt aber auch deutlich die Absicht des SENATI, der peruanischen Industrie nur
einen inhaltlich sehr breit angelegten Schweißer auszubilden.
Möglicherweise hat das deutsche Beispiel in der Aufbauphase
des SENATI, nämlich nach dem deutschen Berufsbild des Schmelz-
schweißers auszubilden, zu dieser Entscheidung beigetragen.
In der Bundesrepublik Deutschland gibt es auch nur einen
inhaltlich breit angelegten Ausbildungsberuf für diesen Bereich. Es wird noch später darauf eingegangen, daß das den
peruanischen Verhältnissen jedoch nicht gerecht wird. Im Gegensatz zu Peru wird insbesondere jedenfalls in den restlichen
Ländern des Andenpaktes für den Bereich des Schweißens in
mehreren inhaltlich unterschiedlichen Berufen ausgebildet.

## 4.2.6 Abschlußprüfung und Zeugnis

Die Abschlußprüfung und die Aushändigung des Lehrzeugnisses
werden durch die von der Nationaldirektion des SENATI festgelegten Richtlinien geregelt (14). Danach besteht die Prüfung
aus einem praktischen und einem theoretischen Teil. Im praktischen Teil der Prüfung ist in mindestens 12 und höchstens
24 Stunden in der Regel ein Werkstück anzufertigen. In der
theoretischen Prüfung sind in der Regel mindestens 25 und
höchstens 70 programmierte Aufgaben zu lösen bzw. Fragen zu
beantworten. Auf der Grundlage von detaillierten Gewichtungs-
vorschriften für die einzelnen Prüfungsleistungen werden die
Noten 1 - 6 ermittelt. An der Prüfung nehmen technisches Personal des SENATI sowie Vertreter öffentlicher und privater
Einrichtungen des industriellen Sektors teil.

Aufgrund der bestandenen Abschlußprüfung wird dem Lehrling
offiziell bescheinigt, daß er die Ausbildung im betreffenden
Ausbildungsberuf erfolgreich durchlaufen hat. Mit der Aushändigung des Zeugnisses endet die Lehrlingsausbildung.

## 4.3 Zusammenfassung

Die gesetzlichen Grundlagen für die industrielle Lehrlingsausbildung in Peru bis zum Zeitpunkt des Wirksamwerdens der
Bildungsreform sind das Gesetz über die Lehrlingsausbildung
vom 25.9.1973 (Nr. 20151) und die Verordnung über die Lehrlingsausbildung in Zentren vom 7.5.1974 (Nr. 012-74-IT/DS).
Mit dem Gesetz vom 25.9.1973, mit dem das entsprechende
frühere Gesetz vom 11.7.1963 (Nr. 14553) außer Kraft gesetzt
wurde, werden die Rahmenbedingungen sowohl für die Lehrlingsausbildung in Zentren des SENATI als auch in den Industrie-
betrieben festgelegt. Entsprechende Gesetze für die übrigen
Berufsbildungsmaßnahmen des SENATI bestanden bzw. bestehen
nicht, wodurch die große Bedeutung der Ausbildung von Lehrlingen für den industriellen Sektor Perus unterstrichen wird.

Während die in den Zentren des SENATI verlaufende, harmonisch
in das Gesamtbildungssystem eingefügte Lehrlingsausbildung
durch eine Verordnung geregelt ist und dementsprechend auch
praktiziert wird, besteht der Weg der industriellen Lehrlingsausbildung in Betrieben praktisch nicht, wenn man von den
unsystematischen, staatlicherseits nicht geregelten Einzelfällen absieht. Es ist schwer vorstellbar, wie dieser Weg
ggf. im einzelnen ausgestaltet werden soll. Die vorwiegend
betrieblich, mit eingeschalteten Tagen in Zentren, verlaufende
Modalität (modalidad c) verläuft bereits weitestgehend im Betrieb. Diese Ausbildungsmodalität für Lehrlinge, die stark an die
duale Berufsausbildung in der Bundesrepublik Deutschland erinnert, erfüllt in hohem Maße die Forderungen des Art. 208 des
peruanischen Bildungsgesetzes von 1972, wonach berufliche Bildung vorwiegend außerschulisch zu sein hat. Dieser Modalität
kommt daher künftig eine besondere Bedeutung zu.

Mit der Verordnung über die Lehrlingsausbildung in Zentren
vom 7.5.1974 wird vorgeschrieben, daß die Ausbildung von
Jugendlichen im Sinne von Art. 209 des Bildungsgesetzes von
1972 die Ausübung von Ausbildungsberufen zu ermöglichen hat,
d.h. derjenigen beruflichen Tätigkeit, in der der Lehrling
später als qualifizierter Arbeiter tätig sein wird. Bis zum
gegenwärtigen Zeitpunkt bestehen für den industriellen Sektor
37 Ausbildungsberufe, die 12 Berufsgruppen zugeordnet sind.

Grundsätzlich hat die Lehrlingsausbildung in Zentren in
Übereinstimmung zu stehen mit dem Bildungsgesetz von 1972
und der Entwicklungsplanung des Industriesektors. Die Ausbildung in den genannten Berufen verläuft in den SENATI-Zentren
in den drei unterschiedlich gegliederten Modalitäten a, b und c,
die sich insbesondere durch mehr oder weniger lange Betriebsphasen unterscheiden. Die Ausbildungen dauern - je nach Ausbildungsberuf - einschließlich der je nach Berufsgruppe einheitlichen Vor-Ausbildung zwischen 28 und 38 Monaten. Aufgrund
der Einstellungsvoraussetzungen sind die Lehrlinge zu Beginn
der Ausbildung zwischen 14 und 20 Jahren alt.

Für die Ausbildungsplätze in den SENATI-Zentren sind gemäß
Art. 8 des Lehrlingsgesetzes sowohl Bewerber von den den
SENATI finanzierenden Betrieben als auch von den ihn nicht
finanzierenden Betrieben des industriellen Sektors zu berücksichtigen. Damit sind vor allem auch die Kleinbetriebe mit
weniger als 15 Beschäftigten grundsätzlich in die Lehrlingsausbildung eingeschlossen. Für den Fall, daß nicht genug
Bewerbungen für die zur Verfügung stehenden Plätze in den
Zentren eingehen, können die den SENATI finanzierenden Betriebe
zum Abschluß von Lehrverträgen gesetzlich verpflichtet werden.
Die grundsätzliche Berücksichtigung von Kleinbetrieben für die
freien Ausbildungsplätze im SENATI erfährt allerdings dadurch
eine Einengung, daß für den Fall, daß es in ausreichendem
Maße zum freiwilligen Vertragsabschluß kommt, die den SENATI
finanzierenden Betriebe Vorrang haben. Von diesen werden
wiederum diejenigen bevorzugt, die über betriebliche Berufsbildungsstätten verfügen.

Die Bewerber müssen im festgelegten Mindest- bzw. Höchstalter (14 bzw. 20 Jahre) sein, sie müssen weitere Voraussetzungen erfüllen und insbesondere eine Auswahlprüfung
bestehen, bevor sie auf der Grundlage einer mit dem SENATI
abgeschlossenen schriftlichen Verpflichtung einen Platz als
Anwärter für die Vor-Ausbildung erhalten.

Die 5 1/2 Monate dauernde Vor-Ausbildung, die für die jeweilige Berufsgruppe inhaltlich einheitlich ist, dient der
beruflichen Orientierung des Anwärters für einen bestimmten
Ausbildungsberuf. Mit ihrer gesamten Zielsetzung entspricht
sie weitgehend dem Berufsgrundbildungsjahr in der Bundesrepublik Deutschland, das sich auf 13 Berufsfelder erstreckt.
Bereits während der Vor-Ausbildung erhält der Anwärter eine
finanzielle Unterstützung.

Nach Abschluß der Vor-Ausbildung tritt der von einem bestimmten
Betrieb zunächst in Aussicht gestellte Lehrvertrag für die
Ausbildung zu einem bestimmten Ausbildungsberuf in Kraft.
Während der Lehrzeit erhält der Lehrling von seinem Betrieb
eine monatliche Unterhaltsbeihilfe von mindestens 50% des
für den Betrieb jeweils gültigen Mindestlohns. Der Lehrvertrag, der u.a. vom gesetzlichen Vertreter des Betriebes
unterschrieben wird, regelt sehr ins einzelne gehend die
gesamte Lehrlingsausbildung. In ihm ist u.a. festgelegt,
daß der Betrieb das Recht und die Pflicht hat, die Einhaltung der vom SENATI festgelegten theoretischen und praktischen
Ausbildungsabschnitte zu überwachen. Soweit Teile dieser Abschnitte in den Betrieben durchgeführt werden (Betriebsphasen
in den einzelnen Modalitäten), werden diese vorher zwischen
dem Betrieb und dem SENATI koordiniert. Die Koordinierung
muß gewährleisten, daß die Durchführung der betrieblichen
Ausbildungsteile den betriebsinternen Arbeitsablauf, insbesondere die Produktion, nicht beeinträchtigt. Die betrieblichen Ausbildungsabschnitte der Modalität c bedürfen zusätzlich der Genehmigung des SENATI. Nach diesen Regelungen ist
davon auszugehen, daß der Lehrling während der betrieblichen
Ausbildungsphasen einerseits unmittelbar mit den betrieblichen Realitäten vertraut gemacht wird, andererseits aber

keine einheitliche systematische Ausbildung erfährt, wie sie
ihm in den SENATI-Zentren vermittelt wird. Dieser mögliche
Nachteil für die Erreichung der Ausbildungsziele kann nicht
durch eine Verkürzung oder gar Eliminierung der Betriebsphasen beseitigt werden. Im Hinblick auf die Forderungen
des Bildungsgesetzes von 1972, insbesondere des Art. 2o8,
sind diese sogar auszudehnen. Deshalb kann eine Qualitäts-
steigerung der industriellen Lehrlingsausbildung in Zentren
ggf. nur durch eine Verbesserung der betrieblichen Ausbildungsphasen erreicht werden. Auf ein dafür geeignetes Mittel,
die Berufsbilder, wird in einem späteren Abschnitt besonders
eingegangen.

Für die Frage der Berufsbilder ist eine Analyse der Curricula
erforderlich. Am Beispiel des Ausbildungsberufes Schweißer
zeigt sich, daß die auf ihn bezogenen Curricula nur auf die
in SENATI-Zentren stattfindende Vor-Ausbildung und die ebenfalls dort stattfindende Ausbildung in den einzelnen Stufen
bezogen sind. Unter Anlegung der Maßstäbe für Berufsbilder,
wie sie insbesondere im Berufsbildungsgesetz der Bundesrepublik
Deutschland und bei CINTERFOR bestehen, können aus den Curricula
des SENATI für das Berufsbild des Schweißers lediglich die
unmittelbar berufsbezogenen Fertigkeiten und Kenntnisse herangezogen werden. Die übrigen Ausbildungsinhalte unterstützen
maßgeblich die Erreichung des Ausbildungsziels; sie sind
aber nicht unmittelbar auf die Berufsausübung gerichtet.

Mit der Abschlußprüfung, die aus einem praktischen und einem
theoretischen Teil besteht, und der Aushändigung des Lehrzeugnisses endet die Lehrlingsausbildung in Zentren.

ZWEITER TEIL: Bildungsreform

## 5 Allgemeine Bildungsreform

### 5.1 Ursprung und Ziele

#### 5.1.1 Ausgangslage

Im Vorwort des Bildungsgesetzes von 1972 wird ausgeführt,
daß sich die Notwendigkeit einer tiefgreifenden Reform des
peruanischen Bildungssystems aus den durch die Realitäten des
traditionellen Peru aufgeworfenen Problemen ergeben hat (1):

- seinem strukturellen Zustand als unterentwickeltes
  und abhängiges Land

- die in der Gesellschaft verursachten Gleichgewichts-
  störungen durch die bisherige Besitz- und Machtverteilung.

Weiter wird dort ausgeführt, daß die institutionellen Systeme
des Landes, einschließlich des Bildungssystems, bislang die
Funktion hatten, die bestehende Ordnung und die sich aus
ihr ergebende Verewigung gesetzwidriger Vorteile einer
privilegierten Minderheit zu rechtfertigen und zu unter-
stützen. Deshalb sei auf allen Gebieten ein tiefgreifender
Umwandlungsprozeß angestrebt, um die Unterentwicklung und
Abhängigkeit endgültig abzuschaffen. Dabei könne es beim
Bildungswesen nicht nur um eine bloße Modernisierung von
Verfahren und Einrichtungen, sondern müsse um drastische und
zusammenhängende, auf eine wirkliche Umgestaltung abzielende
Maßnahme gehen.

Es darf nicht übersehen werden, daß, wie es in einer Untersuchung des deutschen Instituts für Entwicklungspolitik (2)
zum Ausdruck kommt, vor der Reform vom peruanischen Staat
beträchtliche Anstrengungen auf dem Bildungssektor unternom-
men worden sind. So wurden z.B. 1967 mit 7,6 Mrd. Soles 4,8%
des Bruttoinlandproduktes (BIP) für das Bildungswesen zur
Verfügung gestellt. Von 1958 bis 1968 erhöhte sich die

Einschulungsquote im Schnitt aller Stufen um fast 100%.
Allerdings wird in der Untersuchung im Anschluß an diese
Ausführungen auch auf die schweren Mängel hingewiesen,
wonach die durchschnittliche Zeit schulischer Ausbildung
unter drei Jahren lag und sich die Ausfallquoten kaum
verringerten. Es heißt weiter, daß die Erziehung, die fast
ausschließlich wohlhabenden Minderheiten vorbehalten war,
fremde, nicht auf die Realität bezogene Lehrinhalte vermittelte und sich in einer ineffizienten, bürokratischen
Verwaltung vollzog. Die in der Untersuchung angegebene
Steigerung der Einschulungsquote um fast 100%, mit
der nur ein größerer Anteil der wohlhabenden Minderheiten erfaßt wurde, zeigt, daß die Einbeziehung auch der
weniger Wohlhabenden einer bedeutend höheren Steigerung
der Einschulungsquote bedurft hätte.

Hinweise auf die Struktur dieses mit solchen Mängeln behaf-
teten Bildungssystems ergeben sich aus dem als <u>Anlage 23</u>
beigefügten Schaubild über einen Vergleich des alten und
neuen Systems (3). Danach haben in Peru bis zur Bildungsreform von 1972 offenbar ein mehr allgemeinbildender und
ein mehr berufsbezogener Zweig nebeneinander bestanden. Das
dieser Zweiteilung zugeordnete reformierte System muß als
unvollständig dargestellt bezeichnet werden. Das neue
System hebt eine solche Aufspaltung bewußt auf. Besonders
im berufsbezogenen Zweig fehlen wichtige Bestandteile des
neuen Systems, insbesondere die Berufsbildung.

Aus dem Schaubild geht hervor, daß sich im allgemeinbildenden Zweig an die vorschulische Bildung (insbesondere Kindergarten) die 6jährige Primarschule und die 5jährige Sekundar-
schule, die mit der Hochschulreife endete, anschlossen. Die
höhere Bildung bestand im wesentlichen aus einem 4jährigen
berufsorientierten oder einem 8jährigen studienorientierten
Gang, der mit der Promotion abgeschlossen werden konnte.
Der kürzere, mit dem 6. Lebensjahr beginnende, insgesamt
15 Jahre dauernde und mit dem 21. Lebensjahr endende Bildungsgang war mehr auf eine Arbeitsaufnahme abgestellt. Der
erheblich längere Weg, mit insgesamt 19 Jahren, der mit dem

25. Lebensjahr endete, sollte mehr dem wissenschaftlichen
Nachwuchs vorbehalten sein.

In dem Länderhilfeprogramm Peru des BMZ werden die Mängel
des der Reform vorausgegangenen Bildungssystems bestätigt
und weitere herausgestellt (4). In dem Programm wird ausgeführt, daß von je 100 Schülern der Anfangsklasse nur etwa
38 den Primar- und 12 den Sekundarschulabschluß erreichten.
An den Universitäten führten ca. 40% der Studienanfänger ihr
Studium nicht zu Ende. Diejenigen, die die begonnenen schulischen Bildungswege erfolgreich zu Ende führten, stammten
aus mittleren und höheren Einkommensschichten. Die Mängel
trafen Kinder und Jugendliche aus sozial unterprivilegierten
Gruppen. Die Erziehung stand im Dienste einer privilegierten
Minderheit. Auch die regionalen Unterschiede waren sehr groß.
Im Raum Lima wurden weitaus mehr Schulpflichtige eingeschult
als im Andenhochland und in anderen ländlichen Gebieten.
Außerhalb der Ballungszonen fehlten besonders Ausbildungseinrichtungen, Lehr- und Lernmittel sowie qualifizierte Lehrer.
Die Schulklassen waren mit 70 - 80 Schülern pro Klasse uner-
träglich groß.

Weiterhin ist in dem Länderhilfeprogramm ausgeführt, daß die
Bildungsziele und -inhalte nicht auf die peruanische Wirklichkeit abgestimmt waren. Die Lehrpläne waren unflexibel,
vorwiegend universitätsorientiert gestaltet und·berücksich-
tigten nicht die Interessen der Volkswirtschaft. Das berufliche Schulwesen war nur in schwachen Ansätzen vorhanden. Die
Bildungsverwaltung war zu zentralistisch und bürokratisch
aufgebaut und nahm wenig Rücksicht auf die großen regionalen
Unterschiede.

Die Angaben des BMZ zu den reformauslösenden Faktoren werden
durch den allgemeinen Bericht über die Bildungsreform des
peruanischen Bildungsministeriums bestätigt. In dem Bericht
sind die wichtigsten quantitativen und qualitativen Mängel
des Bildungssystems vor der Reform wie folgt zusammengefaßt
aufgeführt (5):

zu geringe Anstrengungen, den Analphabetismus abzubauen,

Nichtberücksichtigung der Kinder aus unterprivilegierten
Schichten, fehlende Möglichkeit, schulische Abschlüsse
nachzuholen, Erziehung im Dienst einer Minderheit, Nicht-
übereinstimmung mit der Realität, fehlendes Nationalbewußtsein, Intellektualität und akademisierende Tendenz,
mangelhafte Ausbildung und Auswahl des Lehrpersonals,
geringe Flexibilität und Bürokratisierung sowie Verzerrung
von Verwaltung und Finanzierung.

Es überrascht zunächst, daß ein solcher Mängelkatalog im
Anschluß an die lange Entstehungsphase des ersten Bildungsgesetzes von 1941 schon wieder oder immer noch bestanden hat.
Die Regierung Belaúnde, die vor dem Staatsstreich an der
Macht war und die bereits als Reformregierung galt, stand
diesen Problemen zwar nicht blind gegenüber, aber ihre
Lösungsansätze waren vergleichsweise bescheiden. Die
Problematik, die sich im übrigen insbesondere in ihren
fatalen Folgen offen zeigte, ist auch außerhalb von Regie-
rungskreisen klar gesehen und dargelegt worden. Besonders
deutlich zeigen das die Ergebnisse einer Kommission der
Gesellschaft peruanischer Ingenieure von 1961 (6). Bei
näherer Einsicht in die Ergebnisse der Arbeit dieser Kommission kann man sich des Eindruckes nicht erwehren, daß es
sich hierbei um die Anfänge der späteren Bildungsreform gehandelt haben könnte. Zu der insgesamt 40 Mitglieder zählen-
den Kommission gehörten u.a. der erste peruanische Bildungsminister, Jorge Basadre, sowie die in dieser Untersuchung
ebenfalls bereits erwähnten Antonio Pinilla, Fernando Romero
und Jorge Sarmiento. Durch die Mitglieder waren alle für das
Bildungssystem maßgeblichen Stellen des Landes vertreten. In
einer Reihe von Sitzungen von Ende 1959 bis Ende 1960 wurden
die von der Gesellschaft peruanischer Ingenieure aufgestellten
Thesen für ein neues Bildungssystem erörtert. Die Diskussions-
ergebnisse waren die Grundlage für die Schlußfolgerungen, die
u.a. zu der als Anlage 24 beigefügten neuen Struktur des Bildungssystems führten. In die gesamten Überlegungen sind die
Erfahrungen der UNESCO sowie einer Reihe von lateinamerikanischen und hochentwickelten Industrieländern, u.a. der Bundesrepublik Deutschland, einbezogen worden.

In Anbetracht einer solchen Situation bereits vor der Machtergreifung durch die Revolutionsregierung im Jahre 1968 kann
gefolgert werden, daß die damalige Regierung Belaúnde der
Bildungspolitik nicht die Bedeutung zur Lösung aller das Land
bedrückenden Probleme beigemessen hat, wie sie ihr zukommt
und wie sie später von der Revolutionsregierung auch aufgegriffen worden ist.
Es stellt sich abschließend die Frage, warum gerade in Peru
der veränderungsbedürftige Zustand des Bildungssystems zu
einer durchgreifenden Reform geführt hat, wo doch auch vermutlich in anderen Ländern solche Reformen notwendig wären.
Das dürfte sich zu einem großen Teil mit dem Vorhandensein
einer größeren Gruppe einflußreicher und für die Lösung der
Fragen fähiger Persönlichkeiten erklären lassen, wie das Beispiel der Gesellschaft peruanischer Ingenieure zeigt. Dieser
Personenkreis verfügte außerdem über den Willen zu einer Verän-
derung, der aus der Überzeugung entstand, daß nur durch die
Bildungsreform der entscheidende Fortschritt des Landes er-
reichbar ist. Als letztlich ausschlaggebend kam hinzu, daß
die Revolutionsregierung mit ihrer Politik diese wertvollen
Ansätze aufgriff und ihnen zur Entfaltung verhalf.
Gegenstand dieser Untersuchung ist die Bildungsreform und nicht
die gesamte Reformpolitik der Revolutionsregierung. Demgemäß
ist diese auch nicht vordergründig in die Betrachtung einbezogen worden. Einige Ausführungen dazu erscheinen jedoch uner-
lässlich. So ist es vor allem von Interesse zu wissen, in
welchen anderen Bereichen ebenfalls Reformen entwickelt wurden
und was das zentrale Ziel der Revolutionsregierung ist. Eine
kurze Betrachtung der gesamten Revolutionspolitik erleichtert
darüber hinaus das bessere Verständnis des hohen Stellenwertes,
der der Bildungsreform in Peru im Gesamtkontext der Reformpolitik eingeräumt worden ist.

## 5.1.2 Politik der Revolutionsregierung

Zum Verständnis der Auffassung der Revolutionsregierung hinsichtlich Verhältnis von Bildungspolitik und Gesamtkontext der
Politik ist die Kenntnis des Ansatzes der Gesamtreform von Bedeutung.
"Die Revolutionsregierung der Streitkräfte verfolgt hauptsächlich die Ziele: ... Herbeiführung von höherer

Lebensqualität in Übereinstimmung mit der Würde des Menschen
insbesondere für die Angehörigen von weniger privilegierten
Schichten durch Umwandlung der wirtschaftlichen, sozialen
und kulturellen Strukturen des Landes" (7).

Mit dieser grundsätzlichen Zielsetzung begann die Arbeit der
am 3.10.1968 mit dem 9. Staatsstreich seit der Jahrhundert-
wende an die Macht gekommenen Revolutionsregierung. Seit Aus-
rufung der Republik im Jahre 1821 hat das Militär in Peru
damit insgesamt 15 mal die Macht übernommen (8).

Die Ursachen des Militärputsches von 1968 sind auch in
mehreren deutschen Veröffentlichungen ausführlich analysiert
und dargelegt worden. Hans-Ulrich Reh z.B. unterscheidet
zwischen äußeren Ursachen sowie strukturellen und institutionellen Ursachen. Zu den letzteren zählen die Krisen der Ver-
fassungswirklichkeit (bislang 12 Verfassungen mit zahlreichen
Änderungen), die desintegrierte Gesellschaft, das Fehlen einer
modernen Parteienstruktur, der Zentralismus der öffentlichen
Verwaltung und der peruanische Militarismus (9).

Der Militärregierung von 1968 war die bereits ebenfalls als
Reformregierung geltende Regierung unter Fernando Belaúnde
Terry vorausgegangen. Belaúnde war es allerdings nicht gelungen,
eine politische Konstellation herbeizuführen, die ihm die
Durchführung seines Reformprogramms ermöglicht hätte. Es war
ihm insbesondere nicht gelungen, die ungelösten Besitzverhält-
nisse der Standard Oil Company im Erdölgebiet von Talara, die
auf eine Schenkungsurkunde Simon Bolívars zurückgeht, zu lösen.
Simon Bolívar hatte im Jahre 1826 nach der Befreiung Südamerikas
einem seiner Getreuen als Ersatz für Sold ein Stück Land zur
Ausbeutung der Teer- und Pechvorkommen im Gebiet von Talara
übereignet und ihm auf der Schenkungsurkunde für unbegrenzte
Zeit Steuerfreiheit zugesichert. Im Laufe der Zeit wechselte
der Besitzer mehrmals. Seit der Besitzübernahme durch die Ölgesellschaft im Jahre 1923 förderte diese Öl aus dem Gebiet,
ohne dafür irgendeine Abgabe an Peru zu zahlen. Die Belaúnde-
Regierung hatte diesen Zustand durch ein Gesetz bekräftigt. Die
Ölgesellschaft weitete das Gebiet immer mehr aus, bis es zu
einem Streit kam und Belaúnde versprach,

die Angelegenheit binnen 3 Monaten zu lösen. Die Lösung
bestand im Vertrag von Talara aus dem Jahre 1968. Der Vertrag
brachte zwar einen Teil des Landes in peruanischen Besitz,
aber das Vertriebs- und Verkaufsnetz blieben unangetastet.
Der Ölgesellschaft wurde eine hohe Entschädigung gezahlt,
die alleinige Abnahme allen geförderten Öls zugesichert,
und es wurden keinerlei Steuern nachgefordert. Das Vorgehen
der Regierung Belaúnde gegenüber dem Johnson-Kabinett der USA
hat gerade in diesem Punkt zu einer Wendung der öffentlichen
Meinung gegen die USA und gegen die eigene Regierung geführt.
Der Nationalismus beherrschte das Land so sehr, daß es der
Junta unter General Juán Velasco Alvarado leicht fiel, die
zivile peruanische Regierung Belaúndes zu entmachten (10).

Die von Velasco Alvarado seit 1968 praktizierte Politik der
Revolutionsregierung, die sich als ein langfristiger Umwandlungsprozeß kennzeichnen läßt, verfolgt einen eigenen,
nationalen Weg zu einer humanistisch-sozialistischen Gesellschaftsordnung, wobei dogmatische und totalitäre Lösungen
nicht in Betracht kommen. Dieser Weg ist vielfach als
"Sozialismus peruanischer Prägung", als ein "dritter Weg"
zwischen einem Kapitalismus westlicher und einem Sozialismus
östlicher Prägung gekennzeichnet worden. Präsident Velasco
hat das in einer Rede am 15.11.1970 so dargestellt: "Wir
sind weder kommunistische Antikapitalisten noch kapitalistische
Antikommunisten .... Unseres Erachtens ist die Alternative
'Kapitalismus oder Kommunismus' eine falsche Fragestellung ....
Wir denken in anderen Begriffen" (11).

Die Zielvorstellungen der Revolutionsregierung haben zu einer
Reihe von Reformmaßnahmen, insbesondere zur Landreform, zum
Montan-, Industrie- und Bankengesetz, zur Devisenkontrolle und
zum Bildungsgesetz geführt, bei dessen Ausarbeitung, neben
den vielen anderen Ansätzen, nach Angaben von Schlootz auch
die Ideen Ivan Illichs nicht unberücksichtigt geblieben
sind (12).

Diese Politik der Revolutionsregierung ist durch den Wechsel
der Präsidentschaft auf Franzisco Morales Bermudes (1977)
in grundsätzlicher Hinsicht nicht geändert worden. Das zeigt
die Zielsetzung des als Verordnung erlassenen Regierungsplans
"Tupac Amaru" der folgende höchste Zielsetzung enthält:

"Festigung des Revolutionsprozesses und Vermeidung einer
Abzweigung zu einem statischen Kommunismus durch Reaktion
auf ein Zurückgleiten zu vorrevolutionären kapitalistischen
Systemen. Vervollständigung und Anpassung der Reformstruk-
turen zur Sicherung eines Fortschrittes, der eine Rückkehr
des Prozesses vor seiner Zielerreichung, d.h. einer sozialen
Demokratie mit allgemeiner Beteiligung, unmöglich macht" (13).

## 5.1.3 Grundzüge und Ziele der Bildungsreform

"Ohne eine effektive, tiefgreifende und permanente Umwandlung
des peruanischen Bildungssystems ist es unmöglich, den Erfolg
und die Kontinuität der anderen Reformen zu garantieren.
Daraus ergibt sich, daß die Bildungsreform, die die komplexeste
und vielleicht wichtigste aller Reformen ist, unabdingbare
Voraussetzung für die peruanische Entwicklung und zentrales
Ziel unserer Revolution ist" (14).

Mit diesen Ausführungen von Präsident Velasco ist die Stel-
lung der Bildungspolitik der Revolutionsregierung im Gesamtkontext ihrer Politik eindeutig festgelegt. Der damalige
Bildungsminister, Alfredo Carpio Becerra, äußerte sich im
Einklang mit dieser grundsätzlichen Zielsetzung und deutet
bereits die Orientierung des neuen Bildungssystems an:
"Die Erziehung stellt ein wesentliches Element im sozialen
Umgestaltungsprozeß und einen Bestandteil der Gesamtpolitik
der strukturellen Umwandlung dar, die von der revolutionären
Regierung der Armee durchgeführt wird. Der Erziehung kommt
die größte und transzendentale Aufgabe unserer Zeit zu:
den Menschen zu befreien. Diese Befreiung ist keine abstrakte

und ausweichende Tätigkeit, sondern eine konkrete und verpflichtende Handlung, vor allem gegenüber den Ärmsten, die die gesamte Last der Unterdrückung ertragen. Das allgemeine Erziehungsgesetz, um dessen Ausarbeitung alle Peruaner bemünt waren, ist der beste Ausdruck für die historische Entscheidung unseres Volkes, seine kulturelle und wirtschaftliche Befreiung zu erlangen" (15).

Der dem Bildungsgesetz von 1972 zugrundeliegende bereits erwähnte Bericht (Informe General) des Bildungsministeriums nennt zusammengefaßt folgende Grundzüge der Bildungsreform:

- Berücksichtigung der Kultur
- Beteiligung der Gemeinschaft
- Berücksichtigung von Wissenschaft und Technologie
- Berücksichtigung der Kunst
- ethische, bürgerliche und religiöse Orientierung
- Berücksichtigung von Sport und Erholung
- ausreichende Ernährung
- Einbeziehung außerschulischer Bildungsmöglichkeiten

Der außerschulischen Bildungsmöglichkeit, wie z.B. Fernunterricht oder betriebliche Ausbildung, wird ausdrücklich der gleiche oder sogar ein höherer Bildungseffekt als der schulischen Bildung zuerkannt. Auf diesen für die vorliegende Untersuchung wichtigen Grundzug wird noch besonders eingegangen. Er ist mit ausschlaggebend für die Abgrenzung der Berufsbildung von denjenigen Bildungsgängen des neuen Bildungssystems, die Bezüge zur Berufs- und Arbeitswelt aufweisen, insbesondere der Arbeitsgrundbildung und der ersten Periode der höheren Bildung.

Die dem Inhalt vorangestellten Ziele des Bildungsgesetzes von 1972, die in der bereits zitierten Veröffentlichung von Lefringhausen, Rau und Schmidt ausführlich in deutscher Sprache interpretiert worden sind, stellen sich zusammengefaßt wie folgt dar (16):

Danach verfolgt die Bildung eine humanistische und
demokratische Einstellung, wobei die Würde des Menschen
ungeachtet seiner Herkunft, seiner Denkweise und seiner
sozialen Stellung höchster Wert ist. Die Bildung ist engstens
mit der Arbeit, insbesondere der Handarbeit, zu verbinden,
die herkömmlicherweise verachtet wird. Arbeit wird als
Ausübung der Fähigkeit zur persönlichen Selbstverwirklichung zum allgemeinen Nutzen aufgefaßt. Jeder Mensch ist
danach Endzweck in sich und darf nicht das Instrument eines
anderen sein. Erziehung durch die Arbeit und für die Arbeit
ist eine Hauptsäule der Reform. Die Trennung zwischen allgemeiner und fachlicher Bildung wird zugunsten einer notwendigen Integration von allgemeiner Bildung und Befähigung zur
Arbeit für alle Lernenden abgelehnt. Alle Lösungen sind auf
die peruanischen Belange, die die Belange eines Entwicklungslandes sind, zu beziehen. Die geschichtlichen Gegebenheiten
von Peru sind gekennzeichnet durch mächtige Verknüpfungen
innerer und äußerer Abhängkeiten, die durch nationale
Souveränität abzulösen sind. Anpassung an die Wirtschaft
des Landes, insbesondere durch unmittelbare Betreuung des
Lernenden im arbeitsfähigen Alter auf allen Tätigkeitsebenen.
Steigerung der Leistungsfähigkeit der Lernenden durch Per-
fektionierung in der Arbeit und permanente Weiterbildung als
direkter Beitrag zur Gesamtentwicklung des Landes. Beteiligung
der Lernenden, der Eltern und der Gemeinschaft am Bildungsgeschehen zur Bewußtmachung der eigenen Situation, um die
richtige Einstellung zu dem Prozeß der Aufhebung von Abhängigkeit und Beherrschung zu ermöglichen. Die Laster der alten
Bildung: autoritärer Immobilismus und diskriminierende Abson-
derung, sind zu überwinden.

Bildung wird als Recht und als Pflicht für alle Mitglieder
der Gemeinschaft von der Geburt bis zum Tode begriffen.
Das kann sich notwendigerweise nicht im starren Rahmen
des Schulsystems vollziehen, sondern bedarf zusätzlich
der Selbsterziehung und vor allem einer außerschulischen
Erziehung, die in diesem Zusammenhang einen besonders
hohen Stellenwert einnimmt. Die traditionelle

Trennung von formaler und nichtformaler Bildung wird aufgehoben. Allen am Bildungsprozeß Beteiligten wird ein Platz im Gesamtsystem zugeordnet, angefangen von der Anfangserziehung (educación inicial) bis zur Weiterbildung (extensión educativa). Durch Dezentralisierung soll eine stärkere örtliche Initiative und Verantwortlichkeit herbeigeführt werden. Verfahren und Bildungsinhalte sollen mehr den Erfordernissen und Interessen der verschiedenen Zonen des Landes angepaßt werden. Auf der Grundlage einer zweisprachigen Alphabetisierung soll die Befreiung der schöpferischen Ausdrucksfähigkeit des peruanischen Menschen gefördert werden. Durch Einrichtung von kommunalen Bildungszentren wird der Gemeinschaft Zutritt zu den Entscheidungen in Bildungsfragen verschafft und zugleich die Organisation der Bildungsarbeit rationalisiert und ein Beitrag der Gemeinschaft zum Bildungsgeschehen angeregt. Zur Aufbringung der Kosten sind alle Wirtschaftssektoren des Landes aufgerufen. Die vorhandenen Einrichtungen und weitere ausschöpfbare Möglichkeiten sind optimal zu nutzen.

Ebenso wie die grundsätzliche Zielsetzung der Revolutionsregierung sind auch die Ziele der Bildungsreform durch den Präsidentschaftswechsel nicht geändert worden. Die im Plan "Tupac Amaru" aufgeführten 18 Reformziele stehen in vollem Einklang mit den ursprünglich erklärten Absichten (17).

## 5.2 Bildungsgesetz

Die wesentlichen Reforminhalte sind im Bildungsgesetz vom 21.3.1972 festgelegt worden. Es ist für das Verständnis der Berufsbildung unerläßlich, sich über die wichtigsten Inhalte und Gegenstände einen Überblick zu verschaffen. Das gilt insbesondere für die alle Stufen des Bildungssystems betreffenden grundlegenden Bestimmungen.

Der eigentlichen Berufsbildung sind von den insgesamt
383 Artikeln des Gesetzes lediglich 11 Artikel gewidmet.
Bei der Vielzahl der insgesamt durch das Gesetz geregelten
Gegenstände läßt sich daraus jedoch nicht etwa eine geringere
Bedeutung der beruflichen Bildung herleiten. Vielmehr wird
das dem Gesetz zugrundegelegte Prinzip eines Minimums an
Reglementierung deutlich. Sofern weitergehende regelungsbedürftige Sachverhalte bestehen, sind oder werden diese in
Rechtsvorschriften, besonders in Verordnungen, festgelegt,
die ihre Grundlage im Bildungsgesetz haben. Für die berufliche Bildung sind weitere Vorschriften in der Verordnung
über die Berufsbildung und im ministeriellen Beschluß über
die Berufsbildungsstätten festgelegt worden.

## 5.2.1 Inhaltsüberblick

Ebenso wie die Ziele des Bildungsgesetzes sind auch seine
Inhalte u.a. bereits in deutschsprachigen Veröffentlichungen
mehr oder weniger ausführlich dargelegt worden (18). Da
vorliegende Untersuchung sich jedoch besonders der Berufsbildung widmet, deren Inhalte bislang noch nicht interpretiert wurden, werden die im Bildungsgesetz enthaltenen Gegenstände jetzt zusammengefaßt dargestellt.

Der anhand des Gesetzestextes gegebene Überblick stützt sich
dabei auf die eigens für diese Untersuchung angefertigte Gliederung des peruanischen Bildungsgesetzes von 1972, die wegen
ihres Umfanges als Anlage 25 in den Anhang genommen wurde,
sowie auf die bereits veröffentlichte Zusammenfassung von
Hildegard Hamm-Brücher.

Wie aus der Gliederung hervorgeht, sind die 383 Artikel in
43 Kapitel bzw. 35 Titel und 11 Abschnitte zusammengefaßt.

Im ersten Abschnitt wird das Gesetz mit den grundlegenden
Bestimmungen eingeleitet. Bildung wird dort als ein umfassender
Prozeß beschrieben, der sich nicht nur in Bildungseinrichtungen,

sondern auch in Familie und Gemeinschaft abspielt. Es ist
Aufgabe des Bildungsministeriums, diesen vielschichtigen
Prozeß zu planen, zu koordinieren und zu fördern. Sein
organisatorischer Aufbau und die einzelnen regionalen Abteilungen des Landes gehen aus dem als Anlage 26 beigefügten
Organigramm des Bildungssektors hervor (19). Grundlage für
die innere und äußere Bildungsverwaltung, insbesondere für
das Bildungsministerium, ist das Gesetz Nr. 19602 (Ley
Orgánica de Educación) vom 7.11.1972.

Staatlich vermittelte Bildung ist grundsätzlich kostenlos
für die Bildungsnehmer. Diese werden jedoch verpflichtet,
die in sie investierten Werte der Gesellschaft durch eigene
Leistungen wieder zur Verfügung zu stellen. Jeder Art von
Diskriminierung und jedem Verstoß gegen die Menschenwürde
wird Einhalt geboten. Der Lernende ist Mittelpunkt jedes
Bildungsprozesses. Seine Entfaltung und die Pflege seiner
Talente sind im Rahmen der Schaffung eines neuen peruanischen
Menschen zentrales Ziel. Es wird auf die notwendigen besonderen Anstrengungen des Staates zur Schaffung einer freien,
gerechten und solidarischen Gesellschaft, insbesondere in den
nicht begünstigten Landesteilen hingewirkt. Absolute Gleich-
berechtigung der Frau und grundsätzliche Einführung der
Koedukation schaffen dafür die Grundlagen. Große Bedeutung
kommt der Beteiligung von Familie und Gemeinschaft auf allen
Stufen des Bildungssystems zu. Kunst und Sport werden ebenso
wie die Erziehung zur Freiheit in die Bildung einbezogen.

Im zweiten Abschnitt werden die Struktur des Bildungssystems
die für die Anwendung notwendigen organisatorischen Maßnahmen
und das Prinzip der kommunalen Bildungszentren festgelegt.
Der Prozeß der Bildung ist vorwiegend auf den Erwerb von
Fertigkeiten, Kenntnissen, Einstellungen und Verhaltensweisen für die Befähigung zur Arbeit gerichtet. Er wird

unterstützt durch Beratung und Förderung der Lernenden,
insbesondere in gesundheitlicher Hinsicht. Jeder Art außerschulischer Bildung wird staatliche Unterstützung zugesichert.
Der Schaffung von kommunalen Bildungszentren (Nuklearisierung)
wird eine besondere Bedeutung beigemessen. Diese Zentren
haben die Aufgabe, die Zusammenarbeit aller an einem bestimmten
Ort am Bildungsgeschehen beteiligten Personen und Einrichtungen zu fördern. Mit den benachbarten kommunalen Bildungszentren soll insbesondere im Hinblick auf optimale Nutzung
der vorhandenen Bildungseinrichtungen zusammengearbeitet
werden. Dem Direktor eines solchen kommunalen Bildungszentrums
steht während seiner jeweils dreijährigen Amtszeit ein
10 - 20 Mitglieder zählender Bildungsrat zur Seite, der sich
zu 40% aus Lehrpersonal und je 30% aus Eltern und kommunalen
Vertretern zusammensetzt.

Mit dem dritten Abschnitt werden die Stufen der Anfangs- und
Grundbildung geregelt. Die Anfangsbildung gilt für Kinder bis
zu 6 Jahren und ihre Eltern. Damit sind die Eltern in diese
Bildungsmaßnahme auch auf gesetzlichem Wege einbezogen.

Die neunklassige Grundbildung, die entweder mehr allgemein-
bildend oder mehr arbeitsorientiert ausgeprägt sein kann,
verläuft in drei Perioden (4 Klassen, 2 Klassen, 3 Klassen)
im Rahmen einer Gesamtschule. Für das Absolvieren einer
Klasse ist nicht das Schuljahr maßgeblich. Vielmehr wird die
dafür erforderliche Zeitspanne nach den örtlichen Verhältnissen
und der erforderlichen Lernzeit von Fall zu Fall bestimmt.
Die Versetzung in eine andere Klasse ist demzufolge nicht an
feste Zeiten gebunden. Die Zeugnisse enthalten nach Abschluß
einer Klasse und nach Beendigung der Grundbildung keine Noten.

Der vierte Abschnitt ist mit 85 Artikeln der mit Abstand um-
fangreichste aller 11 Abschnitte. Das dürfte in erster Linie
daran liegen, daß in ihm sowohl das höhere Schulwesen als auch
die Universitäten geregelt sind. An die Grundbildung schließen
sich drei Perioden höherer Bildung an.

Die erste Periode umfaßt 6 - 8 Semester und führt zum
Berufsabitur. Sie findet an beruflichen höheren Schulen,
d.h. an beruflichen Gymnasien statt. Das Berufsabitur ist
Voraussetzung für den späteren Eintritt in eine Universität.
Für die Wahl eines Universitätsstudiums spielt es keine Rolle,
in welcher Fachrichtung das berufliche Abitur erworben wurde.

Die Leistungen werden in allen drei Perioden nach einem
Kreditsystem bewertet. Die Lehrkräfte der höheren beruflichen
Schulen werden durch öffentlichen Wettbewerb eingestellt.
Alle Lernenden müssen an sozialen zivilen Aktionsprogrammen
teilnehmen.

Die zweite Periode der höheren Bildung führt zum Staats-
examen oder Magister. Die Zahl der freien Studienplätze an
den Universitäten wird jährlich vom Bildungsministerium ermittelt.

Die dritte Periode der höheren Bildung führt zur Promotion.
Sie ist vor allem wissenschaftlichen Laufbahnen vorbehalten.

In einem besonderen Titel des Gesetzes sind die Belange der
Universitäten, in denen die zweite und dritte Periode der
höheren Bildung durchgeführt werden, geregelt. Allen Studenten wird ernsthaftes und zielstrebiges Studium sowie aktive
Teilnahme an der demokratischen Gemeinschaft auferlegt.

Der Universität wird Autonomie und Freiheit von Lehre und
Forschung eingeräumt. Aufbau und Organisation der Universität
sind bis in Einzelheiten geregelt. Die Universitätslehrer
müssen ihre Qualifikation regelmäßig nachweisen. Neben den
staatlichen sind entsprechend den anderen Stufen des Bildungssystems auch private Hochschulen gestattet, für die im wesentlichen allerdings die gleichen rechtlichen Grundlagen gelten.

Dem fünften Abschnitt kommt mit den weiteren Bildungsarten
und den Sonderprogrammen für die Untersuchung b sondere
Bedeutung zu. In ihm sind außer der Sonderbildung, der
Weiterbildung und den Sonderprogrammen auch die

Berufsbildung geregelt. Die für sie geltenden Bestimmungen
zu ihren Zielen, dem Zugang, den Programmen, den Prüfungen
und den Zeugnissen sind im Anhang als Anlage 27 enthalten.

Die Berufsbildung hat sich vorwiegend außerschulisch zu
vollziehen. Sie ist für die permanente Ausbildung der Beschäftigten der verschiedenen Wirtschaftssektoren bestimmt.
Auf der Grundlage ihrer Zielsetzung zählen u.a. zur beruflichen Bildung:

- Lehrlingsausbildung in Ausbildungsberufen

- Fortbildung von Beschäftigten

- Fortbildung von Selbständigen

- Fortbildung von Arbeitslosen und Unterbeschäftigten

- Umschulung und berufliche Rehabilitation

Bei der Festlegung der Inhalte vorstehender Berufsbildungsprogramme ist folgendes zu berücksichtigen:

- Kenntnisse, die wissenschaftliche Informationen, Begriffe
  und Schlußfolgerungen theoretischer und praktischer
  Forschung umfassen

- Tätigkeiten, die die Erfahrungen, Abläufe und Formen
  bildender Werte berücksichtigen

- Befähigung zur Arbeit unter Einbeziehung aller für den
  Produktionsprozeß erforderlichen Kenntnisse, Techniken
  und Fertigkeiten der verschiedenen Herstellungsverfahren

- Orientierung des Lernenden unter Berücksichtigung
  methodischer, beruflicher und psychologischer Beratung

Die Programme werden zwischen den einzelnen Wirtschaftssektoren koordiniert. Für eine Teilnahme sind die Beschäftigten
von dem Betrieb freizustellen. Die Programme werden vor allem
in den überbetrieblichen und den betrieblichen Berufsbildungsstätten durchgeführt. Weitergehende Bestimmungen,

insbesondere über Zeugnisse und ihre gegenseitige Anerkennung
bei Abschlüssen der beruflichen Bildung und anderen Modalitäten
des Bildungssystems, werden vom Bildungs- und Arbeitsministerium
festgelegt.

Die Bestimmungen der Sonderbildung, die sich vor allem an
Behinderte richtet, bilden nicht nur für ein Entwicklungsland beispielhafte Rahmenbedingungen.

Mit den Sonderprogrammen werden Maßnahmen für die Förderung
der Landwirtschaft und zur nationalen Sicherheit sowie zur
lateinamerikanischen Integration geregelt.

Die im sechsten Abschnitt zusammengefaßten Zusatzmaßnahmen
sind im Hinblick auf die bessere Entfaltung des Bildungssystems geschaffen worden. Dafür werden als besonders wir-
kungsvolle Maßnahmen die Bildungsforschung, Bildungsberatung
und die Entsendung von Stipendiaten verstanden. Mit der
Stipendienvergabe für das In- und Ausland soll vor allem
den besonders Begabten Anreiz und Belohnung geschaffen
werden.

Eine wichtige Rolle spielt auch die im siebten Abschnitt
geregelte Bildungstechnologie. Sie umfaßt die Herstellung
und Verbreitung der Lehr- und Lernmittel, an deren Herstellung und Beurteilung Lehrer, Eltern und die Gemeinschaft
beteiligt werden, die Gebäude und ihre Einrichtungen sowie
den Fernunterricht. Die Förderung von Bibliotheken wird
ausdrücklich zur Aufgabe des Bildungsministeriums gemacht.
Besonders hervorgehoben wird auch die Rolle des Bildungs-
fernsehens, das als wichtiger Faktor in das Gesamtsystem
einbezogen wird.

Der achte Abschnitt ist dem Lehrpersonal gewidmet.

Der für die Entfaltung des Systems besonders wichtigen
Finanzierung ist mit dem neunten Abschnitt ein angemessener
Platz eingeräumt worden. Der Verteilung der Mittel auf die

einzelnen Stufen, Perioden, Modalitäten und Maßnahmen folgen
Bestimmungen über Kostenminimierung und die optimale Nutzung
vorhandener Einrichtungen.

Der zehnte Abschnitt ist der Beteiligung der Gemeinschaft
an der Erziehung gewidmet. Sie wird aufgefordert, direkt
oder indirekt individuell oder institutionell am Bildungsgeschehen teilzunehmen. Die Beibehaltung privater Bildungseinrichtungen wird ausdrücklich anerkannt. Gemäß den Bestimmungen zum studentischen Zivildienst ist jeder Absolvent
eines Fachstudiums zu einem maximal 14monatigen Zivildienst
in einer benachteiligten Zone des Landes verpflichtet. Damit
soll den akademisch ausgebildeten Peruanern ein engerer Kontakt
mit der Realität des Landes ermöglicht werden. Diese Dienst-
zeit wird im Sinne eines Dienstes für die Allgemeinheit
bei späteren Renten- und Pensionsansprüchen angerechnet.

Mit den außergewöhnlich umfangreichen Übergangs- und Schlußbestimmungen des elften Abschnitts wird vor allem die Umstellung des alten auf das neue Bildungssystem geregelt und
auf den Erlaß von Verordnungen für weitere regelungsbedürftige
Bereiche hingewiesen. Daß diese Verordnungen gemäß Artikel 339
bis spätestens 120 Tage nach Inkrafttreten des Bildungsgesetzes
zu erlassen sind, ist zumindest im Falle der Verordnung über
die Berufsbildung nicht eingehalten worden. Abgesehen davon,
daß eine solche Frist höchst fragwürdig ist, zeigt sich andererseits, wie ernst die Absichten der Reform sind. Die gesamte
Umstellung des Bildungssystems vollzieht sich nach einem vom
Bildungsministerium zu erstellenden Plan (Plan General de
Conversión). In der Vergangenheit konnten allerdings die darin
festgelegten Fristen, insbesondere aus finanziellen Gründen,
nicht eingehalten werden. Trotzdem erscheint auch diese Absicht der Reform im Hinblick auf das offenbar nicht zur
Wirkung gelangte erste Bildungsgesetz nur zu verständlich. In
der bereits zitierten Untersuchung des deutschen Instituts für
Entwicklungspolitik ist hierzu ausgeführt, daß ursprünglich
vorgesehen war, das Bildungssystem bis 1978 umzuwandeln, daß

aber realistisch gesehen die Reform auf allen Ebenen wohl
erst 1984 - 1985 verwirklicht sein dürfte (20). Dazu ist
grundsätzlich anzumerken, daß der Realisierungsgrad der
Bildungsreform sich wohl kaum exakt anhand von mehr oder
weniger erreichten Planungsdaten messen läßt. Schließlich
richtet sich die Reform in erster Linie auf die Schaffung
eines neuen, von Armut und Abhängigkeit befreiten Menschen
im Rahmen der Gesamtheit eines sozialen Umgestaltungspro-
zesses.

Im Anhang des Gesetzes werden noch 39 wichtige, im Gesetzes-
text enthaltene Begriffe definiert.

## 5.2.2 Struktur des Bildungssystems

Die Struktur von Bildungssystemen wird häufig in Schaubildern
dargestellt, an deren unterem Rand die Einrichtungen für
Kinder, insbesondere der Kindergarten, dargestellt werden.
Mit steigendem Lebensalter bauen sich darauf auf die Stufen
von Grund-, mittlerer und höherer Bildung bis zu den Hochschulen des betreffenden Landes. In der Bundesrepublik
Deutschland wären das der Elementarbereich, der Primarbereich,
die Sekundarbereiche I und II sowie der Tertiärbereich. Auch
das neue peruanische Bildungssystem ist in einem solchen Schaubild dargestellt worden (21). Es ist im Anhang als Anlage 28
beigefügt und liegt der nachfolgenden Interpretation zugrunde.

Abweichend vom üblichen vertikalen Aufbau, beginnt das
peruanische Schaubild am linken Blattrand mit der Anfangsbildung und endet rechts mit dem Promotionsstudium. Die
Weiterbildung, die Beteiligung der Gemeinschaft und die
Arbeit bilden den alles umschließenden Rahmen. Dadurch
soll offensichtlich den der Reform zugrundeliegenden Prinzipien, durch und für die Arbeit zu erziehen, die Gemeinschaft
auf allen Stufen zu beteiligen und sich lebenslänglich zu
bilden, Ausdruck verliehen werden. Das System umfaßt

Stufen (niveles), Perioden (ciclos), Modalitäten (modalidades)
und Maßnahmen (acciónes). Mit der Anfangsbildung (educación
inicial), der Grundbildung (educación básica) und der höheren
Bildung (educación superior) gibt es drei Stufen. Die Grundbildung und die höhere Bildung sind in Perioden eingeteilt.
Jede dieser Perioden stellt eine in sich geschlossene Einheit
dar.

Die Modalitäten sind Variationen der drei Stufen. Sie sind im
Hinblick auf die besonderen Umstände der Lernenden sowie
auf die sozialen und wirtschaftlichen Belange des Landes
festgelegt worden. Folgende 7 Modalitäten sind zu unterscheiden:

- Allgemeine Grundbildung        (educación básica regular)

- Arbeitsgrundbildung            (educación básica laboral)

- Allgemeine höhere Bildung      (educación superior regular)

- Besondere höhere Bildung       (educación superior no regular)

- Berufsbildung (calificación profesional extraordinaria)

- Sonderbildung (educación especial)

- Weiterbildung (extensión educativa)

Die Anfangsbildung ist die erste Stufe des Systems. In dem
Schaubild ist sie für das Alter bis 6 Jahre vorgesehen. Die
Grundbildung ist die zweite Stufe. Sie ist allgemein obliga-
torisch und bildet das Kernstück des Systems. Die allgemeine
Grundbildung besteht aus neun Klassen, die drei Perioden zugeordnet werden. Jede Periode ist eine in sich geschlossene
Einheit. Wegen des in der Regel wohl auch neun Jahre dauernden
Schulbesuchs sieht das Schaubild die Lebensalter 6 - 15 Jahre
für die allgemeine Grundbildung vor. Allerdings ist das keine
starre Zeitspanne, da die Versetzung zwischen den Klassen und
Perioden nicht an feste Jahrgänge gebunden ist. Die Arbeitsgrundbildung ist in erster Linie für Jugendliche und Erwachsene
bestimmt, die an der allgemeinen Grundbildung in dem dafür
vorgesehenen Alter (6-15 Jahre) nicht teilnehmen konnten.

Neben den allgemeinen Bildungsinhalten vermittelt sie auch
Inhalte in unmittelbarem Zusammenhang mit der Arbeitswelt,
aus der die meisten Lernenden bereits Erfahrungen mitbringen.
Die Arbeitsgrundbildung besteht ebenso wie die allgemeine
Grundbildung aus neun flexiblen Klassen, die drei Perioden
zugeordnet sind.

Die höhere Bildung ist die dritte Stufe des Systems. Sie ist
dadurch gekennzeichnet, daß sie in allen ihren drei Perioden
sowohl allgemeine Bildungsinhalte als auch beruflich
orientierte Inhalte vermittelt. Die höhere Bildung umfaßt drei
jeweils in sich geschlossene Perioden mit unterschiedlichen
Zielsetzungen. Die erste Periode führt zum Berufsabitur
(bachillerato profesional), die zweite Periode zur Diplom-
bzw. Magisterprüfung und die dritte Periode ist dem Doktoran-
denstudium vorbehalten. Alternativ zu diesen drei Perioden
der allgemeinen höheren Bildung besteht außerdem eine besondere
höhere Bildung, die außerschulische Bildungs- bzw. Studien-
gänge umfaßt.

Die Berufsbildung ist die für die Aus- und Fortbildung bestimmte Modalität. Sie ist auf die Vermittlung von Qualifikationen für die ausschließliche und unmittelbare Verwendung
im Beschäftigungssystem ausgerichtet.

Die Sonderbildung widmet sich den Behinderten und besonders
Begabten. Sie hat einerseits den Belangen der physischen,
psychischen und geistigen Behinderungen der Lernenden Rechnung zu tragen sowie andererseits besondere Bildungsgänge für
die Begabtesten zur Verfügung zu stellen.

Die Weiterbildung ist die siebte und letzte Modalität des
Bildungssystems. Sie umfaßt alle nicht formalisierten Bildungsmaßnahmen, die staatlicherseits oder von der Gemeinschaft
durchgeführt werden. Dabei werden im Rahmen der Freizeit
besonders die Massenmedien mit dem Ziel, das lebenslange
Lernen der Bevölkerung anzuregen, herangezogen.

Die in dem Schaubild enthaltenen zahlreichen Pfeile deuten
die Vielzahl der Übergangsmöglichkeiten an, auf die hier
nicht näher eingegangen werden kann. Sie entsprechen aber
dem zugrundeliegenden Prinzip einer maximalen horizontalen
und vertikalen Mobilität des Lernenden innerhalb des Bildungssystems.

## 5.2.3 Abgrenzung der Berufsbildung

Die berufliche Bildung für die Industrie ist sachentsprechend
der 5. Modalität des Bildungsgesetzes, der Berufsbildung,
gesetzlich zugeordnet. Außer dieser haben aber insbesondere
auch die Arbeitsgrundbildung (2. Modalität) und die erste
Periode der höheren Bildung (3. und 4. Modalität) berufsbildende Bedeutung. Wie ja überhaupt der neue peruanische
Bildungsprozeß grundsätzlich auf die Erziehung durch die
Arbeit und die Befähigung zur Arbeit gerichtet ist.

Eine kurze Abgrenzung der eigentlichen, in gewisser Hinsicht
"reinrassigen", d.h. ohne Nebenabsichten eingerichteten,
Berufsbildung von den beiden vorstehend genannten Bildungsgängen erscheint daher angebracht. Dafür ergeben sich aus den
Bestimmungen des Bildungsgesetzes zahlreiche Angaben. Weitere
Angaben sind aber auch aus den auf der Grundlage des Bildungsgesetzes erlassenen Vorschriften, insbesondere den entsprechenden Verordnungen, zu erwarten. Das wird zumindest im Falle
der Berufsbildung, auf deren weitere Rechtsgrundlagen später
noch eingegangen wird, deutlich. Für den Zweck der vorliegenden
Untersuchung erscheint eine Abgrenzung auf der Ebene des Bildungsgesetzes ausreichend.

Im Bildungsgesetz sind jeweils unterschiedliche Angaben der
drei Bildungsgänge enthalten zu den Zielen, Zugängen, Inhalten,
Zeugnissen und Lernorten. Die Stellen des Gesetzes, das heißt
die Artikel, an denen zu diesen fünf Kriterien besonders
deutliche Aussagen gemacht sind, lassen sich übersichtlich
in folgender Tabelle darstellen.

Tabelle 10: Abgrenzungskriterien von Arbeitsgrund- und
Berufsbildung sowie erster Periode der höheren
Bildung

| Kriterien Modalitäten | Ziele (Art.) | Zugänge (Art.) | Inhalte (Art.) | Zeugnisse (Art.) | Lernorte (Art.) |
|---|---|---|---|---|---|
| Arbeitsgrund- bildung (2. Modalität) | 102 103 | 104 105 | 106(59) 108 110 | 113 114 | 115 121 |
| Erste Periode der höheren bildung (3. und 4. Modalität) | 122 123 | 124 | 127 129 137 | 131 132 | 125 133 134 136 |
| Berufsbildung (5.Modalität) | 2o8 2o9 | 210 | 212(59) 216 | 218 | 215 |

Vergleicht man die Inhalte der in der Tabelle aufgeführten
Artikel, so entsteht eine klare Abgrenzung der Berufsbildung
von den beiden anderen genannten Bereichen des Bildungssystems,
die sich zusammengefaßt wie folgt darstellen läßt:

Die Arbeitsgrundbildung dient in erster Linie dem nachträg-
lichen Erwerb des Grundbildungsabschlusses mit dem Ziel, den
Analphabetismus zu beseitigen. Sie ist vornehmlich an die
über 15 Jahre alte Bevölkerung gerichtet. Besondere Eingangsvoraussetzungen bestehen nicht. Die Lehrinhalte orientieren
sich einerseits am Grundbildungsabschluß und andererseits an
den Erfordernissen des Arbeitsmarktes. Der nachgeholte allgemeine Grundbildungsabschluß berechtigt zum Eintritt in die
erste Periode der höheren Bildung. Der arbeitsorientierte
Teil vermittelt einen Abschluß zum halbqualifizierten Arbeiter
(trabajador semi-calificado). Damit ist die Arbeitsgrundbildung

nach dem peruanischen Bildungsgesetz vergleichbar mit doppelprofilierten Bildungsgängen in der Bundesrepublik Deutschland,
d.h., außer einem allgemeinbildenden Abschluß werden zusätzlich berufsbezogene Inhalte vermittelt, die zur Aufnahme einer
Beschäftigung befähigen sollen.

Die erste Periode der höheren Bildung ist auf den Erwerb
der Hochschulreife gerichtet. Die Bildungsgänge führen zum
Berufsabitur (bachillerato profesional). Hierzu steht allen
denjenigen der Zugang offen, die die Grundbildung absolviert
haben. Zugangsbeschränkungen dürften sich jedoch dadurch ergeben, daß das Bildungsministerium, das den Zugang zu steuern
hat, die Nachfrage nach entsprechenden Berufsabiturienten und
die vorhandene Kapazität entsprechender Bildungseinrichtungen
zu berücksichtigen hat. Die verschiedenen zum Berufsabitur
führenden Bildungsgänge entsprechen inhaltlich in grundsätzlicher Hinsicht den verschiedenen Wirtschaftssektoren,
insbesondere den einzelnen Zweigen der Güterproduktion und
Dienstleistungen. Die Unterrichtspläne sind nach einem sogenannten Kreditsystem aufgebaut und enthalten neben den allgemeinbildenden Inhalten die vorstehend erwähnten berufsorientierten Inhalte. Den Absolventen der ersten Periode der höheren
Bildung wird vom Bildungsminister der Titel "Berufsabiturient"
verliehen. Die vor Erreichung des Abschlusses erworbenen Zeugnisse sollen bereits ebenfalls die Aufnahme eines Arbeitsver-
hältnisses in einem der gewählten Fachrichtung entsprechenden
Wirtschaftssektor ermöglichen. Die erste Periode der höheren
Bildung wird in speziell dafür eingerichteten sogenannten
höheren Schulen (escuelas superiores de educación
profesional - ESEP), aber auch außerschulisch durchgeführt.
Die höheren beruflichen Schulen können staatlicher oder
privater Art sein.

Mit diesen Merkmalen entsprechen die peruanischen Bildungsgänge zur Hochschulreife in vielerlei Hinsicht den in der
Bundesrepublik Deutschland bestehenden Bildungsgängen, die
curricular und organisatorisch so angelegt sind, daß sie

zum Erwerb einer Studienberechtigung führen, die eine
partielle Berufsqualifikation einschließt. Andere Bildungsgänge zur Hochschulreife, etwa mehr allgemeinbildender Art,
bestehen in Gesetz nicht. Wie bereits im Falle der Arbeitsgrundbildung sind auch hier wieder die Merkmale der Doppelprofilierung gegeben. Neben dem Erwerb der Hochschulreife
werden gleichzeitig berufsorientierte Inhalte vermittelt.

Die Berufsbildung ist auf die Aus- und Fortbildung der Be-
schäftigten aller Qualifikationsstufen der verschiedenen
Wirtschaftssektoren und die periodische Aktualisierung ihrer
Bildung gerichtet. Sie hat insbesondere die Ausbildung von
Lehrlingen in Ausbildungsberufen, die Aus- bzw. Fortbildung
von Beschäftigten, Selbständigen, Unterbeschäftigten und
Arbeitslosen sowie berufliche Umschulung und berufliche
Rehabilitation zu regeln. Zur beruflichen Bildung haben
Jugendliche und Erwachsene Zugang, gleichgültig ob sie
arbeitslos, unterbeschäftigt oder beschäftigt sind. Bei den
Eingangsvoraussetzungen zu den einzelnen Programmen werden
Alter, Fähigkeiten, Kenntnisstand und Erfahrungen angemessen
berücksichtigt. Im Rahmen der Koordinierung der einzelnen
Programme nach den Richtlinien des Bildungsministeriums und
unter Beteiligung des Arbeitsministeriums werden auch Vorgaben für die Ausbildungsinhalte festgelegt. Die Zeugnisse
werden ebenfalls nach Richtlinien des Bildungsministeriums
ausgestellt. Dabei werden Anrechnungen und Gleichstellungen
mit den Abschlüssen anderer Modalitäten des Bildungssystems
berücksichtigt. Die Berufsbildung wird in Berufsbildungs-
zentren (centros de calificación profesional extraordinaria-
CECAPE) und betrieblichen Ausbildungsstätten (unidades de
instrucción) durchgeführt. Sie ist vorwiegend außerschulisch.

Ein weiterer Abgrenzungshinweis ergibt sich aus der inneren
Organisationsstruktur des Bildungsministeriums gemäß der
Anlage 26. Dort sind im Rahmen der 5 Abteilungen des Ministe-
riums die Arbeitsgrundbildung und die Berufsbildung in einer
Abteilung und die gesamte höhere Bildung in einer anderen
zusammengefaßt.

## 5.3 Zusammenfassung

Der Zustand Perus als unterentwickeltes und abhängiges Land, insbesondere die ungleichgewichtige Verteilung der Besitz- und Machtverhältnisse waren die wesentlichen Auslöser der peruanischen Bildungsreform. Die Reformabsichten richteten sich von Anfang an nicht nur auf eine Verbesserung des seit 1941 legalisierten Systems, sondern es wurden drastische und zusammenhängende Maßnahmen in Angriff genommen. Ausschlaggebend für die Neuerung, die sicher auch in anderen Entwicklungsländern notwendig wäre, dürfte gewesen sein, daß Peru über eine große Gruppe fähiger Persönlichkeiten verfügte, die eine solche Reform schon seit längerem anstrebte und deren Ansätze von der Revolutionsregierung nur noch zur Entfaltung gebracht werden mußten. Das vorausgegangene Bildungssystem, das aus jeweils einem überwiegend allgemeinbildenden und berufsbildenden Zweig bestanden hat, stand in erster Linie im Dienst der privilegierten Mittel- und höheren Einkommensschichten und damit der Minderheit. Außerdem wurde den enormen regionalen Unterschieden des Landes in keiner Weise Rechnung getragen. Die Bildungsinhalte waren unrealistisch, die Lehrkräfte mangelhaft vorbereitet und die Bildungsverwaltung zu bürokratisch und vor allem nicht ausreichend mit finanziellen Mitteln ausgestattet.

Die gravierenden Mängel des Bildungssystems, die sich vor allem in ihren fatalen Folgen offen zeigten, waren der Regierung Belaúnde, die bereits als Reformregierung galt, nicht verborgen geblieben. Offensichtlich hat sie aber, im Gegensatz zur anschließenden Revolutionsregierung, der Bildungspolitik nicht die ihr zukommende Bedeutung zur Lösung der das Land bedrückenden Probleme beigemessen.

Die Revolutionsregierung, die mit dem Staatsstreich von 1968 die Regierung Belaúnde abgelöst hat, stellte die Reform des Bildungswesens von Beginn an in den Mittelpunkt aller Reformbemühungen. Die Mißverhältnisse des Bildungswesens waren

allerdings nicht alleine für den Staatsstreich verantwortlich.
Dazu führten eine Reihe von weiteren schweren Mängeln des
Landes, zu denen insbesondere die häufigen Verfassungskrisen,
die desintegrierte Gesellschaft, die desolate Struktur der
politischen Parteien, der Zentralismus der öffentlichen Verwaltung und der Militarismus zu zählen sind.

Die gesamte Reformpolitik verfolgt einen eigenen, nationalen
Weg zu einer humanistisch-sozialistischen Gesellschaftsordnung, der häufig als ein "Sozialismus peruanischer Prägung",
als ein "dritter Weg" zwischen Kapitalismus und Sozialismus
gekennzeichnet worden ist. Diese grundsätzlichen Zielsetzungen
sind durch den Wechsel der Präsidentschaft auf Franzisco
Morales (1977) nicht geändert worden.

Im Rahmen der Zielsetzung der Gesamtreform, einen sozialen
Umgestaltungsprozeß herbeizuführen, richtet sich die Bildungspolitik hauptsächlich auf die Befreiung des peruanischen
Menschen aus Unterdrückung und Abhängigkeit,auf die Schaffung
eines neuen Menschen. Diese grundsätzliche Zielsetzung der
Bildungspolitik, die durch den erwähnten Präsidentschaftswechsel ebenfalls nicht geändert worden ist, führte zu den
Grundzügen des Bildungssystems: die Kultur, Religion, Kunst,
Wissenschaft, Technologie, den Sport und die Erholung ebenso
einzubeziehen wie die Teilnahme der Gemeinschaft und die
außerschulischen Bildungsmöglichkeiten.

Diese Grundzüge bestimmen den Inhalt des wichtigsten Reform-
werkes des Bildungssystems, das Bildungsgesetz von 1972. Das
383 Artikel umfassende Gesetzeswerk folgt dem Prinzip eines
Minimums an Reglementierung. Die für die einzelnen Bildungsbereiche außerdem regelungsbedürftigen Sachverhalte sind in
weitergehenden speziellen Vorschriften, insbesondere in Verordnungen festgelegt. Die Artikel des Gesetzes sind in insgesamt 11 Abschnitte zusammengefaßt für die grundlegenden Bestimmungen, die Struktur des peruanischen Bildungssystems, die
Stufen der Anfangs-, Grund- und höheren Bildung, die weiteren

Bildungsmodalitäten, die Zusatzmaßnahmen, die Bildungstechnologie, das Lehrpersonal, die Bildungsfinanzierung, die Beteiligung der Gemeinschaft sowie für die Übergangs- und
Schlußbestimmungen.

Für die vorliegende Untersuchung kommt dem fünften Abschnitt,
in dem die Berufsbildung enthalten ist, besondere Bedeutung
zu. Dort ist festgelegt, daß Berufsbildung vorwiegend außerschulisch vollzogen werden soll und daß sie Lehrlingsausbildung, Fortbildung von Beschäftigten, Selbständigen, Unterbeschäftigten und Arbeitslosen sowie Umschulung umfaßt. Die
verschiedenen Programme der Berufsbildung werden zwischen
den einzelnen Wirtschaftssektoren koordiniert und vor allem
in überbetrieblichen Berufsbildungsstätten (Berufsbildungs-
zentren) und betrieblichen Berufsbildungsstätten durchgeführt.
Für die verschiedenen Abschlußqualifikationen werden Anrechnungen und Gleichstellungen mit entsprechenden Abschlüssen
anderer Bildungsbereiche hergestellt.

Der abschließende elfte Abschnitt ist vor allem dem Umstel-
lungsablauf vom alten auf das neue Bildungssystem gewidmet,
der sich nach einem eigens dafür entwickelten besonderen Plan
vollzieht. Realistischen Schätzungen zufolge dürfte die
gesamte Umstellung jedoch nicht vor 1985 abgeschlossen sein.
Damit ist nicht gesagt, daß zu diesem Zeitpunkt auch schon
das angestrebte Reformziel, die Schaffung einer neuen Gesellschaft, erreicht ist.

Das peruanische Bildungssystem ist in Stufen, Perioden,
Modalitäten und Maßnahmen strukturiert. Zu unterscheiden sind
die 3 Stufen Anfangs-, Grund- und höhere Bildung. Die Grund-
und höhere Bildung sind in Perioden unterteilt, die in sich
geschlossen sind. Die Anfangsbildung ist die erste Stufe des
Systems und reicht bis zum Alter von 6 Jahren. Die Grundbildung ist die zweite Stufe, sie ist obligatorisch und dauert
in der Regel bis zum 15. Lebensjahr. Die Höhere Bildung ist
die dritte Stufe; sie reicht vom Erwerb der berufsorientierten
Hochschulreife bis zum Promotionsstudium. Die Berufsbildung,

die vorwiegend nicht schulisch verlaufen soll, ist deshalb,
ebenso wie andere Bereiche, außerhalb dieses Stufenaufbaus
in einer besonderen Modalität dargestellt.

Wegen der Eigenart des peruanischen Bildungssystems, das
Erziehung durch die Arbeit und die Befähigung zur Arbeit in
den Mittelpunkt aller Bildungsbemühungen stellt, ist eine
klare Abgrenzung der Berufsbildung von der Arbeitsgrundbildung und der ersten Periode der höheren Bildung, die ebenfalls berufsbildende Elemente enthalten, zweckmäßig. Abgrenzungskriterien ergeben sich aus den entsprechenden Bestimmungen des Bildungsgesetzes zu den jeweiligen Zielen, Zugängen, Inhalten, Zeugnissen und Lernorten der drei genannten
Bildungsbereiche.

Zusammengefaßt läßt sich sagen, daß die Arbeitsgrundbildung
in erster Linie auf das Nachholen des Grundbildungsabschlusses
und die erste Periode der höheren Bildung auf den Erwerb der
Hochschulreife gerichtet ist. Durch die Berufsbildung wird
auf die unmittelbare Übernahme einer Beschäftigung in allen
Qualifikationsstufen vorbereitet.

Sowohl die Arbeitsgrundbildung als auch die erste Periode der
höheren Bildung vermitteln neben den Inhalten, die zu den
jeweiligen allgemeinbildenden Abschlüssen führen, auch solche
Bildungsinhalte, die eine Arbeitsaufnahme der Absolventen
erleichtern sollen. Sie erfüllen damit die Kriterien der in
der Bundesrepublik Deutschland bestehenden sogenannten doppelprofilierenden Bildungsgänge.

## 6 Berufsbildungsreform

Mit den in Titel 16 des Bildungsgesetzes von 1972 festgelegten
Bestimmungen sind die Reformvorschriften der beruflichen
Bildung nicht erschöpft. Gemäß Art. 359 des Gesetzes hat das
Bildungsministerium die Durchführungsverordnungen für die
einzelnen Bereiche auf der Grundlage des Bildungsgesetzes zu

erlassen. Dementsprechend wurde die Verordnung über die Berufsbildung in Kraft gesetzt (1). Daß das weit nach der in
Artikel 339 des Bildungsgesetzes dafür festgelegten Zeitspanne von 120 Tagen nach Inkrafttreten des Bildungsgesetzes
geschehen ist, zeigt, daß solche Rechtsgrundlagen auch unter
den Bedingungen einer Revolutionsregierung nicht aus dem
Ärmel zu schütteln sind. Dafür sind die in der Verordnung
enthaltenen regelungsbedürftigen Sachverhalte, die das Bildungsgesetz gemäß seinem Charakter als Rahmengesetz bewußt
offengelassen hat, zu komplex. Trotz der erheblichen Frist-
überschreitung für den Erlaß der Verordnung über die Berufsbildung vermißt man in ihr die innere Stimmigkeit, die sich
vor allem im Bildungsgesetz, aber auch in den die Lehrlingsausbildung für die Industrie regelnden Rechtsgrundlagen zeigt.
Man kann sich des Eindruckes nicht erwehren, daß die Verordnung unter Zeitdruck und vielleicht deshalb nicht mit der
sonst üblichen Sorgfalt vorbereitet worden ist. Die vom Verfasser im Rahmen seiner Arbeit für die IAO in Peru aufge-
deckten Widersprüche in der Verordnung, insbesondere in
Artikel 24, sind peruanischerseits bestätigt worden und
sollen bei einer späteren Novellierung gegebenenfalls beseitigt werden. Der entscheidende Widerspruch ist dadurch entstanden, daß in Artikel 24 der Verordnung, mit Ausnahme der
Lehrlingsausbildung, für die Berufsbildung andere Programme
als in Artikel 211 des Bildungsgesetzes genannt sind. Das
mag aus rechtlichen Erwägungen unerheblich sein, da die
Verordnung nicht die Bestimmungen des Gesetzes, auf dessen
Grundlage sie erlassen wurde, ändern kann. Der Widerspruch
hat allerdings die Konsequenz, daß es nicht möglich wird,
die mit Artikel 24 der Verordnung beabsichtigte Strukturierung
der einzelnen Programme klar zu erkennen.

Diese Widersprüchlichkeit ist allerdings in dem auch auf der
Grundlage der Verordnung erarbeiteten ministeriellen Beschluß
über die Berufsbildungsstätten weitgehend ausgeräumt worden,
so daß im Nachhinein die Strukturen der Berufsbildung vor
allem durch Art. 28 des Beschlusses transparent werden.

Auch in der Verordnung über die Berufsbildung sind noch
nicht erschöpfend alle Reformbestimmungen dargestellt. Deshalb wurde in einer weiteren Rechtsnorm der ministerielle
Beschluß Nr. 6999-76-ED vom 18.11.1976 über die Berufsbildungsstätten auf der Grundlage des Bildungsgesetzes, insbesondere seines Artikels 214, und der Verordnung über die
Berufsbildung, insbesondere ihrer Artikel 14 und 15, erlassen (2). Den Gründen, die für die Schaffung einer neben
der Verordnung über die Berufsbildung weiteren Rechtsgrundlage ausschlaggebend waren, kann im Rahmen dieser Untersuchung nicht weiter nachgegangen werden. Sie dürften jedoch
im wesentlichen juristischer Art sein und mit der Struktur
der peruanischen Rechtsprechung zusammenhängen. So fällt
z.B. auf, daß das Bildungsgesetz vom Präsidenten und den
einzelnen Ministern, die Verordnung über die Berufsbildung
vom Präsidenten und dem Bildungsminister und der ministerielle
Beschluß alleine vom Bildungsminister unterzeichnet ist. Diese
Dreistufigkeit der Rechtsqualität der peruanischen Gesetzgebung, mit der offensichtlich noch nicht alle wesentlichen
regelungsbedürftigen Sachverhalte erfaßt sind, wird noch
Gegenstand einer kritischen Auseinandersetzung in anderem
Zusammenhang dieser Untersuchung sein (3).

Die Rahmenbedingungen der Berufsbildung, wie sie im Bildungsgesetz enthalten sind, wurden bereits dargelegt. Nachfolgend
sind somit noch die Verordnung über die Berufsbildung und der
ministerielle Beschluß über die Berufsbildungsstätten zu untersuchen und zu erläutern.

### 6.1 Verordnung über die Berufsbildung

Die Verordnung über die Berufsbildung vom 23.4.1975, Nr. 006-
75-ED enthält insgesamt 84, teilweise sehr umfangreiche,
Artikel, die vier Titeln bzw. elf Kapiteln zugeordnet sind.
Da die Verordnung für eine Anlage zur vorliegenden Untersuchung zu umfangreich ist, wird ihr Inhalt anhand einer
ähnlichen Gliederung wie sie bereits zum Bildungsgesetz erstellt wurde, erläutert. Diese Gliederung ist im Anhang als
Anlage 29 enthalten.

## 6.1.1 Modalität der Berufsbildung und ihre Programme

Der erste Titel der Verordnung enthält allgemeine Bestimmungen
und Bestimmungen zu den Zielen, zum Zugang und zur Koordinierung der Berufsbildung sowie zu den Prüfungen und Zeugnissen. Soweit die Bestimmungen gegenüber denen des Bildungsgesetzes nicht detailliert werden, sind sie lediglich noch einmal wörtlich wiederholt; das gilt insbesondere für die Ziele
der Berufsbildung. Sie lediglich zu wiederholen hätte durch
eine Bezugnahme auf das Bildungsgesetz vermieden werden
können.

Zu der bereits erwähnten stellenweise geringen inneren
Stimmigkeit der Verordnung zählt z.B. auch die unterschiedliche Verwendung bestimmter Begriffe innerhalb der allgemeinen Bestimmungen, die das Verständnis der Verordnung er-
schweren. So wird in der Verordnung gegenüber dem gesetzlichen Begriff "acciones" zusätzlich das Synonym "actividades"
benutzt (vgl. Artikel 1 und 2), obwohl in Artikel 377 des
Bildungsgesetzes die ausschließliche Verwendung der Gesetzes-
begriffe vorgeschrieben ist. Für vorliegende Untersuchung
werden die beiden Synonyme einheitlich als "Maßnahmen" übersetzt.

In Ergänzung zum Bildungsgesetz heißt es in den allgemeinen
Bestimmungen, daß sich die Berufsbildung an Jugendliche ab
14 Jahren und an Erwachsene richtet, gleichgültig ob sie
beschäftigt oder arbeitslos sind. Zu den hauptsächlichen Merkmalen der Berufsbildung ist folgendes gesagt: Die Programme
sind zeitlich begrenzt und von unterschiedlicher Dauer. Die
Maßnahmen der einzelnen Programme finden während des ganzen
Jahres statt. Sie sind vorwiegend außerschulischer Art und
stützen sich weitestgehend auf bestehende Möglichkeiten.

Die Programme der Berufsbildung richten sich an alle Peruaner
auf allen Qualifikationsstufen in allen Wirtschaftssektoren
des Landes. In Übereinstimmung mit der nationalen Entwicklungsplanung und mit den Planungen der einzelnen Sektoren koordiniert das Bildungsministerium alle Maßnahmen. Dabei wird auch

die internationale Technische Hilfe berücksichtigt. Die
Koordinierung erstreckt sich vor allem auch auf die Mindestanforderungen der Berufsbildungsinhalte und auf die Zeugnisse.
Über die Berufsbildung vermittelnden Stellen, insbesondere
die Berufsbildungsstätten, wird ein Verzeichnis geführt.
In dem entsprechenden Verzeichnis waren 1973 z.B. 2o4 private
betriebliche und überbetriebliche Berufsbildungsstätten des
kaufmännischen Bereiches aufgeführt (4).

Die intersektorielle Koordinierung durch das Bildungsministerium wird gemäß Artikel 49 des Bildungsgesetzes durch
eine ständige dafür zuständige Stelle des jeweiligen Sektors
ergänzt. Diese zuständigen Stellen haben außer den Koordinie-
rungsaufgaben eine Reihe weiterer Funktionen zu erfüllen. Dazu
zählen insbesondere auch die Überwachung der Durchführung der
Berufsbildungsmaßnahmen und die Zuständigkeit für das Prüfungs-
und Zeugniswesen.

In gewisser Hinsicht gleichen sie den nach dem Berufsbildungsgesetz der Bundesrepublik Deutschland für die Berufsbildung
zuständigen Stellen. Sie werden deshalb vereinfacht nachfolgend
"zuständige Stellen" bezeichnet. Die intersektorielle Koordinierung wird auf nationaler Ebene durch folgende drei Gremien
durchgeführt: durch die ständige Kommission für Bildungs-
koordinierung (JUPCE), die Abteilung für Arbeitsgrund- und
Berufsbildung des Bildungsministeriums (DIGEBALYC) und durch
den multisektoriellen Ausschuß für Berufsbildung (COMUCPE).
Die Prüfungen und Zeugnisse der beruflichen Bildung werden im
einzelnen geregelt. Die Normen dafür erarbeitet die für die
Berufsbildung zuständige Abteilung des Bildungsministeriums.
Im April 1978 wurde dem Verfasser ein 22 Artikel umfassender
Entwurf dieser Normen vom Leiter der zuständigen Abteilung
des Bildungsministeriums überreicht (5).

Die durch die Berufsbildungsstätten ausgestellten Zeugnisse
haben nach der Verordnung über die Berufsbildung folgende Angaben zu enthalten: Beruf, Fachrichtung oder Aufgabenbereich,
für die aus- bzw. fortgebildet wurde, Art der Berufsbildungsmaßnahme, Gesamtdauer der Maßnahme in Stunden, Datum des

Beginns und des Endes der Maßnahme und die Ziele sowie
Inhalte der Maßnahme. Die Zeugnisse sind gemäß Artikel 62
des Bildungsgesetzes auf der Grundlage eines vom Bildungsministerium festgelegten Musters auszustellen. Das zum Zeitpunkt der Tätigkeit des Verfassers für die IAO in Lima vorhandene Entwurfsexemplar des Musterzeugnisses für den
industriellen Sektor ist als Anlage 30 im Anhang beigefügt (6).

Das Prinzip dieser Untersuchung, möglichst in Anlehnung an
entsprechende deutsche Begriffe, insbesondere aus bundeseinheitlichen Regelungen, zu übersetzen, ist bei der Einteilung
der peruanischen Berufsbildung in 'Programme' nicht einzuhalten.
Im deutschen Sprachgebrauch gibt es keinen dafür geeigneten
Ausdruck. Den peruanischen Begriff deshalb einfach nicht zu
übersetzen, d.h. ihn wegzulassen, hätte allerdings Konsequenzen für das gesamte Verständnis der Bildungsreform, bei der
nicht nur im Rahmen der Berufsbildung von 'Programmen' die Rede
ist.

Im Sinne der peruanischen Bildungsreform sind die Programme
der Berufsbildung u.a. die:

- Lehrlingsausbildung

- Fortbildung von Beschäftigten

- Fortbildung von Selbständigen

- Fortbildung von Arbeitslosen und Unterbeschäftigten

- Umschulung und berufliche Rehabilitation.

Es ist interessant, daß das Bildungsgesetz durch die Formulierung "u.a." (entre otros) die Möglichkeit offenläßt, diese
fünf Programme erforderlichenfalls noch zu erweitern. Für die
Durchführung der Programme kommen in Frage: überbetriebliche
und betriebliche Berufsbildungsstätten, kommunale Bildungszentren, berufliche höhere Schulen, Universitäten, mobile
Berufsbildungsstätten, Rundfunk und Fernsehen, Fernunterricht
sowie Kombinationen aus vorstehend genannten Möglichkeiten.

## 6.1.2 Berufsbildungsstätten

In der Verordnung über die Berufsbildung sind fast ausschließlich Bestimmungen für die Berufsbildungsstätten enthalten. Die anderen genannten Lernorte haben offenbar nur eine Randbedeutung. Der deutsche Begriff Berufsbildungsstätte wurde deshalb ausgewählt, weil er der peruanischen Realität, wie noch dargelegt wird, am nächsten kommt. Er umfaßt die betrieblichen und die überbetrieblichen Berufsbildungsstätten. Die überbetriebliche Berufsbildungsstätte kann staatliche oder private Träger haben. Anstelle von Berufsbildungsstätte hätte auch der Begriff Berufsbildungszentrum sinnvoll verwendet werden können. Dieser Begriff ist jedoch in der Bundesrepublik Deutschland, insbesondere in den einschlägigen bundeseinheitlichen Rechtsvorschriften, weniger gebräuchlich.

Mit der überwiegenden Verlagerung der Berufsbildung in die betrieblichen und die überbetrieblichen Berufsbildungsstätten wird die Forderung nach "vorwiegend außerschulisch" durchzuführender Berufsbildung erfüllt. Einrichtungen rein schulischer Art, insbesondere berufliche Schulen, werden nur in Ausnahmefällen in die Berufsbildung eingeschaltet. Eine ausschließlich in überbetrieblichen Berufsbildungsstätten verlaufende Berufsbildung wird im Sinne der Berufsbildungsreform allerdings auch als schulische Vermittlung gesehen. Eine in allen Aspekten zutreffende Parallele zur peruanischen Lernortverteilung innerhalb der Berufsbildung auf insbesondere betriebliche und überbetriebliche Berufsbildungsstätten besteht in der Bundesrepublik Deutschland trotz weitgehender Begriffsidentität dennoch nicht. Das liegt vor allem an den unterschiedlichen Funktionen der überbetrieblichen Berufsbildungsstätten, die in der Bundesrepublik Deutschland lediglich Ergänzungs-, in Peru aber häufig auch Ersatzfunktion haben. In der Bundesrepublik Deutschland ermöglichen überbetriebliche Berufsbildungsstätten überall dort die Berufsbildung, wo Betrieb und Berufsschule alleine die Berufsbildung nicht durchführen können. In Peru können dagegen die überbetrieblichen Berufsbildungsstätten

die gesamte Berufsbildung alleine oder mit Ergänzung durch die
Betriebe durchführen. Sie liegen damit etwa zwischen einer
deutschen Berufsfachschule (Gewerbeschule) und einer überbetrieblichen Berufsbildungsstätte. Es wird darauf verzichtet,
diese Unterschiede noch mehr im Detail herauszustellen. Das
erscheint für das Verständnis der peruanischen Berufsbildungsreform im Rahmen vorliegender Untersuchung unerheblich. Es
ist jedoch festzuhalten, daß die Berufsbildung im Sinne der
Bildungsreform zwar vorwiegend außerschulisch verläuft, daß
das aber nicht bedeutet, daß sie sich ausschließlich in
Betrieben vollzieht. Den Betrieben, insbesondere ihren
Berufsbildungsstätten, stehen staatliche und private überbetriebliche Berufsbildungsstätten zumindest ergänzend zur
Seite, oder sie übernehmen die Berufsbildung sogar ganz.

Hinweise auf ein Zahlenverhältnis zu betrieblichen bzw.
überbetrieblichen Berufsbildungsstätten ergeben sich aus
folgenden Überlegungen. Gesetzlich sind alle Unternehmen
verpflichtet, betriebliche Berufsbildungsstätten einzurichten. Überbetriebliche Berufsbildungsstätten haben insoweit
auch in Peru vor allem Ergänzungsfunktion. Diese wird um so
stärker dort in Anspruch genommen werden müssen, wo die
Betriebe nicht in der Lage sind, ganz oder teilweise für einen
bestimmten Beruf auszubilden. Das dürfte besonders bei
kleineren Betrieben und bei inhaltlich besonders problema-
tischen Berufen der Fall sein. Danach ist z.B. im landwirtschaftlichen Sektor mit weitaus mehr überbetrieblichen Berufsbildungsstätten als im industriellen Sektor zu rechnen, weil
es in diesem Sektor mehr Kleinbetriebe gibt. Die Reformbestimmungen machen Unterschiede bei der Einrichtung von
betrieblichen Berufsbildungsstätten zwischen Betrieben mit
mehr bzw. weniger als 100 Beschäftigten. Dabei wird vor
allem davon ausgegangen, daß mehrere kleinere Betriebe
gemeinsam eine betriebliche Berufsbildungsstätte einrichten
können. Das Verhältnis von betrieblichen zu überbetrieblichen Berufsbildungsstätten wird je nach Wirtschaftssektor
unterschiedlich sein. Ob es dabei mehr staatliche oder mehr

private überbetriebliche Berufsbildungsstätten gibt, dürfte
wesentlich von den dem Staat zur Verfügung stehenden Mitteln
abhängen.

### 6.1.2.1 Betriebliche Berufsbildungsstätten

Die Berufsbildung in den Betrieben wird in den betrieblichen
Berufsbildungsstätten (unidades de instrucción) durchgeführt.
Aufgaben der betrieblichen Berufsbildungsstätte sind:

- den Berufsbildungsbedarf des Betriebes festzustellen

- jährlich einen Berufsbildungsplan (plan educativo) für
  die erforderlichen berufsbildenden Maßnahmen zu erstellen

- die erforderlichen Berufsbildungsprogramme durchzuführen
  und zu evaluieren

- die Koordinierung mit der Leitung des zuständigen gemein-
  schaftlichen Bildungszentrums herzustellen.

Auf das Problem einer eigenen Evaluierung, d.h. Selbstbe-
wertung ihrer Maßnahmen, kann in diesem Zusammenhang nur
hingewiesen werden. Üblicherweise werden Bewertungen von
neutralen Stellen vorgenommen.

Alle Unternehmen mit 100 oder mehr Beschäftigten sind verpflichtet, einen für die Durchführung der Maßnahmen der betrieblichen Berufsbildungsstätte verantwortlichen Koordinator
zu beschäftigen. Unternehmen mit weniger als 100 Beschäftigten
haben dafür einen Beauftragten. Die Berufsbildungsstätte
wird von höchstens 10 gewählten Mitgliedern geleitet. Davon
müssen je die Hälfte von der Unternehmensleitung und von der
Beschäftigtenversammlung berücksichtigt werden. Der Koordinator
wird aus ihrer Mitte gewählt. In Übereinstimmung mit Artikel 214
des Bildungsgesetzes koordiniert die betriebliche Berufsbildungsstätte mit der Personalverwaltung des Unternehmens die
notwendigen Dienstbefreiungen für die Teilnahme der Beschäftigten an den Berufsbildungsmaßnahmen. Die Geschäftsordnung,
die sich jede betriebliche Berufsbildungsstätte unter Beachtung der Unternehmensgröße und -eigenart selbst gibt, bedarf
der Genehmigung der zuständigen regionalen Abteilung des
Bildungsministeriums (vgl. Anlage 26).

## 6.1.2.2 Überbetriebliche Berufsbildungsstätten

Die überbetrieblichen Berufsbildungsstätten (centro de calificación profesional extraordinaria-CECAPE) haben die Aufgabe, die Programme der Berufsbildung durchzuführen. Diese können staatlich (CENACAPE) oder privat (CENECAPE) sein und werden vom Bildungsministerium, von den zuständigen Ministerien der einzelnen Wirtschaftssektoren, von den für mehrere Wirtschaftssektoren zuständigen Stellen und von Unternehmen eingerichtet.

Die überbetrieblichen Berufsbildungsstätten haben folgende Aufgaben:

- Feststellung des Berufsbildungsbedarfs für ihren Bereich

- Planung und Durchführung der Programme der Berufsbildung in schulischer und außerschulischer Form

- Verwaltung und Evaluierung der einzelnen Maßnahmen

- Unterstützung der betrieblichen Berufsbildungsstätten

- Ausstellung von Zeugnissen für die von ihnen vermittelten Qualifikationen

Die Errichtung von überbetrieblichen Berufsbildungsstätten bedarf der Zustimmung des Bildungsministeriums. Sie hat im Einklang mit der die gesamte Bildungsreform durchziehenden Forderung zu stehen, alle Maßnahmen mit der Entwicklungsplanung des Landes abzustimmen. Auf die Problematik dieser Forderung wird noch in anderem Zusammenhang eingegangen. Der Direktor einer überbetrieblichen Berufsbildungsstätte kann in besonderen Fällen Ausländer sein. Jede überbetriebliche Berufsbildungsstätte verfügt über einen Bildungsrat und eine Direktion, die die Berufsbildungsstätte leiten. Der Bildungsrat setzt sich aus mindestens 6 und höchstens 12 Mitgliedern des Ausbildungspersonals, des zuständigen Ministeriums und der Teilnehmer an den Bildungsmaßnahmen zusammen. Er wird jährlich auf der Grundlage seiner Geschäftsordnung eingesetzt.

Zahlreiche zusätzliche z.T. sehr umfangreiche Bestimmungen
regeln die Errichtung und Funktion der privaten überbetrieblichen Berufsbildungsstätten.

Hervorzuheben ist, daß sie nur dann errichtet werden dürfen,
wenn sie im Sinne von Artikel 320 des Bildungsgesetzes keinen
finanziellen Gewinn anstreben und wenn sie grundsätzlich allen
Peruanern, ungeachtet ihrer sozialen Herkunft, den Zugang
ermöglichen. Die Genehmigung zur Errichtung erteilt die zuständige regionale Abteilung des Bildungsministeriums nach vorheriger Abstimmung mit den für den betreffenden Wirtschaftssektor
zuständigen Ministerien. Im jeweiligen Gründungsbeschluß sind
u.a. die für die Maßnahmen in Frage kommenden Curricula, die
für ihre Vermittlung notwendige Zeit, die Art der Zeugnisse und
die Kosten für die Teilnahme an den Maßnahmen der Berufsbildungsstätte festgelegt. Selbst wenn Gewinne ausgeschlossen
werden, scheinen sich die privaten gegenüber den staatlichen
überbetrieblichen Berufsbildungsstätten erheblich schwerer
in Gang setzen zu lassen. Schließlich stehen Kostenfragen für
die Teilnehmer an den Bildungsmaßnahmen besonders in einem
Entwicklungsland im Vordergrund.

Private überbetriebliche Berufsbildungsstätten unterscheiden
sich auch in ihrer Bezeichnung von den entsprechenden staatlichen Einrichtungen, indem sie das Wort "national" nicht darin
aufnehmen dürfen. So nennt sich z.B. der für die berufliche
Bildung der Industrie geschaffene SENATI: "Nationaler" Dienst
für Berufsbildung, weil er eine öffentliche Einrichtung ist.
Bei privater Trägerschaft wird in Peru offenbar Wert darauf
gelegt, daß das bereits bei der Benennung einer Berufsbildungsstätte erkennbar wird. Bei Vorliegen schwerer moralischer,
gesetzlicher oder pädagogischer Verstöße kann die zuständige
regionale Abteilung des Bildungsministeriums eine private
überbetriebliche Berufsbildungsstätte mit Geldbußen belegen
oder sie sogar schließen.

## 6.1.3 Berufsbildender Fernunterricht und Übergangsbestimmungen

Die Verordnung enthält neben den Bestimmungen über die Berufsbildungsstätten auch einige Regelungen über den berufsbildenden
Fernunterricht. Dazu ist gesagt, daß sich der von privaten
Stellen angebotene Fernunterricht nach den Bestimmungen für
die privaten überbetrieblichen Berufsbildungsstätten zu richten
hat. Zusätzlich sind jedoch folgende Bedingungen zu erfüllen:

- das für die Ausarbeitung des didaktischen Materials erforderliche Personal muß für die Aufgabe geeignet sein und den
  vom Bildungsministerium aufgestellten Richtlinien entsprechen

- das Material muß vorschriftsmäßig entwickelt werden

- es muß die Möglichkeit für eine angemessene Orientierung
  und Bewertung der Teilnehmer gegeben sein

- als permanente Garantie sind 10% des jährlichen Haushalts
  bei der Nationalbank zu hinterlegen

Die Übergangsbestimmungen legen fest, daß alle bestehenden
Berufsbildungseinrichtungen, insbesondere die Berufsbildungs-
zentren, Akademien, Schulen und Institute, die Berufsbildungsmaßnahmen durchführen, in überbetriebliche Berufsbildungsstätten im Sinne der Verordnung umzuwandeln sind. Soweit
bereits betriebliche Berufsbildungsstätten bestehen, gelten
für sie die Bestimmungen der Verordnung. Die übrigen Unternehmen sind verpflichtet, im Rahmen dieser Verordnung ihre
betrieblichen Berufsbildungsstätten einzurichten.

## 6.2 Ministerieller Beschluß über die Berufsbildungsstätten

Der ministerielle Beschluß über die Berufsbildungsstätten enthält insgesamt 100 Artikel und ein angefügtes Verzeichnis mit
wichtigen Begriffen des Beschlusses. Der Beschluß ist als
Ergänzung der Verordnung über die Berufsbildung zu verstehen
und regelt insbesondere die technischen und pädagogischen
Aspekte der Berufsbildungsstätten. Er ist im Rahmen der
intersektoriellen Koordinierung mit allen zuständigen
Ministerien abgestimmt worden. Die oberste intersektorielle
Koordinierungsinstanz (JUPCE) hat ihm zugestimmt. Die

einzelnen Artikel sind, wie auch die der Verordnung, teilweise sehr umfangreich. Sie sind in 13 Titel, die z.T. aus
mehreren Kapiteln bestehen, zusammengefaßt.

Wie bereits im Falle des Bildungsgesetzes und der Verordnung
über die Berufsbildung wird auch beim ministeriellen Beschluß
über die Berufsbildungsstätten wegen seines Umfangs darauf
verzichtet, ihn als Anlage in den Anhang dieser Untersuchung
aufzunehmen. Sein Inhalt wird an Hand der als Anlage 31 beigefügten Gliederung im Sinne eines Überblicks erläutert. Wegen
der für die Untersuchung besonders bedeutungsvollen Bestimmungen zu den Curricula, an denen die Auswirkungen der Bildungsreform auf die berufliche Bildung für die Industrie beispielhaft gezeigt werden soll, wird auf die entsprechenden
Artikel in einem eigenen Abschnitt eingegangen.

Von den dem Beschluß beigefügten Begriffsdefinitionen sind
die Begriffe Ausbildungsberuf (ocupación específica),
Berufsbildungsbild (perfil educativo) und Berufsbild
(perfil ocupacional) von besonderer Bedeutung. Danach ist
ein Ausbildungsberuf die Gesamtheit aller Tätigkeiten, die
sich aus einem bestimmten Bereich des Beschäftigungssystems
ergeben.Das Berufsbild ist die Gesamtheit der für die Ausübung eines Ausbildungsberufes fachlich mindestens erforderlichen Fertigkeiten und Kenntnisse. Das Berufsbildungsbild
ist die Gesamtheit der mindestens erforderlichen Berufsbildungsinhalte des fachlichen und allgemeinen Bereiches. Im
Zusammenhang mit den Curricula wird noch näher auf diese
Begriffe eingegangen.

## 6.2.1 Inhaltsüberblick

Der Beschluß gilt für alle Stellen des Landes, die Berufsbildungsmaßnahmen koordinieren, überprüfen oder durchführen,
damit auch für alle Berufsbildungsstätten.

Während seiner Erarbeitung, an der der Verfasser zeitweilig
beteiligt war, konnte zu verschiedenen Bestimmungen keine
Übereinstimmung erzielt werden. Das gilt insbesondere für
die Verpflichtung zum Abschluß von Lehrverträgen als Grundlage
der Lehrlingsausbildung und die anteilmäßige Verteilung berufsbildender und allgemeinbildender Inhalte der Ausbildungsprogramme. So ist es zu verstehen, daß bereits in den ersten
Artikeln eine spätere Korrektur einzelner Bestimmungen ins
Auge gefaßt wird.

Die Berufsbildungsmaßnahmen gelten der Ausbildung, Fortbildung
und Umschulung in Ausbildungsberufen oder in Teilen davon.
Sie sind vorwiegend außerschulisch, im Sinne von Artikel 59
des Bildungsgesetzes umfassend, in Bezug auf die Teilnehmer
flexibel und auf die Bedürfnisse des Landes abgestimmt.

Im Gegensatz zur außerschulischen Berufsbildung, die vorwiegend in Frage kommen soll, wird die schulische Berufsbildung
insbesondere in überbetrieblichen Berufsbildungsstätten durchgeführt. Ihre Einschaltung als Lernort ist also grundsätzlich
zu beschränken. Das stößt jedoch auf Grenzen vor allem dort,
wo sich betriebliche Berufsbildungsstätten nicht in ausreichendem Maße einrichten lassen. Das dürfte vor allem in Regionen
der Fall sein, in denen kleine und mittlere Betriebe überwiegen.
Dem Gebot einer vorwiegend außerschulisch zu vermittelnden
Berufsbildung können die überbetrieblichen Berufsbildungsstätten jedoch dadurch weitgehend entsprechen, daß sie
einzelne Ausbildungsabschnitte in Betriebe verlegen, so wie
es beim SENATI der Fall ist.

Die Berufsbildung vermittelnden Stellen haben jährlich auf der
Grundlage der für sie maßgeblichen Planungen einen Berufsbildungsplan zu erstellen, der u.a. folgende Inhalte zu
berücksichtigen hat: Benennung der Berufsbildungseinrichtung,
Situationsanalyse, Ziele, Maßnahmen, zur Verfügung stehende
räumliche Kapazität sowie Lehrer und Finanzmittel, Kontrolle
und Bewertung. Jeder jährliche Berufsbildungsplan bedarf der

Genehmigung der zuständigen regionalen Abteilung des Bildungsministeriums und der vorherigen Zustimmung der für die Sektorkoordinierung zuständigen Stelle.

Die bereits im Bildungsgesetz und in der Verordnung über die Berufsbildung aufgeführten fünf Programme der Berufsbildung werden in dem Beschluß detailliert und konkretisiert. Danach richtet sich die Lehrlingsausbildung insbesondere an Jugendliche im Alter von 14 bis 20 Jahren. Ihre Ausbildung vollzieht sich in Ausbildungsberufen. Ein Lehrvertrag kann, muß aber nicht Grundlage eines Ausbildungsverhältnisses sein. Diese Regelung ist als Kompromiß zustande gekommen und erklärt die am Anfang des Beschlusses festgelegte Novellierungsübereinkunft nach einer gewissen Erprobungszeit. Ein Vertrag - in diesem Fall der Lehrvertrag - ist als das Instrument, das die Qualität der Berufsbildung garantiert, vor allem von den Vertretern des industriellen Sektors gefordert worden. Die Lehrlingsausbildung für die Industrie kann gemäß dem entsprechenden Gesetz nur auf der Grundlage eines Lehrvertrages durchgeführt werden. Offenbar haben die übrigen Wirtschaftssektoren die große Bedeutung des Lehrvertrages für die Erreichung einer möglichst hohen Ausbildungsqualität nicht erkannt oder sie waren nicht bereit, den umfangreichen und positiven Erfahrungen im industriellen Sektor, insbesondere des SENATI, in dieser Hinsicht zu folgen. Daß die Reformregelungen gerade in diesem Punkt nur zu einer Kannbestimmung wurden, ist nur schwer zu verstehen. Auf jeden Fall ist diese Regelung (Artikel 23, Buchstabe c) ein entscheidender Schwachpunkt der Berufsbildungsreform, der in der geplanten Novellierung des Beschlusses erneuter Erörterung bedarf. Gegenüber dem älteren, bereits genannten, Lehrlingsgesetz des industriellen Sektors bedeutet diese Regelung einen Rückschritt.

In den folgenden Bestimmungen des Beschlusses ist dann allerdings eine starke Anlehnung an die Erfahrungen der Berufsbildung des industriellen Sektors feststellbar. So heißt es z.B. zur Lehrlingsausbildung, daß diese sich in systematisch aufeinander folgenden theoretischen und praktischen Abschnitten

in überbetrieblichen Berufsbildungsstätten oder anderen
entsprechenden Einrichtungen und in Betrieben auf der
Grundlage der Berufsbildungsbilder (perfil educativo) und
der darin enthaltenen Berufsbilder (perfil ocupacional) der
Ausbildungsberufe vollzieht.

Der bereits erwähnte Widerspruch in der Verordnung über die
Berufsbildung hinsichtlich der Struktur der Berufsbildungsprogramme wird durch den ministeriellen Beschluß weitgehend
ausgeräumt. Im Nachhinein ist deshalb auf Grund seiner Bestimmungen die Struktur der Berufsbildung, wie sie in folgender Tabelle dargestellt ist, gegeben:

Tabelle 11: Struktur der Fortbildung, Umschulung und
beruflichen Rehabilitation

| | Arbeitsplatzbezogene Berufsbildung | | Arbeitsplätze-bezogene Berufsbildung | Spezielle Berufs-bildung |
|---|---|---|---|---|
| | Befähigungs-lehrgänge | Ergänzungs-lehrgänge | | |
| Fortbil-dung von Beschäftigten (2. Programm) | x | x | x | x |
| Fortbildung von Selb-ständigen (3.Programm) | x | x | x | x |
| Fortbildung von Arbeits-losen und Unterbe-schäftigten (4. Programm) | x | x | x | x |
| Umschulung und beruf-liche Rehabi-litation (5. Programm) | x | x | x | x |

Von dieser Strukturierung sind gemäß dem ministeriellen
Beschluß die Lehrlingsausbildung (1. Programm) und die
ggf. weiter einzurichtenden Programme ausgenommen. Durch
das Ankreuzen aller Felder soll zum Ausdruck gebracht
werden, daß in allen Programmen alle Varianten, angefangen von der kurzzeitigen arbeitsplatzbezogenen, über
die längerfristige arbeitsplätzebezogene bis zur lang
dauernden speziellen Berufsbildung vorgesehen sind.

Mit der arbeitsplatzbezogenen Berufsbildung (capacitación
básica) werden Fertigkeiten und Kenntnisse vermittelt, die
für die Beschäftigung an einem bestimmten Arbeitsplatz
erforderlich sind. Das kann in Befähigungslehrgängen
(habilitación) für Teilnehmer, die erst sehr wenige oder in
Ergänzungslehrgängen (complementación) für Teilnehmer, die
bereits einen Teil der erforderlichen Fertigkeiten und Kenntnisse besitzen, geschehen. Die arbeitsplätzebezogene Berufsbildung (actualización y perfeccionamiento) richtet sich an
jene Teilnehmer, die ihre auf einen Arbeitsplatz bezogenen
Fertigkeiten und Kenntnisse aktualisieren und erweitern
möchten. Die spezielle Berufsbildung (especialización) ist
als dritte Variante für jene Teilnehmer bestimmt, die ihre
Fertigkeiten und Kenntnisse auf speziellen Gebieten erweitern und vertiefen wollen.

Das Grundmuster der Strukturierung der Programme besteht
also aus den verschiedenen auszubildenden Personenkreisen
einerseits und den graduell steigenden Abschlußqualifikationen der Berufsbildungsmaßnahmen andererseits.

Soweit die Berufsbildung in den einzelnen Programmen in Lehrgangsform durchgeführt wird, sind den Lehrgängen die Berufsbildungsbilder bzw. Berufsbilder zugrunde zu legen. Die Lehrgänge können in sich abgeschlossen, von unterschiedlicher
Dauer sein und finden zu jeder Zeit statt. Zu jedem Lehrgang
muß folgendes angegeben werden: Bezeichnung des Lehrgangs,
Begründung, Ziele, Teilnahmeregelungen, Zugangsvoraussetzungen,
Dauer in Stunden, Curriculum, Stundenplan, Beginn und Ende,
Prüfung und Zeugnis, Durchführungsmöglichkeiten und Genehmigung.

Außer den Lehrgängen kommen als andere Maßnahmen insbesondere
Seminare, Gesprächsrunden, Ausschüsse, Laboratoriumsveran-
staltungen und simulierte Produktionsabläufe, wie z.B. Übungs-
kontors, in Frage. In allen Fällen sollen dadurch solche
Teile einer Berufsbildung vermittelt werden, für die sich
die geschlossene Lehrgangsform weniger eignet.

Die staatlichen und privaten überbetrieblichen Berufsbildungsstätten müssen über die zur Durchführung ihrer jährlichen
Berufsbildungspläne erforderlichen Gebäude und Einrichtungen
verfügen. Die dafür notwendigen Mindeststandards werden von
den zuständigen Ministerien der einzelnen Wirtschaftssektoren
festgelegt. Die entsprechenden Mindeststandards für betrieb-
liche Berufsbildungsstätten richten sich nach den spezifischen
Bedingungen des jeweiligen Betriebes. Die innerhalb eines
Sektors zuständige Stelle hat im übrigen die Aufgabe, die
Angemessenheit der Bauten und Einrichtungen zu überwachen.
Zu ihren weiteren Aufgaben gehört insbesondere auch die
Förderung und Koordinierung von Institutionen, die eine für
die berufliche Bildung anwendbare Technologie erforschen.
Dazu zählen vor allem: Arbeitsplatzanalysen, Berufsbilder,
Lehr- und Lernmittel, Ausbildungsmethoden sowie das Prüfungs-
wesen.

Zugang zur Berufsbildung haben alle Personen ab dem 14. Lebensjahr. Beim erstmaligen Beginn wird durch Eignungsfeststel-
lungen im Einzelfall ermittelt, an welcher Stelle die Berufsbildung begonnen werden sollte. Jede Berufsbildung vermitteln-
de Stelle führt ein Verzeichnis über die Teilnehmer. Sie bestimmt außerdem die Zahl der zur Verfügung stehenden Plätze.
Jeder Teilnehmer erhält eine Kennkarte.

Die Prüfungen in der beruflichen Bildung haben das Ziel, die
Qualität der vermittelten Berufsbildung festzustellen, zu ermöglichen, daß dem Prüfungsteilnehmer ein entsprechend den
Prüfungsleistungen angemessenes Zeugnis ausgestellt werden
kann und die Berufsbildungsdefizite der Teilnehmer aufzu-
decken, damit diese sich besser für Folgemaßnahmen orientieren

können. Durch die Analyse der Prüfungsergebnisse sollen vor
allem die Durchführung der Berufsbildung und die Prüfungsanforderungen verbessert werden. Durch die Prüfungen soll
der Ausbildungserfolg der Teilnehmer im beruflichen und im
allgemeinen Bereich der zu vermittelnden Fertigkeiten und
Kenntnisse ermittelt werden. Grundlage für die Prüfungsanforderungen sind die in den Berufsbildungsbildern, insbesondere die in den Berufsbildern festgelegten Fertigkeiten und
Kenntnisse. Die Prüfungsanforderungen sollen so gestaltet
werden, daß sie die tatsächlichen Anforderungen des jeweiligen Berufes realistisch wiederspiegeln. Das Bildungsministerium legt die für die ordnungsgemäße Abwicklung aller
Prüfungen erforderlichen einheitlichen Richtlinien fest.
Die Durchführung der Prüfungen unterliegt der Aufsicht der
für die Koordinierung innerhalb des jeweiligen Sektors zuständigen Stelle.

Mit dem Berufsbildungszeugnis (certificado de capacitación)
wird im Falle der Lehrlingsausbildung die Fähigkeit, einen
Ausbildungsberuf auszuüben, bescheinigt. Das Zeugnis wird
ausgestellt, wenn der Prüfungsteilnehmer die auf der Grundlage des Berufsbildungsbildes festgelegten Prüfungsanforderungen in einer Prüfung nachgewiesen hat. Das Berufsbildungszeugnis erleichtert die der erlangten Qualifikation entsprechende Eingliederung des Einzelnen in das Beschäftigungssystem und ermöglicht ihm den Zugang zu anderen Stufen bzw.
Bereichen des Bildungssystems gemäß den dafür geltenden Anrechnungen und Gleichstellungen. Damit soll optimale Mobilität
auch innerhalb des Bildungssystems sichergestellt werden.
Die Berufsbildungszeugnisse werden von den Berufsbildungsstätten auf der Grundlage der vom Bildungsministerium festgelegten Normen (vgl. Anlage 30) ausgestellt. Ebenso wie die
Prüfungsdurchführung unterliegt auch die Ausstellung der
Zeugnisse der Aufsicht der für den jeweiligen Sektor die
Berufsbildung koordinierenden zuständigen Stelle. Soweit
außer den Berufsbildungsstätten andere Stellen in die

Berufsbildung eingeschaltet waren, wird von diesen lediglich
eine Teilnahmebescheinigung ausgestellt.

Die innerhalb der einzelnen Sektoren erarbeiteten Berufsbildungsbilder bzw. Berufsbilder werden im Einvernehmen mit
dem multisektoriellen Ausschuß für Berufsbildung (COMUCPE)
angewandt. Durch diesen Ausschuß werden auch die Erfahrungen
der einzelnen Sektoren zusammengefaßt und ausgetauscht.

## 6.2.2 Curricula

Das Curriculum in der Berufsbildung ist definiert als die
von den Teilnehmern am Ende eines Ausbildungsganges nachzuweisenden Berufsbildungsinhalte, die eine vollständige Berufsbildung (formación integral) ermöglichen. Damit das Ziel
einer im Sinne des Bildungsgesetzes vollständigen Berufsbildung erreicht wird, werden die Berufsbildungsinhalte sowohl aus dem beruflichen als auch aus dem allgemeinen Bereich festgelegt. Zu den Inhalten des beruflichen Bereiches
gehören die für die Ausübung eines Berufes erforderlichen
wissenschaftlichen und technologischen Kenntnisse sowie die
beruflichen Fertigkeiten. Zum allgemeinen Bereich zählen insbesondere politische, historische, soziale, kulturelle und
wirtschaftliche Kenntnisse im Zusammenhang mit der nationalen
Problematik des Landes im Hinblick auf die Schaffung einer
gerechteren Gesellschaftsordnung. Ferner zählen hierzu die
Kunst und der Sport. Beide Bereiche sind in Fächer unterteilt.
Die zu Fächern zusammengefaßten Inhalte des beruflichen
Bereiches ergeben das Berufsbild (perfil ocupacional). Dabei
handelt es sich hauptsächlich um die Fächer: praktische Fertigkeiten der Werkstätten, der Landwirtschaft, der Büros oder
der Laboratorien; Technologie; Mathematik; Physik, Chemie,
Biologie; Technisches Zeichnen sowie Arbeitsschutz und Unfallverhütung. Die Fächer des allgemeinen Bereiches sind insbesondere: Sprache und Kommunikation; Nationale Realität und
Teilnahme; kritische Beurteilung und künstlerischer Ausdruck
sowie Sport. Das für den beruflichen Bereich maßgebliche
Berufsbild wird bei jeder Berufsbildungsmaßnahme durch die

Fächer des allgemeinen Bereiches ergänzt. Beides zusammen
ergibt das für die vollständige Berufsbildung (formación
integral) maßgebliche Berufsbildungsbild (perfil educativo).

Die mindestens zu vermittelnden bzw. nachzuweisenden Fertigkeiten und Kenntnisse sollen möglichst lernzielformuliert
angegeben werden. Auf diese nicht nur für Peru fortschritt-
liche Forderung wird noch in anderem Zusammenhang näher eingegangen. Durch die Maßnahmen der beruflichen Bildung soll
der einzelne im beruflichen Bereich befähigt werden, verantwortlich und genau die zu einem Beruf gehörenden Arbeiten
auszuführen. Dabei muß er die für die Ausführung üblichen
Maschinen, Geräte und Werkstoffe anwenden können. Die
Arbeitsschutz- und Unfallverhütungsvorschriften müssen ihm
bekannt sein. Er hat sein Verhalten grundsätzlich im Hinblick auf Produktivitätssteigerung einzustellen. Dafür soll
er die jeweils ökonomischste Arbeitsform erkennen und anwenden. Innerhalb des allgemeinen Bereiches kommt es vor allem
darauf an, sich kritisch und konstruktiv gegenüber der
Gemeinschaft verständlich machen zu können. Der Teilnehmer
soll insbesondere lernen, sich kritisch zu äußern zu seiner
sozialen, wirtschaftlichen und kulturellen Situation, zur
historischen, ökonomischen, sozialen, politischen und kulturellen Realität Perus sowie zu den Zielen des Revolutionsprozesses.
Die Belange des Unternehmens, insbesondere die erforderlichen
Entscheidungen, sollen im Sinne einer Mitbestimmung von ihm
konstruktiv mitgestaltet werden.

Von der für die Durchführung einer Berufsbildungsmaßnahme
erforderlichen Zeit sollen 70% - 80% auf den beruflichen
Bereich und 30% - 20% auf den allgemeinen Bereich entfallen.
Die entsprechenden Curricula werden gemäß Artikel 50 auf der
Grundlage des ministeriellen Beschlusses über die Berufsbildungsstätten und anderer, nicht näher gekennzeichneter
Normen von den Berufsbildungsstätten erstellt. Die innerhalb
eines Sektors für die Berufsbildung zuständige Stelle über-
wacht die Durchführung der Berufsbildung in den Berufsbildungsstätten und in den anderen Einrichtungen. Soweit sich

Curricula aufgrund besonderer Gegebenheiten nicht sinnvoll
in Fächer strukturieren lassen, was u.a. bei kürzeren Maßnahmen und bei bestimmten Berufen auf Schwierigkeiten stoßen
kann, können sie in einzelne Themen anstatt in Fächer gegliedert werden. Diese zu den Curricula letzte Bestimmung
des Beschlusses (Artikel 52) zeigt erneut das Ringen um
Kompromisse bei der Erarbeitung. Die überwiegende Mehrheit
der an der Ausarbeitung Beteiligten war noch zu sehr im
schulischen Denken verhaftet. Das war auch gar nicht anders
zu erwarten. Allerdings sind die Eigengesetzlichkeiten
schulischer Berufsbildungsgänge, die nach Fächern verlaufen,
nicht ohne weiteres auf die nunmehr vorwiegend außerschulisch
durchzuführende Berufsbildung zu übertragen. Man gerät insbesondere bei der Strukturierung von Berufsbildern in völlig
wirklichkeitsfremde Gruppierungen, wenn versucht wird, die
für einen bestimmten Beruf erforderlichen Fertigkeiten und
Kenntnisse bestimmten schultypischen Fächern zuordnen zu
wollen. Der betriebliche Produktionsablauf, auf den die
Fertigkeiten und Kenntnisse in erster Linie bezogen sind,
vollzieht sich insbesondere bei den mehr fertigkeitsbetonten
Berufen, z.B. des Metallgewerbes, nicht nach Schulfächern.
In der betrieblichen Wirklichkeit spielen eher einzelne
Produktionsabteilungen wie z.B. Montage, Reparatur, Lagerung,
Einkauf, Verkauf usw. eine Rolle. Das hatten zumindest die
Vertreter des industriellen Sektors erkannt und sich mit
dieser letzten Bestimmung zu den Curricula einen Ausweg
offengehalten. Nach Lage der Dinge kann davon ausgegangen
werden, daß auch die Bestimmungen für die Curricula bei der
geplanten Novellierung des Beschlusses einer Überarbeitung
bedürfen oder aber mit den vorstehend erwähnten, in Artikel 50
nicht näher gekennzeichneten anderen Normen entsprechend
ergänzt werden.


## 6.3 Zusammenfassung


Die Reformvorschriften der beruflichen Bildung sind im
wesentlichen in Titel 16 des Bildungsgesetzes von 1972,
der Verordnung über die Berufsbildung von 1975 und im

ministeriellen Beschluß über die Berufsbildungsstätten von
1976 festgelegt. Spezielle Sachverhalte der gesamten Berufsbildung, insbesondere die für die Berufsbildung innerhalb eines
Sektors zuständigen Stellen, sind darüber hinaus zusätzlich
mit weiteren Rechtsnormen geregelt. Es kann deshalb an dieser
Stelle das wiederholt werden, was bereits für die industrielle
Berufsbildung festgestellt wurde: daß sich die Bestimmungen
für die gesamte Berufsbildung als sehr komplex darstellen.

Die Verordnung über die Berufsbildung enthält insgesamt
84 Artikel. Davon wiederholen einzelne lediglich bereits im
Bildungsgesetz enthaltene Bestimmungen. Darüber hinaus werden
die intersektorielle Koordinierung, die betrieblichen und
überbetrieblichen Berufsbildungsstätten sowie der berufsbildende Fernunterricht geregelt. In der Verordnung ist festgelegt, daß sich die Berufsbildung an alle Peruaner ab 14 Jahre
auf allen Qualifikationsstufen in allen Wirtschaftssektoren
des Landes richtet. Es ist gleichgültig, ob sie beschäftigt
oder arbeitslos sind. Auf nationaler Ebene wird die Berufsbildung intersektoriell koordiniert durch die drei dafür vom
Bildungsministerium geschaffenen Stellen JUPCE, DIGEBALYC
und COMUCPE. Innerhalb eines jeden Sektors besteht darüber
hinaus auf nationaler Ebene eine weitere Koordinierungsstelle,
die u.a. auch für die Kontrolle der Durchführung der Berufsbildungsmaßnahmen und für die Prüfungen zuständig sind. Sie
werden deshalb vereinfacht in dieser Untersuchung als zuständige Stellen bezeichnet. Für die Durchführung der einzelnen
Pro ramme der Berufsbildung kommen insbesondere betriebliche
sowie staatliche und private überbetriebliche Berufsbildungsstätten in Frage. Damit wird die Forderung der Reform, daß
Berufsbildung vorwiegend außerschulisch durchzuführen sei,
erfüllt. Die Einzelheiten der peruanischen überbetrieblichen
Berufsbildungsstätten lassen einen direkten Vergleich mit den
überbetrieblichen Berufsbildungsstätten bzw. überbetrieblichen
Ausbildungsstätten in der Bundesrepublik Deutschland vor allem
deshalb nicht zu, da in Peru die Berufsbildung erforderlichenfalls vollständig in einer überbetrieblichen Berufsbildungs-

stätte durchgeführt wird. In der Bundesrepublik Deutschland
haben diese Einrichtungen dagegen lediglich ergänzende
Funktion. Alle Unternehmen mit mehr als 100 Beschäftigten
sind verpflichtet, für die betrieblichen Berufsbildungsstätten
einen verantwortlichen Koordinator zu beschäftigen. Kleinere
Unternehmen haben dafür lediglich einen Beauftragten. Private
überbetriebliche Berufsbildungsstätten dürfen nur errichtet
werden, wenn sie nicht auf finanziellen Gewinn abzielen. Für
die Mehrzahl der Peruaner dürften die privaten Berufsbildungsstätten jedoch schon deshalb weniger in Frage kommen, da die
Teilnahme an ihren Maßnahmen kostenpflichtig ist. Soweit
berufsbildender Fernunterricht von privaten Stellen angeboten
wird, gelten dafür insbesondere die Bestimmungen für die
privaten überbetrieblichen Berufsbildungsstätten.

Der ministerielle Beschluß über die Berufsbildungsstätten
regelt mit insgesamt 100 Artikeln insbesondere die technischen und pädagogischen Aspekte der Berufsbildungsstätten.
Der Beschluß gilt für alle Berufsbildung vermittelnden Stellen,
das sind vor allem die Berufsbildungsstätten. Seine Verabschiedung, wozu die Zustimmung aller Sektoren erforderlich
war, war erst nach Kompromißbildungen zu wesentlichen Sachverhalten, insbesondere zum Abschluß von Lehrverträgen und
zu den Curricula, möglich. So ist es zu verstehen, daß von
vornherein eine spätere Novellierung des Beschlusses in die
Regelung einbezogen wurde. Der Beschluß unterstreicht noch
einmal die Bedeutung der vorwiegend außerschulisch zu vermittelnden Berufsbildung. Soweit die Maßnahmen ausschließlich
in überbetrieblichen Berufsbildungsstätten durchgeführt
werden, gelten sie im Sinne der Reform bereits als schulisch.
Diese Möglichkeit ist deshalb auf Ausnahmen zu beschränken.
Der Arbeit der Berufsbildungsstätten ist der jährlich von
ihnen zu erstellende Berufsbildungsplan zu Grunde zu legen.
Für die Lehrlingsausbildung, die sich in der Regel an Jugendliche von 14-20 Jahren richtet und sich in Ausbildungsberufen

vollzieht, können Lehrverträge abgeschlossen werden. In dieser
lediglich zu einer Kannbestimmung gewordenen Regelung ist ein
entscheidender Schwachpunkt der Berufsbildungsreform zu sehen.
Die industrielle Lehrlingsausbildung war in diesem Punkt
bereits vor der Bildungsreform weiterentwickelt. Dort durfte
und darf nur auf der Grundlage von Lehrverträgen ausgebildet
werden. Von diesem Sektor ist allerdings die organisatorische
Durchführung der Lehrlingsausbildung in systematisch aufeinander folgenden theoretischen und praktischen Abschnitten in
überbetrieblichen Berufsbildungsstätten oder anderen entsprechenden Einrichtungen einerseits und in Betrieben andererseits übernommen worden. Außer der Lehrlingsausbildung, die
als ein einheitliches in sich abgeschlossenes Programm gesehen
wird, sind die anderen Programme der Berufsbildung, d.h. die
Fortbildung, Umschulung und berufliche Rehabilitation, strukturiert in arbeitsplatzbezogene, arbeitsplätzebezogene und
spezielle Berufsbildung. Die Berufsbildungsmaßnahmen, denen
die Berufsbildungsbilder mit den darin enthaltenen Berufsbildern zu Grunde zu legen sind, bestehen insbesondere aus
Lehrgängen. Mit den Prüfungen in der beruflichen Bildung soll
der Ausbildungserfolg der Teilnehmer im beruflichen und im
allgemeinen Bereich ermittelt werden. Grundlage für die Prüfungsanforderungen sind die in den Berufsbildungsbildern, insbesondere in den Berufsbildern, festgelegten Fertigkeiten und
Kenntnisse. Durch vom Bildungsministerium festgelegte einheitliche Richtlinien, insbesondere zur Bewertung der Prüfungsleistungen, sollen möglichst landeseinheitliche Abschlüsse
sichergestellt werden. Hat ein Prüfungsteilnehmer die auf
der Grundlage des Berufsbildungsbildes festgelegten Prüfungsanforderungen in einer Prüfung nachgewiesen, so wird ihm das
Berufsbildungszeugnis ausgehändigt. Damit wird ihm die Fähigkeit bescheinigt, die dem jeweiligen Abschluß entsprechende
Tätigkeit auszuüben. Im Falle der Lehrlingsausbildung werden
auf diese Weise die Abschlüsse der Ausbildungsberufe bescheinigt. Die innerhalb der einzelnen Sektoren erarbeiteten Berufsbildungsbilder bzw. Berufsbilder, auf deren Grundlage die

Berufsbildungsmaßnahmen durchgeführt werden, bedürfen des
Einvernehmens der multisektoriellen Kommission für Berufsbildung COMUCPE. Die Berufsbildungsbilder haben eine vollständige, d.h. nicht nur berufsbezogene, sondern auch allgemeine Bildung zu ermöglichen. Deshalb sind die in ihnen
festgelegten Fertigkeiten und Kenntnisse sowohl aus dem
beruflichen als auch aus dem allgemeinen Bereich auszuwählen.
Die Fertigkeiten und Kenntnisse des beruflichen Bereiches,
die das Berufsbild ergeben, sind die jeweils mindestens nachzuweisenden Inhalte für einen bestimmten Beruf. Die Berufsbildungsinhalte sollen lernzielformuliert und in Fächer oder
Themen strukturiert werden. Von der für eine Berufsbildungsmaßnahme erforderlichen Zeit sollen 70% — 80% auf den
beruflichen und 30% - 20% auf den allgemeinen Bereich entfallen.

DRITTER TEIL: Auswirkungen und Folgerungen

# 7  Auswirkungen der Bildungsreform auf die berufliche Bildung für die Industrie

In diesem Abschnitt soll festgestellt werden, welche Reformmaßnahmen des engeren Untersuchungsbereiches peruanischerseits
vor allem vom SENATI vorrangig anzugehen, welche erfolgreich,
welche beispielhaft und welche unbefriedigend sind. Aus den
in diesem Zusammenhang darzulegenden Sachverhalten heben sich
die curricularen Fragen als besonders wichtige Reformauswirkungen hervor. Dazu sind bereits wertvolle Weiterentwicklungen
im Anschluß an die Reformbestimmungen gemacht worden. Da sie
einen in sich geschlossenen Komplex darstellen, dem exemplarisch
bis in Einzelheiten nachgegangen werden soll, werden die entsprechenden Ausführungen hierzu in einem besonderen Unterabschnitt dargelegt. Zuvor sollen jedoch einige andere wichtige
Reformauswirkungen des engeren Untersuchungsbereiches, die
mehr allgemeiner Art sind, aufgezeigt werden.

## 7.1  Allgemeine Auswirkungen

Durch die Bildungsreform ist der eigens für die berufliche
Bildung der Industrie geschaffene, ursprünglich autonome,
SENATI in eine öffentliche Einrichtung umgewandelt worden.
Sein Statut, das der gesamten inneren und äußeren Organisation
zugrunde liegt, hat im Einklang mit dem Bildungsgesetz und der
Verordnung über die Berufsbildung zu stehen. Es unterliegt nunmehr der Zustimmung des Bildungsministeriums. Seine Berufs-
bildungszentren sind in Anpassung an die neue Lage und die damit
auch verbundene neue Terminologie nunmehr staatliche überbetriebliche Berufsbildungsstätten (CENACAPE). Somit haben die
in ihnen durchzuführenden Maßnahmen auf der Grundlage des
ministeriellen Beschlusses über die Berufsbildungsstätten zu
verlaufen. Alle Konsequenzen hieraus darzustellen, woran
ursprünglich peruanischerseits das Hauptinteresse an dieser

Untersuchung bestand, würde im Rahmen der jetzigen Zielsetzung
zu weit führen. Dafür hätte vor allem das in die vorliegende
Untersuchung nicht einbezogene SENATI-Statut im Hinblick auf
die Ziele der Bildungs- bzw. Berufsbildungsreform untersucht
werden müssen. Eine solche Untersuchung dürfte allerdings
neben den pädagogischen vor allem eine große Zahl juristischer
Aspekte enthalten. Anpassungen, die mehr im pädagogischen Bereich liegen, sind vor allem die Art und Strukturierung der
Berufsbildungsmaßnahmen, die insbesondere im Einklang zu stehen
haben mit Artikel 28 des ministeriellen Beschlusses über die
Berufsbildungsstätten. Von der Umstrukturierung bleibt die
Lehrlingsausbildung weitgehend unberührt. Sie kann in der
ursprünglichen Form im wesentlichen weitergeführt werden.
Allerdings sind die in den SENATI-Zentren verlaufenden Ausbildungsabschnitte, die im Sinne der Reform als möglichst
kleinzuhaltende schulische Maßnahmen gelten, auf das unbedingt
notwendige Minimum zu beschränken. Das bedeutet, daß die
ausschließlich in Zentren verlaufenden Ausbildungsgänge
(Modalität "a") eingeschränkt und die vorwiegend im Betrieb
mit zwischengeschalteten Tagen in Zentren verlaufenden Gänge
(Modalität "c") ausgeweitet werden müssen. Dementsprechend hat
der SENATI bereits 1976 mit den Vorbereitungen zur Ausweitung
dieser Modalität begonnen. Als Anlage 32 ist ein Schaubild
beigefügt, das vom SENATI mit dem Ziel entwickelt wurde, den
Ablauf der Lehrlingsausbildung in der Modalität "c" insbesondere den Betrieben zu erklären (1). Das Schaubild zeigt deutlich die enge Anlehnung dieser Modalität der Lehrlingsausbildung an das duale System in der Bundesrepublik Deutschland.
Als Lernorte kommen in Peru nach dem Schaubild die Betriebe
und die betriebliche sowie überbetriebliche Berufsbildungsstätte in Frage. Gegenüber dem deutschen dualen System fehlt
lediglich die Berufsschule. Deren Aufgaben werden in Peru vor
allem von den überbetrieblichen Berufsbildungsstätten übernommen.

Bereits an dieser Stelle muß auch die in der Untersuchung von
M. Minkner geäußerte Kritik am SENATI erwähnt werden. Ein Teil
dieser Kritik bezieht sich auf Fragen, die im Rahmen vorrangig
anzugehender Maßnahmen einer Lösung bedürfen. Das betrifft
vor allem den Vorwurf, daß qualitativ und quantitativ am Bedarf vorbeiproduziert werde. Gerade diese bedarfsorientierte
Ausrichtung wird auch vom Arbeitsministerium für alle Bildungseinrichtungen gefordert. Dabei wird von der Berufsbildung verlangt, daß insbesondere für die Facharbeiterberufe genaue
Berufsbilder zu schaffen und daß die Ausbildungszeiten im Hinblick auf die erforderlichen Qualifikationsgrade festzulegen
sind.

Nach der Untersuchung von M. Minkner ist das Angebot des
SENATI für Kleinbetriebe überhaupt nicht geeignet. Dies abzustellen, wozu die Bildungsreform den SENATI verpflichtet, dürfte
ein vorrangiges Ziel sein. Schließlich müssen für diesen Bereich, in dem immerhin 40% der Beschäftigten des Industriesektors tätig sind, die entsprechenden Qualifikationen mit
den entsprechenden Ausbildungsinhalten zunächst ermittelt und
festgelegt werden. Andererseits greift eine solche Ausweitung
des SENATI-Angebots jedoch tief in seine Finanzierungsstruktur.
Es sei daran erinnert, daß erst Betriebe mit mehr als 15 Beschäftigten an seiner Finanzierung beteiligt sind und daß 80%
der Einkünfte auch in die Region wieder zurückfließen müssen,
von der sie aufgebracht wurden. Zwar dürfen grundsätzlich die
Ausbildungswünsche der den SENATI nicht finanzierenden Betriebe
nicht unberücksichtigt bleiben, die gesetzlich verankerten
Prioritäten für die finanzierenden Betriebe verhindern jedoch
praktisch eine angemessene Berücksichtigung der Kleinindustrie.

Die Lösung der finanziellen Seite dieses Problems kann hier
nur angedeutet werden. Es wird sicher versucht werden müssen,
sowohl die Kleinbetriebe mit weniger als 15 Beschäftigten in
die Finanzierung mit einzubeziehen, als auch die bereits finanzierenden Betriebe zur Abgabe eines größeren Beitrages zu
bewegen. In dem dem SENATI entsprechenden SENA in Kolumbien

z.B. werden inzwischen 2% der entsprechenden Bruttolohnsumme
gegenüber anfangs 1% gezahlt (2). Ebensowichtig ist jedoch
die Änderung des Ausgabeverbots der Einkünfte für die finanzschwachen Regionen des Landes. Dabei handelt es sich gerade
um die Regionen, die gemäß den für Peru wichtigen Dezentrali-
sierungsbestrebungen verstärkt industrialisiert werden sollen.
Die Einkünfte des SENATI aus der Küstenregion müssen künftig
in den küstenfernen Regionen ausgegeben werden dürfen. Die
erforderlichen Finanzierungsänderungen bedeuten somit eine
in doppelter Hinsicht gesteigerte Belastung der den SENATI
bereits jetzt finanzierenden Betriebe. Ob die peruanische
Industrie angesichts der ständig wachsenden wirtschaftlichen
Probleme des Landes dazu bereit und in der Lage ist, muß
bezweifelt werden. Bereits 1976 forderte, wie bereits ausgeführt wurde (vgl. 3.2.3), die Privatindustrie von der Regierung öffentlich durch die Presse die Einsetzung einer Kommission zur Lösung dieser Fragen. Daß Schwierigkeiten solcher
Art im Industriesektor auftreten, läßt befürchten, daß das in
den übrigen Sektoren des Landes kaum besser ist. Inwieweit
hierbei ausländische Hilfe die Schwierigkeiten verringern kann,
muß sich zeigen. Es erscheint aber ziemlich sicher, daß sich
die industrielle Berufsbildung, die mit dem SENATI über ein
solides Fundament verfügt, im Sinne der Reform insgesamt nur
langsam weiterentwickeln wird. Daß diese Weiterentwicklung
notwendig ist, muß nicht nur aus den bereits dargelegten
Gründen bejaht werden. Die aufgrund der Bevölkerungszunahme
dringend erforderlichen jährlich ca. 100.000 neuen Arbeitsplätze müssen nicht zuletzt vom Industriesektor erbracht werden. Daß damit die quantitativen Ausbildungsanforderungen an
den SENATI steigen, liegt auf der Hand. Seine ohnehin schon
große Bedeutung für Peru wird damit künftig steigen.

Für die Lehrlingsausbildung, die in dieser Untersuchung schwer-
punktmäßig herausgestellt wird, ergeben sich daraus auch
quantitative Konsequenzen.

Wenn man davon ausgeht, daß im industriellen Sektor Perus
mit einer durchschnittlichen Lebensarbeitszeit von ca.
40 Jahren gerechnet werden kann, dann müssen jährlich jeweils
2,5% (100% : 40) der Beschäftigten neu zur Verfügung
gestellt werden. Von dem Anteil der Beschäftigten, der eine
Lehrlingsausbildung benötigt, müssen bei dreijähriger Ausbildungsdauer folglich 7,5% in Ausbildung stehen. Es ist
interessant, daß Fernando Romero in einer umfangreichen Untersuchung zur Ermittlung des Ausbildungsbedarfs für den SENATI
bereits 1962 mit 7,3% den beinahe gleichen entsprechenden
Wert ermittelt hat (3).

Wenn vorstehende Bedarfsüberlegungen auf die Beschäftigten des
industriellen Sektors angewendet werden, ergibt sich folgendes
Bild: Nach dem Bevölkerungs- und Wohnstättenzensus von 1972
(vgl. Anlage 5) sind für den industriellen Sektor 481.167
arbeitsfähige bzw. -willige Personen über 15 Jahre angegeben.
Davon müssen diejenigen Personen abgezogen werden, für deren
berufliche Tätigkeiten eine Lehrlingsausbildung überhaupt
nicht in Frage kommt. Das sind insbesondere die Ungelernten,
die oberhalb des Facharbeiterniveaus vor allem schulisch
Ausgebildeten sowie die an Universitäten Ausgebildeten. Dieser
von der Gesamtzahl abzuziehende Anteil ist aus dem erwähnten
Zensus von 1972 nicht eindeutig zu entnehmen. Begrenzt man die
Zahl der Beschäftigten, für die eine Lehrlingsausbildung in
Frage kommt, auf die im Zensus angegebene Anzahl von Personen
mit Primar- oder Sekundarabschluß sowie auf einen geringen
Teil der übrigen Abschlüsse, so können ca. 55% der Beschäftigten
als für Lehrlingsausbildung in Frage kommend angegeben werden.
Für diese Angabe besteht eine interessante Vergleichsmöglichkeit. Nach Angaben im Mikrozensus von 1976 über die berufsbildenden Abschlüsse hatten 52,1% der Erwerbstätigen der Bundesrepublik Deutschland eine Lehr- bzw. Anlernausbildung (4).

Für den industriellen Sektor Perus ergibt sich ein Anteil von
rund 265.000 Beschäftigten mit Lehrlingsausbildung. Davon
müssen zur kontinuierlichen Nachwuchsvorbereitung ständig 7,5%
(bei dreijähriger Lehrzeit), also ca. 20.000 in Lehrlingsausbildung stehen.

In Anbetracht des auf diese Weise ermittelten jährlichen
Ausbildungsbedarfs von Facharbeitern im industriellen Sektor
erscheint das Ausbildungsangebot des SENATI quantitativ als
völlig unzureichend. Aus der als Anlage 33 beigefügten Aufstellung geht hervor, daß im Jahre 1975, also nach fast
10jähriger Ausbauphase, in allen SENATI-Zentren insgesamt
22.086 Teilnehmer aller Ausbildungsmaßnahmen eingeschrieben
waren. Davon entfielen 1.188 Teilnehmer auf die Lehrlingsausbildung und 13.284 auf die Berufsbildung von Beschäftigten (5).
Geht man davon aus, daß von dieser Gruppe ca. 20% den nach dem
Kreditsystem zu erreichenden Facharbeiterabschluß erreichen, so
erhöht sich die Zahl der Teilnehmer für Lehrlingsausbildung
auf ca. 4.000. Das bedeutet, daß der SENATI bereits im Jahre
1975 lediglich ca. 2o% der für den industriellen Sektor
erforderlichen Facharbeiter ausgebildet hat. Die übrigen
im Lande vorhandenen Einrichtungen mit einer dem SENATI in
etwa vergleichbaren industriellen Lehrlingsausbildung waren
zumindest 1975 bei weitem nicht in der Lage, die restlichen
80% auszubilden.

Nach Meinung des damaligen Leiters der Abteilung berufliche
Bildung im Bildungsministerium hat es sich sogar mit der Ausbildungsstätte "Jesús Obrero" in Comas bei Lima nur um eine
einzige weitere Ausbildungsstätte gehandelt, die eine dem
SENATI in etwa vergleichbare Lehrlingsausbildung vermitteln
konnte (6).

Bei diesen Überlegungen ist der dringend erforderliche Zuwachs
von Arbeitsplätzen, der im industriellen Sektor jährlich mindestens 2,6% betragen müßte, wenn man die erforderlichen
100.000 zusätzlichen Arbeitsplätze anteilmäßig auf die einzelnen Sektoren aufteilt, noch nicht berücksichtigt. Das bedeutet,
daß der Lehrlingsanteil im industriellen Sektor jährlich um
mindestens 520 steigen muß, wenn der dargelegte Facharbeiter-
nachwuchs sichergestellt werden soll.

Ebenfalls unberücksichtigt ist bei dieser Überlegung die
Tatsache, daß dem industriellen Sektor bislang noch gar nicht
die erforderliche Zahl von Facharbeitern zur Verfügung steht
und daß von daher zunächst ein starker zusätzlicher Nachhol-
bedarf besteht, der zumindest während einer Reihe von Jahren
zusätzliche Ausbildungsanstrengungen erfordert.

Zu der bereits dargelegten Schwierigkeit für den SENATI, seine
Finanzierung im Hinblick auf eine wirksame Einbeziehung der
Ausbildungsmaßnahmen für die Kleinindustrie überdenken zu
müssen, käme eine noch weitaus größere Belastung hinzu, wenn
er, wie vor der Reform, nahezu alleine aufgerufen wäre, die
Ausbildungsnachfrage des industriellen Sektors zu decken.
Dieser Verantwortung ist er durch die Reform insoweit ent-
hoben, als seine Zentren jetzt lediglich überbetriebliche
Berufsbildungsstätten darstellen, wie sie auch von anderen
staatlichen und privaten Stellen geschaffen werden können und
sollen. Insbesondere aber kommen künftig die betrieblichen
Berufsbildungsstätten hinzu. Ob und wieweit dadurch das
quantitative Defizit der industriellen Lehrlingsausbildung
in Peru künftig abgebaut werden kann, bleibt abzuwarten. Sofern
der SENATI, aus welchen Gründen auch immer, daran stärker
beteiligt werden soll, erscheint das nur möglich, wenn er entweder seine Kapazität im Bereich der Lehrlingsausbildung
erhöht oder die Ausbildungszeiten drastisch verkürzt. Die
Kapazitätserhöhung führt erneut zu der schon aus anderen
Gründen erforderlichen Finanzierungsänderung oder aber zu
einer einschneidenden Strukturänderung seiner Maßnahmen,
indem ausschließlich nur noch die der Lehrlingsausbildung
dienenden Aktivitäten durchgeführt werden. Die Verkürzung
der Ausbildungszeiten stößt ebenfalls auf Grenzen, die sich
aus den erforderlichen Qualifikationen ergeben. Ein Facharbeiter mit einjähriger Ausbildung ist bei gleichem Berufsbild
und unter auch sonst gleichen Bedingungen zwangsläufig weniger
qualifiziert ausgebildet als einer mit erheblich längerer
Lehrzeit.

Nach diesen Überlegungen läßt sich festhalten, daß der SENATI
alleine auch künftig nicht in der Lage sein wird, die Ausbildungsnachfrage von Facharbeitern des industriellen Sektors zu
decken. Dazu bedarf es der Errichtung weiterer, insbesondere
überbetrieblicher Berufsbildungsstätten, deren Finanzierung
kaum den bereits den SENATI finanzierenden Unternehmen auferlegt werden kann. Ob und wieweit diese Betriebe eigene betriebliche Berufsbildungsstätten einrichten, bleibt abzuwarten. Sie
könnten sich auf den Standpunkt stellen, daß sie ja schließlich
für Berufsbildung den SENATI finanzieren und daß es damit
genug sei.

Daß die Lösung der Finanzierungsproblematik von entscheidender
Bedeutung ist, zeigt sich auch an den Forderungen der Industrie-
reform, wenn es dort heißt, daß es für die Erreichung der für
den Sektor gesetzten Ziele von ausschlaggebender Bedeutung ist,
daß die vorgesehenen Ausbildungsprogramme, insbesondere des
SENATI, quantitativ, qualitativ und zeitlich passend zum Ablauf des Industrialisierungsprogrammes durchführbar sind.

Zum Schluß der Herausstellung einiger wichtig erscheinender
allgemeiner Auswirkungen der Bildungsreform auf die berufliche
Bildung der Industrie ist, als für andere Bereiche bespielhaft,
die vom SENATI praktizierte Lehrlingsausbildung auf der Grundlage eines Lehrvertrags hervorzuheben. Mit der Verpflichtung,
Lehrverträge abzuschließen, die sich aus der Natur der
peruanischen Berufsbildung, die vorwiegend nichtschulisch zu
verlaufen hat, ergibt, werden zwar keine Ausbildungsplätze geschaffen, aber die Qualität der Berufsausbildung wird gestei-
gert. In Anbetracht des drückenden quantitativen Problems
im industriellen Sektor sollte dennoch in anderen Bereichen,
eben wegen der Qualität der Ausbildung, nicht auf den Lehrvertrag verzichtet werden. Es ist letztlich niemandem geholfen,
wenn sich nach einer gewissen Zeit statistisch belegen läßt,
daß zwar soundsoviele Facharbeiter ausgebildet sind, daß aber
dennoch keine angemessen Ausgebildeten zur Verfügung stehen.

Die Frage nach der Angemessenheit einer Facharbeiterausbildung ist allerdings nicht einfach zu beantworten. Hierfür dürften objektiv anlegbare Normen letztlich gar nicht möglich sein. In der Bundesrepublik Deutschland ist erst in jüngster Zeit von Arbeitgebern und Arbeitnehmern auf diese Frage eine übereinstimmende Antwort gegeben worden. Für den Bereich der industriellen Metallberufe ist von Gesamtmetall einerseits und der Industriegewerkschaft Metall andererseits festgelegt worden, was unter der Qualifikation "Facharbeiter" zu verstehen ist (7). Danach wird davon ausgegangen, daß die Berufsausbildung auf dem Wissen, das der Hauptschüler mitbringt, aufbaut. Nach der Ausbildung soll der Lehrling befähigt sein, "in unterschiedlichen Betrieben und Branchen den erlernten Beruf auszuüben sowie - gegebenenfalls nach Aneignung fehlender Fertigkeiten - artverwandte Facharbeitertätigkeiten ausführen zu können". Auf neue Arbeitsstrukturen, Produktionsmethoden und Technologien soll sich der Facharbeiter flexibel einstellen können, "mit dem Ziel, die berufliche Qualifikation zu erhalten". Schließlich soll er an Maßnahmen der Fortbildung und Umschulung teilnehmen können, "um die berufliche Qualifikation und Beweglichkeit zu sichern". Sofern vorstehende Ausführungen auch in Peru für die Festlegung der Ausbildungsinhalte von Facharbeitern übernommen werden könnten, wäre die Zurverfügungstellung von angemessen Ausgebildeten gewährleistet.

Die Existenz von Berufsbildungsstätten, die ihren Aufgaben gewachsen sind, und von ausbildungsfähigen bzw. -willigen Lehrlingen bedeutet noch keine Garantie für eine erfolgreiche Ausbildung. Dazu fehlt unter den Bedingungen eines Lehrvertrages zumindest noch ein wesentliches Instrument: das von Arbeitnehmern, Arbeitgebern und staatlicherseits allgemein anerkannte Berufsbild eines Berufes. Wie sich die Reform in dieser Hinsicht auf die industrielle Berufsbildung auswirkt, wird im Folgenden dargelegt.

## 7.2 Curriculare Auswirkungen

In den gesetzlichen Reformbestimmungen ist in wechselndem
Zusammenhang und mehr oder weniger deutlich von den Curricula
die Rede. Im Anhang des Bildungsgesetzes ist das flexible
Curriculum (curriculum flexible) als Gegenteil vom starren
Curriculum (curriculum régido) definiert, das sich dadurch
auszeichnet, daß es sich an die unterschiedlichen Bedingungen
der Bildungsnehmer anpaßt. Die Definition des Curriculums, wie
sie im ministeriellen Beschluß über die Berufsbildungsstätten
enthalten ist, wurde bereits dargelegt (vgl. 6.2.2). Danach
handelt es sich beim Curriculum um die im Rahmen einer Berufsbildungsmaßnahme zu vermittelnden Berufsbildungsinhalte. Damit
ist die Bedeutung des Curriculums im Sinne der peruanischen
Bildungsreform gegenüber der im Bildungsgesamtplan der Bundesrepublik Deutschland festgelegten Bedeutung, die Lernziele,
Inhalte, Methoden, Situationen, Strategien und Evaluation
umfaßt, eingeschränkt (8). Es muß jedoch gesehen werden, daß
auch im deutschen Sprachgebrauch der Begriff des Curriculums
außerordentlich unterschiedlich benutzt wird. Es sollte deshalb stets Klarheit darüber hergestellt werden, mit welcher
Bedeutung der Begriff jeweils verwendet wird. Für diese Untersuchung wird der peruanischen Festlegung gefolgt. Damit sind
für den engeren Untersuchungsbereich die Auswirkungen der
Reform auf die Inhalte der Lehrlingsausbildung darzulegen,
d.h. welche Ausbildungsinhalte gegenüber früher jetzt auf
welche Weise festgelegt werden.

Im Gesetz über die Lehrlingsausbildung für die Industrie und
in der zugehörigen Verordnung über die Lehrlingsausbildung in
Zentren ist festgelegt, daß der SENATI die Ausbildungsinhalte
und -zeiten für die einzelnen Berufe auf der Grundlage der
Artikel 6, 7 und 59 des Bildungsgesetzes im wesentlichen allein
zu bestimmen hat. Die ihm dabei auferlegte Zusammenarbeit
mit den Betrieben betrifft nur die Berufe, für die zu einem

größeren Teil auch in betrieblichen Abschnitten ausgebildet
werden soll. Die Zusammenarbeit gestaltete sich dabei ggf. so,
daß die betriebliche Seite, d.h. in der Regel die Betriebsleitung, ihre Zufriedenheit oder Unzufriedenheit mit der
Leistung der Lehrlinge bzw. der ausgebildeten Facharbeiter
mehr oder weniger pauschal zum Ausdruck brachte. Ein solches
Vorgehen erfüllt noch nicht einmal ansatzweise die Anforderungen an eine Curriculumerstellung. Dadurch können exakte
Arbeitsplatzstudien ebensowenig ersetzt werden wie die Erörterung der Ergebnisse dieser Studien zwischen allen an
einer bestimmten Berufsausbildung beteiligten Gruppen. Am
Beispiel des Ausbildungsberufes Schweißer ist im Rahmen
dieser Untersuchung bereits dargelegt worden, um welche
Ausbildungsinhalte es sich im einzelnen handelte
(vgl. 4.2.5.1). Die Reformvorstellungen zu dem hier behandelten Sachverhalt sind ebenfalls bereits dargelegt worden (vgl. 6.2). Die entscheidende Auswirkung dieser Bestimmungen für die industrielle Lehrlingsausbildung und
damit für den SENATI ist die Notwendigkeit, die Ausbildungsinhalte auf der Grundlage von Berufsbildungsbildern, die den
allgemeinen und beruflichen Teil der Ausbildung umfassen,
und insbesondere den Berufsbildern, die sich nur auf den
berufsbezogenen Teil erstrecken, festzulegen. Die Inhalte
der Berufsbildungsbilder sollen im Hinblick auf ihre
bessere Umsetzbarkeit nach Lernzielen (términos de conducta)
orientiert formuliert werden und die Mindestanforderungen für
einen Beruf darstellen. Dazu müssen die Berufsbilder innerhalb des Industriesektors mit der für die Koordinierung der
Berufsbildung zuständigen Stelle und intersektoriell mit dem
Bildungsministerium (COMUCPE) abgestimmt werden.

Vor diese neue Lage gestellt, wird im industriellen Sektor,
insbesondere vom SENATI, bereits seit 1976 versucht, Berufsbildungsbilder und damit auch Berufsbilder in der von der
Reform verlangten Art und Weise zu erarbeiten. Erste entsprechende Entwürfe für Schweißer und Elektroberufe liegen
bereits vor (9). Dabei kommen dem SENATI die Ergebnisse
eines Berufsbildungsforschungsprojektes von CINTERFOR,

an dem der SENATI direkt beteiligt ist, sehr zu Hilfe. Im
Rahmen dieses Projektes, an dem neben Peru nahezu alle Länder
Lateinamerikas und der Kariben beteiligt sind, wird versucht,
den Nachweis beruflicher Qualifikationen auf der Grundlage
von Berufsbildern sicherzustellen (10). Die Ergebnisse dieses
Projektes, an dem der Verfasser teilweise mitgearbeitet hat,
haben sich in Peru unmittelbar auf die Berufsbildungsreform
ausgewirkt. Das ist insbesondere im ministeriellen Beschluß
über die Berufsbildungsstätten, an dessen Erarbeitung der
Verfasser ebenfalls kurzzeitig beteiligt war, feststellbar.
Die große Erfahrung und das außerordentlich sachverständige
Personal des SENATI haben im Hinblick auf die curricularen
Fragen zu einer sehr positiven Entwicklung der Reformvorstellungen der Berufsbildung geführt. Diese sehr zu begrüßende
Entwicklung darf nicht bei den vorliegenden ersten Entwürfen
von Berufsbildern steckenbleiben. Ihre Weiterführung zählt
nicht nur für die industrielle Berufsbildung unbedingt zu den
vorrangig anzugehenden Reformmaßnahmen. Schließlich handelt
es sich im Falle der beiden genannten Berufsbilder erst um
Entwürfe, die weiterentwickelt werden müssen, bis sie die
angestrebte staatliche Anerkennung erhalten haben. Ferner
handelt es sich erst um drei der insgesamt 37 Ausbildungsberufe des SENATI (vgl. 4.2.1). Hinzukommen müssen außerdem
noch die Berufsbilder, für deren Berufe bislang überhaupt
nicht ausgebildet wird. Das sind insbesondere die Berufe der
in der Untersuchung von M. Minkner herausgestellten Kleinbetriebe. Es fehlen beispielsweise spezifische Berufe für die
Branchen: Konfektion und Schuhe sowie Papier und Papierpro-
dukte. Außerdem ist kaum davon auszugehen, daß die bereits
bestehenden Ausbildungsberufe für die größeren Betriebe inhaltlich auf die Belange der kleineren Betriebe für dieselbe
Branche abgestellt sind. Das ist vielfach auch in der
Bundesrepublik Deutschland nicht der Fall. So gab es bis
1974 z.B. den handwerklichen Ausbildungsberuf Maurer, der
inhaltlich nur zu 80% mit dem industriellen Ausbildungsberuf
Maurer übereinstimmte. Ähnliche Beispiele bestehen für beide
Bereiche z.B. mit dem Ausbildungsberuf Werkzeugmacher auch

heute noch. Diese Beispiele zeigen, daß der SENATI die Zahl
der Ausbildungsberufe für die peruanische Industrie erhöhen
muß. Die gezeigten Ansätze zur Schaffung der Berufsbilder im
industriellen Sektor können im Rahmen der Berufsbildungsreform
als ebenso für die anderen Sektoren beispielhaft angesehen
werden wie der dort übliche Lehrvertrag. Nach allen Erfahrungen
und nach Lage der Dinge in Peru dürfte es nicht leicht werden,
die guten Ansätze zu einem baldigen Abschluß zu bringen. Der
wünschenswerten schnellen Schaffung und offiziellen Anerkennung
aller Berufsbilder steht (leider) entgegen, daß in Peru noch
längst nicht alle für diese Fragen Verantwortlichen die große
Bedeutung der Berufsbilder erkannt haben. Es dürfte nicht ausreichen, daß ihre Schaffung gesetzlich vorgeschrieben ist.
Es wird noch dargelegt werden, welche flankierenden Maßnahmen
erforderlich sind, die weit über den Zuständigkeitsbereich
des Bildungsministeriums hinausgehen. Der SENATI hat seiner-
seits vorgeschlagen,in Zusammenarbeit mit dem Bildungs-,
Arbeits- und Industrieministerium folgende Berufsbilder
modellhaft für alle Wirtschaftssektoren abstimmen und aner-
kennen zu lassen (11): Schweißer, Kraftfahrzeugmechaniker,
Offset-Drucker, Werkzeugmacher, Elektroinstallateur und
Betriebsschlosser. Die für die Ausbildungsinhalte in Peru
künftig maßgeblichen Berufsbildungsbilder erstrecken sich mit
2o%-3o% auf mehr allgemeinbildende und mit 7o%-8o% auf unmittelbar berufsbezogene Inhalte. Die allgemeinbildenden Inhalte
sind weitgehend detailliert im ministeriellen Beschluß über
die Berufsbildungsstätten aufgeführt. Sie dürften für die
verschiedenen Ausbildungsberufe weitgehend einheitlich angewandt werden. Im Rahmen des erwähnten CINTERFOR-Projektes
spielen sie vor allem deshalb keine Rolle, da hierüber von
Land zu Land voneinander abweichende Auffassungen bestehen.
Vor allem aber ist ihre Einbeziehung in die Überlegungen zur
Festlegung von Berufsausbildungsinhalten umstritten. In Peru
ist ihre Einbeziehung gesetzlich vorgeschrieben. Für die dort
verlangte qualitative, d.h. inhaltliche Anpassung der Ausbildungsgänge an die Erfordernisse des Beschäftigungssystems

ist dieser Teil des Berufsbildungsbildes weniger bedeutungs-
voll. Dafür ist jedoch der unmittelbar berufsbezogene Teil,
das Berufsbild, von entscheidender Bedeutung. Es steht deshalb auch im Mittelpunkt des erwähnten CINTERFOR-Projektes.
Bevor am Beispiel des Berufsbildes für Schweißer der Realisierungsgrad der Berufsbildungsreform auf diesem Gebiet aufgezeigt wird, erscheint es zweckmäßig, zunächst einige Überlegungen über Berufsbilder aus lateinamerikanischer, insbesondere peruanischer Sicht anzustellen. Das gilt in erster
Linie für die Bedeutung, den Inhalt und die Erstellung von
Berufsbildern. Für die Überlegungen kann u.a. auf eine in
spanischer Sprache verfaßte Veröffentlichung des Verfassers
zu diesem Thema zurückgegriffen werden (12).

## 7.2.1 Berufsbilder und ihre Bedeutung

Für die Erklärung der Bedeutung von Berufsbildern in Lateinamerika, insbesondere jedoch im industriellen Sektor von
Peru, hat der Verfasser das als **Anlage 34** beigefügte Schaubild über den Ablauf bei der Vermittlung eines Facharbeiters
entwickelt (13). Ausgangspunkt dieser Vermittlung ist die
Existenz von offenen Stellen auf dem Arbeitsmarkt. Bewerber
für offene Stellen müssen jedoch zunächst in einer Prüfung
nachweisen, ob sie die für die Ausübung der entsprechenden
Tätigkeiten in den Berufsbildern festgelegten Fertigkeiten
und Kenntnisse beherrschen. Erst nach erfolgreicher Prüfung,
die sie erforderlichenfalls nach einer weiteren Ausbildung
wiederholen können, wird ihnen ein entsprechendes Zeugnis
ausgestellt. Naturgemäß folgen diesem Vermittlungsablauf vor
allem erwachsene Arbeitnehmer. Jugendliche interessieren sich
in der Regel erst für eine spätere Aufnahme eines Arbeitsver-
hältnisses.

Eine Arbeitsvermittlung setzt also offene Stellen des Arbeitsmarktes voraus. Damit wird deutlich, daß Berufsbilder ohne
eine Betrachtung des Arbeitsmarktes realistisch überhaupt

nicht festgelegt werden können. Es ist weiterhin Grundvoraus-
setzung, daß das Berufsbild auch mit demjenigen zu erörtern
ist, der den durch das Berufsbild fixierten Beruf später ausübt. Das läßt sich freilich nicht mit jedem einzelnen, wohl
aber mit dem seine Interessen vertretenden Partner absprechen.
Das sind vor allem die Gewerkschaften, wie auf der anderen
Seite die Arbeitgeberverbände. Daraus folgt die Unabdingbar-
keit des Dialogs von Arbeitgeber- und Arbeitnehmerseite bei
der Schaffung realistischer Berufsbilder. Kein Berufsbild
sollte ohne die Zustimmung beider Sozialpartner zustande
kommen. Diese Forderung erklärt bereits das häufig lange
Ringen um gemeinsam getragene Berufsbilder, aber auch die
wichtige Rolle, die beiden Sozialpartnern in dieser Hinsicht
zukommt.

Grundsätzlich lassen sich Berufsbilder für alle Tätigkeiten
des Beschäftigungssystems aufstellen. In dem Schaubild werden
die Betrachtungen jedoch auf Facharbeitertätigkeiten beschränkt
und stehen damit im Einklang mit dem engeren Bereich dieser
Untersuchung.

Das Interesse eines arbeitssuchenden Erwachsenen ist auf den
sofortigen Erhalt eines angebotenen Arbeitsplatzes gerichtet.
Das Interesse des Jugendlichen ist auf die Zukunft gerichtet.
Die bekanntwerdenden Stellenangebote, insbesondere durch entsprechende Zeitungsmeldungen, lassen bei arbeitslosen Erwachsenen unmittelbar den Wunsch entstehen, den betreffenden Arbeitsplatz zu besetzen, sofern er der Meinung ist, daß er die dafür
erforderlichen Fertigkeiten und Kenntnisse besitzt. Der inter-
essierte Jugendliche dagegen wird sich für die Aneignung der
in Frage kommenden Fertigkeiten und Kenntnisse interessieren,
um eine solche Beschäftigung evtl. später einmal aufnehmen zu
können. Um Fehlbesetzungen nach Möglichkeit zu vermeiden,
müssen die Bewerber in einer Prüfung die für die angebotene
Stelle mindestens erforderlichen Fertigkeiten und Kenntnisse
nachweisen. Diese mindestens erforderlichen Fertigkeiten und
Kenntnisse sind auf der Grundlage von Berufsbildern festzulegen.

- 180 -

Durch die Prüfung wird also festgestellt, ob dem interessier-
ten Stellenbewerber die Qualifikation, im vorliegenden Falle
also zum Facharbeiter, bescheinigt werden kann oder nicht.

Mit der Berufsbildung wird die berufliche Qualifikation
durch die verschiedenen Programme vermittelt. Die Erwachsenen,
die die Prüfungsanforderungen nicht erfüllen konnten, können
sich durch Fortbildung oder Umschulung auf künftige Prüfungen
vorbereiten. Dafür werden aber auch alle jene Erwachsenen in
Frage kommen, die bereits seit langem in entsprechenden Positionen tätig sind, jedoch noch nicht über das dafür vorgesehene
Zeugnis verfügen. Die Lehrlingsausbildung wird sich insbesondere an Jugendliche wenden, die später einmal mit dem entsprechenden Zeugnis und angemessen vorbereitet in das Beschäftigungssystem eintreten. Grundlage für die durch Fortbildung,
Umschulung oder Lehrlingsausbildung zu vermittelnden Inhalte
sind auch hier die in den Berufsbildern festgelegten mindestens
zu vermittelnden Fertigkeiten und Kenntnisse.

Mit der Aushändigung des Zeugnisses nach bestandener Prüfung
endet die Berufsbildung. Der Besitz eines Abschlußzeugnisses
garantiert zwar niemandem automatisch einen entsprechenden
Arbeitsplatz, aber die Chance, einen solchen zu erhalten, wird
dadurch erhöht. Außerdem wird der für die Einstellung verantwortlichen Stelle eine große Hilfe an die Hand gegeben.

Zusammengefaßt läßt sich sagen, daß Berufsbilder die Aufgabe
haben, den Erwerb der Qualifikation für einen bestimmten Beruf
und des entsprechenden Qualifikationsnachweises zu objektivie-
ren und zu vereinheitlichen. Einerseits sollen sie die Prüfung
der erforderlichen Mindestanforderungen eines Berufes, die
Stellenbewerber zu erfüllen glauben, erleichtern. Andererseits
sollen sie aber auch Grundlage für die Inhalte der zu vermittelnden Berufsbildung sein.

Die dargelegte Bedeutung der Berufsbilder wäre unvollständig,
würde nicht noch auf einen, möglicherweise entscheidenden,

Aspekt hingewiesen. Es hat wenig Sinn, Zeugnisse um ihrer
selbst Willen auszustellen, d.h. es darf nicht nur bescheinigt
werden, um zu bescheinigen! Den einzelnen zu motivieren, sich
überhaupt um den Erwerb eines Abschlußzeugnisses zu bemühen,
ist ein grundsätzliches Problem, nicht nur in Entwicklungsländern. Ein wichtiger Beitrag für eine entsprechende Motivie-
rung ist z.B. ein gewisses soziales Ansehen eines bestimmten
Abschlusses in der Gesellschaft. Das zu erreichen, ist aber
eine Aufgabe, die zu lösen das Bildungssystem nicht alleine
aufgerufen ist. Soweit diese schwer durchschaubaren Zusammenhänge überhaupt steuerbar sind, bedarf das wohl der gemeinsamen Anstrengungen eines Volkes. Soziale Rollenverteilung
erfolgt eben durch die Gesamtheit einer Gemeinschaft. Ein
Entwicklungsland wird sich dabei nach allen Erfahrungen schon
dann glücklich schätzen dürfen, wenn seine Jugend überhaupt
sogenannte Traumberufe anstrebt. Wenn es sich dabei dann z.B.
um Kraftfahrzeugmechaniker anstatt um Ingenieure oder Ärzte
handelt, wäre eine Lage geschaffen, die selbst in vielen
Industrieländern nicht immer anzutreffen ist.

Das Abschlußzeugnis muß dem Inhaber aber auch insbesondere
finanzielle Vorteile bringen. Andernfalls kann nicht erwartet
werden, daß sich vor allem die erwachsenen Arbeitnehmer, die
in Lateinamerika noch lange Zeit den größten Teil der Bewerber
stellen werden, überhaupt für einen Qualifikationsnachweis
interessieren. Die notwendigen Vorteile sind vor allem in
einer staatlichen Garantie bestimmter Mindestlöhne zu sehen.
Sie können allerdings auch im Rahmen bestimmter sozial-
versicherungsrechtlicher Regelungen gewährt werden. Damit
vergrößert sich der Kreis derer, die die Frage der Berufsbilder gemeinsam lösen müssen. Die für die mehr technische
Erstellung kompetenten Berufsbildungsstätten und Betriebe
sind mit den arbeitsmarkt- und sozialpolitischen Aspekten
in der Regel überfordert. Den für die Berufsbildung meistens
zuständigen Bildungsministerien müssen hierbei vor allem die
Arbeitsministerien hilfreich zur Seite stehen.

## 7.2.2 Inhalt der Berufsbilder

Nach den Bestimmungen der Berufsbildungsreform sollen die
Berufsbilder die für einen bestimmten Beruf mindestens zu
vermittelnden Fertigkeiten und Kenntnisse in lernzielorien-
tierter Formulierung enthalten (vgl. 6.2.2). Dabei sollen
die Fertigkeiten und Kenntnisse zu Fächern oder Themengruppen
zusammengefaßt werden.

Dazu ist festzustellen, daß die Fertigkeiten vor allem in den
sensomotorischen und die Kenntnisse in den kognitiven Bereich
gehören. Der affektive Bereich spielt in diesem Zusammenhang
insbesondere deshalb keine Rolle, weil sich die für ihn maßgeblichen Ausbildungsinhalte kaum exakt angeben lassen. Vor
allem aber wird ihre Feststellung in Prüfungen außerordentlich
problematisch. Das gilt besonders für die Prüfung von Persön-
lichkeitsmerkmalen wie z.B. Pünktlichkeit, Sorgfalt, Koopera-
tionsbereitschaft oder Verantwortungsbewußtsein.

Die Erstellung von Berufsbildern erleichtert sich erheblich,
wenn man die zu einer bestimmten Fertigkeit gehörigen Kenntnisse nicht auch noch gesondert aufführt, da jede Fertigkeit
unausgesprochen ihre immanenten Kenntnisse in sich enthält.
Dagegen können einzelne Kenntnisse durchaus losgelöst von
Fertigkeiten vermittelt und angegeben werden, wie sich das
im folgenden Schema verdeutlichen läßt.

Fertigkeiten ⟨ praktisch-sensomotorischer Aspekt
               theoretisch-kognitiver Aspekt

Kenntnisse ──── theoretisch-kognitiver Aspekt

Auf die Nachteile einer Zusammenfassung der Fertigkeiten und
Kenntnisse eines Berufsbildes zu Fächern ist bereits hingewiesen worden (vgl. 6.2.2). Ihre Zusammenfassung zu sachlich
zusammengehörigen Gruppen ist eindeutig wirklichkeitsnäher.
Dabei ist für die Reihenfolge der einzelnen Gruppen der zeit-
liche Ablauf der Ausbildung maßgebend. Es ist sinnvoll, mit

derjenigen Gruppe zu beginnen, die auch, zumindest überwiegend, zu Beginn der Ausbildung zu vermitteln ist. Um eine
klare Vorstellung vom Inhalt eines Berufsbildes zu geben und
um eine schnelle Orientierung über den Beruf zu ermöglichen,
ist es zweckmäßig, jeweils ca. 10 bis 20 Gruppen zu bilden,
sofern dem sachlogisch nichts entgegensteht. Innerhalb jeder
Gruppe sollten bei den mehr fertigkeitsbetonten Berufen möglichst zuerst die Fertigkeiten und dann die Kenntnisse aufgeführt werden.

Damit Berufsbilder ihre Aufgaben möglichst optimal erfüllen
können, ist es zweckmäßig, die in ihnen enthaltenen Mindestanforderungen so genau wie möglich zu beschreiben, um eine
willkürliche Auslegung zu verhindern. Das ist durch eine
lernzielorientierte Formulierung am ehesten zu erreichen. Da
jedoch die vollständige Beschreibung eines Lernzieles im
Rahmen eines Berufsbildes zu ausführlich wäre, ist es zweckmäßig, sich lediglich auf den Teilaspekt des Endverhaltens
zu beschränken. Das Endverhalten ist dasjenige Verhalten, das
von einem Teilnehmer am Ende einer Ausbildung bzw. in einer
Prüfung nachzuweisen ist. So bedeutet z.B. "Auftragsmetall
und Schweißmittel auswählen", daß der Ausbildungs- bzw.
Prüfungsteilnehmer am Ende der entsprechenden Ausbildung
bzw. in der Prüfung in der Lage sein muß, die genannten
Werkstoffe auszuwählen. Die Formulierung der Fertigkeiten
und Kenntnisse in Berufsbildern ist also folglich stets in
die Aussage "der Teilnehmer muß (z.B.: Auftragsmetall und
Schweißmittel auswählen) können" eingeschlossen. Die Beschreibung der Fertigkeiten und Kenntnisse durch das
gewünschte Endverhalten bezieht sich also unmittelbar auf
das Verhalten, das mindestens zu erreichen ist.

Die einzelnen Fertigkeiten und Kenntnisse haben naturgemäß
unterschiedliche Schwierigkeitsgrade. Es ist häufig nicht
notwendig, daß sie in ihrem jeweils höchsten Schwierigkeitsgrad vermittelt bzw. nachgewiesen werden müssen. Deshalb ist

dies bei ihrer Festlegung zu berücksichtigen. Dafür können
verschiedene Wege der Lernzielformulierung beschritten
werden. Die bereits genannten ersten peruanischen Entwürfe
von Berufsbildern des industriellen Sektors (Schweißer,
Elektroberufe) sind in Anlehnung an das System von Benjamin
S. Bloom erstellt worden (14). Zum System von Bloom sagt
Burkhardt Hecht, daß sich besonders für den berufsbildenden
Bereich vielfältige Aktivitäten im Rückgriff auf die
Bloom'sche Taxonomie entwickelt haben. Im Rahmen eines von
Hecht geleiteten Forschungsprojektes an der Universität
Hamburg wird versucht, ein Lernzielmodell für den Bereich
der beruflichen Bildung zu erarbeiten, das neben dem kogni-
tiven auch den sensomotorischen und affektiven Lernbereich
berücksichtigen soll (15).

Die sechs Schwierigkeitsgrade, beginnend mit Wissen, über
Verstehen, Anwendung, Analyse, Synthese bis zur Evaluation,
die bei Bloom für den kognitiven Bereich vorgesehen sind,
wurden aus Gründen der besseren Praktikabilität, insbesondere jedoch aus sprachlichen Gründen in Peru auf vier Grade
reduziert. Ferner wurde die Anwendung auf den sensomotorischen
Bereich ausgeweitet. Lernzielformulierungen sollen soweit wie
möglich eindeutig sein und auch hinsichtlich des Schwierigkeits-
grades einer Fertigkeit oder Kenntnis keine unterschiedlichen
Interpretationen ermöglichen. Die Erörterung der Frage der
Lernzielformulierungen, wie sie insbesondere in den beiden
genannten peruanischen Berufsbildentwürfen gelöst wurde, würde
im Rahmen dieser Untersuchung zu weit führen. Deshalb werden
lediglich die einzelnen Schwierigkeitsgrade für den sensomotorischen und den kognitiven Bereich kurz erläutert.

Die vier Schwierigkeitsgrade des sensomotorischen Bereiches
sind:

Beachtung, Handhabung, Ausführung und Beherrschung.

Von der Beachtung bis zur Beherrschung steigert sich der
Schwierigkeitsgrad.

Im kognitiven Bereich sind die vier Schwierigkeitsgrade:
Wissen, Verstehen, Anwendung und Beurteilung.

Vom Wissen bis zur Beurteilung nimmt hierbei der Schwierigkeitsgrad zu.

Für jeden der beiden genannten Bereiche und für jeden der
darin enthaltenen vier Schwierigkeitsgrade sind eine Anzahl
von Verben entwickelt worden, mit denen das gewünschte
Endverhalten zum Ausdruck gebracht wird. Diese Verben sind
auf der Grundlage von umfangreichen Versuchsreihen ermittelt
worden. Das bereits beispielhaft erwähnte Verb "auswählen"
kennzeichnet den höchsten Schwierigkeitsgrad im kognitiven
Bereich. Es ist demzufolge mit dieser Formulierung beabsichtigt, daß die Kenntnis in dem Maße vermittelt bzw. nachgewiesen werden muß, daß sie ein selbständiges und eigenverant-
wortliches Vorgehen, d.h. ohne die Möglichkeit von Rück-
fragen, erlaubt.

Der bereits mehrfach erwähnte Entwurf des Berufsbildes für
Schweißer ist als Anlage 35 im Anhang beigefügt (16). Der
Entwurf ist das nach der Bildungsreform am weitesten entwickelte Berufsbild des industriellen Sektors. Er kann dem
entsprechenden früheren peruanischen Berufsbild (vgl. 4.2.5.1)
gegenübergestellt werden.

Gegenüber den früher festgelegten 32 einzelnen Fertigkeiten
und Kenntnissen sind jetzt gemäß Spalte 2 der Anlage 35
folgende 16 Gruppen (unidades) von Fertigkeiten und Kenntnissen festgelegt:

1. Mechanische Grundfertigkeiten

2. Einrichtung, Handhabung und Pflege der üblichen Maschinen
   und Geräte

3. Einrichtung, Handhabung und Pflege von besonderen
   Maschinen und Geräten

4. Brennschneiden

5. Arten von Schweißverbindungen

6. Schweißverbindungen von Eisenmetallen

7. Schweißverbindungen von Nichteisenmetallen

8. Schweißwerkstoffe

9. Normen und Verfahren des Schmelzschweißens

10. Normen und Verfahren des Widerstandschweißens

11. Schweißpositionen

12. Wärmewirkungen beim Schweißen

13. Schweißprüfverfahren

14. Schweißen von Rohren

15. Technisches Zeichnen

16. Arbeitsschutz und Unfallverhütung

Vorstehende Gruppen enthalten jeweils mehrere einzelne, lernzielorientiert formulierte, Fertigkeiten und Kenntnisse. Damit
besteht gegenüber früher nunmehr ein detaillierteres und
strukturiertes Berufsbild. Für die Vermittlung dieser Fertigkeiten und Kenntnisse sind in dem Entwurf 24 Monate vorgesehen.
Das bedeutet, daß die Ausbildungsdauer künftig nach dem Entwurf gegenüber früher von 3 auf 2 Jahre gesenkt werden soll.

Offenbar wird davon ausgegangen, daß die Lehrlinge künftig mit
einem höheren Eingangsniveau die Ausbildung beginnen können.
Das ist eine auf Grund der Reformabsichten allerdings erlaubte
Annahme. Inwieweit sich das in der Praxis auch bewahrheitet,
bleibt abzuwarten.

Es würde hier zu weit führen, die Diskussion um den Inhalt von
Berufsbildern fortzusetzen. Dazu wäre noch viel zu sagen, was
auch Bezug zur peruanischen Berufsbildungsreform hat. Das gilt
ganz besonders für den ebenfalls bereits mehrfach erwähnten
Berufsbildentwurf für Elektroberufe. Nach diesem Entwurf sollen
die Berufe dieses Bereiches im Rahmen einer Art Stufenausbildung geordnet werden. In der Bundesrepublik Deutschland ist

das auf der Grundlage des BBiG bereits seit 1971 in mindestens 42 von z.Zt. ca. 450 Ausbildungsberufen der Fall (17).

## 7.2.3 Erstellung der Berufsbilder

In den Ausführungen über die Bedeutung von Berufsbildern ist bereits gesagt worden, daß diese eine möglichst landeseinheitliche und staatlicherseits offizielle Anerkennung erhalten sollten. Ausgehend von den peruanischen Erfahrungen im industriellen Sektor hat der Verfasser zur Erreichung dieser beiden Forderungen ein Schaubild entwickelt, das die Erstellung von Berufsbildern verdeutlichen soll (18). Dem Schaubild, das als __Anlage 36__ im Anhang beigefügt ist, liegt der Gedanke zugrunde, daß sich das Verfahren für die Erarbeitung eines Berufsbildes in die drei Etappen: fachliche Erarbeitung, politische Vorbereitung und gesetzgeberisches Verfahren gliedert.

Bevor jedoch mit den Arbeiten zur Schaffung eines Berufsbildes begonnen wird, ist zunächst zu prüfen, ob folgende Kriterien von dem mit dem Berufsbild zu fixierenden Beruf erfüllt werden können (19):

- hinreichender Bedarf der entsprechenden Qualifikation, der zeitlich unbegrenzt und einzelbetriebsunabhängig ist

- Facharbeiterniveau der beruflichen Tätigkeit, d.h. Tätigkeiten, bei denen der Facharbeiter eigenverantwortlich auf einem möglichst breiten Gebiet die ihm übertragenen Arbeiten durchführen kann

- Anlage auf dauerhafte, vom Lebensalter und Geschlecht unabhängige berufliche Tätigkeit

- breitangelegte berufliche Grundbildung

- ausreichende Abgrenzung von anderen Berufen

- Grundlage für Fortbildung und beruflichen Aufstieg

- Erwerb von Befähigung zum selbständigen Denken und Handeln bei der Berufsausübung

Für die erste und grundlegende Etappe, die mit einer Arbeits-
platz- und Berufsanalyse beginnt und zu einem Vorentwurf
führt, ist zwischen einer Alternative A und B zu unterscheiden.
Die Alternative A stützt sich bei der Arbeitsplatz- und
Berufsanalyse auf die Erfahrungen von Experten des jeweiligen
Berufes. Die Alternative B soll vor allem in den Fällen angewendet werden, in denen die entsprechenden Experten nicht zur
Verfügung stehen oder wenn es sich um völlig neue Berufe
handelt. In diesen Fällen kann eine Experten-Arbeitsgruppe
für die Festlegung der mindestens erforderlichen Fertigkeiten
und Kenntnisse nicht gebildet werden. Dafür werden Erhebungen
in ausgewählten Betrieben durchgeführt. In beiden Fällen können
die Ergebnisse in ein Formular eingetragen werden, wie es zum
Beispiel als Anlage 37 beigefügt ist (20). Die beiden ersten
Spalten des Formulares enthalten das Berufsbild, dessen lern-
zielformulierte Fertigkeiten und Kenntnisse zu Themenbereichen
zusammengefaßt werden. Entsprechend dem bereits erläuterten
Vorgehen bei der Formulierung des erforderlichen Endverhaltens
wird in den Spalten 3 und 4 durch Ankreuzen der jeweilige
Schwierigkeitsgrad für den sensomotorischen und kognitiven
Bereich festgelegt. Ein entsprechend ausgewähltes Verb kenn-
zeichnet abschließend exakt die einzelnen Fertigkeiten bzw.
Kenntnisse. In einem letzten Schritt ist noch festzulegen, in
welchem Zeitabschnitt der Ausbildung die Fertigkeiten und
Kenntnisse vermittelt werden sollen. Im Gegensatz zum Katalog
der mindestens zu vermittelnden bzw. nachzuweisenden Fertig-
keiten und Kenntnisse des Berufsbildes sind die zeitlichen
Angaben lediglich als Richtwerte zu sehen, von denen je nach
Ausbildungsgegebenheit abgewichen werden kann.

Der erwähnte peruanische Berufsbildentwurf für Schweißer
ist nach der Alternative A, der Entwurf für Elektroberufe
nach der Alternative B erarbeitet worden. Das für die Alternative B verwendete Erhebungsmaterial bestand aus einem
16seitigen, in drei Teile gegliederten, Fragebogen (21). Die
im SENATI vorhandene Erfahrung für Arbeitsplatz- und

Berufsanalysen, die für die Erstellung von Berufsbildern
wichtige Voraussetzung ist, ist auch an anderen Stellen in
Peru vorhanden. So hat z.b. das Arbeitsministerium bereits
1974 nach 8jähriger Erprobung ein Handbuch für Arbeitsplatz-
und Berufsanalysen herausgegeben (22). Das Handbuch wird
allen Stellen des Landes in allen Wirtschaftssektoren für die
Durchführung empfohlen. Für die Arbeit nach diesem Handbuch
müssen folgende 3 Ausgangspunkte gegeben sein:

- der Beruf muß sich vollständig und genau bestimmen lassen

- die im Rahmen des Berufes zu erfüllenden Aufgaben müssen
  sich vollständig und genau beschreiben lassen

- die für die erfolgreiche Berufsausübung erforderlichen
  Mindestanforderungen müssen festgelegt werden können.

Grundlage der in dem Handbuch empfohlenen Methode ist die
Beantwortung der vier Kernfragen: Was macht der Beschäftigte,
wie macht er es, warum macht er es und welches sind die
mindestens erforderlichen Fertigkeiten und Kenntnisse für die
Berufsausübung? Einen näheren Einblick in die Arbeitsweise
nach diesen vier Kernfragen ermöglicht das als Anlage 38
beigefügte Schaubild (23).

Über ein, auf welche Weise auch immer, fachlich festgelegtes
Berufsbild ist allerdings noch nicht das letzte Wort gesprochen. Dafür bedarf es vor allem noch der anschließenden
Überlegungen und Abstimmung auf politischer Ebene zwischen
den für das Berufsbild zuständigen Arbeitgeber- und Arbeitnehmer-Organisationen sowie der staatlicherseits zuständigen
Stelle. Bei der Darlegung der Bedeutung von Berufsbildern ist
bereits näher darauf eingegangen worden, daß es nicht damit
genug sein darf, einem Prüfungsbewerber nach erfolgreicher
Prüfung ein Zeugnis auszustellen. Vielmehr muß dafür Sorge
getragen werden, daß mit dem Zeugnis bestimmte Vorteile auch
für den einzelnen Inhaber verbunden sind. Diese Vorteile sind
aber in erster Linie nur dadurch zu gewährleisten, daß die
beiden Tarifvertragsparteien sich mit den staatlichen Stellen

über ein Berufsbild in allen Belangen einigen. Häufig laufen
aber bildungspolitische Vorstellungen z.B. des Bildungsministeriums den Vorstellungen eines der beiden Sozialpartner
entgegen. Andererseits stehen auch die Vorstellungen der
beiden Sozialpartner nicht immer im Einklang miteinander.
Ein in diesem Zusammenhang nicht nur in der Bundesrepublik
Deutschland häufig diskutierter Aspekt bei der Schaffung von
Berufsbildern ist z.B. die Ausbildungszeit, die zur Vermittlung der in einem bestimmten Berufsbild festgelegten Fertigkeiten und Kenntnisse erforderlich ist. Allerdings werden
häufig z.B. auch einzelne Fertigkeiten und Kenntnisse oder
die Berufsbezeichnung diskutiert. Der mögliche Ablauf der
politischen Etappe ist in dem als Anlage 39 beigefügten
Schaubild aufgezeigt (24). Die gemeinsamen Erörterungen der
Dreierkommissionen beginnen auf der Grundlage des fachlich
vorbereiteten Vor-Entwurfs. Bevor die einzelnen Gruppen dem
fachlich vorbereiteten Berufsbild-Entwurf zustimmen können,
dürften in der Regel getrennte Sitzungen erforderlich werden.
In den getrennten Sitzungen soll vor allem das Ergebnis der
Konsultationen mit den Mitgliedern der Interessengruppen zusammengefaßt werden. Die abwechselnd stattfindenden gemeinsamen und getrennten Sitzungen, die bis zum allseitigen
Einvernehmen fortgesetzt werden, verzögern einerseits den
Ablauf der Berufsbilderstellung. Auf diese Weise wird aber
andererseits die unerläßliche breite Anerkennung sichergestellt. Die in Peru vorhandene große Zahl von Gewerkschaften
(vgl. 2.5), die Existenz von vier Dachorganisationen einerseits und die fünf Dachverbände auf der Arbeitgeberseite
andererseits, dürften den politischen Einigungsprozeß besonders problematisch gestalten. Es dürfte sich kaum vermeiden
lassen, daß es zumindest im industriellen Sektor, der über
mehr als 800 Gewerkschaften verfügt, eine große Zahl von anerkannten Berufsbildern geben wird. Diese bildungspolitisch
unerwünschte Entwicklung sollte jedoch auf keinen Fall davon
abhalten, Berufsbilder überhaupt einzuführen. Die Mitarbeit
der Arbeitgeber- und Arbeitnehmerorganisationen sollte staatlicherseits nicht umgangen werden. Das könnte auch in anderen

Bereichen zu einer Enthaltung ihrer wertvollen Mitarbeit führen. Berufsbildung lebt von der Eigeniniative aller an ihr beteiligten Stellen, vor allem wenn sie, wie in Peru, vorwiegend außerschulisch durchgeführt werden soll. Der Staat sollte sich auf die Schaffung der Rahmenbedingungen beschränken. Diese auszufüllen müssen die Gewerkschaften und Arbeitgeberorganisationen mit aufgerufen werden.

Erst nach Vorlage der Zustimmung sowohl der betreffenden Arbeitgeber- als auch Arbeitnehmer-Organisation kann die gesetzliche Etappe anlaufen, an deren Ende das offizielle Inkrafttreten und Bekanntmachen des Berufsbildes steht. Die Rechtsqualität, mit der das geschieht, wird dabei von Land zu Land unterschiedlich sein. Die beiden bereits mehrfach erwähnten peruanischen Entwürfe zielen auf eine Anerkennung der Berufsbilder auf dem Verordnungswege.

Es sollte zum Schluß noch erwähnt werden, daß das im vorstehenden Sinne ablaufende Erlaßverfahren, z.B. von Verordnungen, für die offizielle Anerkennung von Berufsbildern kein schnelles Verfahren ist. In der Bundesrepublik Deutschland z.B. konnten nach diesem Verfahren in einzelnen Fällen entsprechende Verordnungen erst fünf bis sechs Jahre nach Beginn der Erarbeitung erlassen werden (25). Die Zeit bis zur endgültigen Inkraftsetzung eines Berufsbildes wird maßgeblich durch den Einigungsprozeß insbesondere der betroffenen Arbeitgeber- und Arbeitnehmerorganisationen beeinflußt. Besonders diese Stellen sollten daher bemüht sein, daß Berufsbilder in möglichst kurzer Zeit staatlicherseits anerkannt werden können.

# 8  Kritische Würdigung

## 8.1  Vollendung der Reformmaßnahmen

Die für den engeren Untersuchungsbereich, d.h. die Lehrlingsausbildung für die Industrie, in erster Linie noch zu vollen-
denden Reformmaßnahmen sind bereits im Detail dargelegt
worden. Sie lassen sich zusammengefaßt in quantitative und
qualitative Maßnahmen einteilen.

Die quantitativen Maßnahmen beziehen sich vor allem auf die
dargelegte erforderliche Steigerung der Zahl der auszubildenden Lehrlinge (vgl. 7.1). Schließlich war der SENATI noch 1975
imstande, nur etwa 2o% der erforderlichen Facharbeiter des
industriellen Sektors auszubilden. Dabei ist besonderes Augen-
merk auf die Einbeziehung der kleineren Betriebe zu legen.
Solange der SENATI diese Steigerung im wesentlichen alleine
leisten muß, steht ihm dazu als Möglichkeit vor allem der
Ausbau der Modalität "c" der Lehrlingsausbildung in Zentren,
d.h. Erhöhung des betrieblichen Ausbildungsanteils, unter
Einschränkung der beiden anderen Modalitäten zur Verfügung;
möglichst aber auch der Ausbau seiner übrigen auf Lehrlingsausbildung abzielenden Maßnahmen. Eine solche Umstrukturierung
liegt völlig im Rahmen der Reformabsichten, die die Berufsausbildung ja vorwiegend außerschulisch durchgeführt sehen wollen.

Weiterer Kapazitätszuwachs könnte sich aus einer Überprüfung
der übrigen Maßnahmen des SENATI ergeben, die nicht alle in
vollem Einklang mit den Reformvorstellungen stehen. Das gilt
besonders für die technische Beratung. Darüber hinausgehende
Kapazitätsausweitungen zugunsten der Lehrlingsausbildung erscheinen nur möglich, wenn dafür zusätzliche Mittel zur Verfügung gestellt werden. Das bedeutet, daß die Finanzierung
geändert werden muß. Die hierfür bestehende Regelung hat
zweifellos ein solides Fundament geschaffen, das es aber nun
zu erweitern gilt. Falls auf diesem Wege die erforderliche
Kapazitätssteigerung auch nicht restlos zu erreichen ist, muß
nach neuen Wegen gesucht werden. Dabei wird die Schaffung
weiterer Berufsbildungsstätten, insbesondere betrieblicher Art,

eine maßgebliche Rolle spielen. Es ist allerdings nicht
klar, wie die Industrie auf die dadurch erneut in ver-
stärkter Form auf sie zukommende Frage der Kostenübernahme
reagiert.

Wie auch immer die Lösung der quantitativen Frage aussehen
mag, abschließend kann festgestellt werden, daß der SENATI
alleine nicht in der Lage ist, mit den ihm zur Verfügung
stehenden Mitteln die im industriellen Sektor erforderliche
größere Zahl von Lehrlingen auszubilden. Die Lösung dieses
Problems führt zu einer Kernfrage der industriellen Berufsbildungsreform: der Verbesserung ihrer Finanzierung.

Die qualitativen Maßnahmen betreffen vor allem die Schaffung
der von der Reform geforderten Berufsbilder. Die vom SENATI
hierfür in Angriff genommenen Maßnahmen sind erfolgver-
sprechend. Die bereits vorhandenen Berufsbildentwürfe müssen
weiterentwickelt und zur staatlichen Anerkennung gebracht
werden. Bei der Schaffung der Berufsbilder für alle im SENATI
ausgebildeten Berufe sind vor allem auch die noch gar nicht
entwickelten Berufe der Kleinindustrie zu berücksichtigen. Das
dürfte insgesamt eine nur langfristig zu erreichende Maßnahme
sein. Bei den Überlegungen wird die Strukturierung der Berufe
bzw. Berufsbilder, wie sie in dem für die Länder des Andenpaktes geschaffenen einheitlichen Berufsbild für Schweißer
gewählt wurde, Beachtung finden müssen. Die Einbeziehung der
Kleinindustrie verlangt ein flexibleres Spektrum von Ausbil-
dungsqualifikationen, als es der SENATI zur Zeit bereitzu-
stellen in der Lage ist. In diesem Zusammenhang dürfte allerdings auch der von ihm beabsichtigten Stufenausbildung eine
große Bedeutung zukommen.

Für die Lehrlingsausbildung in anderen als im industriellen
Sektor ist zu empfehlen, daß auf die seit seiner Gründung
entstandenen Erfahrungen des SENATI zurückgegriffen werden
sollte. Das gilt in erster Linie für den obligatorischen Abschluß von Lehrverträgen. Insgesamt wäre es bei der Vollendung
der Reformmaßnahmen zur beruflichen Bildung nur konsequent,

wenn Peru sich den insgesamt im industriellen Sektor entstandenen Sachverstand und die Erfahrungen dieses Sektors
zunutze machen würde. Das gilt in besonderem Maße für den
landwirtschaftlichen Sektor, in dem mit ca. 4o% der weitaus
größte Teil der Peruaner beschäftigt ist. Da dort die Kleinbetriebe überwiegen dürften, ist die Berufsbildung in erster
Linie in überbetrieblichen Berufsbildungsstätten, ähnlich
denen des SENATI, durchzuführen. Dabei kommt den auch vom
SENATI herangezogenen mobilen Berufsbildungsstätten besondere Bedeutung zu.

In Anbetracht der peruanischen Beschäftigungsstruktur ist es
überraschend, daß sich die Berufsbildung im industriellen
und nicht im landwirtschaftlichen Sektor besonders früh und
besonders weit entwickelt hat. Das hätte in der Form
geschehen können, wie es z.B. vom SENA in Kolumbien, der vor
dem SENATI gegründet wurde, realisiert worden ist. Dort sind
von Beginn an auch Ausbildungszentren für die Landwirtschaft
errichtet worden, in denen u.a. Lehrlinge in landwirtschaftlichen Berufen ausgebildet wurden bzw. werden. Der industriellen Entwicklung hat sich seit Beginn der Entwicklungshilfe in
den 5oer Jahren in Peru auch das Ausland angeschlossen. Es mag
sein, daß die Industrieländer bei der industriellen Berufsbildung überhaupt oder am besten in der Lage waren, entsprechende Einrichtungen und Fachleute zur Verfügung zu
stellen.

Dem für die Durchsetzung der Bildungsreform in erster Linie
verantwortlichen Bildungsministerium kommt künftig verstärkt
die Aufgabe zu, Gruppenegoismus und falschen Ehrgeiz aller
an der Diskussion beteiligten Stellen möglichst auszuschalten.
Das sollte jedoch auf keinen Fall durch vermehrten Zentralismus, dessen Abschaffung ja u.a. eine wichtige Reformforderung
ist, versucht werden. Sofern, wie in Peru, erwartet wird, daß
sich Berufsbildung vorwiegend außerschulisch vollziehen soll,
ist es entscheidend, daß die außerhalb des schulischen

Bereiches entwickelten Initiativen aufgegriffen werden.
Staatlicherseits müssen diese Initiativen gefördert und einvernehmlich in gesetzlichen Regelungen erfaßt werden. Es hat
keinen Sinn, anstatt eines solchen Vorgehens zentralistisch
zu verordnen, was die Betriebe zu tun oder zu lassen haben.
Für den Mißerfolg eines solchen Weges gibt es auch in Lateinamerika Beispiele. So sind z.b. in Argentinien seit etwa 1940
vom dortigen Bildungsministerium zentralistisch eingeleitete
Maßnahmen für eine stärkere Verlagerung der Berufsbildung in
die Betriebe vor allem deshalb fehlgeschlagen, weil die entsprechenden Regelungen so streng und so zahlreich und dadurch
unüberschaubar waren, daß die Betriebe sich völlig von der
ihnen zugedachten Aufgabe zurückgezogen haben.

Das Beispiel macht auf eine für die gesamte peruanische
Bildungsreform bestehende große Gefahr aufmerksam. Die Reform
darf sich nicht durch eine Flut von Gesetzen und Verordnungen
selbst ersticken!

Es ist in dieser Untersuchung bereits dargelegt worden, wie
außerordentlich groß und damit schwer überschaubar die Zahl
der Vorschriften für die Lehrlingsausbildung des SENATI ist,
der damit nur einen Teil der Berufsbildung eines Wirtschafts-
sektors abdeckt. Die Unüberschaubarkeit wird allerdings nicht
durch gesetzliche Vorschriften der Bildungsreform allein
verursacht. Dafür ist zu einem großen Teil auch der Planungs-
bereich des Landes verantwortlich, auf den noch gesondert
eingegangen wird. Für die Lehrlingsausbildung des industriellen
Sektors sind mindestens folgende zentralistische, d.h. von
Ministerien geschaffene, Rechtsgrundlagen maßgebend: Die
beiden die jeweilige Organisation und Verwaltung regelnden
Gesetze des Bildungs- und Industriesektors, das Bildungsgesetz,
die Verordnungen über die Berufsbildung und über die für die
Koordinierung der Berufsbildung zuständigen Stellen, der
ministerielle Beschluß über die Berufsbildungsstätten, das
Gesetz über die industrielle Lehrlingsausbildung und die Ver-
ordnung über die industrielle Lehrlingsausbildung in Zentren.
Von diesen acht Rechtsgrundlagen gelten drei allein  für den

industriellen Sektor. In Peru bestehen jedoch insgesamt
folgende 15 Sektoren, in denen für die Berufsbildung jeweils
folgende Ministerien zuständig sind (1). Das sind die
Ministerien für: Luftfahrt, Energie und Bergbau, Wirtschaft
und Finanzen, Industrie und Tourismus, Seeschiffahrt, Verteidigung, Fischereiwesen, Gesundheit, Arbeit, Verkehr und
Kommunikation, Wohnungsbau, Landwirtschaft, Handel sowie
das Innen- und Außenministerium.

Für den Fall, daß die Strukturierung der Rechtsgrundlagen,
wie sie für die Lehrlingsausbildung der Industrie besteht,
auch auf die übrigen Sektoren ausgedehnt würde, so wären
allein für die Regelungen der gesamten peruanischen Lehrlingsausbildung mindestens 45 spezifische Gesetze bzw. Verordnungen zu beachten. Für die Fortführung der Überlegungen
dieses Gliederungsprinzips sei nur noch daran erinnert, daß
die Lehrlingsausbildung lediglich eine von insgesamt fünf
Programmen der Berufsbildung und daß die Berufsbildung lediglich eine von acht Modalitäten des Bildungssystems ist.

Insgesamt bestehen für die Vollendung der Reformmaßnahmen
sehr konkrete Vorstellungen, auf die im Rahmen dieser Untersuchung nur am Rande eingegangen werden konnte. Dazu zählen
insbesondere die Vorschriften des letzten Abschnitts des
Bildungsgesetzes und der auf dieser Grundlage erarbeitete
Plan für die Umstellung des alten auf das neue Bildungssystem.
Dazu ist bereits gesagt worden, daß realistischen Schätzungen
zufolge mit dem Abschluß der Umstellung nicht vor 1985 gerechnet werden kann. Ob allerdings angesichts der sich ständig
verschlechternden wirtschaftlichen Lage des Landes der
Zeitpunkt 1985 einzuhalten ist, muß bezweifelt werden. Es

hat eher den Anschein, daß das gesamte Reformvorhaben, so
sehr es auch beeindrucken mag und so sehr es auch notwendig
war und ist, insgesamt jedoch zu weit gespannt wurde. Ein
geringerer Umfang hätte sich auf einer breiteren Diskussions-
basis wahrscheinlich zielstrebiger und früher realisieren
lassen. Daß die in die Reform gesetzten Erwartungen vermutlich nur zu einem Teil zu erfüllen sind, dafür sprechen
leider die sich ständig verschlechternde Lage des Landes und
die negativen Erfahrungen mit dem ersten Bildungsgesetz, das
nach immerhin ca. 30jähriger Gültigkeit auch nicht alle Erwartungen erfüllt hat. Auswirkungen von Bildungsreformen
können sich naturgemäß nur sehr langfristig zeigen. Wenn, wie
im Falle von Peru, erwartet wird, daß gerade die Bildungsreform
dem Land im Rahmen der Gesamtreform den notwendigen Fortschritt bringt, dann muß die Frage gestellt werden, ob diese
Erwartung nicht von vornherein zu hoch angesetzt ist. Bei
allem Respekt vor der zum Motto dieser Untersuchung gewählten
Meinung Fernando Romeros, daß die Bildung für ein unterentwickeltes Land alles ändern könne, ist zu fragen, ob es dazu
nicht doch vielleicht eher anderer Faktoren bedarf, die gar
nicht vom Bildungssystem eines Landes zu vertreten oder zu
beeinflussen sind.

Die hierfür in Frage kommenden Faktoren und die zwischen ihnen
bestehenden Zusammenhänge sind zahlreich und außerordentlich
komplex. Sie auch nur annähernd auszudiskutieren, würde den
Rahmen dieser Untersuchung, die diese Zielsetzung auch nicht
verfolgt, weit überschreiten.

Es ist insbesondere in diesem Zusammenhang die Frage zu stellen, wie sich denn die in dem Motto zum Ausdruck kommende mit
Bildung, insbesondere mit Berufsbildung, erhoffte Wirkung
einstellen soll, wenn die dafür erforderlichen Voraussetzungen
fehlen. Was nutzt es, qualifizierte ausgebildete Absolventen
des Bildungssystems, wie z.B. fähige Facharbeiter zur Verfügung zu stellen, wenn diesen die Möglichkeiten entsprechender
Beschäftigungen fehlen. Die Annahme, daß sich ein bestimmtes

Angebot des Bildungssystems ggf. gewissermaßen von selbst
Nachfrage im Beschäftigungssystem verschafft, gilt besten-
falls in wenigen sehr begrenzten Ausnahmefällen. Es kann
allerdings auf der anderen Seite auch nicht angenommen werden,
daß sich ein Land ohne ein gut funktionierendes Bildungssystem entwickeln kann. Dazu wird häufig in Lateinamerika
auf das sogenannte "Wirtschaftswunder" (milagro alemán)
der Bundesrepublik Deutschland hingewiesen. Es mag zutreffen,
daß die nach dem Kriege noch verbliebenen gut ausgebildeten
Fachkräfte maßgeblich zu der zügigen und vielbestaunten
Wiederbelebung beigetragen haben. Entscheidend dürfte jedoch
gewesen sein, daß sich die Bundesrepublik Deutschland unter
den Bedingungen einer freiheitlich-demokratischen Wirtschafts-
und Gesellschaftsordnung entwickeln konnte. Zum Vergleich
sei lediglich auf die DDR hingewiesen, wo anfangs die gleiche
Situation hinsichtlich der noch vorhandenen Arbeitskräfte
bestanden hat.

Der Stellenwert, der dem Faktor Bildung im Gesamtkontext
der Entwicklung eines Landes zukommt, ist sicher hoch. Folgerichtig hat Peru, ebenso wie viele andere Entwicklungsländer,
begonnen, diesen Bereich vorrangig auszubauen.

## 8.2 Bedeutung der Reform für die Pädagogik in der Dritten Welt

Hier ist vor allem die Frage zu beantworten, ob und ggfs.
welche Bedeutung die peruanische Bildungsreform für die
Pädagogik der Länder der Dritten Welt hat. Dabei dürfte es
für diese Länder interessant sein, zu sehen, ob die Reform
durch die Interaktionen aus Bildungs- und Beschäftigungssystem
ausgelöst wurde, oder ob dafür weitere oder andere Faktoren
maßgeblich waren.

Für den Zusammenhang mit anderen Entwicklungsländern ist
bereits gesagt worden (vgl. 5.1.1), daß vermutlich auch dort
Bildungsreformen umfassenden Ausmaßes notwendig sind, kann
doch anders eine Adoption gewandelter Verhältnisse und
Bedingungen nicht erfolgen. Soweit diese anderen Länder dem

peruanischen Beispiel dabei folgen wollen und können, dürfte
es für sie lohnend sein, sich mit allen Einzelheiten der
peruanischen Reform aber auch den Voraussetzungen ihres
Zustandekommens auseinanderzusetzen.

Wenn diese Länder dem peruanischen Beispiel folgen, so bedeutet
das die Bemühung um ein Bildungssystem, das den speziellen
Verhältnissen angepaßt ist und sich nicht an ein System an-
lehnt, das in einem ganz anderen Gesellschafts- und Kulturkreis
entstand und dort Gültigkeit hat, wobei es häufig auch dort
noch nicht einmal unangefochten ist. Es ist dabei unerheblich,
ob die Neuerungen, wie im Falle Perus, weitestgehend allein
und aus eigener Kraft, also ohne ausländische Einwirkung oder
mit einer solchen, konzipiert werden. Die Hinzuziehung fremder
Unterstützung kann sich auch hilfreich auswirken, wenn sie
wissenschaftlich kompetent und interessenfrei gewonnen werden
kann und von den Bedürfnissen des Landes allein bestimmt ist.
Auch, oder vielleicht gerade, können hierzu aus Industrieländern
wichtige Anstöße ausgehen.

Problematisch erscheint es dagegen, die Bedingungen - vor allem
in rechtlicher Hinsicht - zu schaffen, die eine Bildungsreform
umfassenden Ausmaßes überhaupt erst möglich machen. Das wird
in den Ländern am schwersten sein, wo die Gesetzgebung sich
im Rahmen einer freiheitlich-demokratischen Grundordnung, etwa
nach dem Beispiel westlicher Demokratien, vollzieht. Ganz
besonders problematisch und vielleicht sogar reformhindernd
wirkt sich in diesen Fällen das Fehlen eindeutiger parlamen-
tarischer Mehrheiten aus.

Bei der Darlegung der einzelnen Schritte dieser Untersuchung
ist bereits gesagt worden, daß demokratische Gesetzgebungsbedingungen, die ja in Peru nicht bestanden haben, naturgemäß
nur einen langwierigen Verlauf zulassen und oftmals sogar
den "großen Wurf" einer Reform überhaupt nicht möglich machen.

Der peruanische Ansatz, der die Erkenntnisse der internationalen reformpädagogischen Bewegung der ersten Jahrzehnte unseres Jahrhunderts aufgreift, nämlich durch die Arbeit und für die Arbeit zu erziehen, und die Arbeit als Möglichkeit der persönlichen Selbstverwirklichung zum allgemeinen Nutzen zu sehen, ist ebenso uneingeschränkt zu befürworten, wie die Absicht, Bildung auf eine humanistisch-demokratische Grundeinstellung und auf die Würde des Menschen abzustellen. "Erziehung kann und muß einen Beitrag dazu leisten, verkrustete Sozial- und Denkstrukturen aufzubrechen, Menschen zu mobilisieren und zu dynamisieren, Gruppen zu solidarisieren und staatsbürgerliches Bewußtsein zu schaffen. Maßnahmen im Erziehungssektor können nicht einseitig am wirtschaftlichen Wachstum orientiert sein, sie müssen immer auf ihre beabsichtigten sozialen Auswirkungen untersucht werden" (2).

Vor allem in der Einbeziehung der Arbeit, insbesondere der herkömmlicherweise verachteten Handarbeit, in die Bildungswerte und zugleich in die pädagogische Praxis, ist ein wertvoller Beitrag zu sehen, der vielfach verbreiteten Einstellung des sog. "white-collar-complex" entgegenzuwirken und eine allgemeine Volkserziehung in Gang zu setzen. Die zutiefst falsche Einstellung, daß man nämlich das, was - vor allem handwerklich - erlernt wurde, nach Abschluß der Ausbildung nicht mehr tun müsse, ist ein in allen Entwicklungsländern mehr oder weniger verbreitetes Grundübel. Die Absicht der peruanischen Reform, Berufsbildung vorwiegend außerschulisch durchzuführen, ist vor diesem Hintergrund folgerichtig und konsequent. Die Suche nach anderen als schulischen Lernorten, die zwar in der peruanischen Bildungsreform bei der Berufsbildung besonders deutlich, aber durchaus nicht auf diese beschränkt ist, gibt aus peruanischer Sicht eine Antwort auf die Frage von Günther Böhme, wie weit denn die Schule als Institution überhaupt zu helfen vermag (3): Um die Schule lagert sich ein Kranz vielfältiger pädagogischer Initiativen. Für Böhme ist Programm und Auftrag einer Alphabetisierung, einer allgemeinen Volksbildung und einer beruflichen Bildung fundamentale Dreiheit pädagogischer Aufgabenstellung der Länder der Dritten Welt.

Als kaum weniger wichtig stellt er die Erwachsenenbildung, Lehrerbildung und das Problem der Elitebildung heraus. Auch zu diesen in den Ländern der Dritten Welt anzugehenden Aufgaben bietet die peruanische Bildungsreform in allen Punkten bedenkenswerte Antwortbeiträge.

Die Ziele der vorliegenden Untersuchung aber sind auf die Berufsbildung, vor allem für die Industrie gerichtet. Die Ergebnisse stellen deshalb insbesondere einen Beitrag dar zu dem von Böhme im Anschluß an viele andere Aufträge dargelegten Auftrag einer beruflichen Bildung für die Pädagogik in den Ländern der Dritten Welt. Dazu ist im einzelnen ausgeführt, daß berufliche Bildung "sich als Hinführung zu einer gewandelten, einer technisierten Arbeitswelt begreift und den Menschen vertraut macht mit Arbeitsprozessen, die seinen bisherigen Erfahrungen konträr sind, ihrerseits Abhängigkeiten überwindend durch Ausgleich des Wissensrückstandes, aber auch durch die Befähigung, einen Arbeitsplatz im industriellen Bereich einnehmen zu können. Das bedingt eine systematische Arbeitserziehung, die sich keineswegs von selbst versteht. Sie fordert in aller Strenge Leistungen, deren bindender Wert nicht gering zu veranschlagen ist, die aber unabweislich den Menschen mit einem Netz von Verpflichtungen überwerfen, die das Pendant zu seiner Befreiung sind" (4).

Die Untersuchungsergebnisse stützen diese Ausführungen. Die Pädagogik und insbesondere ihr berufsbildender Teil wird sich in der Dritten Welt in vorstehend dargelegter Weise entwickeln bzw. weiterentwickeln. Bisher hat dort die berufliche Fortbildung der Erwachsenen, die bereits im Berufsleben stehen, im Sinne einer Anpassungsfortbildung im Vordergrund gestanden. Für diese war und ist das von Böhme genannte "Netz von Verpflichtungen" täglich erlebte Realität. Anders jedoch wird die Jugend reagieren, deren Erstausbildung zunehmend an Bedeutung gewinnt. Es erscheint dem Außenstehenden, insbesondere dem europäischen Betrachter fremd zu sehen, daß Jugendliche anderer Rassen, denen eine industrielle Umwelt

bislang völlig fremd war, die gleichen Lernprozesse mit den
gleichen Ergebnissen abschließen wie ihre Zeitgenossen in
hochindustrialisierten Ländern. Zu ihrer Befähigung, einen
Arbeitsplatz einzunehmen, zählt keineswegs nur die Beherrschung
bestimmter Fertigkeiten und Kenntnisse. Ihnen Einstellungen
und Verhaltensweisen wie Arbeitsethos, Pünktlichkeit, Selbstdisziplin, Zuverlässigkeit, Gründlichkeit, Verantwortungsbewußtsein oder Qualitätsstreben zur Selbstverständlichkeit
werden zu lassen, ist neben der Vermittlung von Fertigkeiten
und Kenntnissen häufig der pädagogisch anspruchsvollere Teil
der Ausbildung. Zur Erreichung auch dieser Ausbildungsziele
werden sich Methoden und Maßnahmen entwickeln, die nicht zum
landläufigen Werkzeug erzieherischer Maßnahmen in Industrieländern zählen.

Ein Problem besonderer Art besteht in der harmonischen Eingliederung der jungen, neuausgebildeten Facharbeiter in die
betriebliche Gemeinschaft. Häufig verfügen diese über einen
erheblich höheren Ausbildungsstand als ältere mit bereits
mehrjähriger Betriebszugehörigkeit. In Extremfällen sind junge
Facharbeiter sogar älteren Vorarbeitern fachlich überlegen.
Dieser Problembereich löst sich in Peru nur im Laufe der Zeit
in dem Maße, wie die älteren Arbeitskräfte ihren Ausbildungs-
rückstand aufholen oder aus dem Arbeitsleben ausscheiden.
Berufliche Fortbildung, die das Aufholen eines Ausbildungs-
rückstandes ermöglichen muß, gewinnt aus dieser Sicht besondere
Bedeutung.

Wird auch gemeinhin von der Befähigung, einen Arbeitsplatz
im industriellen Bereich einnehmen zu können, gesprochen, so
ist das natürlich nicht so zu verstehen, daß alle Anstrengungen
auf den Industriebereich allein zu beschränken sind. Diese
Untersuchung zeigt ja gerade, daß auch die handwerklichen
Kleinbetriebe einbezogen werden müssen. Darüber hinaus gelten
die peruanischen Anstrengungen auch allen anderen Sektoren,
insbesondere der Landwirtschaft. Auch andere Entwicklungsländer
sollten sehen, daß es offenbar zunehmend zweifelhafter wird,

sich auf den alleinigen Weg einer Industrialisierung zu
begeben und sich um eine breitere ökonomische Fundierung
bemühen mitsamt allen Konsequenzen für die Berufsbildung.
"Wenn wir beobachten, wie die Industrialisierung zur Ballung
von Menschen in städtischen Elendsgebieten führt, wie sie
Familien und alte dörfliche Strukturen mit jahrhundertealten
sozialen Mechanismen zerreißt, wie schwer es ist, bei der
rapiden Verstädterung neue soziale Strukturen zu schaffen,
die den Menschen eine ökonomische Basis und eine neue emotio-
nale Heimat geben, wie unendlich mühsam es ist, Menschen den
Selbsthilfegedanken nahezubringen, die durch feudale Herr-
schaftssysteme über viele Generationen hin geprägt wurden,
müssen wir zweifeln, ob wir schon die Instrumente gefunden
haben, diese Probleme zu meistern... Wir helfen soziale
Prozesse in Gang zu setzen, deren Richtung und Ende wir mit
unserer beschränkten Erfahrung nicht sicher abschätzen können.
Dies sind ungelöste Probleme von ungeheurem Ausmaß. Wir wissen
nicht, ob wir Zauberlehrling sind oder -meister. Weil wir um
das richtige "Wie" und das "Wozu" der Entwicklung so wenig
wissen, dürfen wir uns nicht an einem Konzept allein orientieren und nur auf einem Pfad bewegen ... Grundkonsens sehe ich
im zentralen Anliegen der Entwicklungspolitik, den Menschen
in der Dritten Welt zu helfen, besser zu leben, nach ihren
Interessen und ihren Wertentscheidungen" (5).

Diese Ausführungen, die den Rahmen für einen pädagogischen
Ansatz abstecken können, zeigen deutlich, wie sehr in der
Auseinandersetzung mit den Problemen der Entwicklungsländer
noch nach dauerhaften Zielen für ein Gesamtkonzept gesucht
wird. In Anbetracht dieser Situation konnte nicht anders
erwartet werden, als daß die von Böhme gemachten Bemerkungen
auch eher fragend als antwortend zu sehen sind, weshalb er
ja auch ausführt, daß "das meiste hier Vorgebrachte nur Frage
war, begleitet von einigen zögernden Antworten, aus denen
sich manche Wegmarken herausheben sollten, um den Gang einer
Pädagogik der Dritten Welt in einem ersten Versuch zu markie-
ren" (6). Immerhin lassen sich manche Antworten aus der peruanischen Reform ablesen.

Zusammengefaßt läßt sich also feststellen, daß die Bedeutung
der peruanischen Bildungsreform vor allem in den ihr zugrundeliegenden Prinzipien, in der Ausgestaltung der einzelnen Bildungsbereiche und in ihrer Geschlossenheit liegt. Andere Entwicklungsländer könnten die peruanischen Ansätze als Ent-
scheidungshilfen in ihre eigenen Überlegungen einbeziehen.

Für andere Entwicklungsländer muß freilich auf eine Eigenart
der peruanischen Bildungsreform besonders hingewiesen werden,
die im Zusammenhang mit den reformauslösenden Faktoren steht,
und deren Problematik die Bildungsreform zwar nur in ihrem
Umfeld berührt, die aber von so gravierender Bedeutung ist,
daß auf sie näher eingegangen werden muß: Das sind die eigen-
tümlichen Interaktionen aus Bildungs- und Beschäftigungssystem.

Zur Frage nach den auslösenden Faktoren der peruanischen
Bildungsreform sind bereits an früherer Stelle Ausführungen
gemacht worden (vgl. 5.1). Im wesentlichen waren das der
Zustand Perus als unterentwickeltes und abhängiges Land
sowie die ungleichgewichtige Verteilung der Besitz- und
Machtverhältnisse. Die Interaktionen aus Bildungs- und
Beschäftigungssystem im allgemeinen haben denn auch ohne
Zweifel in Peru einen starken Anstoß zu den Änderungen gegeben.
Sie waren aber letztlich nicht allein ausschlaggebend. Dafür
waren noch weitere Faktoren, insbesondere die soziale und
regionale Unausgewogenheit des Bildungssystems, maßgebend.

Obwohl das Bildungsgesetz selber vor allem die Befreiung des
peruanischen Menschen aus Unterdrückung und Abhängigkeit zum
Ziele hat, wird die Bildungsreform im weiteren Sinne, insbesondere vom Arbeitsministerium, jedoch auch als ein direkter
Beitrag zu einem insgesamt effektiveren Funktionieren der
einzelnen Wirtschaftsbereiche gesehen. In diesem Sinne werden
die Maßnahmen für das Bildungssystem in direkten Zusammenhang
mit den für die Wirtschaftsentwicklung maßgebenden Planungen
gestellt. In Peru besteht ganz offensichtlich, allerdings

nicht erst seit der Bildungsreform, die Auffassung, daß
sich das Bildungssystem weitgehend nach den Vorgaben des
Beschäftigungssystems zu richten habe; dem Beschäftigungssystem also wird Vorrang eingeräumt. Davon zeugt u.a. die
große Zahl von Entwicklungsplänen insbesondere des nationalen
Planungsinstituts. Der beruflichen Bildung, die auch in Peru
den größten Teil der Beschäftigten dem Beschäftigungssystem
unmittelbar zuführen soll, wird mit Artikel 216 des Bildungsgesetzes zur Auflage gemacht, daß an der Erarbeitung ihrer
Regelungen das Arbeitsministerium in besonderer Weise zu
beteiligen ist ("participación especial").

Die vorstehend dargelegte peruanische Auffassung, die dort ja
nicht erst seit der Revolution von 1968 vertreten wird, ist
keine Besonderheit dieses Landes. In Entwicklungsländern allgemein scheint der Ansatz zu lauten, daß das erwünschte Wachstum
der Volkswirtschaft am Engpaß von qualifizierten Arbeitskräften
scheitern könnte oder zumindest durch das Ausbautempo des
Bildungswesens begrenzt ist.

Es ist in dieser Untersuchung auf die Problematik einer
solchen Sichtweise mehrfach hingewiesen worden. Sie ist
für andere Entwicklungsländer im Zusammenhang mit der Bedeutung der peruanischen Bildungsreform von so grundlegender
Bedeutung für jedes Bildungssystem, daß die Interaktionen
näher betrachtet werden müssen. Die Betrachtung geschieht
vor allem aber auch deshalb, weil diese Problematik auch in
der Bundesrepublik Deutschland in letzter Zeit außerordentlich
lebhaft diskutiert worden ist und noch wird.

Bei der z.Z. in Vorbereitung befindlichen Fortschreibung des
Bildungsgesamtplans von 1973, in dem sich Bund und Länder auf
die gemeinsamen bildungspolitischen Maßnahmen einigen, wird
die Abstimmung von Bildungs- und Beschäftigungssystem zur
zentralen Aufgabe einer Industriegesellschaft erhoben (7).

Es heißt dort weiter, daß die nach Art, Umfang und Anspruchs-
höhe große Vielfalt der vom Bildungssystem zur Verfügung gestellten Qualifikationen nicht immer den Bedürfnissen des
Arbeitsmarktes entspricht. Dies tun sie weder gegenwärtig
noch im Hinblick auf die in Zukunft zu erwartenden Bedürfnisse und Möglichkeiten des Arbeitsmarktes. Es wird festgestellt, daß Arbeitsinhalte, Arbeitsbedingungen und Qualifi-
kationserfordernisse einem ständigen Wandel unterworfen sind
und daß daraus nur die Konsequenz gezogen werden kann, daß die
einmal erworbene berufliche Qualifikation nicht mehr für die
Dauer eines Berufslebens ausreicht. Als Fazit wird festgestellt, daß eine vollständige Angleichung beider Systeme
nicht möglich ist. Es kommt vielmehr darauf an, wie schnell
und flexibel ein System auf Veränderungen im anderen reagieren und wie auf jedes der beiden Systeme eingewirkt werden
kann. Dirigistische Maßnahmen wären hierbei allerdings mit
unserer freiheitlichen Wirtschafts- und Gesellschaftsordnung
unvereinbar. Planwirtschaftliche Maßnahmen der Bedarfslenkung
sind im Bildungswesen noch eher abzulehnen als in anderen
Bereichen. "Noch weniger als eine zentrale Planung der Güterproduktion wäre eine Planwirtschaft mit Menschen vertretbar"(8).

In der Fortschreibung des Bildungsgesamtplans werden auch
folgende Probleme aufgeführt, die im Hinblick auf die Abstimmung mit dem Beschäftigungssystem bestehen.

Das Beschäftigungssystem unterliegt konjunkturellen und
strukturellen Veränderungen. Die jeweils aktuelle Wirtschafts-
lage bestimmt weitgehend die Nachfrage nach Arbeitskräften.
Genaue Planungsvorstellungen längerfristiger Art fehlen. Deshalb sind auch Prognosen über längerfristigen Bedarf an
Arbeitskräften nur bedingt möglich. Eine Ausnahme bilden z.T.
bestimmte Dienstleistungsbereiche, in denen es um die Versorgung der Bevölkerung mit bestimmten Dienstleistungen geht.
Das sind vor allem das Bildungswesen, das Gesundheitswesen,
die Rechtspflege u.ä. Bereiche der öffentlichen Hand. Längerfristige Prognosen sind hierbei jedoch an die politisch
gesetzten Annahmen gebunden.

Wenn die Eingangs- und Aufstiegschancen weniger von den einmal erworbenen Bildungsabschlüssen, sondern mehr von Leistung
und beruflicher Bewährung abhingen, dann würde sich der Über-
gang vom Bildungs- in das Beschäftigungssystem leichter vollziehen. Von besonderer Bedeutung für die bessere Abstimmung
ist aber vor allem, inwieweit das Beschäftigungssystem bei
der Gestaltung der Arbeitsplätze und bei der Nachfrage nach
Arbeitskräften flexibel auf das Qualifikationsangebot eingehen kann.

Nicht zuletzt muß auch der z.B. demographisch bedingte Anstieg
der Absolventenzahl des Bildungssystems gesehen werden, der
zusätzliche Beschäftigungsmöglichkeiten erfordert. Keineswegs
ist der öffentliche Dienst hierbei in der Lage, etwa durch eine
unangemessene Anhebung der Zahl der Planstellen, ausgleichend
zu wirken. Dessen Personalentwicklung hat sich ausschließlich
an den zu erfüllenden öffentlichen Aufgaben zu orientieren,
ihr sind naturgemäß finanzielle Grenzen gesetzt.

Im Bildungssystem besteht vor allem das Problem, daß die Auswirkungen dort langfristiger Natur sind. Die erworbenen
Fähigkeiten, Fertigkeiten und Kenntnisse sind die Grundlage
für das gesamte Erwerbsleben. Ihrer Einstellung auf kurzfristige
Entwicklungen im Beschäftigungssystem sind prinzipielle Grenzen
gesetzt. Außerdem dienen die vermittelten Qualifikationen nicht
nur der Vorbereitung auf die Berufs- und Arbeitswelt, sondern
zielen auch auf die Schaffung eines verantwortungsbewußten
mündigen Bürgers. Nicht zuletzt sind für das Bildungssystem
die durch die Verfassung gesetzten Grenzen zu sehen. Dazu
zählen vor allem das Recht auf freie Wahl von Ausbildungsstätte und Beruf. Allein schon dadurch wird eine staatliche
Bildungs- und Berufslenkung nach Bedarfsgesichtspunkten eingeschränkt. Einfluß kann jedoch vor allem durch Information und
Beratung ausgeübt werden. Allerdings können weder Anspruch auf
freie Berufswahl noch Information und Beratung durch staatliche
Stellen garantieren, daß aus einer erworbenen Qualifikation
bestimmte Ansprüche auf eine Beschäftigung sowie entsprechende

Einkünfte hergeleitet werden können. Für den engeren Bereich
der Berufsausbildung, insbesondere im Rahmen des dualen
Systems, ist zu sehen, daß ein ausreichendes Angebot an
Ausbildungsplätzen entscheidend von der Ausbildungsbereit-
schaft der Betriebe, auch über ihren eigenen absehbaren
Bedarf hinaus, abhängt.

Ansatzpunkte für eine bessere Abstimmung werden seitens des
Bildungssystems gesehen durch frühzeitige Vermittlung von
Kenntnissen über die Wirtschafts- und Arbeitswelt, eine angemessene berufliche Grundbildung, Berufsorientierung der
Hochschulstudiengänge, Berufsberatung und Angebote der Weiterbildung. Das Beschäftigungssystem kann vor allem durch ein
ausreichendes Angebot an Arbeitsplätzen zu einer besseren
Abstimmung beitragen. Dabei sollten die Chancen des einzelnen
mehr als bisher von Leistungen und beruflicher Bewährung abhängen.

Im Rahmen der Ausführungen der Bund-Länder-Kommission für
Bildungsplanung und Forschungsförderung zum Problem der
Abstimmung von Bildungs- und Beschäftigungssystem werden von
Reimut Jochimsen noch weitere Aspekte aufgegriffen (9). Er
führt aus, daß keine Regierung freiheitlich-demokratischer
Prägung bekannt ist, die eine Bedarfsplanung mit Anspruch auf
Vollzugsverbindlichkeit betreibt und an deren Ende eine
"1:1-Passung" steht, d.h. daß jeder für einen ganz bestimmten
Arbeitsplatz ausgebildet wird. Länder mit anderer Wertvor-
stellung der Gesellschaftsordnung, insbesondere kommunistisch
regierte Länder, beschränken sich in der Regel auf die Aufstellung von Plänen, die im Laufe des Planvollzugs ständig
revidiert werden müssen. Zu dieser Gruppe von Ländern zählt
auch das allerdings nicht kommunistische Peru. Jochimsen weist
ferner darauf hin, daß aus methodischen Erwägungen zu berücksichtigen ist, daß Prognosen über quantitative und qualitative
Bedarfsentwicklungen auch wegen einer Vielzahl statistischer
Probleme nur sehr eingeschränkt zum Maßstab für den Bildungsbereich gemacht werden können. Nach seinen Angaben versucht
die Bundesregierung im Rahmen ihrer verfassungsmäßigen

Zuständigkeiten vor allem durch folgende Maßnahmen zu einer
besseren Abstimmung von Bildungs- und Beschäftigungssystem
beizutragen: Ausprägung des Faches Arbeitslehre als haupt-
schultypisches Fach, Förderung von Modellversuchen zu doppelqualifizierenden Bildungsgängen und Beobachtung der Bedeutung
von Betriebspraktika sowohl im Sekundarbereich als auch im
Tertiärbereich als Ergänzung theoretischen Lernens. Seine
Ausführungen schließen mit der Feststellung, "daß das Bildungssystem nicht dem Beschäftigungssystem untergeordnet sein kann,
daß aber das Bildungssystem auch nicht völlig jenseits der
Anforderung des Beschäftigungssystems an einer sogenannten
zweckfreien Bildungsvermittlung arbeiten kann".

Zur Erhellung des Problemkreises tragen, um auf ein anderes
Beispiel zu verweisen, die Ausführungen von Laszlo Alex zum
Stellenwert der Bedarfsprognose für die Bildungsplanung bei (10)
In seinen Ausführungen setzt sich Alex auseinander mit den
Annahmen einer bedarfsorientierten Bildungsplanung. Dabei
kommt er zu dem Ergebnis, daß alle Prognosen über den Bedarf
an Arbeitskräften unterschiedlicher Qualifikationen nur bedingte Aussagen sind, d.h., daß es sich um Ergebnisse handelt,
die aufgrund von zuvor getroffenen Annahmen und Prämissen
zustandegekommen sind. Für ihn gibt es für den Bedarf
"keine singuläre Größe, sondern allenfalls einen Wahrschein-
lichkeitskorridor". Daran schließt sich als Fazit an, daß
wirtschaftliche und soziale Entwicklungen "keine quasinatur-
gesetzlich ablaufenden Prozesse" sind. "Ohne solche Wertungen
und Setzungen kann der Qualifikationsbedarf und können die
Anforderungen des Arbeitsmarktes an die Bildungspolitik nicht
prognostiziert werden. Diese Wertungsfragen sind der eigent-
liche Kern einer engeren Verbindung zwischen Bildungs- und
Beschäftigungspolitik". Auch Peru muß Aspekte seiner Reform
unter dieser Perspektive überdenken.

Natürlich soll und kann der Kreis derer, die sich in jüngster
Zeit zur Frage der Abstimmung von Bildungs- und Beschäftigungssystem geäußert haben, hier nicht annähernd erschöpfend in die
Betrachtungen einbezogen werden. Das wäre Aufgabe einer eigenständigen Untersuchung über Bildungsökonomie und Bildungsplanung im weiteren Sinne. In einer solchen Untersuchung
wären u.a. die Faktoren, die Veränderungen verursachen,
zunächst einmal festzustellen und zu bewerten. Auch die
Funktion der allgemein geforderten Flexibilität bedarf dabei
einer näheren Betrachtung. So sehr jeder in der Lage sein muß,
seine Qualifikation den sich verändernden Bedingungen anzu-
passen, um seine Arbeitsmarktchancen zu wahren, so ist doch
andererseits zu fragen, ob nicht durch Überbetonung von
flexibilitätsfördernden Qualifikationen die individuelle
und berufliche Identifikation verloren gehen könnte. Die
Grenzen von polyvalenten breiten Grundbildungen scheinen
nicht eindeutig bestimmbar zu sein. Es wird hingegen immer
wieder versucht, möglichst frühzeitig spezielles berufsbe-
zogenes Wissen zu vermitteln. Die Ergebnisse einer solchen
Untersuchung wären nicht zuletzt für Peru von großer Bedeutung.
Die dort in anderem Zusammenhang im Hinblick auf die zu lösenden Probleme sehr positiven Reformansätze drohen im Pseudo-
perfektionismus einer allgegenwärtigen Planung zu ersticken.
Dazu sind Beispiele im Rahmen dieser Untersuchung aufgezeigt
worden.

Bei einer erschöpfenden Darstellung von Planungen im Bildungsbereich müßte aber auch auf das Problem des Berufswechsels
eingegangen werden, der die Fragwürdigkeit planerischen Vorgehens im Bildungsbereich verstärkt unterstreicht. Was etwa
nutzt alle Planung, einmal angenommen sie wäre machbar, wenn,
wie in einer Untersuchung des Instituts für Arbeitsmarkt- und
Berufsforschung (IAB) nachgewiesen ist, kurze Zeit nach Ausbildungsabschluß nur noch ein kleiner Teil der Ausgebildeten
an den für sie ins Auge gefaßten Arbeitsplätzen tätig ist,
und wenn von denen, die die Stelle gewechselt haben, ein
großer Teil wenig, sehr wenig oder nichts von den Kenntnissen
und Fertigkeiten aus dem Abgangsberuf im neuen Beruf verwer-
ten konnte (11).

## 8.3 Vergleich mit der Bundesrepublik Deutschland

Es zählt zu den Zielen dieser Untersuchung, herauszufinden,
welche wesentlichen Unterschiede der peruanischen Bildungsreform, vor allem im engeren Untersuchungsbereich, im Vergleich zur Bundesrepublik Deutschland bestehen und was
vielleicht als übernehmenswert anzusehen ist.

Dafür ist zunächst einmal festzustellen, daß es in der
Bundesrepublik Deutschland ein dem peruanischen Bildungsgesetz von 1972 entsprechendes Gesetz nicht gibt. Das
peruanische Gesetz gilt für alle Bereiche des Bildungswesens
einheitlich für das ganze Land. Einer solchen Gesamtkonzeption, so übernehmenswert sie auch sein mag, sind in der Bundesrepublik Deutschland verfassungsmäßige Grenzen gesetzt.
Jedes der elf Bundesländer ist gemäß Artikel 30 des Grundgesetzes allein für sein eigenes Bildungssystem verantwortlich.
Die dem Bund überlassenen Kompetenzen für das Bildungswesen
sind dagegen sehr eingeschränkt. "Zu den für das Bildungswesen bedeutsamen Bundeskompetenzen gehören vor allem die
Gesetzgebungsbefugnisse des Bundes für die außerschulische
Berufsbildung nach Artikel 74 Nr. 11 (Recht der Wirtschaft)
und Nummer 12 (Arbeitsrecht) des Grundgesetzes, für die Rege-
lung der Ausbildungsbeihilfen nach Artikel 74 Nr. 13 des
Grundgesetzes und für Rahmenvorschriften über die allgemeinen
Grundsätze des Hochschulwesens nach Artikel 75 Nr. 1a des
Grundgesetzes. Nach Artikel 75 Nr. 1 des Grundgesetzes kann
der Bund Rahmenvorschriften über die Rechtsverhältnisse der
im öffentlichen Dienst der Länder, Gemeinden und anderen
Körperschaften des öffentlichen Rechtes stehenden Personen
erlassen und damit auch den Zugang zu Laufbahnen und zum
Vorbereitungsdienst für Beamte sowie dessen Dauer regeln" (12).

Die vorstehend dargelegten gesetzlichen Bundeszuständigkeiten
haben im Vergleich zu Peru in der Bundesrepublik Deutschland
anstatt zu einem alles umfassenden Gesetz zu mehreren einzelnen
Bundesgesetzen geführt. So bestehen z.B. bundesgesetzliche

Bestimmungen für einen Teil der schulischen Ausbildungsgänge
für Heilhilfsberufe, für die außerschulische berufliche Bildung und den Vorbereitungsdienst für den öffentlichen Dienst.
Ferner sind das Hochschulrahmengesetz, Fernunterrichtsschutz-
gesetz und das Bundesausbildungsförderungesetz zu erwähnen.
Für die außerschulische berufliche Bildung bestehen das
Berufsbildungsgesetz und das Ausbildungsplatzförderungsgesetz.
Mit dem Berufsbildungsgesetz hat der Bund eine umfassende
gesetzliche Regelung für die berufliche Fortbildung und
berufliche Umschulung geschaffen. Zusätzlich besteht für Teil-
bereiche die Handwerksordnung. Das Berufsbildungsgesetz enthält Ermächtigungen für den Erlaß von Rechtsverordnungen, insbesondere für die Ausbildung in Ausbildungsberufen (Ausbildungsordnungen). Bisher sind mehr als 70 Ausbildungsordnungen
erlassen worden. Ferner sind die Berufsgrundbildungsjahr- und
die Berufsfachschul-Anrechnungsverordnung zu erwähnen.

Eine Mitwirkung des Bundes bei Maßnahmen der Länder ist
ferner auf der Grundlage der Artikel 91a und b möglich für
die Bereiche des Aus- und Neubaus von Hochschulen sowie
bei Bildungsplanung und Forschungsförderung. Hervorzuheben
ist hierbei die auf der Grundlage von Artikel 91 b des
Grundgesetzes 1970 gegründete Bund-Länder-Kommission für
Bildungsplanung und Forschungsförderung und der von ihrer
Kommission verabschiedete Bildungsgesamtplan von 1973, an
dessen Fortschreibung zur Zeit gearbeitet wird.

Über diese gesetzlich verankerten Bundeszuständigkeiten
hinaus bestehen auf bestimmten Gebieten des Bildungswesens
noch eine Reihe von Vereinbarungen zwischen den Ländern mit
dem Ziel, eine einheitliche und abgestimmte Entwicklung
sicherzustellen. Mit dem gleichen Ziel wurden außerdem
Vereinbarungen zwischen dem Bund und den Ländern geschlossen.
Hervorzuheben ist hierbei das "Gemeinsame Ergebnisprotokoll
betr. das Verfahren bei der Abstimmung von Ausbildungsordnungen und Rahmenlehrplänen im Bereich der beruflichen

Bildung zwischen der Bundesregierung und den Kultusministern
(-senatoren) der Länder", mit dem die Abstimmung zwischen der
schulischen und betrieblichen Berufsbildung sichergestellt
werden soll.

Bei einer vergleichenden Betrachtung der Berufsausbildung ist
es interessant zu sehen, welche jeweils anderen Lösungsansätze zu den entsprechenden identischen Problemkreisen
gewählt wurden. Das gilt besonders für die Regelungen der
Lehrstellenbesetzung, die Berufsbilder, die Berufsgrund-
bildung und die Durchführung der außerschulischen Lehrlingsausbildung. Das gilt aber auch für die die Berufsbildung
tangierenden doppelprofilierenden Bildungsgänge.

Von diesen Beispielen werden für einen Vergleich nachfolgend
diejenigen ausgewählt, die auch in der Bundesrepublik Deutschland seit einiger Zeit häufig im Mittelpunkt der berufsbil-
dungspolitischen Diskussion stehen, die aber auch im Rahmen
der peruanischen Bildungsreform als vordringlich zu lösende
grundlegende Fragen anzusehen sind. Es handelt sich um die
Problemkreise der Lehrstellenbesetzung und der doppelprofilierenden Bildungsgänge. Die Entwicklung dieser Bildungsgänge
wird zudem u.a. auch deutscherseits mit der Entsendung von
Fachleuten nach Peru und durch entsprechende Lieferung von
Einrichtungen unterstützt.

Die Lehrstellenbesetzung bei der industriellen Berufsausbildung in Peru ist bereits ausführlich dargelegt worden
(vgl. 4.2.2, 4.2.4). Zusammengefaßt stellt sie sich wie
folgt dar: Auf der Grundlage der Planungsvorgaben für den
industriellen Sektor sind vom SENATI jährlich die Ausbildungsberufe, in denen auszubilden ist, und die Zahl der freien
Plätze neu festzulegen. Alle Betriebe des industriellen
Sektors können Bewerber für diese neuen Plätze melden. Jedoch
haben bei der Berücksichtigung die Meldungen der finanzierenden
Betriebe Vorrang. Das bedeutet, daß die Bewerber der nicht-
finanzierenden Betriebe erst berücksichtigt werden können,
wenn das Angebot der ersten Gruppe zu gering ist. Falls Bewerbungen nicht in insgesamt ausreichender Zahl eingehen,

sind die den SENATI finanzierenden Betriebe verpflichtet,
je 25 Beschäftigte einen Bewerber zu stellen. Falls von
der Möglichkeit einer "Pflichtbesetzung" Gebrauch gemacht
werden muß, kommt der SENATI den in die Pflicht genommenen
Betrieben jedoch insoweit entgegen, als er dann soweit wie
möglich nur in solchen Berufen ausbildet, die in einer Beziehung zu den jeweiligen Betrieben stehen.
Unbeschadet dieses Besetzungsverfahrens wird die endgültige
Entscheidung über eine Lehrstellenbesetzung zudem auch noch
vom Bestehen der bereits erläuterten obligatorischen Aufnahmeprüfung abhängig gemacht, die Kenntnisse und Fertigkeiten
entsprechend den Besonderheiten der einzelnen Berufsgruppen
zum Gegenstand hat (vgl. 4.2.2). Diese in vollem Einklang mit
dem Bildungsgesetz stehende Regelung überrascht angesichts der
sonst eher fortschrittlich erscheinenden Reformbestimmungen.
Sie ist aber in Anbetracht der peruanischen Situation gut zu
verstehen. Es ist in Peru jedenfalls noch lange nicht selbstverständlich, daß die Lehrstellenbewerber mit einer auch nur
annähernd gleichen und dazu auch noch ausreichend hohen Allgemeinbildung die Lehre beginnen.
Es ist jedoch unklar, wie denn den Forderungen der Bildungsreform zum Durchbruch verholfen werden soll, nach denen sich
die Reform an alle Mitglieder der Gemeinschaft richtet und
der Bildungsprozeß insgesamt allgemein als Recht und als
Pflicht begriffen wird. Es ist kaum anzunehmen, daß die
industrielle Lehrlingsausbildung hierbei eine Ausnahme machen
soll. Deren gesetzliche Regelungen stehen jedoch eindeutig
hinsichtlich der Lehrstellenbesetzung im Widerspruch zu den
Reformabsichten. Sofern diese jedoch auch in diesem Punkt
ernstgenommen werden soll, bleibt nur die Konsequenz, daß
die entsprechenden gesetzlichen Vorschriften der industriellen
Lehrlingsausbildung insoweit neu zu überdenken sind, daß
die Lehrstellenbesetzung nicht mehr vom Bestehen einer Aufnahmeprüfung abhängig gemacht wird.

In der Bundesrepublik Deutschland bestehen keine rechtlich
vorgeschriebenen Eingangsvoraussetzungen für den Eintritt in
eine Lehrlingsausbildung. Allerdings finden auch hier in
einzelnen Fällen Aufnahmeprüfungen statt, wenn die Zahl der

Bewerber die Zahl der freien Ausbildungsplätze z.B. eines
Betriebes übersteigt. Für die Steuerung der Lehrstellenbesetzung wird in der Bundesrepublik Deutschland von einem
grundsätzlich anderen Ansatz ausgegangen. Im Gegensatz zum
industriellen Sektor Perus, in dem die Ausbildungsplanung
Ausgangspunkt der Überlegungen ist, steht hier das Bemühen
im Mittelpunkt, möglichst allen entsprechenden Jugendlichen
eines Altersjahrgangs soweit wie möglich auch im gewünschten
Beruf einen Ausbildungsplatz zu verschaffen. Erst wenn das
Lehrstellenangebot die Lehrstellennachfrage um insgesamt
weniger als 12,5% übersteigt, können die Betriebe zu einer
Berufsbildungsabgabe gezwungen werden, die zur Schaffung von
zusätzlichen Ausbildungsplätzen genutzt wird.

Die bereits erwähnte peruanische Planungseuphorie stellt
somit zumindest einige grundlegende Zielsetzungen der Bildungsreform in Frage. Es führt zwangsläufig zu einem, vermutlich unlösbaren, Widerspruch, einerseits die Ausrichtung
des Bildungsgeschehens an den Planungsvorgaben des Beschäftigungssystems orientieren, andererseits aber Bildung und
Ausbildung als eine Pflicht und ein Recht für alle begreifen
zu wollen. Eine ähnliche Regelung für die Lehrstellenbesetzung
des industriellen Sektors in Peru wie sie in der Bundesrepublik
Deutschland besteht, wo keine Eingangsvoraussetzungen bestehen
und damit auch keine gesetzlich vorgeschriebene obligatorische
Aufnahmeprüfung zu bestehen ist, stünde jedenfalls nicht im
Widerspruch zur Bildungsreform. Daß eine solche gravierende
Änderung, die auch aus anderen Gründen notwendig erscheint, eine
Steigerung der Ausbildungsleistung erforderlich macht, liegt
auf der Hand. Es ist ebenso klar, daß damit auch aus dieser
Sicht die Erwartungsgrenzen der Reform schnell erreicht sind.

Nach der Bildungsreform ist vorgesehen, die zur Hochschulreife
führenden Bildungsgänge gemäß Artikel 123 des Bildungsgesetzes
mit folgender Zielsetzung zu vereinheitlichen: "Die in der
vorausgegangenen Stufe erworbene humanistische, wissenschaftliche und technische Bildung vor allem im Hinblick auf die
nationale Realität zu erweitern und zu vertiefen. Die Lernenden auf ihre Eingliederung in den Arbeitsmarkt durch eine

berufliche Bildung und sie außerdem auf ein verantwort-
liches Leben in Familie und Gemeinschaft vorzubereiten. Die
Bewußtseinsbildung im Hinblick auf solidarische und aktive
Beteiligung am Prozeß der strukturellen Umgestaltung der
peruanischen Gesellschaft zu fördern und sie zur Beteiligung
an Souveränität, Sicherheit und Verteidigung der Nation anzuregen. Die Lernenden unter Beachtung ihrer Veranlagungen bei
der Wahl ihrer beruflichen Orientierung zu beraten". Am Ende
der Bildungsgänge, die als erste Periode der höheren Bildung
durchgeführt werden, steht die Verleihung des sogenannten
Berufsabiturs. Diese Qualifikation enthält einen allgemeinbildenden Teil, nämlich die Hochschulreife, und einen im
Bildungsgesetz nicht näher gekennzeichneten berufsbildenden
Teil. Es heißt dazu in Artikel 131 lediglich, daß es ein
System "progressiver Zeugnisse" (certificaciones progresivas)
geben wird, das die Schüler in die Lage versetzt, bereits
vor Abschluß des Bildungsganges, d.h. vor Erreichung der
Hochschulreife, eine Arbeit aufzunehmen. Mit dieser Anlage
entsprechen die Bildungsgänge der ersten Periode der höheren
Bildung, die in der Regel in den ESEPs durchgeführt werden,
weitestgehend den in der Bundesrepublik Deutschland als
doppelprofilierend bzw. doppelqualifizierend bezeichneten
Bildungsgängen.

Für die deutschen Bildungsgänge gilt, daß sie nach den Erwartungen des ehemaligen Bundesausschusses für Berufsbildung
einen Beitrag leisten sollen zur Gleichwertigkeit von beruflicher und allgemeiner Bildung sowie zur Verbesserung der
horizontalen und vertikalen Durchlässigkeiten von Bildungsgängen und der Chancen benachteiligter Jugendlicher (13).
Zur Beschleunigung des Durchsetzungsprozesses solcher Bildungsgänge werden in der Bundesrepublik Deutschland im Rahmen
des Verfahrens der BLK Modellversuche gefördert, die sich vor
allem auf solche Bildungsgänge richten, die nicht nur auf
ein späteres Studium, sondern gleichzeitig auch auf einen

Einstieg in das Berufsleben ohne großen zeitlichen Verlust
vorbereiten. Sofern die beiden Abschlußqualifikationen, d.h.
sowohl der allgemeinbildende als auch der berufsbildende Teil,
offiziell anerkannt und voll anrechenbar sind, werden die
entsprechenden Bildungsgänge doppelqualifizierend genannt.
Sofern diese Kriterien für nur eine der beiden Qualifikationen zutreffen, werden die entsprechenden Bildungsgänge
doppelprofilierend genannt.

Im Falle der peruanischen ESEP-Bildungsgänge handelt es sich
danach eher um doppelprofilierende Bildungsgänge. An ihrem
Ende steht die allgemein anerkannte und anrechenbare Hoch-
schulreife als allgemeinbildender Abschluß und ein weder nach
Art noch Umfang näher gekennzeichneter berufsbildender
Abschluß.

Für die doppelqualifizierenden Bildungsgänge hat die BLK
folgende Kriterien festgelegt (14): "Der Bildungsgang soll
so ausgestaltet sein, daß sein Abschluß den Zugang zu einem
weiterführenden Bildungsgang eröffnet, aber auch eine Berufsqualifikation verleiht, von der im Beschäftigungssystem Gebrauch gemacht werden kann. Eine weitere Ausbildung zur Ausübung der beruflichen Qualifikation soll - von einer kurz
dauernden Einführung abgesehen - nicht erforderlich sein.
Die Diskrepanz im Niveau zwischen Studienqualifikation
und erworbener Berufsqualifikation darf nicht zu groß sein".

An der Entwicklung solchermaßen doppelprofilierter bzw.
doppelqualifizierter Bildungsgänge sind vor allem folgende
Schulformen beteiligt: Berufsschule, Berufsfachschule, Berufs-
aufbauschule, Fachoberschule, berufliches Gymnasium und
Gymnasium. Zur Erreichung der Doppelprofilierung bzw. der
Doppelqualifikation sind verschiedene Ausprägungsarten in
Entwicklung. Darunter befindet sich auch die nach dem
peruanischen Bildungsgesetz vorgesehene Kombination von Vermittlung der Hochschulreife und zusätzlicher berufsqualifizie-
render Fertigkeiten und Kenntnisse. Hierzu ist festzustellen,

daß damit in erster Linie eine Alternative zum Hochschul-
studium angestrebt wird. Die beruflichen Qualifikationen
liegen über den Facharbeiterqualifikationen etwa im Bereich
technischer, chemischer oder kaufmännischer Assistenten.
Der Bedarf des Beschäftigungssystems an solchen zur Verfügung gestellten Qualifikationen ist bislang keineswegs
gesichert. Er dürfte aller Voraussicht nach nicht sehr
groß sein. Besonders wird die ausschließlich in den Schulen
stattfindende fachpraktische Ausbildung als problematisch
angesehen. Bereits 1971 hat Günter Ploghaus darauf hingewiesen, daß es vor allem wegen des notwendigen fachpraktischen
Anteils unterschiedlich schwer sein dürfte, solche Bildungsgänge sinnvoll zu gestalten (15). Bei seinen Überlegungen
geht er von dem Mengenverhältnis von zu vermittelnder
Fachpraxis und berufsspezifischer Theorie eines bestimmten
Berufes einerseits und allgemeinen Bildungsinhalten andererseits aus. Nach seiner Ansicht ist ein doppelqualifizierender
Bildungsgang dann nicht mehr möglich, wenn die Menge der
Fachpraxis und der unmittelbar darauf bezogenen Theorie für
einen bestimmten Beruf die Menge der allgemeinen Bildungsinhalte übersteigt. Das ist eindeutig bei der Einbeziehung
der metallgewerblichen Ausbildungsberufe sowie bei den Berufen zwischen Fachschul- und Hochschulniveau der Fall. Eine
gute Realisierungschance solcher Bildungsgänge sieht er
jedoch bei Einbeziehung der geringer qualifizierten früheren
Anlernberufe und bei kaufmännisch-verwaltenden Berufen. Die
Einbeziehung aller anderen beruflichen Qualifikationen ist
problematisch.

Die neuen peruanischen Bildungsgänge zur Hochschulreife
haben sicher auch in Peru ihren berechtigten Platz im
Bildungssystem. Es soll jedoch vor allem darauf hingewiesen
werden, daß sie auf keinen Fall geeignet sind, den bestehenden
großen Facharbeitermangel zu beheben. Es ist dargelegt
worden (vgl. 5.2.3), daß auf alle Fälle vermieden werden
muß, sie etwa, wie das gelegentlich geschieht, der Berufsbildung zuzuordnen. Das ist vor allem aufgrund ihrer anderen

Ziele, Zugänge, Inhalte, Zeugnisse und Lernorte ausgeschlossen. Eine solche Zuordnung ist im Bildungsgesetz folgerichtig auch nicht enthalten. Sie werden bezeichnenderweise in Peru ja auch ausschließlich mit den ESEPs in einer Art beruflicher Gymnasien und nicht vorwiegend außerschulisch in Berufsbildungsstätten durchgeführt.

Abschließend soll noch ein kurzer vergleichender Hinweis auf die Vollständigkeit der geregelten Bereiche innerhalb der Rechtsvorschriften für beide Berufsbildungssysteme gegeben werden. Im Rahmen einer umfangreichen Vergleichsuntersuchung wäre es sicher auch von Bedeutung zu wissen, welche Sachverhalte staatlicherseits überhaupt als regelungsbedürftig angesehen werden und demzufolge auch in Gesetzen, Verordnungen und ähnlichen Rechtsgrundlagen ihren Niederschlag gefunden haben. Um nur einige Beispiele zu nennen, fällt auf, daß in den peruanischen Reformvorschriften zur beruflichen Bildung die äußerst wichtige Frage der Ausbilder und ihrer Ausbildung an keiner Stelle aufgegriffen wurde. Dafür wurde jedoch andererseits der Bereich der Koordinierung aller Maßnahmen mit sehr detaillierten Vorschriften geregelt. Obwohl die Ausbilderausbildung des industriellen Sektors bereits vor Inkrafttreten der Bildungsreform bestand, ist sie bis heute nicht rechtlich fixiert worden. Das dürfte kaum zufällig zustandegekommen sein. Es drängt sich eher die Vermutung auf, daß es einer noch zu schaffenden Art von "Muster zur rechtlichen Regelung der Berufsbildung" bedarf, an dem sich die gesetzgebenden Stellen, insbesondere die Bildungsministerien, orientieren können, wenn es darum geht, Berufsbildungssysteme rechtlich zu fixieren. Diese Frage soll und kann hier nicht vertieft werden. Die Schwierigkeit fängt bereits damit an, daß von Staat zu Staat andere, vor allem verfassungsmäßige, Voraussetzungen bestehen, die einer Befolgung oder Annäherung an ein existierendes Muster ggfs. Grenzen setzen. Trotzdem scheint für ein solches Muster zumindest in Lateinamerika

Bedarf zu bestehen. Bei CINTERFOR ist jedenfalls bereits
vor einigen Jahren in Erwägung gezogen worden, unter Heran-
ziehung der in Lateinamerika und den Kariben bestehenden
gesetzlichen Vorschriften zur Berufsbildung ein solches
Muster zu entwickeln. Es mag für die Bundesrepublik Deutschland interessant sein, daß in diesem Zusammenhang der Regierungsentwurf zu der im Bundesrat gescheiterten Novelle des
BBiG mit Spannung erwartet worden ist. Daß es stattdessen
nur zur Verabschiedung des Ausbildungsplatzförderungsgesetzes
kam, das nun zusammen mit dem BBiG von 1969 die außerschulische Berufsbildung gesetzlich regelt, ist in Lateinamerika
verschiedentlich mit Erstaunen und Bedauern zur Kenntnis
genommen worden.

Wenn abschließend die Frage beantwortet werden soll, was
vielleicht von den peruanischen Regelungen als übernehmenswert angesehen werden kann, so ist dazu zu sagen, daß die in
Peru entwickelten Lösungen durchaus für eine Übernahme in
anderen Ländern mit gleichem oder niedrigerem Entwicklungsstand ihrer Berufsbildungssysteme in Erwägung gezogen werden
können. Dazu zählen vor allem die Lösungen der industriellen
Berufsbildung in Zusammenhang mit dem Lehrvertrag, der beruflichen Grundbildung, dem abschnittsweisen Nachholen von Facharbeiterqualifikationen auf der Grundlage eines Kreditsystems
und der rechtlich nicht fixierten Ausbilderausbildung. Diese
Lösungen bestanden im industriellen Sektor auch schon vor
Inkrafttreten der Bildungsreform. Aus der Berufsbildungsreform
sind vor allem die Berufsbilder und die ebenfalls im Detail dargelegte teilweise Verlagerung der Berufsausbildung in die Betriebe oder in überbetriebliche Berufsbildungsstätten zu erwähnen. Einige dieser Lösungen brauchen einen Vergleich mit
den entsprechenden Regelungen in der Bundesrepublik Deutschland
durchaus nicht zu scheuen.

## 8.4 Ergebniszusammenfassung und Schlußfolgerungen

Im Zuge der Fortführung der Reformmaßnahmen der industriellen
Lehrlingsausbildung ist eine erhebliche Steigerung der Ausbildungskapazität insbesondere durch die im Gesetz über die
Lehrlingsausbildung vorgesehene vorwiegend im Betrieb mit
zwischengeschalteten Tagen in Zentren verlaufende Ausbildung
(Modalität "c") unumgänglich. Dabei sind die Ausbildungser-
fordernisse der Klein- und Mittelbetriebe unbedingt stärker
als bisher vor allem durch Schaffung angemessener Ausbildungsberufe einzubeziehen. Dabei müssen wohl auch die bisher nicht
für die Finanzierung herangezogenen kleineren Betriebe an
der Finanzierung beteiligt werden. Außerdem ist die Ausgaben-
einschränkung der Mittel für die finanzschwachen Regionen
des Landes zu ändern. Die Finanzierungsfrage zählt mit zu
den zu lösenden Fragen der industriellen Lehrlingsausbildung,
auch wenn zusätzlich zum SENATI weitere Berufsbildungsstätten
privater oder öffentlicher Art errichtet werden.

Zur Steigerung und Vereinheitlichung der Ausbildungsqualität
sind die vorhandenen Berufsbildentwürfe bis zur staatlichen
Anerkennung weiter zu entwickeln. Für die restlichen Ausbildungsberufe, einschließlich der noch für die kleineren
Betriebe zu schaffenden, sind die Berufsbilder baldmöglichst
in Angriff zu nehmen. Dabei erscheint eine ausschließlich
monoberufliche Strukturierung der Ausbildungsberufe mit
meist längerer Ausbildungsdauer als zu einseitig. Vor allem
die Klein- und Mittelbetriebe bedürfen eines flexibleren
Angebots von Abschlußqualifikationen mit teilweise auch
kürzeren Ausbildungszeiten und Spezialisierungen in den
Berufsbildern. In diesem Zusammenhang dürfte der im Ansatz
bereits vorhandenen Stufenausbildung eine große Bedeutung
zukommen. Diese Stufenausbildung sieht vor, daß nach erfolgreicher Prüfung in einem Grundberuf ein weiterer, unmittelbar darauf aufbauender Beruf erlernt werden kann. Für die
Elektrotechnik z.B. ist vorgesehen, daß nach der 15monatigen
Ausbildung zum Elektrogehilfen (Auxiliar de Electricista)
unmittelbar oder später die weitere 8monatige Ausbildung zum
Elektriker (Electricista) angeschlossen werden kann. Weitere
Aufbauberufe, wie z.B. Elektroniker, sind vorgesehen.

Über den engeren Untersuchungsbereich hinaus ist den
übrigen Sektoren zu empfehlen, sich die positiven Erfahrungen des industriellen Sektors, insbesondere des SENATI,
mehr als bisher zu eigen zu machen. Das gilt im Hinblick
auf eine Steigerung und Vereinheitlichung der Ausbildungsqualität ganz besonders für den obligatorischen Abschluß
von Lehrverträgen und die Schaffung von Berufsbildern. In
Anbetracht der Beschäftigungsstruktur erscheint eine ver-
stärkte Förderung des Ausbaus der Berufsbildung des landwirtschaftlichen Sektors als vorrangige Maßnahme. Dabei kann
ausländische Hilfe eine wertvolle Stütze sein.

Die Erreichung der Reformziele innerhalb der beruflichen
Bildung hängt entscheidend von der Mitwirkung aller beteiligten Stellen, vor allem aber von der Mitwirkung der Arbeit-
geber- und Arbeitnehmerorganisationen ab. Falls sich dabei
Abstimmungsschwierigkeiten zeigen sollten, wie sie sich auch
schon nach Inkrafttreten des ersten Bildungsgesetzes gezeigt
haben, sollte das Bildungsministerium diese nicht durch
dirigistischen Zentralismus auszuräumen versuchen. Die im
Sinne der Reform vorwiegend außerschulisch durchzuführende
Berufsbildung bedarf dringend der Eigeninitiative der Wirtschaft. Die dort sich zeigenden Ansätze sind staatlicherseits
aufzugreifen und einvernehmlich vor allem auch mit den
Arbeitgeber- und Arbeitnehmerorganisationen in gesetzliche
Regelungen umzusetzen.

Für die gesamte Bildungsreform besteht die Gefahr, daß sie
sich in einer Flut von Rechtsgrundlagen selbst erstickt,
wenn dem Gesetzgebungsbeispiel der industriellen Lehrlingsausbildung bei den übrigen Sektoren sowie den restlichen
Programmen der Berufsbildung und den Modalitäten des Bildungssystems gefolgt würde. Ein solches Vorgehen stünde
allerdings auch im Widerspruch zur Reformforderung nach
weniger Zentralismus.

Nach dem auf der Grundlage des Bildungsgesetzes erstellten
Umstellungsplan, der bereits mehrfach revidiert werden mußte,
kann nach realistischen Schätzungen mit dem Abschluß aller
Reformmaßnahmen nicht vor 1985 gerechnet werden. Allerdings
gerät auch dieser Zeitpunkt in Gefahr, wenn es nicht gelingt,
erheblich mehr finanzielle Mittel für die gesamte Bildungsreform zurVerfügung zu stellen. Ob das allerdings in Anbetracht der sich ständig verschlechternden wirtschaftlichen
Lage des Landes möglich ist, muß bezweifelt werden. Allem
Anschein nach ist die Reform insgesamt zu weit gespannt und
zu wenig mit den von ihr betroffenen Stellen diskutiert
worden. Die von den Reformern in sie gesetzten Erwartungen
dürften sich voraussichtlich nur zu einem Teil erfüllen.
Das liegt vor allem aber auch daran, daß die Auswirkungen
einer Bildungsreform sich erst sehr langfristig zeigen können.

Soweit andere Entwicklungsländer dem Beispiel der peruanischen
Bildungsreform folgen wollen und können, ist es für sie
lohnend, sich mit allen Einzelheiten der peruanischen Reform
aber auch den Voraussetzungen ihres Zustandekommens auseinanderzusetzen. Wenn dabei ausländische Hilfe hinzugezogen wird
- was keineswegs von Nachteil sein muß - sollte diese allerdings soweit wie möglich wissenschaftlich kompetent, interessenfrei und auf die Bedürfnisse des Landes allein gerichtet sein.
Die Bedingungen, vor allem rechtlicher Art, die Bildungsreformen umfassenden Ausmaßes möglich machen, sind mehr oder
weniger schwer zu schaffen. Sie sind vor allem dort außerordentlich schwer herzustellen, wo die Gesetzgebung sich im
Rahmen freiheitlich-demokratischer Grundordnung vollzieht und
wo dabei eindeutige parlamentarische Mehrheiten fehlen. Der
peruanische Ansatz hat die Erkenntnisse der internationalen
reformpädagogischen Bewegung aufgegriffen. Eine Erziehung
für die Arbeit und durch die Arbeit ist ebenso uneingeschränkt
zu befürworten, wie die Abstellung der Bildung auf eine
humanistisch-demokratische Grundeinstellung und auf die Würde
des Menschen. Vor allem jedoch zeigt die Einbeziehung der
Arbeit, die als Möglichkeit der persönlichen Selbstverwirklichung zum allgemeinen Nutzen gesehen wird, einen Ausweg aus
dem sog. "white-collar-complex", der mehr oder weniger deutlich

als Grundübel in allen Entwicklungsländern vorherrscht.
Die stärkere Einbeziehung außerschulischer Lernorte in die
Bildungsmaßnahmen ist die folgerichtige Konsequenz auf die
herkömmlicherweise verachtete Arbeit, insbesondere der Handarbeit. Die der peruanischen Bildungsreform zugrundeliegenden Prinzipien zählen insgesamt ebenso wie die
gesetzliche Ausgestaltung und Geschlossenheit der
ganzen Reform zu deren herausragender Bedeutung für
die Pädagogik in der Dritten Welt. Die Ergebnisse dieser
Untersuchung zeigen, daß sich Berufsbildung in der Dritten
Welt so entwickeln bzw. weiterentwickeln könnte, wie es insbesondere in dem von Günther Böhme aufgezeigten pädagogischen
Ansatz deutlich wird. Dabei dürfte die Erreichung von Einstellungen und Verhaltensweisen, wie sie in industrialisierten
Ländern selbstverständlich sind, häufig schwieriger als die
Vermittlung von Fertigkeiten und Kenntnissen sein.

Es muß von allen Seiten gesehen werden, daß es zunehmend
zweifelhafter wird, Entwicklungsländer auf den alleinigen Weg
einer Industrialisierung zu führen. Diese auch für den Ansatz
der Pädagogik in der Dritten Welt wichtige Frage ist einge-
bettet in die Gesamtproblematik der Auseinandersetzung mit den
Problemen der Entwicklungsländer. Ohne daß dafür ein Konzept
als das allein richtige vorliegt, besteht Grundkonsens lediglich darin, daß den Menschen in der Dritten Welt geholfen
werden muß, nach ihren Interessen und ihren Wertentscheidungen
besser zu leben.

Die peruanische Bildungsreform von 1972 ist nicht allein
durch die Interaktionen aus Bildungs- und Beschäftigungssystem ausgelöst worden. Dafür waren zahlreiche Mängel,
insbesondere jedoch die soziale und regionale Unausgewogenheit
des Bildungssystems maßgebend. Dennoch spielt diese für jedes
Bildungssystem wichtige Interaktion in Peru deshalb eine
überragende Rolle, weil dem Beschäftigungssystem der Vorrang
eingeräumt wird. Das Bildungssystem hat sich hinsichtlich

Art und Anzahl der von ihm zur Verfügung zu stellenden
Qualifikationen weitgehend nach den Planungsvorgaben des
nationalen Planungsinstituts und des Arbeitsministeriums
zu richten. Diese Auffassung besteht in Peru allerdings
nicht erst seit der Bildungsreform. Sie scheint grundsätzlich in allen Entwicklungsländern vorherrschend zu sein,
weil ihr die Annahme zugrundegelegt wird, daß das erwünschte
Wachstum der Volkswirtschaft am Engpaß qualifizierter Arbeitskräfte scheitern könnte.

Diese Sichtweise der Interaktionen zwischen Bildungs- und
Beschäftigungssystem läuft Gefahr, zu einseitig zu sein.
Die Diskussion um diese Fragen wird auch in der Bundesrepublik Deutschland geführt. Es dürfte sich letztlich um
eine Kernfrage eines jeden Bildungssystems überhaupt handeln.
Arbeitsinhalte, Arbeitsbedingungen und Qualifikationserforder-
nisse sind einem ständigen Wandel unterworfen. Planungsdaten
in diesem Bereich, die sich als Determinanten für das Bildungssystem eignen könnten, sind auch aus grundsätzlichen statistisch·
methodischen Gründen allenfalls als "Wahrscheinlichkeitskorri-
dor" anzusehen. Planwirtschaftliche Maßnahmen der Bedarfslenkung sind im Bildungsbereich aber auch deshalb noch eher
als in anderen Bereichen abzulehnen, weil dem einzelnen
staatlicherseits nicht zuletzt das Recht auf freie Wahl der
Ausbildungsstätte und des Berufes verfassungsmäßig garantiert
ist. Ansatzpunkte für eine Abstimmung beider Systeme sind vor
allem eine frühzeitige Heranführung aller Jugendlichen an
diese Fragen, die Vermittlung einer möglichst breiten Grundbildung, eine Berufsorientierung aller Bildungsgänge, Berufsberatung und Weiterbildungsangebote. Vor allem aber ist ein
ausreichendes Angebot von Ausbildungs- und Arbeitsplätzen von
ausschlaggebender Bedeutung. Selbst wenn es gelänge, bildungs-
planerisches Handeln sogar langfristigen Prognosen des Be-
schäftigungsbedarfs zu unterwerfen, und wenn verfassungsrechtliche Fragen keine Rolle spielten, so bliebe immer noch
die Antwort auf die Frage des Berufswechsels offen.

Ein dem peruanischen Bildungsgesetz von 1972 entsprechendes
Gesetz gibt es in der Bundesrepublik Deutschland nicht. Einer
solchen Gesamtkonzeption, so übernehmenswert sie auch sein
mag, sind hier verfassungsrechtliche Grenzen gesetzt. Für das
Bildungssystem hat der Bund nur wenige Kompetenzen. Dafür
sind jedoch die elf Bundesländer jeweils mit Kompetenzen für
ihre Bildungssysteme ausgestattet. Im Vergleich zu Peru
sind aufgrund der vorstehend dargelegten Kompetenzverteilung
in der Bundesrepublik Deutschland anstatt von einem alles
umfassenden Gesetz  mehrere einzelne Bundesgesetze geschaffen
worden, die jedoch nur für einen Teil aller Bildungsbereiche
gelten. Über die wenigen Bundeskompetenzen hinaus wird durch
Vereinbarung zwischen den Ländern sowie dem Bund und den
Ländern versucht, eine einheitliche und abgestimmte Entwicklung zu gewährleisten. In Anbetracht dieser unterschiedlichen
Ausgangslage, die noch durch völlig andere historische Entwicklungen sowie unterschiedliche Sozial- und Wirtschafts-
strukturen verstärkt wird, ist ein Vergleich der für beide
Bildungssysteme maßgeblichen Rechtsgrundlagen kaum möglich.

Dagegen können im Rahmen des engeren Untersuchungsbereiches,
d.h. bei der industriellen Lehrlingsausbildung, sehr wohl
vergleichbare Problembereiche und ihre Lösungen betrachtet
werden. Das gilt besonders bei den auch in der Bundesrepublik
Deutschland diskutierten Fragen zur Lehrstellenbesetzung und
zu den die Berufsbildung tangierenden doppelprofilierten bzw.
doppelqualifizierten Bildungsgängen.

Es zeigt sich, daß die Besetzung von Lehrstellen und die
Schaffung zusätzlicher Lehrstellen in Zeiten der Lehrstellen-
knappheit so, wie sie in der Bundesrepublik Deutschland

geregelt werden, auch den peruanischen Reformabsichten
gerecht würden. Die im industriellen Sektor Perus dafür auf
der Grundlage des Lehrlingsgesetzes getroffenen Regelungen
stehen eindeutig im Widerspruch zu den Zielen der Bildungsreform. Die Besetzung von Lehrstellen ist dort grundsätzlich
u.a. vom Bestehen einer Aufnahmeprüfung abhängig zu machen.
Das jedoch ist unvereinbar mit dem Reformziel, Bildung für
alle als Pflicht und als Recht zu begreifen. Dieser Widerspruch kann nur durch Änderung der betreffenden Vorschriften
des Lehrlingsgesetzes aufgelöst werden, sofern die Bildungsreform auch in diesem Punkt ernstgenommen werden soll. Dadurch wird jedoch eine, auch aus Gründen der Arbeitsmarkt-
nachfrage notwendige, erhebliche Steigerung der Ausbildungsleistung erforderlich.

Die nach der Bildungsreform im Rahmen der ersten Periode
der höheren Bildung geschaffenen Bildungsgänge zur Erlangung
der Hochschulreife werden überwiegend in schulischer Form
an den ESEPs durchgeführt. Sie vermitteln mit der Hochschulreife einen allgemeinbildenden Abschluß und zusätzlich einen
nicht näher gekennzeichneten beruflichen Abschluß. Sie entsprechen damit weitestgehend den auch in der Bundesrepublik
Deutschland bestehenden sog. doppelprofilierten bzw. doppelqualifizierten Bildungsgängen. Für sie kann gesagt werden,
daß sie weder eine nennenswerte Entlastung der Hochschule
bedeuten, noch helfen können, den Facharbeitermangel abzubauen. Das liegt vor allem auch daran, daß die Einrichtung
solcher Bildungsgänge vor grundsätzlichen Schwierigkeiten
stehen dürfte, die sich aus dem Mengenverhältnis der jeweils
zu vermittelnden Fachpraxis und berufsspezifischen Theorie
einerseits und allgemeiner Bildungsinhalte andererseits
erklären lassen. Diese Bildungsgänge erscheinen insbesondere
bei Einbeziehung von metallgewerblichen Ausbildungsberufen
nicht möglich. Hin-

gegen erscheint die Einbeziehung von geringer qualifizierten
Anlernberufen oder kaufmännisch-verwaltenden Berufe als
problemlos. Die Einbeziehung von anderen beruflichen
Qualifikationen ist dann problematisch, wenn die Summe der
zu vermittelnden Fachpraxis und Fachtheorie eines Berufes
die Summe allgemeiner Bildungsinhalte wesentlich übersteigt.

Eine abschließende Vergleichsüberlegung führt zur Frage der
Notwendigkeit eines Musters für die Schaffung von Rechtsgrundlagen zur beruflichen Bildung. Ein solches Muster
ist von CINTERFOR bereits vor längerer Zeit in Erwägung
gezogen worden. Damit soll keineswegs eine ohnehin nicht
zu erreichende Einheitlichkeit von Berufsbildungssystemen
angestrebt werden. Den Schöpfern solcher umfassenden Rechtsgrundlagen, insbesondere den Bildungsministerien, wäre aber
ein solches Muster hilfreich. Es mag für die Bundesrepublik
Deutschland interessant sein, daß dem Regierungsentwurf zum
novellierten Berufsbildungsgesetz von 1969 in diesem Zusammenhang mit großen Erwartungen entgegengesehen worden ist.
Möglicherweise hätte ein solches Muster dazu geführt, daß
die peruanischen Rechtsgrundlagen der Berufsbildungsreform
hinsichtlich Art und Umfang der geregelten Gegenstände aus-
gewogener geworden wäre. Es fällt jedenfalls auf, daß wichtige Fragen, wie z.B. die der Ausbilder, überhaupt nicht,
dagegen andere, wie z.B. die der Koordinierungen, außerordentlich umfangreich berücksichtigt worden sind.

Damit soll keineswegs Geringschätzung gegenüber diesen
Rechtsgrundlagen zum Ausdruck gebracht werden. Im Gegenteil
ist in diesem Zusammenhang zu sagen, daß viele Reformregelungen, insbesondere der industriellen Lehrlingsausbildung,
durchaus für eine Übernahme durch andere Länder mit ähnlichem
Entwicklungsstand ihrer Berufsbildungssysteme geeignet sind.
Einige dieser Regelungen brauchen einen Vergleich mit den

entsprechenden Regelungen in der Bundesrepublik Deutschland
keineswegs zu scheuen. Der Übernahme des Konzepts zur
Schaffung eines einheitlichen umfassenden Gesamtbildungs-
gesetzes sind in der Bundesrepublik Deutschland leider
verfassungsrechtliche Grenzen gesetzt.

# 9 Anhang

## 9.1 Quellenangaben und Anmerkungen

### Zu Ziffer 1

(1) Zur begrifflichen Klärung der "Länder der Dritten Welt" bzw. "Entwicklungsländer" vgl. Ziffer 2.1

(2) vgl. Helmut Nölker: Internationale Kooperation; in: Antonius Lipsmeier, Helmut Nölker und Eberhard Schoenfeldt (Hrsg.): Berufspädagogik; Stuttgart 1975, S. 37

(3) Mit Band 46 der Schriften zur Berufsbildungsforschung des Bundesinstituts für Berufsbildung ist eine von Antonius Lipsmeier und Klaus Fraatz erstellte Übersicht "Dissertationen und Habilitationsschriften zu Themen der Berufsbildungsforschung und Berufspädagogik 1963 - 1972", die entsprechende Arbeiten der Bundesrepublik Deutschland und der Deutschen Demokratischen Republik enthält, veröffentlicht worden (Berlin 1977). Von den insgesamt 746 aufgeführten Untersuchungen entfallen lediglich 32 (4%) auf den Bereich der vergleichenden internationalen Berufs- und Wirtschaftspädagogik, wie aus der folgenden Tabelle über die Anzahl der Dissertationen und Habilitationsschriften nach Bereichen hervorgeht.

**Anzahl der Dissertationen und Habilitationsschriften nach Bereichen**

| Bereich | 1963 | 1964 | 1965 | 1966 | 1967 | 1968 | 1969 | 1970 | 1971 | 1972 | insgesamt |
|---|---|---|---|---|---|---|---|---|---|---|---|
| 1. Theorie/Methodologie | 6 | 10 | 13 | 10 | 7 | 10 | 11 | 6 | 3 | 7 | 83 |
| 2. Arbeitskräfte/Berufsbildungsforschung | 5 | 7 | 8 | 9 | 10 | 7 | 9 | 7 | 11 | 7 | 80 |
| 3. Berufliches Schulwesen | 2 | 7 | 5 | 8 | 4 | 4 | 6 | 5 | 7 | 4 | 52 |
| 4. Berufsbildungspolitik/-planung | 1 | 3 | 5 | 1 | 5 | 13 | 8 | 10 | 3 | 6 | 55 |
| 5. Curriculumforschung/Didaktik | 7 | 19 | 13 | 16 | 13 | 17 | 23 | 8 | 12 | 13 | 141 |
| 6. Medien-/Unterrichtsforschung | 1 | 1 | 2 | 2 | 5 | 2 | 3 | 1 | 2 | 5 | 24 |
| 7. Berufsorientierung/Berufswahl | 2 | 5 | 4 | 2 | 4 | 2 | 6 | 10 | 3 | 4 | 42 |
| 8. Erwachsenenbildung/Weiterbildung | 4 | 2 | 5 | 4 | 8 | 4 | 12 | 15 | 12 | 11 | 77 |
| 9. Lehrerbildung/Ausbilderausbildung | 0 | 0 | 1 | 1 | 4 | 2 | 1 | 1 | 4 | 4 | 18 |
| 10. Vergleichende Berufspädagogik | 4 | 1 | 2 | 4 | 2 | 4 | 3 | 5 | 3 | 4 | 32 |
| 11. Arbeitsförderung, Jugendrecht | 0 | 4 | 0 | 0 | 0 | 3 | 3 | 2 | 2 | 0 | 14 |
| 12. Soziologische, psychol., mediz. Aspekte der Berufsausbildung | 14 | 10 | 11 | 8 | 12 | 18 | 12 | 21 | 12 | 10 | 128 |
| Insgesamt | 46 | 69 | 69 | 65 | 74 | 86 | 97 | 91 | 74 | 75 | 746 |

Lediglich die Dissertation von Harald Goebel (Universität
Hamburg) von 1964 bezieht sich auf ein peruanisches Thema
(Arbeitsethos und Erziehung in den Entwicklungsländern.
Mit besonderer Berücksichtigung der Verhältnisse in Peru.
Ein Beitrag zur Arbeitspädagogik. 103 Seiten). Zu diesem
Zeitpunkt hatte allerdings die berufliche Bildung für die
Industrie noch gar nicht begonnen und der Revolutionspro-
zess zeichnete sich noch nicht einmal in Ansätzen ab.
In dem von der Deutschen Bibliothek, Frankfurt am Main,
herausgegebenen Hochschulschriftenverzeichnis, in dem die
ab 1971 dort eingegangenen deutschen (einschließlich DDR)
Dissertations- und Habilitationsschriften aufgeführt werden, sind ähnliche wie die vorliegende Untersuchung ebenfalls nicht enthalten. Ergebnislos blieb auch die Suche in
dem von der Dokumentationsstelle der Arbeitsgemeinschaft
Deutsche Lateinamerika-Forschung am Institut für Iberoamerika-Kunde in Hamburg herausgegebenen Verzeichnis der
neueren Lateinamerika-Forschung.

Außer der Prüfung dieser Verzeichnisse wurde noch bei den
nachfolgend aufgeführten Bibliotheken - ebenfalls ohne
positives Ergebnis - geprüft, ob außer Dissertationen
andere entsprechende Forschungsergebnisse vorhanden sind:
Bundesministerium für Bildung und Wissenschaft,
Bundesministerium für wirtschaftliche Zusammenarbeit,
Deutscher Bundestag, Bundesinstitut für Berufsbildung,
Deutsche Stiftung für Entwicklungsländer, Peruanische
Botschaft in der Bundesrepublik Deutschland.
Im Rahmen der Untersuchung wird noch näher eingegangen auf
die beiden peruanischen Dissertationen zur industriellen
Berufsbildung von Jesús Fernandez und Fernando Romero aus
den Jahren 1972 und 1948

(4) vgl. Johann-Wolfgang-Goethe-Universität, Kommentiertes
Vorlesungsverzeichnis des Fachbereiches 4 (Erziehungs-
wissenschaften); Frankfurt am Main, Sommersemester 1978,
S. 26

(5) vgl. Ernest Jouhy, Günther Böhme und Eckhard Deutscher:
Abhängigkeit und Aufbruch. Was soll Pädagogik in der
Dritten Welt? Frankfurt am Main 1978, S. 7 - 8
Es kommt in der Veröffentlichung zum Ausdruck, daß die
beiden Begriffe "Pädagogik der Dritten Welt" bzw.
"Pädagogik in der Dritten Welt" noch nicht abschließend
diskutiert worden sind. Da die entsprechende Studienrichtung an der Universität Frankfurt am Main "Pädagogik
in der Dritten Welt" benannt ist, wird diese Bezeichnung
für die Untersuchung einheitlich verwendet.

(6) vgl. Ernest Jouhy: Wider den Kulturimperialismus;
in: Jouhy, Böhme, Deutscher: Abhängigkeit ..., a.a.O.
(Anm. 5), S. 38

(7) vgl. Günther Böhme: Vorüberlegungen zu einer Pädagogik der
Dritten Welt; in: Jouhy, Böhme, Deutscher: Abhängigkeit ...,
a.a.O. (Anm. 5), S. 53

(8) Zur begrifflichen Klärung der "Industrie" sowie ihrer
Abgrenzung zum "Handwerk" vgl. Ziffer 2.4

(9) Hildegard Hamm-Brücher: Peru statuiert ein bildungspolitisches Exempel; in: Klaus Lefringhausen, Johannes Rau
und Heinz G. Schmidt (Hrsg.): Erziehung auf peruanisch.
Das Bildungsprogramm der Revolutions-Regierung; Wuppertal
1974, S. 9

(10) ebenda, S. 22

(11) vgl. Klaus Kümmel: Zur Genese des Berufsbildungsgesetzes;
in: Die Deutsche Berufs- und Fachschule, Heft 1; Wiesbaden
1978, S. 32

(12) Jouhy: Wider ..., a.a.O. (Anm. 6), S. 38

(13) vgl. Santiago Agudelo Mejía: Terminología Básica de la
Formación Profesional en América Latina. CINTERFOR (Hrsg.);
Montevideo 1978.
Im Vorwort kommt zum Ausdruck, daß sowohl der Autor als
auch CINTERFOR davon ausgehen, daß dieser ersten Auflage
weitere folgen, in denen die gegebenen Definitionen präzi-
siert und vervollständigt werden müssen. Aufgrund der einbe-
zogenen Quellenliteratur zur vorliegenden Terminologie kann
diese jedoch durchaus bereits als Entscheidungshilfe herangezogen werden.

- 233 -

## Zu Ziffer 2.1

(1) vgl. BMZ: Journalisten-Handbuch Entwicklungspolitik;
Bonn 1977, S. 142

(2) BMZ: Dritter Bericht zur Entwicklungspolitik der Bundesregierung; Bonn 1977, S. 46 - 47

(3) vgl. BMZ: Politik der Partner; Bonn 1977, S. 21

(4) ebenda, S. 21

(5) vgl. BMZ: Journalisten-Handbuch, (Anm.1), S. 146-147

(6) BMZ: Dritter Bericht ..., (Anm. 2), S. 91-122

(7) vgl. ebenda, S. 85

(8) Statistisches Bundesamt: Länderkurzbericht Peru,
Stuttgart 1977, S. 32

(9) ebenda S. 3

(10) vgl. Tageszeitung Generalanzeiger: Schwere Hungersnot in
Peru, Bonn, 18.8.1978. Es kommt zum Ausdruck, daß gemäß
der in Lima erscheinenden liberalen Zeitschrift "Oiga"
ein Landbewohner im Durchschnitt kaum mehr als 1500 Kalo-
rien pro Tag zu sich nimmt und daß für Tausende von
Peruanern eine Schüssel Haferflocken einzige Tages-
nahrung darstellt.

(11) vgl. Johann-Wolfgang-Goethe-Universität: Manuskript
eines Vortrags im Seminar "Erziehung zur industriellen
Arbeitseinstellung II", Frankfurt am Main, Wintersemester 1978/79

(12) BMZ: Dritter Bericht ..., a.a.O. (Anm. 2), S. 120 und 122

(13) Kurt H. Hendrikson: Analyse der sozio-ökonomischen Verhältnisse Perus. Gutachten im Auftrag des BMZ; Bonn 1971,
S. 38

Zu Ziffer 2.2

(1) vgl. Statistisches Bundesamt: Länderkurzbericht Peru;
Stuttgart 1977, S. 6

(2) vgl. Decreto Ley No. 17o63 (Estatuto del Gobierno
Revolucionario); Lima, 3.10.1968, Artikel 6

(3) vgl. Decreto Supremo No. 020-77-PM (Plan de Gobierno
"Tupac Amaru"); Lima, 4.10.1977, S. 10

(4) Johannes Schlootz: Die Reformpolitik der Regierung Velasco
und der Modellcharakter der nationalen Entwicklung Perus
für Lateinamerika, Stiftung Wissenschaft und Politik;
Eggenberg 1972, S. 22

(5) Statistisches Bundesamt: Länderkurzbericht Peru; Stuttgart 1977, S. 4

(6) vgl. Statistisches Bundesamt: Länderkurzbericht Peru;
Stuttgart 1974, S. 6

(7) vgl. Statistisches Bundesamt: Länderkurzbericht Peru;
Stuttgart 1977, S. 6

(8) Gonzalo D. Reparaz: Alle Landschaften dieser Erde;
in: Merian, Heft 12/30. Hamburg o.J., S. 19

(9) ebenda S. 21

(10) Statistisches Bundesamt: Länderkurzbericht Peru;
Stuttgart 1977, S. 13 - 14

(11) vgl. Fernando Fuenzalida: Poder, raza y étnica en el
Perú contemporaneo; in: Instituto Nacional de
Investigación y Desarrollo de la Educación (Hrsg.):
Realidad nacional; Lima 1974, S. 113

(12) vgl. Statistisches Bundesamt: Länderkurzbericht Peru;
Stuttgart 1977, S. 7

(13) Hendrikson: Analyse ..., a.a.O. (Anm. 13 zu Ziff. 2.1),S. 62
In den Erläuterungen zu den einzelnen Kulturen ist für die
urbane Kultur gesagt, daß die im Umkreis der größeren
peruanischen Städte in den Elendsvierteln lebenden Unter-
schichten keineswegs zu der urbanen Kultur zählen können,
da sie ihr unter dem Existenzminimum liegender Lebensstandard daran hindert, wenngleich dies das von ihnen

angestrebte Ziel ist. Es ist weiter gesagt, daß die in
den Statistiken als "urban" geführte Bevölkerung nur zu
einem kleinen Teil der urbanen Kultur zugerechnet werden
kann. Der größte Teil dieser Bevölkerung lebt nach wie
vor von der Landwirtschaft. Sie ist damit weit entfernt
von der sich in Peru immer mehr nach dem Vorbild moderner
Industriegesellschaften europäisch-US-amerikanischer
Prägung entwickelnder urbanen Kultur. Damit ist dieser
Teil der Bevölkerung nach der Auffassung von Hendrikson
auch noch weit entfernt von für eine Industriegesellschaft
so wichtigen Eigenschaften wie Selbstdisziplin, Pünktlichkeit, Zuverlässigkeit, Gründlichkeit, Qualitätsstreben usw.
Die Ergebnisse dieser Untersuchung zeigen treffend, daß
der Bildung für die Erreichung dieser von den Peruanern
als Ziel empfundenen urbanen Kultur eine große Bedeutung
zukommt.

(14) vgl. Statistisches Bundesamt: Länderkurzbericht Peru;
Stuttgart 1977, S. 7

(15) Fernando Ponce: La ciudad peruana; Lima 1975, S. 94

(16) vgl. BMZ: Länderhilfeprogramm Peru; Bonn Juli 1974, S. 2


Zu Ziffer 2.3

(1) Primer Ministro: Zensos nacionales VII de Población,
II de Vivienda; Lima Agosto 1974, S. 696-697

(2) ebenda S. XVI-XVII

(3) vgl. Ministerio de Trabajo: Situación ocupacional del Peru;
Lima, Marzo 1975, S. II - 1

(4) vgl. Albert Lauterbach: Beschäftigung und Arbeitslosigkeit
in Lateinamerika; in: Institut für Bildungs- und Entwicklungsforschung. Bulletin Nr. 16; Wien 1974, S. 29

(5) vgl. Ministerio de Trabajo: Situación ..., a.a.O. (Anm. 3),
S. I - 1/2

(6) ebenda S. I - 17

(7) ebenda S. II - 42

(8) ebenda S. II - 44/45

(9) ebenda S. II - 52

(10) ebenda S. IV - 2

(11) ebenda S. IV - 6

## Zu Ziffer 2.4

(1) Primer Ministro, Zensos ..., a.a.O. (Anm. 1 zu Ziff. 2.3), S. 670 - 673

(2) Mechthild Minkner: Kleinindustrie in Peru; Tübingen 1976, S. 2

(3) ebenda Anhang S. 6

(4) ebenda S. 67

(5) ebenda Anhang S. 7

(6) ebenda S. 33

(7) ebenda S. 3 - 4

(8) ebenda S. 40 - 43

(9) ebenda S. 70

(10) ebenda S. 110

(11) ebenda S. 138

(12) ebenda S. 184 - 190

(13) Statistisches Bundesamt: Länderkurzbericht Peru, Stuttgart 1977, S. 5

(14) vgl. Burkhard Wittek: Der Staatsstreich von 1968 in Peru. Seine Ursachen und seine Konsequenzen. Deutsche Ibero-Amerika-Stiftung (Hrsg.); Hamburg 1972, S. 10

(15) ebenda S. 13

(16) vgl. Tageszeitung Generalanzeiger: 2,5 Milliarden Arbeitsplätze zum Jahre 2000 benötigt; Bonn, 23.8.1978

(17) vgl. BMZ: Länderhilfeprogramm, a.a.O. (Anm. 16 zu
Ziff. 2.2), S. 66 - 67

(18) vgl. Hendrikson: Analyse ..., a.a.O. (Anm. 13 zu
Ziff. 2.1), S. 134 - 138

## Zu Ziffer 2.5

(1) vgl. Hendrikson: Analyse ..., a.a.O. (Anm. 13 zu
Ziff. 2.1), S. 51 - 53

(2) vgl. Forschungsinstitut der Friedrich-Ebert-Stiftung:
Peru. Gewerkschaften zwischen Tradition und Reform;
Bonn 1976, S. 3 - 9

(3) ebenda S. 11

(4) ebenda S. 12

(5) ebenda S. 27

(6) ebenda S. 17

## Zu Ziffer 3.1

(1) Mariátegui war Erziehungs- und Sozialwissenschaftler. Er
hat u.a. mit seinem Buch "Siete ensayos de una interpreta-
ción de la realidad peruana" (sieben Versuche, die peruanische Realität zu deuten) einen auch außerhalb Perus
vielbeachteten Beitrag zur Erhellung der peruanischen
Situation vor dem Machtwechsel von 1968 geleistet.

Haya de la Torre gründete 1924 die bis heute auf ihn
zugeschnittene Partei "Alianza Popular Revolucionaria
Americana-APRA". Zu den Zielen dieser Partei führt
Hans-Ulrich Reh aus (Anm. 9 zu Ziff. 5):"Die Doktrin
der APRA ist innerhalb des Marxismus eine neue und
methodische Konfrontierung der indoamerikanischen
ökonomischen Wirklichkeit mit den Grundlagen, die Marx
als Ergebnis der europäischen Lage zur Mitte des ver-
gangenen Jahrhunderts forderte". Reh führt weiter aus,
daß die für Peru so bedeutungsvolle Partei zwar die
Internationale als Parteihymne beibehalten, sich aber
immer mehr von einer einst marxistischen Partei wegent-
wickelt habe und heute bereits so heterogen ist, daß ihr

Spaltung und Zerfall droht. Für die für 1980 vorgesehenen Wahlen ist Haya de la Torre jedoch trotz
seines hohen Alters als Präsidentschaftskandidat der
APRA vorgesehen.

Im Gegensatz zu Mariátegui und Haya de la Torre ist Cueto
Fernandini weniger mit Veröffentlichungen grundsätzlicher
Art an die Peruaner herangetreten. Seine Bedeutung lag
mehr in der starken Einflußnahme, die er als Bildungsminister der Regierung Belaúnde ausüben konnte.

Anders ist das wieder bei Pinilla. Er veröffentlichte
vor allem in den 60er Jahren seine Beiträge, die den
Boden eines besseren Bildungssystems vorbereiten halfen.
Dafür sind vor allem zu nennen: "Educación para el
desarrollo nacional" (Bildung für den nationalen Fortschritt), "Trabajo y política laboral" (Arbeit und
Beschäftigungspolitik) sowie "El filósofo en la
sociedad actual" (Der Philosoph in der heutigen
Gesellschaft).

Fernando Romero kann als einer der Hauptinitiatoren zur
Schaffung der industriellen Berufsbildung gesehen werden.
Er war u.a. Rektor der Universität von Huamanga/Ayacucho,
Dekan der Erziehungswissenschaftlichen Fakultät der Universität "San Marcos" in Lima, der ältesten Universität
Südamerikas, Leiter der Abteilung "Technische Bildung"
im peruanischen Bildungsministerium und Gründungsdirektor
des SENATI. Mehrjährige Auslandstätigkeiten u.a. für
internationale Organisationen in USA und Europa erbrachten
den internationalen Vergleichsbezug seiner Bemühungen für
Peru, die er in einer großen Zahl von Veröffentlichungen
auch für die Allgemeinheit formulierte. Der Verfasser
hatte Gelegenheit, auch außerhalb seiner dienstlichen
Tätigkeit im SENATI (1966 - 1968, 1975 - 1976) mehrmals mit
Fernando  Romero die peruanische Berufsbildung allgemein
zu erörtern. Dabei wurde stets deutlich, daß Romero davon
ausgeht, daß Berufsbildung nicht nur qualitativ, sondern

auch quantitativ exakt dem Beschäftigungssystem angepaßt werden kann und muß. Er war u.a. maßgeblich daran
beteiligt, daß im peruanischen Bildungswesen die Gleich-
stellung der technischen Bildung mit den anderen Bil-
dungsformen erstmalig im Bildungsgesetz von 1941 festgelegt werden konnte. Dieses Gesetz hat leider niemals
die ihm zukommende Bedeutung erlangt.

(2) José Carlos Mariátegui, zitiert in: Jesús Fernandez
Carreño, Los Examenes de Admisión en el SENATI y el
Exito en la Formación Profesional del Aprendiz.
Tesis de grado. Universidad Nacional de San Marcos;
Lima 1972, S. 33

(3) Victor Raúl Haya de la Torre, zitiert in: Fernandez,
Los Examenes ..., a.a.O. S. 34

(4) Carlos Cueto Fernandini, zitiert in: Fernandez,
Los Examenes ..., a.a.O. S. 34

(5) Antonio Pinilla, zitiert in: Fernandez,
Los Examenes ..., a.a.O. S. 34

(6) Fernando Romero: Nuestro capital humano; Lima 1972, S. 46

(7) derselbe, Necesidades e Inversiones Educativas;
Lima 1972, S. 178

(8) derselbe, Trabajo y organización técnica-artística de
la producción industrial en el antiguo Perú. Tesis de
grado. Facultad de letras. Universidad Nacional Mayor
de San Marcos; Lima 1948, zitiert in: Romero: Nuestro ...,
a.a.O. (Anm. 6), S. 28

(9) Romero: Nuestro ..., a.a.O. (Anm. 6), S. 28 - 29

(10) derselbe, Evolución Industrial y Educación Técnica;
Lima 1951, S. 59 - 61

(11) Domingo Faustino Sarmiento, zitiert in: Romero: Evolución...
a.a.O. (Anm. 1o), S. 89

Die Schlacht von Ayacucho brachte dem spanischen Südamerika 1824 endgültig die Unabhängigkeit mit dem Sieg
der Truppen Simon Bolívars unter Führung des Generals
Sucre.

(12) vgl. Fernandez: Los Examenes ..., a.a.O. (Anm. 2), S. 29

(13) vgl. Carlos Cueto Fernandini: Prologo, in: Romero:
Evolución..., a.a.O. (Anm. 10), S. 11

(14) vgl. Fernandez: Los Examenes ..., a.a.O. (Anm. 2), S. 29

(15) vgl. Romero: Evolución ..., a.a.O. (Anm. 10), S. 17


Zu Ziffer 3.2.1 - 3.2.3

(1)  vgl. Ley No. 13771; Lima, 19.12.1961, Art. 1 u. 2
SENATI bedeutet neuerdings: Servicio Nacional de
Adiestramiento de Industria y Turismo.

(2)  SENATI: Folleto EL SENATI; Lima o.J. Deckblatt

(3)  vgl. Werner Knipschild: Peru, in: Institut für Ibero-
Amerikakunde (Hrsg.): Neue Wege der Berufsausbildung
in Lateinamerika; Hamburg 1969, S. 79

(4)  vgl. Romero: Nuestro ..., a.a.O. Anm. 6 zu Ziff. 3.1),
S. 140

(5)  ebenda S. 141

(6)  vgl. Fernandez: Los Examenes ..., a.a.O. Anm. 2 zu
Ziff. 3.1), S. 30

(7) vgl. Knipschild: Peru, a.a.O. (Anm. 3), S. 79 - 81

(8) vgl. Romero: Evolución ..., a.a.O. (Anm.10 zu Ziff. 3.1),
S. 10

(9) derselbe, Nuestro..., a.a.O. (Anm. 6 zu Ziff. 3.1), S. 288

(10) ebenda S. 285

(11) vgl. Fernandez: Los Examenes ..., a.a.O. (Anm. 2 zu Ziff.3.1),
S. 60

(12) vgl. CINTERFOR: Boletin Nr. 56; Montevideo 1978, S. 53

(13) vgl. SENATI: Informe No. AG/CE-2; Lima, 23.9.1975, S. 2 - 4

(14) SENATI: Que es el SENATI; Lima o.J. Rückseite

(15) vgl. SENATI: Memoria SENATI; Lima 1973 - 1974, S. 12

(16) vgl. Minkner: Kleinindustrie ..., a.a.O. (Anm. 2 zu Ziff. 2.4)
S. 187

(17) vgl. Periódico Opinion libre: La Empresa privada y la Ley
General de Educación; Lima, 31.3.1976, S. 11

(18) vgl. SENATI: Memoria ..., a.a.O. (Anm. 15), S. 51

(19) vgl. CINTERFOR: Cuadro comparativo; Montevideo 1976, S. 173.
Für eine Umrechnung ist für diesen Zeitraum ein Kurs von
1 US-Dollar für 65,85 Soles angegeben.

Zu Ziffer 3.2.4 und 3.2.5

(1) Fernando Romero: Prinzipien, Methoden und Techniken der
Lehr-, Vervollkommnungs- und Spezialkurse,welche in dem staatlichen Institut für Berufsausbildung (SENATI) abgehalten
werden (deutsche Übersetzung). SENATI (Hrsg.) Lima 1965,
S. 1 - 2

(2) ebenda S. 4

(3) ebenda S. 13

(4) SENATI: Folleto ..., a.a.O. (Anm. 2 zu Ziff. 3.2.1), S. 3

(5) vgl. Willi Maslankowski: Plan de trabajo. SENATI; Lima.
    28 de Octubre de 1975. Anexo b. Bei dem Plan handelt es
    sich um die üblicherweise zu Beginn eines Projektes der IAO
    zu erstellende beabsichtigte Vorgehensweise. Als Anlagen
    sind ihm vor allem solche Unterlagen beizufügen, die dem
    jeweiligen Regionalbüro der IAO und der Zentrale der IAO
    in Genf eine klare Vorstellung über die geplante Arbeits-
    weise vermitteln. Vor Absendung des Plans muß ihm die
    beratene Stelle, in diesem Falle der SENATI, zustimmen.

(6) vgl. SENATI: Mejores hombres para el desarrollo; Lima o.J.,
    S. 18

(7) vgl. SENATI: Que es ..., a.a.O. (Anm. 14 zu Ziff. 3.2.1),
    ohne Seite

(8) ebenda

(9) Fernando Romero: Die Schulungseinheit (deutsche Übersetzung).
    SENATI (Hrsg.); Lima 1965, S. 8

    Der Begriff Supervisor ist aus der englischen Sprache ent-
    nommen und entspricht im deutschen Sinne etwa einem Meister.
    Damit liegt er dicht bei den Funktionen eines capatáz. Wie
    dieser steht auch der supervisor zwischen der Betriebsleitung
    und dem ausführenden Arbeiter.

(10) ebenda S. 8 a

(11) vgl. SENATI: Que es ..., a.a.O. (Anm. 14 zu Ziff. 3.2.1)

(12) vgl. SENATI: Memoria, a.a.O. (Anm. 15 zu Ziff. 3.2.1), S.28

(13) vgl. SENATI: Carta Mensual; Lima Julio 1975

(14) dasselbe Octubre 1974

(15) vgl. SENATI: Instituto de formación y perfeccionamiento
     de instructores "Blaise Pascal"; Lima o.J.

(16) vgl. SENATI: Que es ..., a.a.O. (Anm. 14 zu Ziff. 3.2.1)

(17) vgl. SENATI: Carta mensual; Lima, Junio 1975

(18) Deutsch-peruanische Industrie- und Handelskammer:
Wirtschaftsnachrichten Nr. 17/75; Lima 1975, S. 10

(19) ebenda S. 5 und 7

(20) SENATI: Mejores hombres ..., a.a.O. (Anm. 6), S. 5

(21) ebenda S. 6

Zu Ziffer 4

(1) vgl. Decreto Ley No. 20151 (La nueva Ley de Aprendizaje);
Lima, 25.9.1973

(2) vgl. Decreto Supremo No. 012-74-IT/DS (Reglamento para el
Aprendizaje en Centros del Sector Industria y Turismo);
Lima, 7.5.1974

(3) SENATI: Modalidad "c" del Aprendizaje; Lima Febrero 1975,
anexo 6

(4) Maslankowski: Plan ..., a.a.O. (Anm. 5 zu Ziff. 3.2.4),
anexo b

(5) SENATI: Modalidad "c" ..., a.a.O. (Anm. 3), ohne Seite, Nr. 2

(6) Die gesetzliche Regelung für eine Verpflichtung der Industrie
zum Abschluß von Lehrverträgen hat in der Bundesrepublik
Deutschland eine direkte Parallele im Ausbildungsplatzförderungsgesetz (APLFG) von 1976. Das Ziel, unter bestimmten
ungünstigen Bedingungen die Betriebe zum Abschluß von Lehrverträgen zu zwingen, ist in beiden Fällen identisch.
Allerdings sind die dafür eingeschlagenen Wege insbesondere
deshalb unterschiedlich, weil in der Bundesrepublik Deutschland im Gegensatz zu Peru die Betriebe nicht nur den Lehrvertrag unterzeichnen, sondern auch selbst ausbilden.

(7) Gemäß Art. 17 des Gesetzes über die Lehrlingsausbildung
sind die Lehrlinge während der Vor-Ausbildung und der Ausbildung vom Militärdienst befreit und gehören zur Reserve.

(8) vgl. SENATI: Cuestionario de Examenes; Lima o.J.

(9) vgl. Berufsgrundbildungsjahr-Anrechnungs-Verordnung vom
7. Juli 1978. BGBl. I S. 1061 ff

(10) vgl. Fernandez: Los Examenes ..., a.a.O. (Anm. 2 zu Ziff. 3.1
     Cuadro No. 11

(11) ebenda S. 147-148, 153, 155-159

(12) ebenda S. 148, 153, 155 - 159

(13) ebenda S. 150 - 151, 155 - 159

(14) vgl. SENATI: Directiva para la Evaluación final del
     Aprendizaje; Lima Noviembre 1975


Zu Ziffer 5

(1) vgl. Ministerio de Educación: Decreto Ley No. 19326
    (Ley General de Educación); Lima 21 de Marzo de 1972.
    Exposición de motivos, S. 7

(2) vgl. Stefan A. Musto, Klaus Eßer und Peter Straumann:
    Die peruanische Erziehungsreform. Deutsches Institut für
    Entwicklungspolitik. (Hrsg.); Berlin 1974, S. 8-9

(3) Ministerio de Educación: Desarrollo de la Educación
    Peruana 1975 - 1977; Lima 1977, S. 7

(4) vgl. BMZ: Länderhilfeprogramm Peru. a.a.O. (Anm. 16 zu
    Ziff. 2.2), S. 84 - 85

(5) vgl. Ministerio de Educación: Reforma de la Educación
    peruana. Informe General; Lima 1970, S. 17-21

(6) vgl. Sociedad de Ingenieros del Peru: La Educación como
    instrumento de superación nacional; Lima, Mayo de 1961,
    S. 113 - 143

(7) Decreto Ley No. 17063 (Estatuto), a.a.O. (Anm.2 zu Ziff. 2.2)
    Art. 2

(8) vgl. Wittek: Der Staatsstreich ..., a.a.O. (Anm. 14 zu
    Ziff. 2.4), S. 17

(9) vgl. Hans-Ulrich Reh: Der Staatsstreich in Peru 1968.
    Ursachen und Konsequenzen; Mainz 1970, S. 7

(10) vgl. Wittek: Der Staatsstreich ..., a.a.O. (Anm. 14
     zu Ziff. 2.4), S. 20 - 21

(11) Juan Velasco Alvarado: zitiert in: Schlootz: Die Reform-
     politik, a.a.O. (Anm. 4 zu Ziff. 2.2), S. 20

(12) vgl. Schlootz: Die Reformpolitik, a.a.O. (Anm. 4 zu
     Ziff. 2.2), S. 33

(13) Juan Velasco Alvarado: zitiert in: Ministerio de Educación:
     Reforma..., a.a.O. (Anm. 5), Motto

(14) ebenda

(15) Alfredo Carpio Becerra: zitiert in: Lefringhausen, Rau,
     Schmidt: Erziehung ..., a.a.O. (Anm. 9 zu Ziff. 1),
     S. 23 - 24
     Sofern es sich bei der Aussage des Bildungsministers
     Becerra, daß nämlich um die Ausarbeitung des Bildungs-
     gesetzes alle Peruaner bemüht waren, nicht um einen
     Übersetzungsfehler handelt, muß diese Aussage Erstaunen
     auslösen. Es ist schon schwer vorstellbar, wie in einem
     kleinen Land, wie etwa die Schweiz, alle Bürger an der
     Schaffung eines Gesetzes mitwirken sollen und können. Die
     in Peru geübte Praxis, die Gesetze vor ihrem Erlaß in der
     Presse mit dem Aufruf zur Stellungnahme zu veröffentlichen,
     läßt jedenfalls zumindest diejenigen Peruaner außer Acht,
     die überhaupt nicht lesen können, was leider nicht wenige
     sind.

(16) ebenda S. 28 - 35

(17) vgl. Decreto Supremo No. 020-77-PM: Plan ..., a.a.O.
     (Anm. 3 zu Ziff. 2.2), S. 47 - 48

(18) vgl. Hamm-Brücher: Peru statuiert ..., a.a.O. (Anm. 9 zu
     Ziff. 1), S. 14 - 21. Und: Musto, Eßer, Straumann: Die
     peruanische ..., a.a.O. (Anm. 2), S. 22 - 27
     Besondere Beachtung verdient in beiden Veröffentlichungen
     die Frage der Übersetzung. Hildegard Hamm-Brücher hat dazu
     ausgeführt, daß dabei gelegentlich Schwierigkeiten aufge-
     treten sind. In der Veröffentlichung von Musto, Eßer,
     Straumann sind dazu keine Angaben gemacht worden. Daraus
     zu schließen, daß sich ihnen ähnliche Schwierigkeiten
     nicht gestellt haben, ist kaum möglich. So ist z.B. bei
     ihnen anstatt von Berufsbildung von "außerschulischer

Berufsausbildung" die Rede. Eine im Gegensatz dazu
stehende schulische Berufsausbildung existiert jedoch
im Gesetz nicht.

(19) Ministerio de Educación: Desarrollo ..., a.a.O. (Anm. 3),
S. 9

(20) vgl. Musto, Eßer, Straumann: Die peruanische ..., a.a.O.
(Anm. 2) S. 22

(21) Das als Anlage 28 beigefügte Schaubild "Estructura del
nuevo systema educativo" ist dem Verfasser während seiner
Arbeit für die IAO im SENATI zur Verfügung gestellt worden.
Es ist offensichtlich dort auf der Grundlage des als Anlage 28a beigefügten, vom Bildungsministerium entwickelten
Schaubildes, das auf S. 58 des dem Bildungsgesetz zugrundeliegenden allgemeinen Berichtes abgebildet ist, angefertigt
worden. Das Schaubild des SENATI ist jedoch geringfügig
ergänzt und gibt der Berufsbildung die im Bildungsgesetz
festgelegte Bedeutung. Danach endet die Berufsbildung nicht,
wie in dem Schaubild des Bildungsministeriums zum Ausdruck
kommt, im Alter von 15 Jahren, sondern reicht gesetzeskon-
form bis in die Erwachsenenzeit und erstreckt sich auf alle
Qualifikationsstufen. Das Schaubild des Bildungsministeriums
widerspricht insofern den Bestimmungen des Bildungsgesetzes,
wenn man den bei der Anfangs- und allgemeinen Grundbildung
enthaltenen Zeitmaßstab (0 - 15 Jahre) auf die anderen Modalitäten überträgt. Das Schaubild des Bildungsministeriums
wäre ohne die Zeitangaben widerspruchsfreier. Für beide
Schaubilder ist festzustellen, daß die vielen Pfeile zwar
das dem Bildungsgesetz zugrunde liegende Prinzip einer
maximalen Durchlässigkeit andeuten, daß die genauen Zugangs-
und Umstiegsmöglichkeiten aber nicht eindeutig zum Ausdruck
kommen. So fehlt z.B. ein wichtiger Pfeil von der allgemeinen Grundbildung zur Berufsbildung, die, zumindest im Bereich der Industrie, von dort den stärksten Zugang zur
Lehrlingsausbildung hat.

Zu Ziffer 6

(1) vgl. Decreto Supremo No. 006-75-ED (Reglamento de
Calificación Profesional Extraordinaria); Lima, 23.4.1975

(2) vgl. Resolución Ministerial No. 6999-76-ED; Lima, 18.11.1976

(3) vgl. z.B. Artikel 51 des ministeriellen Beschlusses über
    die Berufsbildungsstätten, mit dem auf die Verordnung
    No. 018-75-ED über die innerhalb der Sektoren für die
    Berufsbildung zuständigen Stellen hingewiesen wird.

(4) Ministerio de Educación: Registro de Instituciones
    particulares que desarrollan Programas de Capacitación;
    Lima 1973, ohne Seitenangabe

(5) Ministerio de Educación: Seminario sobre Institucionali-
    zación de la Certificación Ocupacional. Informe del
    Doctor Francisco Tamayo Angeles; Lima, Abril de 1978

(6) Ministerio de Educación: Certificado de Calificación
    Profesional Extraordinaria (Documento de Trabajo);
    Lima o.J.


Zu Ziffer 7

(1) SENATI: Modalidad ..., a.a.O. (Anm. 3 zu Ziff. 4), No. 7

(2) vgl. Ulrich Kramer: Der Nationale Dienst für Berufsaus-
    bildung in Kolumbien. Dissertation, Aachen 1972. S. 139

(3) vgl. Fernando Romero: La industria manufacturera y su
    mano de obra en 1962. SENATI (Hrsg.), Lima 1963, S.138

(4) vgl. Rolf Raddatz: Der Ausbildungsstand der Erwerbstätigen;
    in: Wirtschaft und Berufs-Erziehung. Nr. 2, Bielefeld,
    Februar 1979, S. 44

(5) CINTERFOR: Cuadro comperativo ..., a.a.O. (Anm. 19 zu
    Ziff. 3.2.3), S. 174

(6) vgl. Isaac Falcón Vilcara: Los programas de Calificación
    Profesional Extraordinaria en el nuevo sistema Educativo.
    Seminario de Difusion de la Calificación Profesional
    Extraordinaria, Lima, Agosto de 1975

(7) Wirtschaft und Berufs-Erziehung: Berichte. Nr. 2,
    Bielefeld, Februar 1979, S. 56

(8) BLK: Bildungsgesamtplan, Stuttgart 1973, S. 72

(9) SENATI: Reglamento para la Certificación de la Ocupación
Específica Soldador Universal (proyecto); Lima 1976, und
Reglamento para la Certificación de las Ocupaciones
Especificas en Electricidad (anteproyecto); Lima 1976

(10) vgl. Willi Maslankowski: Nachweis beruflicher Qualifikationen in Lateinamerika und den Kariben; in: Zeitschrift
für Berufs- und Wirtschaftspädagogik. Heft 9, Wiesbaden
1977, S. 7o5 - 7o9

(11) vgl. SENATI: Certificación de las Calificaciones
Ocupacionales de los Trabajadores (Documento de Trabajo);
Lima, Abril 1978, S. 6-7

(12) vgl. Willi Maslankowski: Perfiles ocupacionales.
CINTERFOR (Hrsg.), Montevideo 1976

Diese Veröffentlichung ist im Anschluß an die fast ein-
jährige Arbeit des Verfassers (1975/76) für die IAO im
SENATI in Peru entstanden. Während der Arbeit, die sich
vorwiegend auf die Evaluierung der SENATI-Maßnahmen er-
streckte, wurde der Verfasser zuletzt fast ausschließlich
mit Fragen der Reformgestaltung im Zusammenhang mit dem
Nachweis beruflicher Qualifikationen befaßt. Seine eigenen
Erfahrungen hierzu und die Ergebnisse des CINTERFOR-Projektes 128 (certificación ocupacional) über den Nachweis
beruflicher Qualifikationen haben Einfluß auf die entsprechenden peruanischen Reformbestimmungen gehabt. Viele
Einzelfragen wurden in diesem Zusammenhang in Zusammenarbeit mit dem außergewöhnlich sachverständigen und kooperativen Personal des SENATI, insbesondere seiner technisch-
pädagogischen Abteilung der Nationaldirektion in Lima,
gelöst. Teilweise sind die gefundenen Lösungen bzw. ihre
Ansätze auch auf CINTERFOR-Tagungen, an denen zahlreiche
Länder Lateinamerikas und der Kariben teilgenommen haben,
erörtert worden. Das hat dazu geführt, daß umgekehrt die
peruanischen Absichten auch das CINTERFOR-Projekt beeinflußt haben. Es war für den Verfasser besonders interessant,
aktiv mitzuerleben und mitzugestalten, wie nicht nur ein

anderes Land, sondern ein großer Teil des amerikanischen
Kontinents sich um die Lösung einer wichtigen berufs-
bildungspolitischen Frage bemüht, die in der Bundesrepublik Deutschland als weitgehend gelöst angesehen werden
kann. In der Bundesrepublik Deutschland werden Berufsbilder für Ausbildungsberufe bzw. Lehrberufe etwa seit
Ende der 30er Jahre festgelegt. Seit 1969 sind sie auf
der Grundlage des Berufsbildungsgesetzes bzw. der Handwerksordnung in Verordnungen über die Berufsausbildung
der einzelnen Berufe integriert.

(13) vgl. Maslankowski: Perfiles ..., a.a.O. (Anm. 12), S. 10

(14) vgl. Benjamin S. Bloom: Taxonomía de los objetivos de la
Educación, Buenos Aires 1974
Die Bloom'sche Taxonomie ist auch in deutscher Sprache
beim Verlag Julius Beltz, Weinheim, 1973, erschienen.

(15) vgl. Burkhardt Hecht: Ein Arbeitsmodell für die Lernziel-
strukturierung in der Curriculum-Entwicklung des technisch-
naturwissenschaftlichen Bereiches der Berufsbildung; in:
Die Deutsche Berufs- und Fachschule. Heft 2, Wiesbaden 1978,
S. 83

(16) Maslankowski: Perfiles ..., a.a.O. (Anm. 12), S. 47-53

Nach dem Entwurf soll die Ausbildungsdauer gesenkt werden.
Die Berufsbezeichnung soll von Schweißer (soldador) in
Universalschweißer (soldador universal) geändert werden.
Das Berufsbild ist detaillierter und sowohl sachlich als
auch zeitlich strukturiert. Die Fertigkeiten und Kenntnisse
sind lernzielorientiert festgelegt. Sie können dadurch in
der Ausbildung genauer vermittelt und in Prüfungen genauer
festgestellt werden.

Nicht geändert wurde die Struktur des Berufes. Es handelt
sich nach wie vor um einen sogenannten Monoberuf, d.h. es
ist weder eine Spezialisierung, etwa nach Fachrichtungen
oder Schwerpunkten, noch die Möglichkeit von Zwischenab-
schlüssen im Rahmen einer Stufenausbildung vorgesehen.

In dieser Hinsicht unterscheidet sich der peruanische
Entwurf grundlegend von dem zwischen den Ländern des
Andenpaktes abgestimmten Berufsbild für Universalschweißer (vgl. CINTERFOR: Informe sobre el desarrollo
del proyecto sobre certificación de las calificaciones
ocupacionales de los trabajadores de America Latina y
el Caribe. Documentos de Trabajo. Montevideo 1976,
S. 42-47). Dieses Berufsbild ist für drei unterschiedliche Qualifikationsstufen festgelegt, die sich an Hand
des nachfolgenden vom Verfasser angefertigten und von
CINTERFOR veröffentlichten Schaubildes wie folgt erklären lassen.

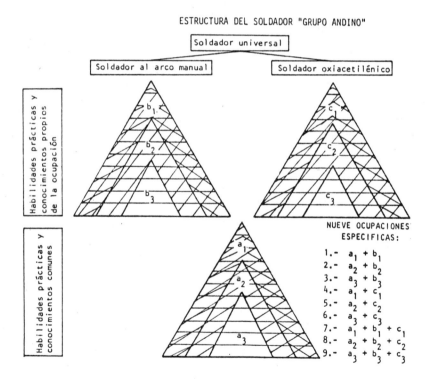

ESTRUCTURA DEL SOLDADOR "GRUPO ANDINO"

Soldador universal

Soldador al arco manual

Soldador oxiacetilénico

Habilidades prácticas y conocimientos propios de la ocupación

Habilidades prácticas y conocimientos comunes

NUEVE OCUPACIONES ESPECIFICAS:

1.- $a_1 + b_1$
2.- $a_2 + b_2$
3.- $a_3 + b_3$
4.- $a_1 + c_1$
5.- $a_2 + c_2$
6.- $a_3 + c_3$
7.- $a_1 + b_1 + c_1$
8.- $a_2 + b_2 + c_2$
9.- $a_3 + b_3 + c_3$

Zunächst ist von Bedeutung, daß Universalschweißer nur
derjenige ist, der sowohl die Fertigkeiten und Kenntnisse
des Elektro- als auch des Gasschweißers nachgewiesen hat.
Innerhalb dieser beiden, jeweils monoberuflich struktu-
rierten, Berufsbilder sind drei Qualifikationsstufen
(niveles 1 - 3) vorgesehen. Der Qualifikationsunterschied
kommt im unterschiedlichen Schwierigkeitsgrad bei der
Ausübung der Fertigkeiten und Kenntnisse, z.B. in der
Prüfung, zum Ausdruck. Diese Abstufungen sind im Hinblick auf die Verwendung der Berufe im Beschäftigungssystem geschaffen worden. Es ist einerseits nicht allen
Lehrlingen bzw. Prüfungsteilnehmern möglich, die jeweils
höchste Qualifikationsstufe zu erreichen. Andererseits ist
das aus der Sicht des Arbeitsmarktes auch gar nicht
erforderlich.

In dem Schaubild sind in dem unteren Dreieck (a1 - a3) die
beiden Berufe gemeinsamen Fertigkeiten und Kenntnisse zusammengefaßt. Darüber sind mit den beiden Dreiecken
(b1 - b3 und c1 - c3) die jeweils speziellen Fertigkeiten und Kenntnisse für Elektro- bzw. Gasschweißer
zusammengefaßt. Das Dreieck wurde als Darstellungsform
deshalb gewählt, weil es dem von unten nach oben verlaufenden Ausbildungsablauf entspricht. Es werden nämlich
jeweils zu Beginn der Ausbildungsabschnitte die möglichst
breiten und polyvalenten Grundfertigkeiten und Grundkenntnisse und zum Ende die spezielleren Fertigkeiten und
Kenntnisse vermittelt, auf denen sich die spezifischen
Ausbildungen aufbauen sollen.

Eine einfache Addition der drei Berufe (Universalschweißer,
Elektroschweißer, Gasschweißer) in den drei Qualifikationsstufen führt zu folgenden neun Berufen:

1. Elektroschweißer - 1. Stufe (a1 + b1)
2. Elektroschweißer - 2. Stufe (a2 + b2)
3. Elektroschweißer - 3. Stufe (a3 + b3)

| 4. Gasschweißer | - 1. Stufe (a1 + c1) |
| 5. Gasschweißer | - 2. Stufe (a2 + c2) |
| 6. Gasschweißer | - 3. Stufe (a3 + c3) |
| 7. Universalschweißer | - 1. Stufe (a1 + b1 + c1) |
| 8. Universalschweißer | - 2. Stufe (a2 + b2 + c2) |
| 9. Universalschweißer | - 3. Stufe (a3 + b3 + c3) |

Von diesen neun Berufen ist der 7. derjenige mit der am breitesten und höchsten angelegten Qualifikation. Der 3. und der 6. Beruf sind die beiden mit der niedrigsten Qualifikation angelegten Berufe.

(17) vgl. Willi Maslankowski: Stufenausbildung. Stand der Einführung und Auswirkungen; in: Die Deutsche Berufs- und Fachschule, Heft 9, Wiesbaden 1975, S. 520

(18) Maslankowski: Perfiles ..., a.a.O. (Anm. 12), S. 32

(19) Diese Kriterien sind nach ausführlicher Erörterung der Verhältnisse im industriellen Sektor Perus auf der Grundlage der Kriterien für die Anerkennung und Aufhebung von Ausbildungsberufen des ehemaligen Bundesausschußes für Berufsbildung festgelegt worden. Die Kriterien des Bundesausschußes sind u.a. vom Bundesminister für Bildung und Wissenschaft (BMBW) in seiner Schriftenreihe "Berufliche Bildung 3", Bonn 1976, Seite 11, veröffentlicht.

(20) Maslankowski: Perfiles..., a.a.O. (Anm. 12), S. 35

(21) vgl. SENATI: Determinación de Contenido ocupacional. Ocupación Electricista, Lima o.J. (vermutlich 1974)

(22) vgl. Ministerio de Trabajo: Análisis Ocupacional, Lima Octubre 1974

(23) Ministerio de Tabajo: Análsisis ..., a.a.O. (Anm. 22), S. 17

(24) Maslankowski: Perfiles ..., a.a.O. (Anm. 12), S. 37

(25) vgl. Willi Maslankowski: Ausbildungsordnungen. Eine erste Zwischenbilanz; in: Zeitschrift für Berufsbildungsforschung. Bundesinstitut für Berufsbildungsforschung (Hrsg.) Heft 2, Berlin 1974, S. 1

## Zu Ziffer 8

(1) vgl. Ministerio de Educación: Informe de la Reunión
Técnica Multisectorial de Calificación Profesional
Extraordinaria; Lima, 18 al 23 de Noviembre de 1974, No. 1

(2) Erhard Eppler: Wenig Zeit für die Dritte Welt,Stuttgart 1977
S. 42

(3) vgl. Böhme: Vorüberlegungen ..., a.a.O. (Anm. 5 zu Ziff. 1),
S. 51 - 52

(4) ebenda S. 51 - 52

(5) Rainer Offergeld: Notwendiger Grundkonsens in der Entwicklungspolitik; in: Bulletin Nr. 14, Bonn, 2.2.1979,
S. 119

(6) Böhme: Vorüberlegungen ..., a.a.O. (Anm. 5 zu Ziff. 1), S.53

(7) vgl. BLK: Fortschreibung des Bildungsgesamtplans. K 70/78-9
neu, Bonn, Februar 1979

(8) Jürgen Schmude: Sicherung der Zukunftschancen der jungen
Generation. Ausbildung für alle; in: Informationen Bildung
und Wissenschaft, 2/79 Bonn, 22.2.1979, S. 31

(9) vgl. Reimut Jochimsen: Möglichkeiten der Abstimmung von
Bildungs- und Beschäftigungssystem; in: Bulletin, Nr. 94,
Bonn, 6.9.1978, S. 877-882

(10) vgl. Laszlo Alex: Stellenwert der Bedarfsprognosen für die
Bildungsplanung; in: Berufsbildung und Wissenschaft, Heft 5,
Berlin, Oktober 1978, S. 1 - 4

(11) vgl. Hans Hofbauer: Ausgewählte Ergebnisse über Berufsverläufe männlicher Erwerbespersonen in der Bundesrepublik
Deutschland; in: Ergebnisniederschrift der Geschäftsstelle
des Bundesausschußes für Berufsbildung, III A 4 - 6314-G 3 -
9/74, Bonn, 6.12.1974, Anlage 2

(12) BMBW: Bericht der Bundesregierung über die strukturellen
Probleme des föderativen Bildungssystems, Bonn, März 1978,
S. 11

(13) vgl. Jürgen Pischon: Übersicht zu Modellversuchen im Bereich "Doppelprofilierte Bildungsgänge"; in: BIBB (Hrsg.) Modellversuche ein Instrument für Innovationen im beruflichen Bildungswesen, Berlin 1977, S. 52

(14) BLK: Informationsschrift 1978 über Modellversuche im Bildungswesen (außer Tertiärer Bereich), Bonn 1978, S. 59

(15) vgl. Günter Ploghaus: Integration von beruflicher und allgemeiner Bildung in der Gesamtschul-Oberstufe. Grundsätzliche Betrachtungen und ein Modell; in: Die Deutsche Berufs- und Fachschule, Heft 5, Wiesbaden 1971, S. 321 - 341

## 9.2 Verzeichnis der Abkürzungen

| | |
|---|---|
| ADE | Adiestramiento dentro de la Empresa |
| APLFG | Ausbildungsplatzförderungsgesetz |
| BBiG | Berufsbildungsgesetz |
| BGJ | Berufsgrundbildungsjahr |
| BiBB | Bundesinstitut für Berufsbildung |
| BIP | Bruttoinlandsprodukt |
| BLK | Bund-Länder-Kommission für Bildungsplanung und Forschungsförderung |
| BMZ | Bundesministerium für wirtschaftliche Zusammenarbeit |
| CECAPE | Centro de Calificación Profesional Extraordinaria |
| CENACAPE | Centro Nacional de Calificación Profesional Extraordinaria |
| CENECAPE | Centro no estatal de Calificación Profesional Extraordinaria |
| CENFOTUR | Centro de Formación en Turismo |
| CGTP | Confederación General de Trabajadores del Perú |
| CINTERFOR | Centro Interamericano de Investigación y Documentación sobre Formación Profesional |
| CNT | Confederación Nacional de Trabajadores |
| COMUCPE | Comité Multisectorial de Calificación Profesional Extraordinaria |
| CONACO | Confederación Nacional de Comerciantes |
| CTP | Confederación de Trabajadores del Perú |
| CTRP | Central de Trabajadores de la Revolución Peruana |
| DAC | Development Assistance Committee |
| DIGEBALYC | Dirección General de Educación Básica Laboral y Calificación |
| ESEP | Escuela superior de Educación Profesional |
| FOMO | Servicio Nacional de Formación de Mano de Obra |
| IAB | Institut für Arbeitsmarkt- und Berufsforschung |

| | |
|---|---|
| IAO | Internationale Arbeitsorganisation |
| IDINPRO | Instituto para el Desarollo industrial y profesional de la pequeña Empresa |
| INA | Instituto Nacional de Aprendizaje |
| INACAP | Instituto Nacional de Capacitación Profesional |
| INCE | Instituto Nacional de Cooperación Educativa |
| INFOP | Instituto Nacional de Formación Profesional |
| INTECAP | Instituto Técnico de Capacitación y Productividad |
| INP | Instituto Nacional de Planificación |
| JUPCE | Junta Permanente de Coordinación Educativa |
| MES | Modules of Employable Skills |
| OECD | Organization for Economic Co-operation and Development |
| PTS | Perfeccionamiento de Trabajadores en Servicio |
| SENA | Servicio Nacional de Aprendizaje |
| SENAC | Servico Nacional de Aprendizagem Comercial |
| SENAI | Servico Nacional de Aprendizagem Industrial |
| SENATI | Servicio Nacional de Adiestramiento de Industria y Turismo |
| SNA | Sociedad Nacional Agraria |
| SNI | Sociedad Nacional de Industria |
| SNMP | Sociedad Nacional de Minería y Petróleo |
| SNP | Sociedad Nacional de Pesquería |

## 9.3 Verzeichnis der Abbildungen

## 9.4 Verzeichnis der Tabellen

- 259 -

## 9.5 Literaturverzeichnis

- 259 -

## 9.5 Literaturverzeichnis

Agudelo Mejía, Santiago: Terminología básica de la Formación Profesional en América Latina, Montevideo 1978

Alex, Laszlo: Stellenwert der Bedarfsprognosen für die Bildungsplanung; in: Berufsbildung und Wissenschaft. Heft 5, Berlin, Oktober 1978, S. 1

Benner, Hermann: Der Ausbildungsberuf als berufspädagogisches und bildungsökonomisches Problem. Dissertation, Berlin 1976

Berufsgrundbildungsjahr-Anrechnungs-Verordnung vom 7. Juli 1978. Bonn. BGBl. Nr. 40. S. 1061 ff

Bloom, Benjamin S.: Taxonomía de los objetivos de la Educación, Buenos Aires 1974

Böhme, Günther: Vorüberlegungen zu einer Pädagogik der Dritten Welt; in: Jouhy, Ernest und Böhme, Günther und Deutscher, Eckhard: Abhängigkeit und Aufbruch. Was soll Pädagogik in der Dritten Welt? Frankfurt am Main 1978, S. 43

BLK: Bildungsgesamtplan, Stuttgart 1973

BLK: Fortschreibung des Bildungsgesamtplans. K 70/78-9 neu, Bonn, Februar 1979

BLK: Informationsschrift 1978 über Modellversuche im Bildungswesen (außer Tertiärer Bereich), Bonn 1978

BMBW: Bericht der Bundesregierung über die strukturellen Probleme des föderativen Bildungssystems, Bonn, März 1978

BMBW: Schriftenreihe "Berufliche Bildung 3", Bonn 1976,

BMZ: Dritter Bericht zur Entwicklungspolitik der Bundesregierung, Bonn 1977

BMZ: Journalisten-Handbuch Entwicklungspolitik, Bonn 1977

BMZ: Länderhilfeprogramm Peru, Bonn, Juli 1974

BMZ: Politik der Partner, Bonn 1977

CINTERFOR: Boletin No. 56, Montevideo 1978

CINTERFOR: Cuadro comparativo, Montevideo 1976

CINTERFOR: Informe sobre el desarrollo del proyecto sobre
certificación de las calificaciones ocupacionales de los
trabajadores de America Latina y el Caribe. Documentos de
trabajo, Montevideo 1976

Cueto Fernandini, Carlos: Prólogo; in: Romero, Fernando:
Evolución Industrial y Educación Técnica, Lima 1951

Decreto Ley No. 17063 (Estatuto del Gobierno Revolucionario)
Lima, 3.10.1968

Decreto Ley No. 19326 (Ley General de Educación), Lima,
21.3.1972

Decreto Ley No. 20151 (la nueva ley de Aprendizaje), Lima,
25.9.1973

Decreto Supremo No. 012-74-IT/DS (Reglamento para el Aprendizaje
en Centros del Sector Industria y Turismo), Lima, 7.5.1974

Decreto Supremo No. 006-75-ED (Reglamento de Calificación
Profesional Extraordinaria), Lima, 23.4.1975

Decreto Supremo No. 020-77-PM (Plan de Gobierno "Tupac Amaru"),
Lima, 4.10.1977

Deutsch-peruanische Industrie- und Handelskammer: Wirtschaftsnachrichten. Nr. 17/75, Lima

Eppler, Erhard: Wenig Zeit für die Dritte Welt. Stuttgart 1977

Falcón Vilcara, Isaac: Los programas de Calificación
Profesional Extraordinaria en el nuevo sistema Educativo.
Seminario de Difusion de la Calificación Profesional
Extraordinaria, Lima, Agosto de 1975

Fernandez Carreño, Jesús: Los Examenes de Admisión en el
SENATI y el Exito en la Formación Profesional del Aprendiz.
Tesis de grado, Lima 1972

Forschungsinstitut der Friedrich-Ebert-Stiftung: Peru. Gewerkschaften zwischen Tradition und Reform. Bonn 1976

Fuenzalida, Fernando: Poder, raza y etnica en el Perú contemporaneo; in: Instituto Nacional de Investigación y Desarrollo
de la Educación (Hrsg.): Realidad Nacional, Lima 1974, S. 112

Hamm-Brücher, Hildegard: Peru statuiert ein bildungspolitisches
Exempel; in: Lefringhausen, Klaus und Rau, Johannes und
Schmidt, Heinz G. (Hrsg.): Erziehung auf peruanisch. Das
Bildungsprogramm der Revolutionsregierung, Wuppertal 1974,
S. 7

Hecht, Burkhardt: Ein Arbeitsmodell für die Lernzielstrukturie-
rung in der Curriculum-Entwicklung des technisch-natur-
wissenschaftlichen Bereiches der Berufsbildung; in: Die
Deutsche Berufs- und Fachschule, Heft 2, Wiesbaden 1978, S.83

Hendrikson, Kurt H.: Analyse der sozio-ökonomischen Verhältnisse Perus. Gutachten im Auftrag des BMZ, Bonn 1971

Hofbauer, Hans: Ausgewählte Ergebnisse über Berufsverläufe
männlicher Erwerbspersonen in der Bundesrepublik Deutschland;
in: Ergebnisniederschrift der Geschäftsstelle des Bundesausschußes für Berufsbildung. III A 4 - 6314-G 3 - 9/74.
Bonn, 6.12.1974, Anlage 2

Jochimsen, Reimut: Möglichkeiten der Abstimmung von Bildungs-
und Beschäftigungssystem; in: Bulletin Nr. 94. Bonn,
6.8.1978, S. 877

Johann-Wolfgang-Goethe-Universität: Kommentiertes Vorlesungsverzeichnis des Fachbereiches 4 (Erziehungswissenschaften).
Frankfurt am Main, Sommersemester 1978

Johann-Wolfgang-Goethe-Universität: Manuskript eines Vortrags
im Seminar "Erziehung zur industriellen Arbeitseinstellung II'
Frankfurt am Main, Wintersemester 1978/79 (unveröffentlicht)

Jouhy, Ernest und Böhme, Günther und Deutscher, Eckhard:
Abhängigkeit und Aufbruch. Was soll Pädagogik in der
Dritten Welt? Frankfurt am Main 1978

Jouhy, Ernest: Wider den Kulturimperialismus; in Jouhy, Ernest
und Böhme, Günther und Deutscher, Eckhard: Abhängigkeit und
Aufbruch. Was soll Pädagogik in der Dritten Welt? Frankfurt
am Main 1978, S. 9

Knipschild, Werner: Peru; in: Institut für Iberoamerika-Kunde (Hrsg.). Neue Wege der Berufsausbildung in Lateinamerika, Hamburg 1969, S. 75

Kramer, Ulrich: Der Nationale Dienst für Berufsausbildung in Kolumbien. Dissertation, Aachen 1972

Kümmel, Klaus: Zur Genese des Berufsbildungsgesetzes; in: Die Deutsche Berufs- und Fachschule. Heft 1, Wiesbaden 1978, S.32

Lauterbach, Albert: Beschäftigung und Arbeitslosigkeit in Lateinamerika; in: Institut für Bildungs- und Entwicklungsforschung. Bulletin. Nr. 16, Wien 1974, S. 27

Ley No. 13771 (Ley de Fundación del SENATI), Lima, 19.12.1961

Maslankowski, Willi: Ausbildungsordnungen. Eine erste Zwischenbilanz; in: Zeitschrift für Berufsbildungsforschung. Bundesinstitut für Berufsbildungsforschung (Hrsg.). Heft 2, Berlin 1974, S. 1

Maslankowski, Willi: Nachweis beruflicher Qualifikationen in Lateinamerika und den Kariben; in: Zeitschrift für Berufs- und Wirtschaftspädagogik. Heft 9, Wiesbaden 1977, S. 7o5

Maslankowski, Willi: Perfiles ocupacionales. CINTERFOR (Hrsg.), Montevideo 1976

Maslankowski, Willi: Stufenausbildung. Stand der Einführung und Auswirkungen; in: Die Deutsche Berufs- und Fachschule. Heft 9, Wiesbaden 1975, S. 520

Ministerio de Educación: Desarrollo de la Educación Peruana 1975 - 1977, Lima 1977

Ministerio de Educación: Informe de la Reunión Técnica
Multisectorial de Calificación Profesional Extraordinaria.
Lima, 18 al 23 de Noviembre de 1974. No. 1

Ministerio de Educación: Reforma de la Educación Peruana.
Informe General, Lima 1970

Ministerio de Educación: Registro de Instituciones particulares
que desarrollan Programas de Capacitacion, Lima 1973

Ministerio de Educación: Seminario sobre Institucionalización
de la Certificación Ocupacional. Informe del Doctor
Francisco Tamayo Angeles, Lima, Abril de 1978

Ministerio de Trabajo: Análisis Ocupacional, Lima, Octubre 1974

Ministerio de Trabajo: Situación Ocupacional del Peru, Lima,
Marzo 1975

Minkner, Mechthild: Kleinindustrie in Peru, Tübingen 1976

Musto, Stefan A. und Eßer, Klaus und Straumann, Peter: Die
peruanische Erziehungsreform. Deutsches Institut für Entwicklungspolitik. (Hrsg.), Berlin 1974

Nölker, Helmut: Internationale Kooperation; in: Lipsmeier,
Antonius und Nölker, Helmut und Schoenfeldt, Eberhard (Hrsg.):
Berufspädagogik, Stuttgart 1975, S. 37

Offergeld, Rainer: Notwendiger Grundkonsens in der Entwicklungspolitik; in: Bulletin Nr. 14, Bonn, 2.2.1979, S. 119

Periódico Opinión Libre: La Empresa privada y la Ley General
de Educación, Lima, 31.3.1976

Pischon, Jürgen: Übersicht zu Modellversuchen im Bereich
"Doppelprofilierte Bildungsgänge"; in: BIBB (Hrsg.)
Modellversuche ein Instrument für Inovationen im
beruflichen Bildungswesen, Berlin 1977, S. 51

Ploghaus, Günter: Integration von beruflicher und allgemeiner Bildung in der Gesamtschul-Oberstufe. Grundsätzliche Betrachtungen und ein Modell; in: Die Deutsche Berufs- und Fachschule, Heft 5, Wiesbaden 1971, S. 321

Ponce, Fernando: La ciudad peruana, Lima 1975

Primer Ministro: Zensos nacionales VII de población, II de Vivienda, Lima, Agosto 1974

Raddatz, Rolf: Der Ausbildungsstand der Erwerbstätigen; in: Wirtschaft und Berufs-Erziehung, Nr. 2, Bielefeld, Februar 1979, S. 44

Reh, Hans-Ulrich: Der Staatsstreich in Peru 1968. Ursachen und Konsequenzen, Mainz 1970

Reparaz, Gonzalo D.: Alle Landschaften dieser Erde; in: Merian. Heft 12/30, Hamburg, S. 19

Resolución Ministerial No. 6999-76-ED, Lima, 18.11.1976

Romero, Fernando: Die Schulungseinheit (deutsche Übersetzung) SENATI (Hrsg.), Lima 1965

Romero, Fernando: Evolución Industrial y Educación Técnica, Lima 1954

Romero, Fernando: La industria manufacturera y su mano de obra en 1962. SENATI (Hrsg.), Lima 1963

Romero, Fernando: Necesidades e Inversiones Educativas, Lima 1972

Romero, Fernando: Nuestro capital humano, Lima 1972

Romero, Fernando: Prinzipien, Methoden und Techniken der Lehr-, Vervollkommnungs- und Spezialkurse welche in dem staatlichen Institut für Berufsausbildung (SENATI) abgehalten werden (deutsche Übersetzung) SENATI (Hrsg.), Lima 1965

Schlootz, Johannes: Die Reformpolitik der Regierung Velasco und der Modellcharakter der nationalen Entwicklung Perus für Lateinamerika. Stiftung Wissenschaft und Politik (Hrsg.), Eggenberg 1972

Schmude, Jürgen: Sicherung der Zukunftschancen der jungen Generation. Ausbildung für alle; in: Informationen Bildung und Wissenschaft. 2/79 Bonn, 22.2.1979, S. 27

SENATI: Carta mensual, Lima Octubre 1974

SENATI: Carta mensual, Lima, Junio 1975

SENATI: Carta mensual, Lima, Julio 1975

SENATI: Certificado de Calificación Profesional Extraordinaria (Documento de Trabajo), Lima ohne Jahr (vermutlich 1976)

SENATI: Certificación de las Calificaciones Ocupacionales de los Trabajadores (Documento de Trabajo), Lima, Abril 1978

SENATI: Cuestionario de Examenes, Lima ohne Jahr

SENATI: Determinación de Contenido ocupacional. Ocupación Electricista, Lima o.J. (vermutlich 1974)

SENATI: Directiva para la Evaluación final del Aprendizaje. Lima, Noviembre 1975

SENATI: Folleto EL SENATI, Lima ohne Jahr

SENATI: Informe No. AG/CE - 2, Lima, 23.9.1975

SENATI: Instituto de formación y perfeccionamiento de instructores "Blaise Pascal", Lima ohne Jahr

SENATI: Mejores hombres para el desarrollo, Lima ohne Jahr

SENATI: Memoria SENATI, Lima 1974

SENATI: Modalidad "c" del Aprendizaje, Lima, Febrero 1975

SENATI: Reglamento para la Certificación de la Ocupación
Específica Soldador Universal (proyecto), Lima 1976

SENATI: Reglamento para la Certificación de las Ocupaciones
Especificas en Electricidad (anteproyecto), Lima 1976

SENATI: Que es el SENATI? Lima ohne Jahr

Sociedad de Ingenieros del Peru: La educación como instrumento
de superación nacional, Lima, Mayo de 1961

Statistisches Bundesamt: Länderkurzbericht Peru, Stuttgart 1977

Statistisches Bundesamt: Länderkurzbericht Peru, Stuttgart 1974

Tageszeitung Generalanzeiger: Schwere Hungersnot in Peru. Bonn,
18.8.1978

Tageszeitung Generalanzeiger: 2,5 Milliarden Arbeitsplätze zum
Jahre 2000 benötigt. Bonn, 23.8.1978

Wirtschaft und Berufs-Erziehung: Bericht. Nr. 2, Bielefeld,
Februar 1979

Wittek, Burkhard: Der Staatsstreich von 1968 in Peru. Seine
Ursachen und seine Konsequenzen. Deutsche Ibero-Amerika
Stiftung (Hrsg.), Hamburg 1972

## 9.6 Verzeichnis der Anlagen

Anlage

Anlage

## 9.7  Anlagen

## B. Liste der Entwicklungsländer und -gebiete nach der Einteilung des Entwicklungshilfe-Ausschusses (DAC) der OECD

| Erdteil/Land | Erdteil/Land | Erdteil/Land |
|---|---|---|
| **EUROPA** | n o c h : Afrika | n o c h : Amerika |
| Gibraltar (Brit.) | Liberia ³) | Dominikanische Republik |
| Griechenland | Madagaskar ²) ³) | El Salvador ²) |
| Jugoslawien | Malawi ¹) ³) | Guadeloupe |
| Malta | Mali ¹) ²) ³) | Guatemala ²) |
| Portugal | Mauretanien ²) ³) | Haiti ¹) ²) |
| Spanien | Mauritius ³) | Honduras ²) |
| Türkei | Mosambik ²) | Jamaika ³) |
| Zypern | Niger ¹) ²) ³) | Kuba |
| | Nigeria ³) ⁴) | Martinique (Franz.) |
| **AFRIKA** | Obervolta ¹) ²) ³) | Mexiko |
| *Nördlich der Sahara* | Réunion (Franz.) | Niederländische Antillen ⁶) |
| Ägypten ²) | Rhodesien | Nicaragua |
| Algerien ⁴) | Ruanda ¹) ²) ³) | Panama |
| Libyen ⁴) | Sambia ³) | St. Pierre und Miquelon |
| Marokko | St. Helena (Brit.) ⁸) | Trinidad und Tobago ³) |
| Tunesien | Sao Tomé und Principe ³) | Westindische Assoziierte |
| | Senegal ²) ³) | Staaten (Brit.) ⁶) |
| *Südlich der Sahara* | Seschellen ³) | *Südamerika* |
| Angola | Sierra Leone ²) ³) | Argentinien |
| Äquatorialguinea ³) | Somalia ¹) ²) ³) | Bolivien |
| Äthiopien ¹) ²) ³) | Sudan ¹) ²) ³) | Brasilien |
| Benin ¹) ²) ³) | Swasiland ³) | Chile |
| Botsuana ¹) ³) | Tansania ¹) ²) ³) | Ecuador ⁴) |
| Burundi ¹) ²) ³) | Togo ³) | Falkland-Inseln (Brit.) |
| Dschibuti | Tschad ¹) ²) ³) | Guyana ²) ³) |
| Elfenbeinküste ²) ³) | Uganda ¹) ²) ³) | Kolumbien |
| Gabun ³) ⁴) | Zaire ³) | Paraguay |
| Gambia ¹) ²) ³) | Zentralafrikanisches | Peru |
| Ghana ²) ³) | Kaiserreich ¹) ²) ³) | Surinam ³) |
| Guinea ¹) ²) ³) | | Uruguay |
| Guinea-Bissau ²) ³) | **AMERIKA** | Venezuela ⁴) |
| Kamerun ²) ³) | *Nord- und Mittelamerika* | |
| Kapverde ²) ³) | Bahamas ³) | **ASIEN** |
| Kenia ²) ³) | Barbados ³) | *Mittlerer Osten* |
| Komoren ³) | Belize (Brit.) | Bahrein |
| Kongo | Bermuda (Brit.) | Irak ⁴) |
| (Demokr. Volksrepublik) ³) | Costa Rica | Iran ⁴) |
| Lesotho ¹) ²) ³) | | |

| Erdteil/Land | Erdteil/Land | Erdteil/Land |
|---|---|---|
| **noch : Asien** | **noch : Asien** | **noch : Asien** |
| Israel | Malediven [1]) | Vietnam |
| Jemen (Arabische Republik) [1]) [2]) | Nepal [1]) [2]) | (Sozialistische Republik) |
| Jemen (Demokratische Volksrepublik) [1]) [2]) | Pakistan [2]) | |
| | Sri Lanka [2]) | **OZEANIËN** |
| Jordanien | | |
| Katar [4]) | *Ferner Osten* | Cookinseln (Neuseel.) |
| Kuwait [4]) | Brunei (Brit.) | Fidschi [3]) |
| Libanon | Demokratisches Kamputschea [2]) | Gilbert- und Ellice-Inseln (Brit.) |
| Oman | Hongkong (Brit.) | Nauru |
| Saudi-Arabien [4]) | Indonesien [4]) [e]) | Neue Hebriden (Brit.-Franz.) |
| Syrien | Korea, Rep. | Neukaledonien (Franz.) |
| Vereinigte Arabische Emirate [4]) [d]) | Laotische Demokratische Volksrepublik [1]) [2]) | Niue (Neuseel.) |
| | Macau | Pazifische Inseln (Vereinigte Staaten) [f]) |
| *Süd-Asien* | Malaysia | Papua-Neuguinea [3]) |
| Afghanistan [1]) [2]) | Philippinen | Polynesien (Franz.) [g]) |
| Bangladesch [1]) [2]) | Republik China (Taiwan) | Salomon-Inseln (Brit.) |
| Bhutan [1]) | Singapur | Samoa [1]) [2]) [3]) |
| Birma [2]) | Thailand | Tonga [3]) |
| Indien [2]) | Timor | Wallis und Futuna (Franz.) |

[1]) gehört zur Gruppe der 28 am wenigsten entwickelten Länder (least developed countries; UN-Resolution (XXVI) vom 18. November 1971)
[2]) gehört zur Gruppe der 45 von der Preissteigerung an den Weltmärkten „am schwersten betroffenen Länder" (most seriously affected countries)
[3]) Unterzeichnerstaaten des Abkommens von Lomé (s. o. Abschnitt 4.2)
[4]) Mitglied der OPEC
a) einschl. folgender Inseln: Acension, Tristan de Cunha, Inaccessible, Nightingale, Gough
b) Hauptinseln: Aruba, Bonaire, Curacao, Saba, St. Eustatius, St. Marti (südlicher Teil)
c) Hauptinseln: Antigua, Dominica, St. Kitts (St. Christopher) — Nevis — Anguilla, St. Lucia, St. Vincent
d) Abu-Dhabi, Adschman, Dubai, Fudscheira, Ras el-Cheima, Schardscha und Kalba, Umm al-Kaiwain
e) einschl. West Irian (ehem. Niederl. Neuguinea)
f) Schutzgebiet der Pazifischen Inseln: Karolinen-, Marshall- und Marianen-Inseln (ohne Guam)
g) einschl. Tubai- (Austral-), Gambier-, Gesellschafts-, Marquesas-, Rapa- und Paumotu- (Tuamotu-) Inseln
N. B.  Nach der Einteilung der Vereinten Nationen gehören die oben aufgeführten europäischen Länder nicht zu den Entwicklungsländern.

noch Tabelle 4

| Region/Land | Bevölkerung | | Bruttosozialprodukt zu Marktpreisen | | |
| | Mitte 1974 Millionen | Wachstum Jahresdurch- schnitt 1960 bis 1974 in % | 1974 Millionen US-$ | pro Kopf der Bevölkerung | |
| | | | | 1974 US-$ | Wachstum Jahresdurch- schnitt 1960 bis 1974 in % |
| 1 | 2 | 3 | 4 | 5 | 6 |

**noch Amerika**

| | | | | | |
|---|---|---|---|---|---|
| Bermuda | 0,06 | 1,6 | 300 | 5 300 | 4,5 |
| Costa Rica | 1,92 | 3,1 | 1 610 | 840 | 2,9 |
| Dominikanische Republik | 4,56 | 2,9 | 2 960 | 650 | 3,1 |
| El Salvador | 3,89 | 3,4 | 1 590 | 410 | 1,8 |
| Guadeloupe ⁸) | 0,35 | 1,7 | 430 | 1 240 | 4,1 |
| Guatemala | 5,28 | 2,3 | 3 060 | 580 | 3,3 |
| Haiti ⁷) | 4,51 | 1,6 | 750 | 170 | −0,1 |
| Honduras, Republik | 2,81 | 2,7 | 950 | 340 | 1,6 |
| Jamaika | 2,01 | 1,7 | 2 390 | 1 190 | 3,6 |
| Kuba ⁸) | 9,09 | 2,0 | 6 480 | 710 | −0,9 |
| Martinique ⁸) | 0,36 | 1,7 | 550 | 1 540 | 4,5 |
| Mexiko ⁵) | 57,90 | 3,4 | 63 050 | 1 090 | 3,3 |
| Niederländische Antillen ⁸) | 0,24 | 1,5 | 380 | 1 590 | −0,3 |
| Nicaragua | 2,04 | 2,7 | 1 360 | 670 | 3,0 |
| Panama | 1,62 | 3,1 | 1 610 | 1 000 | 4,1 |
| St. Pierre und Miquelon | .. | .. | .. | .. | .. |
| Trinidad und Tobago | 1,07 | 1,6 | 1 810 | 1 700 | 2,1 |

*Südamerika*

| | | | | | |
|---|---|---|---|---|---|
| Argentinien | 24,65 | 1,5 | 37 360 | 1 520 | 2,8 |
| Bolivien | 5,47 | 2,6 | 1 550 | 280 | 2,5 |
| Brasilien | 103,98 | 2,9 | 95 920 | 920 | 4,0 |
| Chile | 10,41 | 2,2 | 8 680 | 830 | 1,7 |
| Ecuador | 6,95 | 3,4 | 3 310 | 480 | 2,4 |
| Falkland-Insel | .. | .. | .. | .. | .. |
| Guayana | 0,79 | 2,4 | 390 | 500 | 1,5 |
| Guayana (Französisch) ⁸) | 0,06 | 3,9 | 90 | 1 470 | 3,8 |
| Kolumbien | 23,13 | 2,9 | 11 640 | 500 | 2,6 |
| Paraguay | 2,48 | 2,6 | 1 270 | 510 | 2,0 |
| Peru | 14,95 | 2,9 | 11 110 | 740 | 2,0 |
| Surinam | 0,39 | 2,7 | 460 | 1 180 | 3,6 |
| Uruguay | 2,75 | 0,5 | 3 290 | 1 190 | 0,5 |
| Venezuela | 11,63 | 3,3 | 22 780 | 1 960 | 2,4 |

**Asien**

*Naher Osten*

| | | | | | |
|---|---|---|---|---|---|
| Bahrain ⁸) ⁹) | 0,25 | 3,4 | 580 | 2 350 | |
| Irak | 10,77 | 3,2 | 12 000 | 1 110 | 4,0 |

| Region/Land | Bevölkerung | | Bruttosozialprodukt zu Marktpreisen | | |
|---|---|---|---|---|---|
| | | | | pro Kopf der Bevölkerung | |
| | Mitte 1974 Millionen | Wachstum Jahresdurch- schnitt 1960 bis 1974 in % | 1974 Millionen US-$ | 1974 US-$ | Wachstum Jahresdurch- schnitt 1960 bis 1974 in % |
| 1 | 2 | 3 | 4 | 5 | 6 |
| **Ozeanien** | | | | | |
| Fidschi | 0,56 | 2,6 | 470 | 840 | 3,2 |
| Französisch Polynesien | 0,13 | 3,9 | 340 | 2 530 | 4,8 |
| Gilbert und Ellice Inseln | 0,06 | 1,7 | 40 | 730 | −1,0 |
| Neue Hebriden | 0,09 | 2,6 | 40 | 480 | 3,0 |
| Neukaledonien | 0,13 | 4,0 | 550 | 4 170 | 4,2 |
| Pazifische Inseln | 0,10 | 2,2 | 50 | 500 | 3,8 |
| Papua-Neuguinea | 2,65 | 2,4 | 1 250 | 470 | 4,2 |
| Salomon-Inseln (Britisch) | 0,18 | 2,7 | 60 | 310 | 1,3 |
| Westsamoa *) | 0,16 | 2,5 | 50 | 300 | 0,9 |
| Tonga | 0,10 | 3,3 | 30 | 300 | −0,1 |

*) gehört zu der Gruppe der 28 am wenigsten entwickelten Länder
¹) Wachstumsrate des BSP pro Kopf von 1961 bis 1974
²) Wachstumsrate des BSP pro Kopf von 1964 bis 1974
³) Wachstumsrate des BSP pro Kopf von 1962 bis 1974
⁴) Nur das Festland
⁵) Die signifikante Abwertung des Peso im August 1976 ist in der Schätzung des BSP nicht enthalten
⁶) BSP pro Kopf von 1972 bis 1974
⁷) Wachstumsrate des BSP pro Kopf von 1969 bis 1974
⁸) Wachstumsrate des BSP pro Kopf von 1971 bis 1974
⁹) Wachstumsrate des BSP pro Kopf ist eine vorläufige Schätzung
Q u e l l e :  World Bank Atlas, 1976

noch Tabelle 5

| Region/Land | %-Anteil am Bruttoinlandsprodukt, Drei-Jahresdurchschnitt [1] | | | Beitrag des industriellen [12] Sektors zum Brutto-inlandsprodukt in % [1] | Energieverbrauch pro Kopf 1974 kg Kohle Äquivalent |
|---|---|---|---|---|---|
| | Sparen | | Investitionen [4] (brutto) | | |
| | Inlands-beitrag [2] | Auslands-beitrag [3] | | | |
| 1 | 2 | 3 | 4 | 5 | 6 |
| **noch Amerika** | | | | | |
| Costa Rica | 13,9 | 10,2 | 24,1 | 19,9 | 491 |
| Dominikanische Republik | 20,0 | 2,8 | 22,8 | 21,0 | 433 |
| El Salvador | 13,5 | 5,9 | 19,4 | 17,2 | 242 |
| Guadeloupe | − 3,4 | 32,5 | 29,1 | 2,8 | 550 |
| Guatemala | 14,4 | 2,3 | 16,7 | . . | 252 |
| Haiti [*] | 5,0 | 4,7 | 9,7 | . . | 31 |
| Honduras, Republik | . 13,9 | 8,6 | 22,5 | 13,6 | 224 |
| Jamaika | 24,3 | 6,0 | 30,3 | 16,1 | 1 439 |
| Kuba [5] | 17,0 | 2,1 | 19,1 | 76,1 [13]) | 1 178 |
| Martinique | . . | . . | . . | . . | 1 077 |
| Mexiko | 19,9 | 2,6 | 22,5 [9]) | 24,3 | 1 269 |
| Niederländische Antillen | . . | . . | . . | . . | 14 284 |
| Nicaragua | 15.2 | 10,2 | 25,4 | 22,5 | 453 |
| Panama | 21,8 | 6,3 | 28,1 | 13,4 | 846 |
| St. Pierre und Miquelon | . . | . . | . . | . . | 4 122 |
| Trinidad und Tobago | 31,6 | − 9,3 | 22,3 | 16,0 [16]) | 3 885 |
| *Südamerika* | | | | | |
| Argentinien | 20,6 | 1,0 | 21,6 | 33,4 | 1 861 |
| Bolivien | 14,0 | 0,6 | 14,6 | 12,4 | 283 |
| Brasilien | 23,6 | − 1,3 | 22,3 | 19,2 | 646 |
| Chile | 9,8 | 2,8 | 12,6 | 24,6 | 1 361 |
| Ecuador | 29,8 | − 2,9 | 26,9 | 15,2 | 363 |
| Falkland-Inseln | . . | . . | . . | . . | 4 500 |
| Guayana | 16,9 | 5,3 | 22,2 | 9,7 | 931 |
| Guayana (Französisch) | . . | . . | . . | . . | 853 |
| Kolumbien | 18,8 | 0,2 | 19,0 | 20,4 | 636 |
| Paraguay | 16,5 | 2,3 | 18,8 [9]) | 15,7 | 173 |
| Peru | 13,0 | 5,9 | 18,9 | 23,1 | 650 |
| Surinam | 26,6 | − 1,7 | 24,9 | 5,8 | 2 834 |
| Uruguay | 9,2 | 3,0 | 12,2 | 21,6 | 900 |
| Venezuela | 47,8 | −22,8 | 25,0 | 16,5 | 2 917 |
| **Asien** | | | | | |
| *Naher Osten* | | | | | |
| Bahrain | . . | . . | . . | . . | 11 819 |
| Irak | 47,6 | −21,3 | 26,3 | 8,1 | 906 |
| Iran | 43,8 | −17,1 | 26,7 [9])[9]) | 46,5 [14]) | 1 272 |
| Israel | − 0,5 | 34,5 | 34,0 | 19,9 [14]) | 2 914 |

noch Tabelle 5

| Region/Land | %-Anteil am Bruttoinlandsprodukt, Drei-Jahresdurchschnitt [1] | | | Beitrag des industriel- len [12] Sek- tors zum Brutto- inlandspro- dukt in % [1] | Energiever- brauch pro Kopf 1974 kg Kohle Äquivalent |
| | Sparen | | Investi- tionen [4] (brutto) | | |
| | Inlands- beitrag [2] | Auslands- beitrag [3] | | | |
| 1 | 2 | 3 | 4 | 5 | 6 |
| noch Ozeanien | | | | | |
| Gilbert und Ellice Inseln ............... | .. | .. | .. | .. | ⁻192 |
| Neue Hebriden ...................... | .. | .. | .. | .. | 622 |
| Neukaledonien ...................... | .. | .. | .. | .. | 10 247 |
| Pazifische Inseln ..................... | .. | .. | .. | .. | 309 |
| Papua-Neuguinea ................... | 20,5 | −2,8 | 17,7 | 6,4 | 250 |
| Salomon-Inseln (Britisch) ............. | .. | .. | .. | .. | 223 |
| Westsamoa [*] ...................... | .. | .. | .. | .. | 126 |
| Tonga. ............................ | 5,3 | 15,8 [11] | 21,1 [11] | 2,3 | .. |

[*] gehört zu der Gruppe der 28 am wenigsten entwickelten Länder
[1] jüngste verfügbare Angaben
[2] Inlandssparen = Bruttoinvestitionen (Anmerkung 4) minus Auslandssparen (Anmerkung 3)
[3] Auslandssparen = Importe minus Exporte (beides Güter und Dienste)
[4] einschließlich Lagerveränderungen
[5] statt BIP: Gesellschaftliches Gesamtprodukt
[6] statt BIP: Bruttosozialprodukt
[7] nur das frühere Tanganyika
[8] Zahlen beziehen sich nur auf das frühere Südvietnam
[9] ohne Lagerveränderung
[10] nur zwei Jahreswerte verfügbar
[11] nur ein Jahreswert verfügbar
[12] nur verarbeitende Industrien
[13] einschließlich Bergbau sowie Elektrizität/Gas/Wasser
[14] einschließlich Bergbau
[15] einschließlich Bergbau/Elektrizität/Gas/Wasser sowie Bauwirtschaft
[16] bezogen auf BIP zu Faktorkosten
Q u e l l e n : Spalte (2) bis (5): UN, Monthly Bulletin of Statistics, Juli 1977, Tabelle 63 und 65
Spalte (6): UN, Statistical Yearbook 1975, New York 1976, Tabelle 143

noch Tabelle 6

| Region/Land | Außenhandel 1974 | | | | Öffentliche Verschuldung gegenüber dem Ausland Ende 1974 Millionen US-$ 2) | Schuldendienst in Prozent der Exporte von Gütern und Diensten (Schuldendienstquotient) 1974 | Öffentliche Verschuldung gegenüber der Bundesrepublik Deutschland 1977 Millionen US-$ 4) |
|---|---|---|---|---|---|---|---|
| | Exporte f.o.b. | | Importe c.i.f. Millionen US-$ | Handelsbilanzsaldo Millionen US-$ 1) | | | |
| | Millionen US-$ | Anteil am BSP in % | | | | | |
| 1 | 2 | 3 | 4 | 5 | 6 | 7 | 8 |
| **noch Amerika** | | | | | | | |
| Belize ....................... | .. | .. | .. | .. | .. | .. | — |
| Bermuda (Britisch) ............. | 34 | 11,4 | 155 | − 121 | .. | .. | — |
| Costa Rica .................... | 441 | 27,4 | 716 | − 275 | 302,9 | 9,4 | 21,2 |
| Dominikanische Republik ........ | 639 | 21,6 | 673 | − 34 | 359,1 | 3,6 | 6,6 |
| El Salvador ................... | 463 | 29,2 | 364 | 99 | 180,6 | 4,8 | 3,7 |
| Guadeloupe ................... | 58 | 13,5 | 230 | − 172 | .. | .. | — |
| Guatemala ................... | 572 | 18,7 | 700 | − 128 | 122,5 | 3,9 | 5,8 |
| Haiti *) ...................... | 71 | 9,5 | 100 | − 29 | .. | .. | 5,4 |
| Honduras, Republik ........... | 253 | 26,7 | 382 | − 129 | 154,4 | 3,7 | 24,1 |
| Jamaika ..................... | 731 | 30,6 | 936 | − 205 | 473,9 | 6,9 | 14,8 |
| Kuba ....................... | 2 680 | 41,4 | 2 446 | 234 | .. | .. | 8,2 |
| Martinique ................... | 72 | 13,1 | 293 | − 221 | .. | .. | — |
| Mexiko ..................... | 2 850 | 4,6 | 6 057 | −3 207 | 8 013,8 | 18,4 | 193,6 |
| Niederländische Antillen ........ | 3 230 | 850,0 | 3 602 | − 372 | .. | .. | — |
| Nicaragua ................... | 381 | 28,1 | 560 | − 179 | 445,7 | 10,7 | 60,9 |
| Panama ..................... | 211 | 13,1 | 795 | − 584 | 472,2 | 17,0 | 0,6 |
| St. Pierre und Miquelon ........ | .. | .. | .. | .. | .. | .. | — |
| Trinidad und Tobago ........... | 2 014 | 111,3 | 1 865 | 149 | 171,3 | 3,8 | 0,3 |
| **Südamerika** | | | | | | | |
| Argentinien .................. | 3 921 | 10,5 | 3 635 | 285 | 3 345,0 | 16,2 | 724,5 |
| Bolivien ..................... | 536 | 34,6 | 390 | 146 | 708,4 | 11,6 | 104,9 |
| Brasilien .................... | 7 952 | 8,3 | 14 168 | −6 216 | 9 302,9 | 15,2 | 4 913,1 |
| Chile ....................... | 2 480 | 28,6 | 1 911 | 569 | 3 729,1 | 11,1 | 201,2 |
| Ecuador ..................... | 1 050 | 31,8 | 958 | 92 | 297,4 | 7,3 | 76,8 |
| Falkland-Inseln ............... | .. | .. | .. | .. | .. | .. | — |
| Guayana ..................... | 271 | 69,5 | 255 | 16 | 203,4 | 4,9 | 7,5 |
| Guayana (Französisch) .......... | 2 | 2,3 | 56 | − 54 | .. | .. | — |
| Kolumbien ................... | 1 416 | 12,2 | 1 597 | − 181 | 2 104,2 | 16,7 | 117,9 |
| Paraguay .................... | 170 | 13,4 | 171 8) | − 1 | 151,7 | 7,8 | 65,9 |
| Peru ....................... | 1 521 | 13,7 | 1 531 | − 10 | 2 050,6 | 25,6 | 202,0 |
| Surinam ..................... | 215 | 46,8 | 384 | − 169 | .. | .. | 0,4 |
| Uruguay ..................... | 382 | 11,7 | 487 | − 105 | 514,1 | 21,8 | 5,0 |
| Venezuela ................... | 10 833 | 47,8 | 3 792 8) | 7 091 | 1 467,9 | 3,2 | 239,1 |
| **Asien** | | | | | | | |
| *Naher Osten* | | | | | | | |
| Bahrain ..................... | 1 163 | 200,6 | 1 199 | − 36 | .. | .. | 1,2 |
| Irak ........................ | 6 959 | 58,0 | 2 365 | 4 594 | 407,2 | 1,6 | 352,3 |

| Region/Land | Außenhandel 1974 | | | | Öffentliche Verschuldung gegenüber dem Ausland Ende 1974 Millionen US-$ ²) | Schuldendienst in Prozent der Exporte von Gütern und Diensten (Schuldendienstquotient) 1974 | Öffentliche Verschuldung gegenüber der Bundesrepublik Deutschland 1977 Millionen US-$ ⁴) |
| | Exporte f.o.b. | | Importe c.i.f. Millionen US-$ | Handelsbilanzsaldo Millionen US-$ ¹) | | | |
| | Millionen US-$ | Anteil am BSP in % | | | | | |
| 1 | 2 | 3 | 4 | 5 | 6 | 7 | 8 |

**Ozeanien**

| Region/Land | 2 | 3 | 4 | 5 | 6 | 7 | 8 |
|---|---|---|---|---|---|---|---|
| Fidschi | 144 | 30,7 | 273 | — 129 | 41,3 | 1,7 | — |
| Französisch Polynesien | 32 | 9,5 | 288 | — 256 | .. | .. | — |
| Gilbert und Ellice Inseln | .. | .. | .. | .. | .. | .. | — |
| Neue Hebriden | 27 | 67,5 | 44 | — 17 | .. | .. | — |
| Neukaledonien | 260 | 47,3 | 283 | — 23 | .. | .. | — |
| Pazifische Inseln | .. | .. | .. | .. | .. | .. | — |
| Papua-Neuguinea | 695 | 55,6 | 432 ⁵) | 263 | .. | .. | 0,1 |
| Salomon-Inseln (Britisch) | .. | .. | .. | .. | .. | .. | — |
| Westsamoa *) | 13 | 26,0 | 26 | — 13 | .. | .. | 2,3 |
| Tonga | .. | .. | .. | .. | .. | .. | — |

*) gehört zu der Gruppe der 28 am wenigsten entwickelten Länder
¹) bei Importüberschuß negativ
²) Kredite mit Laufzeiten über ein Jahr, die von öffentlichen Stellen des Entwicklungslandes geschuldet oder garantiert sind; nur bereits ausgezahlte Mittel.
³) Exportangaben nur für Warenexporte
⁴) Dem Schuldendienst ist ein Drittel der Schuldendienstzahlungen der Ostafrikanischen Gemeinschaft (Kenia, Tansania, Uganda) zugeschlagen.
⁵) beinhaltet Zahlen von Ostpakistan
⁶) Öffentliche Entwicklungskredite und bundesverbürgte Kredite mit Laufzeiten über ein Jahr, Umrechnungskurs: 1 US-$ = 2,26 DM (Stand 19. Juli 1977).
⁷) ohne Rohölimporte
⁸) Importe f.o.b.
⁹) ohne Handel zwischen den Mitgliedern der Zentralafrikanischen Wirtschafts- und Zollunion
¹⁰) ohne Handel innerhalb der Ostafrikanischen Gemeinschaft

Q u e l l e n :  Spalten (2) bis (5): UN, Monthly Bulletin of Statistics, July 1977, Tabelle 52
Spalte (3): in Verbindung mit Weltbank, World Bank Atlas 1976
Spalte (6), Spalte (7): Weltbank, World Bank Annual Report 1976, Tabellen 5 und 6
Spalte (8): Bundesminister der Finanzen

| Region/Land | Lebens-erwartung Jahre [1] | Einwohner pro Arzt [1] | Kalorien-verbrauch pro Kopf 1974 Anzahl pro Tag | Proteinver-brauch pro Kopf 1974 Gramm pro Tag |
|---|---|---|---|---|
| **noch Amerika** | | | | |
| St. Pierre und Miquelon | 55,1 [2] | 1 064 | .. | .. |
| Trinidad und Tobago | 58,5 [2] | 2 157 | 2 530 | 65,5 |
| *Südamerika* | | | | |
| Argentinien | 65,1 [2] | 479 | 3 408 | 107,1 |
| Bolivien | 49,7 [2] | 2 117 | 1 849 | 48,5 |
| Brasilien | 57,6 [2] | 2 025 | 2 516 | 62,1 |
| Chile | 60,5 [2] | 1 836 | 2 825 | 78,3 |
| Ecuador | 51,0 [2] | 2 928 | 2 123 | 47,4 |
| Falkland-Inseln | .. | 515 | .. | .. |
| Guayana | 59,0 [2] | 3 584 | 2 351 | 57,0 |
| Guayana (Französisch) | .. | 1 463 | .. | .. |
| Kolumbien | 44,2 [2] | 2 184 | 2 183 | 47,0 |
| Paraguay | 59,4 | 1 875 | 2 723 | 74,5 |
| Peru | 52,6 [2] | 1 802 | 2 360 | 61,7 |
| Surinam | 62,5 [2] | 2 333 | 2 376 | 52,2 |
| Uruguay | 65,5 [2] | 911 | 3 080 | 58,1 |
| Venezuela | 63,8 | 866 | 2 427 | 63,1 |
| **Asien** | | | | |
| *Naher Osten* | | | | |
| Bahrain | .. | 1 554 | .. | .. |
| Irak | 51,6 | 2 369 | 2 433 | 60,4 |
| Iran | 50,0 | 3 039 | 2 368 | 55,7 |
| Israel | 70,2 | 351 | 3 143 | 101,5 |
| Jemen (Arabische Republik) [*] | 42,3 | 24 334 | 1 976 | 58,3 |
| Jemen, Demokratische Volksrepublik [*] | 42,3 | 32 380 | 2 037 | 50,3 |
| Jordanien | 52,6 [2] | .. | 2 213 | 52,9 |
| Katar | .. | 1 125 | .. | .. |
| Kuwait | 66,1 [2] | 800 | .. | .. |
| Libanon | .. | 1 330 | 2 517 | 67,9 |
| Oman | .. | 2 217 | .. | .. |
| Saudi-Arabien | 42,3 | 4 995 | 2 476 | 63,1 |
| Syrien | 54,5 [2] | 2 905 | 2 597 | 66,7 |
| Vereinigte Arabische Emirate | .. | 995 | .. | .. |
| *Süd-Asien* | | | | |
| Afghanistan [*] | 37,5 | 26 091 | 2 022 | 62,1 |
| Bangladesch [*] | .. | 9 345 | 2 024 | 44,2 |
| Bhutan [*] | .. | .. | 2 078 | 44,6 |
| Birma | 47,5 | 6 906 | 2 223 | 58,0 |
| Indien | 41,8 [2] | 4 162 | 1 976 | 48,0 |
| Malediven [*] | .. | 27 500 | 1 827 | 65,4 |
| Nepal [*] | 40,6 | 96 311 | 2 088 | 50,0 |
| Pakistan | 53,7 [2] | 4 049 | 2 146 | 53,5 |
| Sri Lanka | 64,8 [2] | 4 007 | 2 019 | 42,6 |

noch Tabelle 7

| Region/Land | Lebens- erwartung Jahre [1] | Einwohner pro Arzt [1] | Kalorien- verbrauch pro Kopf 1974 Anzahl pro Tag | Proteinver- brauch pro Kopf 1974 Gramm pro Tag |
|---|---|---|---|---|
| **noch Asien** | | | | |
| *Ferner Osten* | | | | |
| Brunei | .. | 3 500 | 2 588 | 67,3 |
| China, Republik (Taiwan) | 50,0 | .. | .. | .. |
| Hongkong | 67,4 [1] | 1 642 | 2 533 | 77,3 |
| Indonesien | 47,5 | 20 028 | 2 126 | 43,8 |
| Kamputschea | 44,2 [1] | 15 297 | 1 894 | 44,4 |
| Korea (Republik) | 63,0 [1] | 2 571 | 2 630 | 75,7 |
| Laotische Demokratische Volksrepublik [*] | 47,5 | 13 291 | 2 090 | 57,9 |
| Macau | .. | 2 363 | 1 906 | 59,6 |
| Malaysia [3] | 63,4 [1] | 4 774 | 2 574 | 56,5 |
| Philippinen | 48,8 [1] | 2 632 | 1 971 | 50,1 |
| Singapur | 65,1 [1] | 1 399 | 2 819 | 74,7 |
| Thailand | 53,6 [1] | .. | 2 382 | 50,0 |
| Vietnam (Sozialistische Republik) | 50,0 | 10 143 | 2 267 | 56,9 |
| **Ozeanien** | | | | |
| Fidschi | 68,1 | 2 070 | 2 652 | 57,6 |
| Französisch Polynesien | .. | 2 097 | 2 733 | 71,5 |
| Gilbert und Ellice Inseln | 56,9 [1] | 2 727 | .. | .. |
| Neue Hebriden | .. | 3 200 | 2 385 | 65,9 |
| Neukaledonien | .. | 1 176 | 2 783 | 68,8 |
| Pazifische Inseln | .. | 1 861 | .. | .. |
| Papua-Neuguinea | 46,8 | 11 327 | 2 232 | 47,8 |
| Salomon-Inseln (Britisch) | .. | 4 474 | 2 063 | 40,1 |
| Westsamoa [*] | 60,8 | 3 076 | 2 217 | 51,3 |
| Tonga | .. | 3 000 | 2 622 | 48,4 |

[*] gehört zu der Gruppe der 28 am wenigsten entwickelten Länder
[1] jüngste verfügbare Angaben
[2] der Männer
[3] nur West-Malaysia

Quellen: Spalte (2): UN, Statistical Yearbook 1975, New York 1976, Tabelle 19
Spalte (3): UN, Statistical Yearbook 1975, New York 1976, Tabelle 208
Spalten (4) und (5): UN-FAO, Monthly Bulletin of Agricultural Economics and Statistics, Vol. 25, April
1976, July/August 1976; Vol. 26, January 1977, February 1977

| Region/Land | Anteil der Analphabeten an der Bevölkerung über 15 Jahre (Analphabetenquote) in % [1]) | Primar- und Sekundarschüler in % der entsprechenden Jahrgänge (Einschulungsquote) [1]) | Arbeitslosenquote (nach offiziellen Angaben) [3]) in % [1]) |
|---|---|---|---|
| 1 | 2 | 3 | 4 |
| **noch Amerika** | | | |
| Dominikanische Republik | 33,3 | 67 | .. |
| El Salvador | 43,1 | 56 | .. |
| Guadeloupe | .. | 98 | .. |
| Guatemala | 53,8 | 39 | .. |
| Haiti [*]) | .. | 25 | .. |
| Honduras, Republik | 55,0 | 58 | .. |
| Jamaika | 18,1 | 80 | 20,8 |
| Kuba | .. | 81 | .. |
| Martinique | .. | 98 | .. |
| Mexiko | 25,8 | 74 | .. |
| Niederländische Antillen | 12,8 [2]) | .. | .. |
| Nicaragua | 42,0 | 56 | 7,3 |
| Panama | 21,7 | 89 | 6,1 |
| St. Pierre und Miquelon | 60,2 [2]) | .. | .. |
| Trinidad und Tobago | 11,3 | 81 | 15,3 |
| *Südamerika* | | | |
| Argentinien | 7,0 [4]) | 86 | 3,4 |
| Bolivien | .. | 54 | 3,7 |
| Brasilien | 33,6 | 61 | .. |
| Chile | 11,7 | 97 | 3,1 |
| Ecuador | 24,6 [4]) | 72 | .. |
| Falkland-Inseln | .. | .. | .. |
| Guayana | 12,9 | 83 | .. |
| Guayana (Französisch) | .. | .. | .. |
| Kolumbien | 19,1 | 71 | .. |
| Paraguay | 19,8 | 67 | .. |
| Peru | 26,0 | 90 | 4,9 |
| Surinam | .. | .. | .. |
| Uruguay | 9,5 | 83 | 8,1 |
| Venezuela | 17,2 | 73 | 6,0 |
| **Asien** | | | |
| *Naher Osten* | | | |
| Bahrein | 69,6 | .. | .. |
| Irak | 73,2 | 61 | .. |
| Iran | 72,0 | 56 | .. |
| Israel | 12,4 [5]) | 81 | 3,1 |
| Jemen (Arabische Republik) [*]) | .. | 14 | .. |
| Jemen, Demokratische Volksrepublik [*]) | .. | 52 | .. |

noch Tabelle 8

| Region/Land | Anteil der Analphabeten an der Bevölkerung über 15 Jahre (Analphabetenquote) in % [1] | Primar- und Sekundarschüler in % der entsprechenden Jahrgänge (Einschulungsquote) [1] | Arbeitslosenquote (nach offiziellen Angaben) [9] in % [1] |
|---|---|---|---|
| 1 | 2 | 3 | 4 |
| **n o c h Ozeanien** | | | |
| Neukaledonien .......................... | .. | .. | ... |
| Pazifische Inseln ......................... | .. | .. | .. |
| Papua-Neuguinea ......................... | .. | .. | .. |
| Salomon-Inseln (Britisch) ................ | .. | .. | .. |
| Westsamoa *) ........................... | 5,6 [2] | .. | .. |
| Tonga ................................... | .. | .. | .. |

*) gehört zu der Gruppe der 28 am wenigsten entwickelten Länder
[1] jüngste verfügbare Angaben
[2] umfaßt alle Personen ohne Schulbildung und solche mit ein bis drei Jahren Primarschule
[3] Anteil der Bevölkerung über 25 Jahre
[4] Anteil der Bevölkerung über 10 Jahre
[5] Anteil der Bevölkerung über 20 Jahre
[6] Anteil der Bevölkerung über 14 Jahre
[7] West-Malaysia
[8] Zahl bezieht sich nur auf Südvietnam
[9] Die offiziellen Angaben liegen z. T. erheblich unter dem Ausmaß der tatsächlichen Arbeitslosigkeit. In Entwicklungsländern werden im allgemeinen lediglich die arbeitslosen Lohnempfänger registriert; der Agrarbereich und der sogenannte „informale Sektor" (insbesondere Kleingewerbe), die die überwiegende wirtschaftliche Tätigkeit darstellen, werden nicht erfaßt. Immer weniger Länder finden sich bereit, offizielle Arbeitslosenquoten bekanntzugeben.

Q u e l l e n : Spalte (2): UNESCO, Statistical Yearbook 1975, Louvain 1976, Tabelle 1.3 und Statistisches Bundesamt, Internationale Monatszahlen, Dezember 1976, Tabelle Strukturdaten ausgewählter Entwicklungsländer
Spalte (3): UNESCO, Statistical Yearbook 1975, Louvain 1976, Tabelle 3.2.
Spalte (4): UN, Statistical Yearbook 1975, New York 1976, Tabelle 23, UN-ILO, Yearbook of Labour Statistics 1976, Geneva 1977, Tabelle 10

## Wichtige Entwicklungsindikatoren Perus
## im Vergleich mit Kennzahlen ausgewählter amerikanischer Länder*)

| Land | Ernährung Kalorien je Einwohner/Tag (Kalorien) | Ernährung Proteinversorgung je Einwohner/Tag (g) | Gesundheitswesen Lebenserwartung bei Geburt (Durchschnitt)[1] (Jahre) | Gesundheitswesen Einwohner je planmäßiges Krankenhausbett[2] (Anzahl) | Bildungswesen Alphabeten Anteil der Bevölkerung über 15 J. (%) | Bildungswesen eingeschriebenen Schüler an der von 5-19 J. (%) | Landwirtschaft am Bruttoinlandsprodukt (%) | Energie männl. landw. Erwerbspers. an Erwerbspers. insges. 1970 | Energieverbrauch 1973 je Einwohner (kg SKE[3]) | Außenhandel Anteil weiterverarbeiteter Produkte an der Gesamtausfuhr[4] (%) | Verkehr Pkw (je 1 000 Einwohner) | Informationswesen Auflage Tageszeitungen (je 1 000 Einwohner) | Informationswesen Tonrundfunkgeräte (je 1 000 Einwohner) | Sozialprodukt Bruttosozialprodukt 1975 zu Marktpreisen je Einwohner (US-$) |
|---|---|---|---|---|---|---|---|---|---|---|---|---|---|---|
| Argentinien | 3 150 (70) | 99 (70) | 68 (70) | 176 (71) | 93 (70) | 65 (70) | 13 (70) | 15 | 1 908 (70) | 14 (73) | 68 (71) | 154 (72) | 425 (71) | 1 590 |
| Bolivien | 1 840 (70) | 46 (70) | m50 (51) | 522 (70) | . | 44 (70) | 14 (72) | 58 | 214 | . | 4 (70) | 37 (72) | 288 (70) | 320 |
| Brasilien | 2 820 (70) | 67 (70) | 61 (70) | 261 (71) | 67 (70) | 49 (70) | 19 (70) | 44 | 566 | 11 (73) | 24 (70) | 37 (71) | 61 (72) | 1 010 |
| Chile | 2 560 (70) | 71 (70) | 62 (70) | 245 (71) | 87 (70) | 71 (70) | 7 (72) | 25 | 1 458 | 2 (73) | 21 (71) | 109 (71) | 149 (72) | 760 |
| Costa Rica | 2 370 (70) | 62 (70) | 67 (70) | 250 (72) | 86 (70) | 58 (70) | 20 (73) | 45 | 50 | 13 (72) | 26 (72) | 93 (72) | 73 (72) | 910 |
| Dominikanische Republik | 2 060 (70) | 50 (70) | m57 (61) | 359 (72) | 66 (70) | 51 (70) | 22 (71) | 61 | 233 | 3 (72) | 13 (73) | 38 (72) | 40 (72) | 720 |
| Ecuador | 1 970 (70) | 49 (70) | 58 (70) | 472 (71) | 68 (70) | 53 (70) | 20 (73) | 54 | 321 | 8 (70) | 5 (72) | 47 (72) | 270 (72) | 550 |
| El Salvador | 1 850 (70) | 45 (70) | 56 (70) | 588 (72) | 57 (71) | 43 (70) | 26 (72) | 57 | 210 | 17 (72) | 10 (72) | 74 (71) | 95 (71) | 450 |
| Guatemala | 2 020 (70) | 51 (70) | 52 (70) | 412 (71) | 39 (70) | 29 (70) | 27 (70) | 63 | 267 | 14 (72) | 10 (72) | 39 (72) | 105 (72) | 650 |
| Guyana | 2 080 (67) | 47 (67) | m59 (61) | 190 (72) | . | . | 22 (72) | 32 | 950 | 4 (73) | 25 (70) | 54 (72) | 339 (71) | 560 |
| Haiti | 1 720 (70) | 39 (70) | 46 (70) | 1 452 (72) | . | 28 a) (71) | 47 (72) | 77 | 27 | 18 (72) | 3 (73) | 16 (72) | 17 (72) | 180 |
| Honduras | 2 200 (70) | 58 (70) | 52 (70) | 596 (72) | 45 (61) | 45 (70) | 32 (72) | 67 | 248 | 2 (72) | 6 (72) | 42 (71) | 56 (72) | 350 |
| Jamaika | 2 300 (70) | 56 (70) | 69 (72) | 271 (72) | 82 (70) | 61 (72) | 8 (72) | 27 | 1 680 | 5 (73) | 45 (70) | 100 (72) | 376 (72) | 1 290 |
| Kolumbien | 2 250 (70) | 50 (70) | 60 (70) | 502 (72) | 73 (70) | 44 (70) | 27 (72) | 45 | 600 | 6 (72) | 8 (71) | 109 (71) | 100 (72) | 550 |
| Kuba | 2 500 (70) | 63 (70) | 70 (70) | 235 (72) | 65 (60) | 65 (70) | . | 33 | 1 145 | . | 8 (71) | 95 (72) | 171 (72) | 800 |
| Mexiko | 2 560 (70) | 65 (70) | 61 (70) | 785 (70) | 74 (70) | 55 (70) | 11 (70) | 47 | 1 355 | 34 (73) | 31 (73) | 116 (65) | 301 (72) | 1 190 |
| Nicaragua | 2 330 (70) | 70 (70) | 50 (70) | 396 (72) | 58 (71) | 42 (70) | 26 (72) | 56 | 456 | 8 (72) | 17 (71) | 27 (72) | 58 (72) | 720 |
| Panama | 2 370 (70) | 59 (70) | 66 (70) | 315 (72) | 78 (70) | 61 (70) | 19 (72) | 43 | 860 | 1 (72) | 35 (72) | 78 (71) | 164 (72) | 1 060 |
| Paraguay | 2 540 (70) | 65 (70) | 59 (70) | 677 (72) | 75 (62) | 53 (70) | 34 (72) | 53 | 142 | 7 (70) | 3 (70) | 38 (72) | 68 (72) | 570 |
| Peru | 2 310 (70) | 62 (70) | m53 (65) | 497 (70) | 74 (70) | 64 (70) | 16 (72) | 46 | 641 | 1 (70) | 19 (72) | 122 (70) | 138 (72) | 810 |
| Uruguay | 2 740 (70) | 91 (70) | 70 (71) | 193 (70) | 91 (70) | 72 (71) | 11 (71) | 17 | 969 | 1 (72) | 74 (73) | 267 (72) | 507 (72) | 1 330 |
| Venezuela | 2 430 (70) | 60 (70) | 65 (70) | 333 (72) | 82 (71) | 54 (70) | 26 (72) | 26 | 2 818 | 0 (72) | 72 (71) | 93 (71) | 182 (72) | 2 220 |

*) Bei den in Klammern gesetzten Zahlen handelt es sich um Jahresangaben, z.B. (69) = 1969, die entweder das Erhebungs- bzw. Berichtsjahr kennzeichnen oder (im Fall eines mehrjährigen Zeitraums) das Endjahr einer Erhebungs- bzw. Berichtsperiode. Näheres ist aus den Originalquellen zu ersehen. Auf ausführliche Fußnoten-Anmerkungen wurde aus Platzgründen bewußt verzichtet.

1) Für viele Länder liegen nur Schätzwerte der UN Population Division vor. Im allgemeinen sind Durchschnittswerte für Männer und Frauen nachgewiesen. Falls nach Geschlecht getrennte Angaben vorliegen, werden Zahlen für Männer (= vorangestelltes m) nachgewiesen. - 2) Im allgemeinen Betten in öffentlichen und privaten Krankenhäusern (einschl. Spezialkliniken usw.), in einigen Ländern nur öffentliche Anstalten. - 3) Steinkohleneinheit. - 4) SITC Pos. 5, 7 und 8.

a) Bevölkerung im Alter von 5 bis 14 Jahren.

Quellen: FAO Production Yearbook (1971: Ernährung; 1973: landwirtschaftliche Erwerbspersonen; UN Statistical Yearbook 1974 (Gesundheitswesen; Landwirtschaft/BIP; Energie; Verkehr); UNESCO Statistical Yearbook 1973 (Alphabeten; Informationswesen); UN Demographic Yearbook 1973 (Schüler); Yearbook of International Trade Statistics 1973/74 (Außenhandel); World Bank Atlas 1976 (Sozialprodukt); UNRISD Research Data Bank of Development Indicators.

n o c h  Tabelle 10

| Kontinent/Empfängerland | Bilaterale Zusammenarbeit | | Multilaterale [1] Zusammenarbeit | | insgesamt | | |
|---|---|---|---|---|---|---|---|
| | 1973 | 1975 | 1973 | 1975 | 1973 | 1975 | 1975 pro Kopf der Bevölkerung US-$ |
| | in Millionen US-$ | | | | | | |
| **Amerika insgesamt** | 883,33 | 1 206,99 | 397,84 | 523,03 | 1 281,17 | 1 730,02 | 5,38 |
| Nord- und Zentral insgesamt .. | 391,69 | 611,15 | 147,20 | 237,72 | 538,89 | 848,87 | 8,03 |
| Bahamas | 0,07 | 0,13 | 0,44 | 0,52 | 0,51 | 0,65 | 3,25 |
| Belize | 4,11 | 6,61 | 0,56 | 1,94 | 4,67 | 8,55 | 61,07 |
| Bermuda | — | 0,02 | — | — | — | 0,02 | 0,33 |
| Barbados | 4,34 | 2,69 | 0,42 | 1,60 | 4,76 | 4,29 | 17,88 |
| Costa Rica | 14,67 | 17,30 | 8,86 | 12,02 | 23,53 | 29,32 | 14,81 |
| Kuba | 3,07 | 14,26 | 2,62 | 4,73 | 5,69 | 18,99 | 2,05 |
| Dominikanische Republik ..... | 15,68 | 16,20 | 9,82 | 14,92 | 25,50 | 31,12 | 6,65 |
| El Salvador | 10,67 | 11,86 | 12,30 | 23,51 | 22,97 | 35,37 | 8,61 |
| Guadeloupe | 81,65 | 143,22 | 1,86 | 7,03 | 83,51 | 150,25 | 429,29 |
| Guatemala | 17,25 | 26,86 | 9,55 | 11,86 | 26,80 | 38,72 | 6,76 |
| Haiti | 5,03 | 24,83 | 3,14 | 28,91 | 8,17 | 53,74 | 11,73 |
| Honduras | 10,20 | 28,12 | 4,92 | 20,13 | 15,12 | 48,25 | 16,03 |
| Jamaika | 13,47 | 18,20 | 5,63 | 6,37 | 19,10 | 24,57 | 12,10 |
| Martinique | 100,02 | 160,25 | 1,76 | 4,47 | 101,78 | 164,72 | 457,56 |
| Mexiko | −0,01 | 9,24 | 61,37 | 41,35 | 61,36 | 50,59 | 0,84 |
| Niederländisch Antillen | 19,28 | 21,87 | 2,98 | 11,17 | 22,26 | 33,04 | 137,67 |
| Nicaragua | 23,93 | 18,40 | 9,16 | 22,90 | 33,09 | 41,30 | 19,30 |
| Panama | 19,87 | 20,05 | 7,13 | 12,80 | 27,00 | 32,85 | 19,55 |
| Trinidad und Tobago | 1,26 | 3,20 | 2,95 | 2,06 | 4,21 | 5,26 | 4,92 |
| St. Pierre und Miquelon | 7,74 | 15,00 | — | — | 7,74 | 15,00 | |
| Westindien | 37,47 | 40,75 | 1,73 | 9,43 | 39,20 | 50,18 | 86,52 |
| Sonstige und nicht aufgeschlüsselt | 1,92 | 12,09 | — | — | 1,92 | 12,09 | |
| Süd insgesamt | 429,16 | 530,03 | 229,23 | 257,80 | 658,39 | 787,83 | 3,65 |
| Argentinien | 10,29 | 4,96 | 35,64 | 18,38 | 45,93 | 23,34 | 0,92 |
| Bolivien | 17,64 | 32,17 | 13,38 | 22,90 | 31,02 | 55,07 | 9,82 |
| Brasilien | 56,39 | 115,72 | 57,41 | 46,95 | 113,80 | 162,67 | 1,52 |
| Chile | 35,05 | 104,37 | 14,18 | 21,92 | 49,23 | 126,29 | 11,88 |
| Ecuador | 22,28 | 25,40 | 13,85 | 41,36 | 36,13 | 66,76 | 9,29 |
| Falkland-Inseln | 0,55 | 3,06 | — | — | 0,55 | 3,06 | |
| Guayana (Französisch) | 38,45 | 44,57 | 0,03 | 0,86 | 38,48 | 45,43 | 757,17 |
| Guyana | 5,50 | 7,42 | 2,72 | 1,96 | 8,22 | 9,38 | 11,87 |
| Kolumbien | 116,31 | 61,93 | 32,34 | 28,59 | 148,65 | 90,52 | 3,66 |
| Paraguay | 12,45 | 12,34 | 12,33 | 23,65 | 24,78 | 35,99 | 13,68 |
| Peru | 72,18 | 53,40 | 23,11 | 19,07 | 95,29 | 72,47 | 4,58 |
| Surinam | 23,95 | 48,23 | 5,88 | 4,60 | 29,83 | 52,83 | 125,79 |
| Uruguay | 11,88 | 1,36 | 6,81 | 9,50 | 18,69 | 10,86 | 3,54 |
| Venezuela | 4,65 | 1,23 | 11,55 | 18,04 | 16,20 | 19,27 | 1,60 |

noch Tabelle 10

| Kontinent/Empfängerland | Bilaterale Zusammenarbeit | | Multilaterale [1] Zusammenarbeit | | insgesamt | | 1975 pro Kopf der Bevölkerung US-$ |
|---|---|---|---|---|---|---|---|
| | 1973 | 1975 | 1973 | 1975 | 1973 | 1975 | |
| | | | in Millionen US-$ | | | | |
| **noch Asien** | | | | | | | |
| Korea (Republik) ........... | 262,81 | 213,29 | 19,34 | 26,86 | 282,15 | 240,15 | 7,04 |
| Laos ...................... | 72,50 | 32,57 | 3,37 | 4,38 | 75,87 | 36,95 | 11,06 |
| Macau ..................... | — | — | 0,12 | 0,03 | 0,12 | 0,03 | 0,11 |
| Malaysia .................. | 39,05 | 89,87 | 6,21 | 6,69 | 45,26 | 96,56 | 8,86 |
| Philippinen ............... | 213,67 | 160,06 | 9,07 | 22,07 | 222,74 | 182,13 | 4,27 |
| Singapur .................. | 23,15 | 9,98 | 2,48 | 2,13 | 25,63 | 12,11 | 5,36 |
| Taiwan .................... | −25,91 | −19,60 | −0,11 | −0,16 | −26,02 | −19,76 | |
| Thailand .................. | 55,75 | 73,46 | 5,42 | 9,94 | 61,17 | 83,40 | 1,97 |
| Timor ..................... | — | 0,25 | — | — | — | 0,25 | 0,39 |
| Demokratische Republik Vietnam ............... | 29,00 | 81,37 | — | — | 29,00 | 81,37 | 3,43 |
| Vietnam (Sozialistische Republik) ................ | 446,63 | 198,51 | 2,44 | 16,65 | 449,07 | 215,16 | 10,87 |
| Mekong-Delta .............. | 0,56 | 7,10 | — | — | 0,56 | 7,10 | |
| Sonstige und nicht aufgeschlüsselt ........... | 7,52 | 35,87 | 1,78 | 7,03 | 9,30 | 42,90 | |
| nicht ausgeschlüsseltes Asien .. | 23,71 | 29,35 | 12,90 | 8,57 | 36,61 | 37,92 | |
| **Ozeanien insgesamt** ......... | **432,65** | **597,01** | **8,01** | **13,99** | **440,66** | **611,00** | **135,78** |
| Cookinseln ................ | 4,25 | 5,40 | — | 0,14 | 4,25 | 5,54 | 184,67 |
| Fidschi ................... | 13,61 | 17,77 | 0,96 | 0,86 | 14,57 | 18,63 | 32,68 |
| Gilbert- und Ellice-Inseln ..... | 5,89 | 5,54 | 0,09 | 0,17 | 5,98 | 5,71 | 81,57 |
| Polynesien, Französisch ....... | 49,91 | 70,98 | 0,44 | 0,76 | 50,35 | 71,74 | 551,85 |
| Nauru ..................... | — | 0,01 | — | — | — | 0,01 | 1,00 |
| Neukaledonien .............. | 74,64 | 64,74 | — | −0,03 | 74,64 | 64,71 | 539,25 |
| Neue Hebriden .............. | 7,24 | 12,10 | 0,20 | 0,27 | 7,44 | 12,37 | 123,70 |
| Neuguinea/Papua ........... | 192,90 | 297,53 | 3,43 | 6,74 | 196,33 | 304,27 | 111,86 |
| Niue ...................... | 1,65 | 2,25 | — | 0,02 | 1,65 | 2,27 | 227,00 |
| Salomon-Inseln ............. | 11,33 | 21,59 | 0,30 | 0,38 | 11,63 | 21,97 | 115,63 |
| Tokelau-Inseln ............. | 0,44 | 0,21 | — | — | 0,44 | 0,21 | |
| Tonga ..................... | 1,26 | 2,91 | 0,14 | 0,16 | 1,40 | 3,07 | 30,70 |
| Wallis und Futuna .......... | — | 1,87 | 0,33 | 0,37 | 0,33 | 2,24 | 224,00 |
| Pazifische Inseln (Amerikanisch) | 65,20 | 81,06 | 0,41 | 0,22 | 65,61 | 81,28 | |
| Westsamoa ................. | 2,00 | 8,83 | 1,57 | 3,93 | 3,57 | 12,76 | 738,91 |
| Sonstige und nicht aufgeschlüsselt ........... | 2,24 | 4,22 | 0,23 | — | 2,47 | 4,22 | 79,75 |
| nicht aufgeschlüsselt insgesamt | *501,53* | *728,70* | *113,30* | *242,95* | *614,83* | *971,65* | |
| **Alle Entwicklungsländer insgesamt** ............... | **7 082,30** | **9 815,50** | **1 941,27** | **3 119,10** | **9 023,57** | **12 934,60** | **6,31** |

[1] nur Leistungen von IDA, UN und Unterorganisationen sowie EG-Fonds
Q u e l l e : Zusammenarbeit im Dienste der Entwicklung, DAC-Jahresprüfung 1976, Tabellen 26 und 27

CUADRO N°28.- POBLACION ECONOMICAMENTE ACTIVA DE 15 AÑOS Y MAS, POR PRINCIPALES GRUPOS COMPONENTES DE ACTIVIDAD Y SEXO, SEGUN DEPARTAMENTOS GRANDES RAMAS DE ACTIVIDAD ECONOMICA Y NIVEL DE EDUCACION

REPUBLICA DEL PERU

Resultados Definitivos

VII Censo Nacional de Población — 1972

Día del Censo: 4 de Junio 1972

| DEPARTAMENTOS GRANDES RAMAS DE ACTIVIDAD, NIVEL DE EDUCACION | POBLACION ECONOMICAMENTE ACTIVA DE 15 AÑOS Y MAS | | | GRUPOS COMPONENTES DE ACTIVIDAD Y SEXO | | | | | | | | | | |
|---|---|---|---|---|---|---|---|---|---|---|---|---|---|---|
| | | | | OCUPADOS | | | TOTAL | DESOCUPADOS | | | | | | |
| | | | | | | | | | QUE BUSCAN TRABAJO POR HABER PERDIDO EL QUE TENIAN | | | QUE BUSCAN TRABAJO POR PRIMERA VEZ | | |
| | TOTAL | HOMBRES | MUJERES | TOTAL | HOMBRES | MUJERES | | TOTAL | TOTAL | HOMBRES | MUJERES | TOTAL | HOMBRES | MUJERES |
| TOTAL | 3786160 | 3023009 | 763151 | 3572326 | 2866127 | 706199 | 213834 | 145269 | 145269 | 113110 | 32159 | 68565 | 43772 | 24793 |

CUADRO N°28.-POBLACION ECONOMICAMENTE ACTIVA DE 15 AÑOS Y MAS, POR PRINCIPALES GRUPOS COMPONENTES DE ACTIVIDAD Y SEXO, SEGUN DEPARTAMENTOS GRANDES RAMAS DE ACTIVIDAD ECONOMICA Y NIVEL DE EDUCACION

REPUBLICA DEL PERU

VII Censo Nacional de Población — 1972
Resultados Definitivos
(Continuación)

Día del Censo: 4 de Junio 1972

| DEPARTAMENTOS GRANDES RAMAS DE ACTIVIDAD, NIVEL DE EDUCACION | POBLACION ECONOMICAMENTE ACTIVA DE 15 AÑOS Y MAS | | | GRUPOS COMPONENTES DE ACTIVIDAD Y SEXO | | | | | | | | | |
|---|---|---|---|---|---|---|---|---|---|---|---|---|---|
| | | | | OCUPADOS | | | DESOCUPADOS | | | | | | |
| | | | | | | | | QUE BUSCAN TRABAJO POR HABER PERDIDO EL QUE TENIAN | | | QUE BUSCAN TRABAJO POR PRIMERA VEZ | | |
| | TOTAL | HOMBRES | MUJERES | TOTAL | HOMBRES | MUJERES | TOTAL | TOTAL | HOMBRES | MUJERES | TOTAL | HOMBRES | MUJERES |
| UNIVERSIT. | 15568 | 13014 | 2554 | 14641 | 12376 | 2265 | 927 | 927 | 638 | 289 | | | |
| OTROS EST. (2) | 196 | 118 | 78 | 178 | 110 | | 218 | 218 | 162 | 10 | | | |
| NO ESPECIF. | 5020 | 3557 | 1463 | 4752 | 3395 | 1357 | 268 | 268 | 162 | 106 | | | |
| TRANSPORTE | 164609 | 157939 | 6670 | 157464 | 150979 | 6485 | 7145 | 7145 | 6960 | 185 | | | |
| SIN NIVEL | 2897 | 2813 | 84 | 2744 | 2668 | 76 | 153 | 153 | 145 | 8 | | | |
| PREESCOLAR (1) | 47637 | 46797 | 840 | 39603 | 38936 | 1463 | 1830 | 1830 | 1804 | 26 | | | |
| PRIMARIA | 55943 | 51916 | 4027 | 53416 | 49981 | 3935 | 2527 | 2527 | 2435 | 92 | | | |
| SECUNDARIA | 4103 | | | 4429 | 4052 | 316 | 116 | 116 | | 10 | | | |
| NORMAL | 4684 | 4255 | | 4480 | | 328 | 194 | 194 | 189 | 10 | | | |
| UNIVERSIT. | 1991 | 1782 | 209 | 1892 | 1693 | 199 | 99 | 99 | 89 | 10 | | | |
| OTROS ESP. (2) | | | | | | | | | | | | | |
| NO ESPECIF. | | | | | | | | | | | | | |
| EST. FINANC. | 45608 | 37588 | 8020 | 44088 | 36405 | 7683 | 1520 | 1520 | 1183 | 337 | | | |
| SIN NIVEL | 2503 | 2287 | 216 | 2501 | 2116 | 385 | 138 | 176 | 303 | 311 | | | |
| PREESCOLAR (1) | 2503 | 2287 | 216 | 2322 | 2142 | 185 | 176 | 176 | 145 | 31 | | | |
| PRIMARIA | 24423 | 18741 | 5682 | 23668 | 18073 | 5495 | 761 | 761 | 577 | 184 | | | |
| SECUNDARIA | 1129 | 78 | 1051 | 1233 | 1059 | 1046 | 197 | 197 | 160 | 37 | | | |
| NORMAL | 11730 | 10679 | 1051 | 1153 | 1059 | 1014 | 197 | 197 | 160 | 37 | | | |
| UNIVERSIT. (2) | 1819 | 1418 | 401 | 1764 | 1380 | 384 | 55 | 55 | 38 | 17 | | | |
| NO ESPECIF. | | | | | | | | | | | | | |
| SERVICIOS | 664317 | 378090 | 286207 | 641622 | 366696 | 274927 | 22754 | 22754 | 11364 | 11360 | | | |
| SIN NIVEL | 140357 | 62610 | 77747 | 136038 | 60397 | 75646 | 4324 | 4324 | 2223 | 2101 | | | |
| PREESCOLAR (1) | 24922 | 17508 | 7414 | 114908 | 76770 | 42428 | 4823 | 4823 | 2737 | 2086 | | | |
| PRIMARIA | 24918 | 13501 | 11417 | 34537 | 31391 | 31154 | 2334 | 2334 | 1052 | 4271 | | | |
| SECUNDARIA | 100428 | 64469 | 35959 | 98194 | 63417 | 34777 | 2334 | 2334 | 1052 | 1182 | | | |
| NORMAL | 20189 | 11632 | 8557 | 19550 | 11432 | 6294 | 631 | 631 | 210 | 421 | | | |
| UNIVERSIT. (2) | | | | | | | | | | | | | |
| NO ESPECIF. | | | | | | | | | | | | | |
| RAMA NO ESP. | 264552 | 191405 | 73147 | 148207 | 111340 | 36867 | 116815 | 47750 | 36293 | 11457 | 68565 | 43772 | 24793 |
| SIN NIVEL | 59640 | 43379 | 16261 | 36650 | 30461 | 6189 | 22990 | 13366 | 11138 | 2228 | 9654 | 6800 | 2854 |
| PREESCOLAR (1) | 46886 | 38757 | 10129 | 26601 | 21894 | 4507 | 22485 | 9908 | 8624 | 2101 | 12497 | 8839 | 3658 |
| PRIMARIA | 112265 | 96838 | 31117 | 52893 | 39649 | 15300 | 45972 | 15307 | 10948 | 4259 | 33767 | 21914 | 11853 |
| SECUNDARIA | 19901 | 13941 | 5960 | 11270 | 9102 | 2168 | 8631 | 2254 | 1457 | 797 | 6377 | 3382 | 2995 |
| NORMAL | 5663 | 3259 | 2404 | 3389 | 2273 | 1155 | 2274 | 675 | 362 | 313 | 1599 | 644 | 955 |
| UNIVERSIT. | | | | | | | | | | | | | |
| OTROS ESP. (2) | | | | | | | | | | | | | |
| NO ESPECIF. | | | | | | | | | | | | | |

CUADRO Nº23.- POBLACION OCUPADA DE 6 AÑOS Y MAS, POR GRUPOS DE EDAD Y SEXO, SEGUN RAMAS DE ACTIVIDAD ECONOMICA

Resultados Definitivos

VII Censo Nacional de Población - 1972

...UBLICA DEL PERU

Día del Censo: 4 de Junio 1972

| RAMAS DE ACTIVIDAD ECONOMICA | POBLACION OCUPADA DE 6 AÑOS Y MAS | GRUPOS DE EDAD Y SEXO | | | | | | | | | | | |
|---|---|---|---|---|---|---|---|---|---|---|---|---|---|
| | | 6 a 14 AÑOS | | 15 a 29 AÑOS | | 30 a 44 AÑOS | | 45 a 64 AÑOS | | 65 Y MAS AÑOS | | EDAD NO ESPECIFICADA | |
| | | HOMBRES | MUJERES | HOMBRES | MUJERES | HOMBRES | MUJERES | HOMBRES | MUJERES | HOMBRES | MUJERES | HOMBRES | MUJERES |
| TOTAL | 3653036 | 45323 | 35387 | 1074586 | 344095 | 994657 | 214693 | 650333 | 122545 | 141382 | 23443 | 5169 | 1423 |

Tabla estadística con filas por ramas de actividad económica (AGRIC-CAZA-SILVI, AGR-GRUP-NE, SERROD-AGRO, PESCA-PESP, EX-MIN-Y-CANT, IND-MANUFACTUR, etc.) con cifras por grupos de edad y sexo. Las cifras de las filas individuales no son legibles con suficiente certeza para su transcripción.

CUADRO N°26.- POBLACION OCUPADA DE 6 AÑOS Y MAS, POR GRUPOS DE EDAD Y SEXO, SEGUN RAMAS DE ACTIVIDAD ECONOMICA

REPUBLICA DEL PERU

VII Censo Nacional de Población — 1972
Resultados Definitivos
(Continuación)

Día del Censo: 4 de Junio 1972

| RAMAS DE ACTIVIDAD ECONOMICA | POBLACION OCUPADA DE 6 AÑOS Y MAS | GRUPOS DE EDAD Y SEXO | | | | | | | | | | | |
|---|---|---|---|---|---|---|---|---|---|---|---|---|---|
| | | 6 a 14 AÑOS | | 15 a 29 AÑOS | | 30 a 44 AÑOS | | 45 a 64 AÑOS | | 65 Y MAS AÑOS | | EDAD NO ESPECIFICADA | |
| | | HOMBRES | MUJERES | HOMBRES | MUJERES | HOMBRES | MUJERES | HOMBRES | MUJERES | HOMBRES | MUJERES | HOMBRES | MUJERES |

CUADRO N°26.- POBLACION OCUPADA DE 6 AÑOS Y MAS, POR GRUPOS DE EDAD Y SEXO, SEGUN RAMAS DE ACTIVIDAD ECONOMICA

REPUBLICA DEL PERU

VII Censo Nacional de Población - 1972
Resultados Definitivos
(Continuación)

Día del Censo: ~ de Junio 1972

| RAMAS DE ACTIVIDAD ECONOMICA | POBLACION OCUPADA DE 6 AÑOS Y MAS | GRUPOS DE EDAD Y SEXO | | | | | | | | | | | |
|---|---|---|---|---|---|---|---|---|---|---|---|---|---|
| | | 6 a 14 AÑOS | | 15 a 29 AÑOS | | 30 a 44 AÑOS | | 45 a 64 AÑOS | | 65 Y MAS AÑOS | | EDAD NO ESPECIFICADA | |
| | | HOMBRES | MUJERES | HOMBRES | MUJERES | HOMBRES | MUJERES | HOMBRES | MUJERES | HOMBRES | MUJERES | HOMBRES | MUJERES |
| 611 C.POR MAYOR | 14822 | 42 | 41 | 4169 | 781 | 5510 | 558 | 3074 | 231 | 392 | 34 | 18 | 2 |
| 621 C.POR MENOR | 284835 | 2533 | 580 | 75211 | 29519 | 68804 | 35591 | 39057 | 22418 | 8464 | 3787 | 236 | 155 |
| 630 REST.Y HOT. | 25314 | 1041 | 566 | 84618 | 3970 | 6246 | 2411 | 3438 | 665 | 383 | 705 | 29 | 41 |
| 632 HOTELES RANT. | 5094 | 337 | 156 | 11006 | 4198 | 1413 | 7296 | 4838 | 5229 | 131 | 30 | 6 | 3 |
| TRANSPORTES | 158229 | 707 | 58 | 44769 | 2002 | 69184 | 2487 | 33486 | 1100 | 2349 | 95 | 191 | 7 |
| 711 T.FERROCARR. | 3259 | 249 | | 4921 | 227 | 29000 | 124 | 12344 | 89 | 2820 | 23 | 112 | |
| 712 T.FERROVIA. | 2443 | 145 | 52 | 5521 | 227 | 14645 | 124 | 5900 | 321 | 664 | | 112 | 1 |
| 714 T.URBANO | 24548 | 128 | 3 | 6929 | 127 | 8574 | 54 | 2672 | 35 | 3966 | | 39 | |
| 715 T.CARGA... | 20540 | | | 7668 | 107 | | | | | 268 | | | |
| 717 T.OLEODUC. | 490 | | | | | | | | | | | | |
| 719 TR.ACUATIC. | 8918 | 509 | 16 | 3126 | 13 | 2613 | 211 | 1495 | 11 | 347 | 4 | | |
| 721 TR.ACUA.MEN. | 3324 | 461 | | 10605 | 27 | 13169 | 123 | 2746 | 417 | 171 | 53 | 11 | |
| 722 T.ACUATICO | 1602 | 208 | | 3516 | 68 | 3456 | 209 | 2340 | 109 | 110 | 11 | 12 | |
| 731 T.AEREO | 1520 | 26 | 3 | 2834 | 58 | 5569 | 769 | 2338 | 139 | 110 | 2 | 15 | 1 |
| 741 T.AEREO | 1038 | 77 | 1 | 1334 | 215 | 1407 | 89 | 266 | 7 | 104 | 11 | 25 | |
| 742 ALMACENES | 2094 | 23 | 2 | 883 | 353 | 1679 | 124 | 358 | 705 | 34 | 4 | 18 | |
| 751 COMUNICAC. | 9138 | 16 | 6 | 1568 | 1011 | 2741 | 1490 | 1445 | 709 | 102 | 27 | 18 | 5 |
| SERV.EMPRESAS | 4427 | 123 | 16 | 12186 | 4242 | 15191 | 2493 | 7857 | 836 | 1136 | 111 | 35 | |
| 800 ES.FINANC. | 15005 | 149 | 35 | 11627 | 1538 | 61259 | 2266 | 2627 | 205 | 1668 | 125 | 12 | 1 |
| 811 MONETAR. | 15198 | | | 13672 | 1200 | 11191 | 1007 | 2792 | 258 | 1442 | | | |
| 813 TR.FINANC. | 2261 | | | 3387 | 422 | | 2115 | 5372 | 1 | 46 | | 1 | 1 |
| 821 SEGUROS | 2309 | 9 | | 5349 | 257 | 7465 | 153 | 4601 | 167 | 565 | 620 | 45 | |
| 831 BIENES INMUEB. | 3625 | 163 | 1 | 9971 | 416 | 8814 | 215 | 1385 | 465 | 1320 | 60 | 55 | |
| 841 S.INMUEB. | 3734 | 181 | | 9865 | 439 | 12184 | 215 | 1608 | | 1128 | 1 | 3 | 1 |
| 842 S.CONTAB. | 1238 | | | 4031 | 518 | 556 | 73 | 1205 | | | | | |
| 843 S.COMPUT. | 1806 | 35 | | 4031 | 188 | 5678 | 73 | 1255 | 215 | 41 | 32 | | |
| 849 S.PUBLIC. | 1069 | | | 5116 | 73 | 2711 | 439 | 129 | 153 | 23 | | 1 | |
| 851 AL.MAQUI. | 137 | 2 | | | | | | | | | | | |
| SERV.COMUNALES | 663354 | 6399 | 15332 | 167720 | 174638 | 128107 | 72546 | 63659 | 28017 | 7511 | 3239 | 699 | 487 |
| 910 S.PUBLICA | 151657 | 4166 | 53 | 72250 | 51714 | 43803 | 4456 | 21434 | 1726 | 13554 | 144 | 279 | 11 |
| 921 INS.PUBLICA | 124705 | 1775 | 148 | 227578 | 289049 | 256428 | 269991 | 105606 | 9094 | 7756 | 577 | 2102 | 154 |
| 931 INVESTIG. | 4152 | 704 | 48 | 44668 | 19513 | 10290 | 103455 | 55130 | 3325 | 51736 | 212 | 315 | 21 |
| 933 VETERINA. | 14261 | | | 2092 | 2093 | | 2659 | | | 258 | 3 | 1 | 3 |
| 934 AS.SOCIAL | 1322 | 1 | 1 | 5 | | 1836 | | 1607 | 124 | 1170 | | 4 | |
| 935 AS.CLUB... | 3002 | 1 | 2 | 1580 | 1321 | | 255 | 581 | 224 | 1209 | 400 | 11 | 3 |
| 939 SEN.SOCIAL | 40556 | 141 | 100 | 14470 | 10753 | 7594 | 5607 | 3609 | 1917 | 4293 | 186 | 2 | 1 |
| 940 S.DIVERSION | 2020 | 12 | 2 | 10685 | 1784 | 1554 | | 3118 | 412 | 2033 | 14 | 3 | |
| 941 O.PELICUL. | 2157 | 17 | | 8951 | 2149 | 658 | 121 | 2095 | 321 | 1172 | 18 | 3 | |
| 942 D.PELICUL. | 1027 | 17 | | 4189 | 2267 | 1250 | 436 | 1136 | 105 | 1264 | 60 | 17 | 1 |
| 943 E.RADIOTV | 1297 | 40 | 1 | 2604 | 164 | 3728 | 189 | 1654 | 141 | 2314 | 102 | 17 | |
| 944 ANT.EMPC. | 1158 | 662 | 5 | 2582 | 85 | 3357 | 309 | 3620 | 142 | 12508 | 224 | 33 | |
| 949 B.BIBLIOIC. | 5407 | 226 | 3 | 3073 | 157 | 9982 | | 4481 | 4 | 800 | 55 | 34 | |
| 951 REP.CALZ.V | 11582 | 247 | | 1002 | 222 | 2295 | 1683 | 559 | 226 | 802 | 557 | 3 | 1 |
| 952 REP.CALZCIR. | 3880 | | | 1209 | 101 | 268 | 1623 | 1353 | 3425 | 571 | 1547 | 4 | 231 |
| 959 OTROS REPA. | 16290 | 247 | 1 | 78 | 66 | | | | 6845 | 6 | 1341 | 38 | 258 |
| 980 S.DIRECTO.N | 161281 | 4368 | 14875 | 12209 | 107101 | | | | | | | | |

CUADRO N°26.- POBLACION OCUPADA DE 6 AÑOS Y MAS, POR GRUPOS DE EDAD Y SEXO, SEGUN RAMAS DE ACTIVIDAD ECONOMICA

Resultados Definitivos
VII Censo Nacional de Población - 1972
(Conclusión)

REPUBLICA DEL PERU                                    Día del Censo: 4 de Junio 1972

| RAMAS DE ACTIVIDAD ECONOMICA | POBLACION OCUPADA DE 6 AÑOS Y MAS | 6 a 14 AÑOS | | 15 a 29 AÑOS | | 30 a 44 AÑOS | | 45 a 64 AÑOS | | 65 Y MAS AÑOS | | EDAD NO ESPECIFICADA | |
|---|---|---|---|---|---|---|---|---|---|---|---|---|---|
| | | HOMBRES | MUJERES | HOMBRES | MUJERES | HOMBRES | MUJERES | HOMBRES | MUJERES | HOMBRES | MUJERES | HOMBRES | MUJERES |
| 981 PEL.VIVERIA | 12899 | 28 | 22 | 1953 | 3675 | 2840 | 1838 | 1849 | 311 | 346 | 22 | 12 | 3 |
| 982 S.P.FOTOGRA.- | 3457 | 1 | 2 | 1868 | 152 | 1341 | 165 | 580 | 24 | 392 | 3 | 14 | |
| 989 S.P.EN.- | 7973 | 609 | 9 | 2854 | 152 | 2145 | 179 | 1793 | 107 | 398 | 16 | 11 | |
| 991 UR.INTER.- | 942 | 5 | 3 | 2240 | 85 | 304 | 82 | 1172 | 3 | 18 | | | |
| ACTIV.-NO ESP. | 151406 | 2138 | 1061 | 51853 | 19791 | 36679 | 10706 | 19252 | 5315 | 3328 | 959 | 228 | 96 |

GRUPOS DE EDAD Y SEXO

Merkmale der Struktur des Produzierenden Gewerbes in Peru

| Unternehmensform, Beschäftigungsstruktur | Standort | Produkte |
|---|---|---|
| vielfach keine formelle Unternehmensbildung; Familienmitglieder als Arbeitskräfte | überwiegend ländliche Gebiete; vor allem Sierra | Holzarbeiten, Gewebe, Strickwaren, Töpfer- und Flechtarbeiten, Schmuck |
| Einzelfirma; evtl. Familienmitglieder sowie Lohnarbeiter als Arbeitskräfte | ländliche und städtische Gebiete; Sierra, Costa, Selva | Möbel, Holzarbeiten, Textilien, Nahrungsmittel, Reparaturwerkstätten |
| überwiegend Einzelfirma; Lohnarbeiter und geringer Anteil an Familienmitgliedern als Arbeitskräfte | Klein- und Großstädte; Sierra, Costa, Selva | überwiegend Produkte traditioneller Industrien; Metallindustrie; Reparaturwerkstätten |
| überwiegend GmbH, z.T. auch Einzelfirma; Familienmitglieder z.T. in Führungspositionen | Sekundärpole, Ballungszentrum; Costa; weniger in Sierra und Selva | Produkte traditioneller und moderner Industriezweige |
| überwiegend Aktiengesellschaft; Aktien z.T. in Familienbesitz | kaum in Sekundärpolen; z.T. an Rohstoffquellen; überwiegend Ballungsgebiet; Costa, kaum Sierra | Halbfabrikate; dauerhafte Konsumgüter; Kapitalgüter; Grundstoffe |

| Produktionsstätte | Produktionsfaktoren | Fertigungsart |
|---|---|---|
| Heimarbeit | primitive Werkzeuge; vor allem Einsatz menschlicher Arbeitskraft; lokale Rohstoffe | Einzelfertigung mit sehr primitiver Technologie |
| Heimarbeit; kleine Werkstätten | Werkzeuge; primitive Maschinen; stark manuell ausgerichteter Produktionsprozeß; lokale Rohstoffe | Auftragsfertigung; sehr kleine Stückzahlen; primitive Technologie |
| Werkstätten und kleine Fabriken | Werkzeuge; halbmechanisierte Maschinen; lokale und regionale Rohstoffe | Auftragsfertigung; kleine Serien; traditionelle Technologie |
| mittlere Fabriken | Maschinen und Anlagen; überwiegend halbautomatisiert; nationale und importierte Rohstoffe | Serienfertigung; mittlere Stückzahl; gemischte Technologie |
| große Fabriken | stärker automatisiert; z.T. vollautomatisiert; großer Anteil importierter Inputs | Serien- und Massenfertigung; große Stückzahl; überwiegend moderne Technologie |

| Vermarktung | Unternehmens-organisation | Finanzierung |
|---|---|---|
| unorganisiert; lokale Wochenmärkte; Gelegenheitsverkäufe; Aufkäufer, z.T. Selbstverbrauch | sehr geringe Organisation; keine Spezialisierung | fast ohne Eigenkapital; kein Fremdkapital; Kreislauf Produktion - Absatz - Erlöse - Produktion |
| überwiegend Direktabsatz; z.T. an feste Kunden; ambulanter Handel; lokale Märkte | beginnende Arbeitsteilung und Organisation der Produktionseinheit | Eigenkapital; wenig zusätzliches Kapital von Familienangehörigen oder Freunden |
| Direktabsatz; Absatz an Weiterverarbeiter | beginnende Arbeitsteilung in technischen und kaufmännischen Bereich | Eigenkapital; größerer Kapitalanteil von Freunden, Familienangehörigen; beginnende Fremdfinanzierung |
| Direktabsatz; Absatz über Handelsfirmen an Endkonsument; Absatz an Weiterverarbeiter; Export | Spezialisierung in kaufmännischen und technischen Funktionen; moderne Betriebsführung | Eigenkapital der Gesellschafter; Fremdfinanzierung über Handels- und Entwicklungsbanken |
| Direktabsatz; Absatz über Handelsgesellschaften; steigender Exportanteil | Starke Spezialisierung in der Unternehmensführung; moderne Managementtechniken | starke Fremdfinanzierung über Handels- und Entwicklungsbanken, COFIDE |

| Ausbildung | Einkommensquellen | Eigentumsform |
|---|---|---|
| keine oder sehr geringe Schulbildung; überlieferte Handfertigkeiten | komplementär zu Einkommen aus Landwirtschaft oder Handel | privat ohne Comunidad Industrial |
| geringe Schulbildung; geringe Erfahrungen aus Lohnarbeitertätigkeit | überwiegende Einnahmequelle | privat ohne Comunidad Industrial |
| Primarschule; z.T. Sekundarschule; Berufsausbildung auf Erfahrung basierend | überwiegende Einnahmequelle; z.T. Nebenerwerb von sog. profesionales | privat ohne Comunidad Industrial |
| leitende Angestellte mit formalisierter Ausbildung, z.T. Arbeiter mit Berufsausbildung oder -weiterbildung; Lehrlinge in formalisierter Ausbildung | Haupteinnahmequelle der Gesellschafter oder des Eigentümers | reformiertes privates Eigentum (Comunidad Industrial); Propiedad Social |
| starker Trend zur formalisierten Berufsausbildung und Weiterbildung bei Angestellten und Arbeitern; Lehrlinge in formalisierter Ausbildung | Gesellschafter z.T. an anderen Industrie- und Handelsfirmen beteiligt | reformiertes privates Eigentum (Comunidad Industrial); staatliches Eigentum; Propiedad Social |

# PERU

BODENSCHÄTZE UND INDUSTRIESTANDORTE,
VERKEHR

**VERKEHR**

| | |
|---|---|
| ⊚ | Hauptstädte |
| ○ | Orte |
| | Eisenbahnen /geplant |
| | Panamerika – Straße |
| | Hauptstraßen |
| | Nebenstraßen |
| | Projektierte Straßen z.T.i. Bau |
| | Flüsse |
| | Beginn der Schiffbarkeit |
| ⚓ | Binnenhäfen |
| | Wichtige Seehäfen |
| ✈ | Flughäfen |
| | Flugplätze |

**BODENSCHÄTZE
UND INDUSTRIESTANDORTE**

| | | | |
|---|---|---|---|
| ///// | Gebiet mit Steinkohlenvorkommen | | |
| | Steinkohlenförderung | | |
| ▲ | Erdöl, Erdgas | | |
| (Sb) | Antimon | Cuzco | Hauptstandorte der Industrie |
| (Ba) | Bauxit | | Eisen- u.Stahlerzeugung |
| (Pb) | Blei | | Eisen- u.Stahlerzeug.,gepl. |
| (Fe) | Eisen | | Erdölraffinerien |
| (Au) | Gold | | Kupferverhüttung |
| (Cu) | Kupfer | | Zinkverhüttung |
| (Mo) | Molybdän | | Zinnverhüttung |
| (Ph) | Phosphat | | Zementfabriken |
| (Sa) | Salz | Co | Chem.Ind.(Düngemittel) |
| (S) | Schwefel | | Nahrungsmittel |
| (Ag) | Silber | NFi | – Fischkonservenind. |
| (U) | Uran | NZ | – Zuckerfabriken |
| (V) | Vanadium | HS | Sägewerke |
| (Bi) | Wismut | T | Textilindustrie |
| (W) | Wolfram | | Wasserkraftwerke |
| (Zn) | Zink | | Wärmekraftwerke |
| (Sn) | Zinn | | |

| | |
|---|---|
| | Staatsgrenzen |
| | Noch zu markierender Grenzstreifen |

0    100    200 km

Statistisches Bundesamt 77 06 39

GRAFICA Nº 6

## REPRESENTACION GRAFICA Y COMPARATIVA ENTRE LA FORMACION PROFESIONAL DE UN PAIS DESARROLLADO Y LA FORMACION PROFESIONAL EN EL PERU

### Formación Profesional en el Perú

| CATEGORIA DE LA FORMACION | ETAPAS DE LA FORMACION | EDUCACION GENERAL | | | FORMACION PROFESIONAL FORMAL | ESPECIALIZACION PROFESIONAL EN FABRICAS | ESPECIALIZACION OCUPACIONAL EN EL LUGAR DE TRABAJO |
|---|---|---|---|---|---|---|---|
| | | PRIMARIA | SECUNDARIA COMUN BASICA | SECUNDARIA COMUN ESPECIALIZADA | | | |
| FORMACION PROFESIONAL | INGENIEROS (UNIVERSIDADES) | | 11 | | 5 | | |
| | TECNICOS (ESCUELA DE TECNOLOGIA DE LA UNIVERSIDAD DE INGENIERIA) | | | | 2 | 2 | |
| | TECNICOS (INSTITUTOS DEL ESTADO) | | | | 5 | | |
| | OBREROS ESPECIALIZADOS (SENATI) | | | | 3 | 1 | |
| | OBREROS CALIFICADOS (SENATI) | | | a | 1.5 | 1.5 | |
| | OBREROS SEMI CALIFICADOS (SENATI) | | | a | 1 | 9 meses | |
| | OBREROS COMUNES | | | | | | |
| AÑOS | | 1 2 3 4 5 6 7 8 9 10 11 12 | | | 1 2 3 4 5 6 | 1 2 3 | |
| METODOS DE FORMACION | | INSTRUCCION | | | INSTRUCCION | | FORMACION PRACTICA |

CLAVE :

- EDUCACION GENERAL
- FORMACION PROFESIONAL A TIEMPO COMPLETO
- PRACTICA PROFESIONAL PROGRAMADA
- FORMACION PROFESIONAL EN FABRICAS
- FORMACION PRACTICA EVENTUAL

DEBIDO A LAS EDADES QUE MENCIONA EL DECRETO LEY 14553 Y AL REGIMEN NACIONAL DE ESTUDIOS, A PARTIR DE 1967 SE ESPERA QUE EL PROMEDIO DE APRENDICES QUE INGRESE AL CENTRO DE APRENDIZAJE DEL SENATI HAYA APROBADO ANTERIORMENTE DOS AÑOS DE SECUNDARIA.

# LEY Nº 13771 CONCORDADA CON LOS DECRETOS LEYES Nºs 18983, 19679 Y 20631

**DEFINICION DEL SENATI**

"Artículo 1o.- El Servicio Nacional de Adiestramiento de Industria y Turismo ·SENATI· es Institución Pública Descentralizada del Sector Industria y Turismo y goza de personería jurídica" (D.L. 20631).

**OBJETO DEL SENATI**

"Artículo 2o.- El Servicio Nacional de Adiestramiento de Industria y Turismo (SENATI) cumplirá a nivel del Sector Industrial Manufacturero los objetivos del Sistema de Calificación Profesional Extraordinaria a que se refiere el Decreto Ley No. 19326, Ley General de Educación" (D.L. No. 19619).

**RECURSOS**

"Artículo 3o.- Constituyen recursos propios del Servicio Nacional de Adiestramiento de Industria y Turismo:

a) El producto de una aportación del uno y medio por ciento mensual pagada por las empresas a que se refiere el artículo 4o. sobre el monto total de las remuneraciones de sus trabajadores. Esta aportación sólo incidirá sobre los primeros veinticuatro mil soles oro (S/. 24,000.00) mensuales de cada remuneración. Este límite podrá ser modificado a propuesta del Consejo Nacional del Servicio, por Decreto Supremo, con el voto aprobatorio del Consejo de Ministros;

b) Las donaciones, legados, subvenciones y aportes voluntarios que reciba" (D.L. No. 18983).

**EMPRESAS OBLIGADAS: INDUSTRIAS MANUFACTURERAS CON 15 TRABAJADORES**

"Artículo 4o.- Están obligadas al pago de la aportación señalada en el artículo 3o., las empresas, ya sean de personas naturales o jurídicas, que ejerzan actividades comprendidas bajo el rubro "Industrias Manufactureras" de la Clasificación Industrial Internacional Uniforme de todas las actividades económicas de las Naciones Unidas (CIIU) y que tengan un promedio diario de trabajadores en el año superior a quince (15)" (D.L. No. 18983).

**EMPRESAS DE ACTIVIDAD MIXTA: MANUFACTURERA Y NO MANUFACTURERA**

"Artículo 5o.- Las empresas que, además de las actividades comprendidas bajo el rubro "Industrias Manufactureras", ejerzan otras de diverso género, sólo quedarán obligadas al pago de la aportación a que se refiere el artículo 3o., inciso a., sobre el monto correspondiente a las remuneraciones del personal ocupado en el rubro "Industrias Manufactureras" en la forma indicada en el artículo anterior" (D.L. No. 18983).

Artículo 6o.- Derogado.

Artículo 7o.- Derogado.

**ORGANISMOS NACIONALES Y REGIONALES**

"Artículo 8o.- Los organismos del Servicio Nacional de Adiestramiento de Industria y Turismo (SENATI), serán:.

a) En el plano nacional, el Consejo Nacional y la Dirección Nacional; y

b) En el plano regional, los Consejos Regionales y las Direcciones Regionales. El Estatuto del Servicio Nacional de Adiestramiento de Industria y Turismo (SENATI) fijará las atribuciones de estos organismos.

**CONSEJO NACIONAL, MIEMBROS**

"Artículo 9o.- El Consejo Nacional estará integrado por:

a) El Presidente, designado por el Ministerio de Industria y Turismo, quien tendrá voto dirimente en caso de empate, además del suyo;

b) Dos representantes del Ministerio de Industria y Turismo, a propuesta de éste:

c) Un representante del Ministerio de Educación, a propuesta de éste;

d) Un representante del Ministerio de Trabajo, a propuesta de éste;

e) Un representante del Instituto Nacional de Planificación, a propuesta de éste;

f) Un representante de la Universidad Nacional de Ingeniería, seleccionado por el Ministerio de Industria y Turismo, para lo cual el Consejo Ejecutivo de éste propondrá a tres profesores, principales y asociados, integrados a los departamentos correspondientes a la especialidad Industrial;

g) Un representante de las Organizaciones de Empleadores del Sector Industrial, seleccionado por el Ministerio de Industria y Turismo, para lo cual cada una de estas organizaciones propondrá una decena de candidatos;

h) Un representante de las Comunidades Industriales designado por el Ministro de Industria y Turismo;

i) Un representante de los Trabajadores del SENATI;

j) Un representante de las organizaciones de empleadores de la actividad de establecimientos de hospedaje y afines, seleccionado por el Ministerio de Industria y Turismo, para lo cual las organizaciones existentes propondrán seis candidatos.

k) Un representante de los trabajadores de Establecimientos de Hospedaje y Ramos similares, designado por el Ministerio de Trabajo" (Decretos Leyes Nos. 19619 y 20531).

**NOMBRAMIENTO DE LOS MIEMBROS DEL CONSEJO NACIONAL**

"Artículo 10o.- Los miembros del Consejo Nacional serán nombrados por Resolución Suprema refrendada por el Ministerio de Industria y Turismo" (D.L. No. 19619).

**DIRECCION NACIONAL:**
**CONSTITUCION**

Artículo 11o.- La Dirección Nacional estará constituida por un Director Nacional y por los organismos que determine el Estatuto del Servicio Nacional de Adiestramiento de Industria y Turismo (SENATI). El Director Nacional será designado por el Consejo Nacional del cual formará parte con voz pero sin voto.

**CONSEJO Y DIRECCIONES REGIONALES: CONSTITUCION, DESIGNACION DE LOS DIRECTORES REGIONALES.**

Artículo 12o.- Atendiendo a las necesidades de las diferentes regiones del país, se organizarán, por acuerdo del Consejo Nacional, los Consejos Regionales correspondientes, los cuales se constituirán aplicando normas similares a las señaladas en los artículos 9o. y 10o. Los Directores Regionales serán designados por el Consejo Nacional, a propuesta de los Consejos Regionales respectivos, de los que formarán parte con voz, pero sin voto.

**CONSEJOS REGIONALES: CONTRATOS DE FORMACION PROFESIONAL.**

Artículo 13o.- Cuando las circunstancias lo justificaran, o cuando los ingresos de una región fueran insuficientes para lograr los objetivos del Servicio Nacional de Adiestramiento de Industria y Turismo (SENATI), los Consejos Regionales, previa aprobación del Consejo Nacional, podrán celebrar contratos sobre servicios de formación profesional con otros Consejos Regionales o establecimientos de enseñanza técnica.

**RECURSOS: DISTRIBUCION Y EMPLEO**

"Artículo 14o El ochenta por ciento de los recursos que se obtengan de acuerdo con el artículo 3o. se aplicará a la realización de los objetivos del SENATI en la región de donde provenga. El veinte por ciento restante se aplicará por el Consejo Nacional a la atención de las necesidades de formación profesional en las regiones con recursos insuficientes, deducidas las sumas necesarias para gastos de administración, cuyo monto no podrá ser superior al porcentaje que se fijará en el Estatuto" (Decreto Ley No. 18983).

**RECAUDACION DE LA CONTRIBUCION: SANCIONES, ACCION COACTIVA**

"Artículo 15o.- La recaudación de la aportación establecida por el artículo 3o., se hará en el plazo y forma que determina el Estatuto del Servicio Nacional de Adiestramiento de Industria y Turismo, el que señalará, asimismo, las sanciones y recargos aplicables en los casos de mora u omisión en el pago de la contribución.

Las contribuciones que no se paguen por los obligados, dentro de plazo que se fija en el Estatuto, se harán efectivas mediante acción coactiva, con arreglo al procedimiento establecido por Decreto Ley No. 17355" (D.L. No. 18983).

**CONSEJO NACIONAL: CONTROL Y DISTRIBUCION DE LA CONTRIBUCION**

Artículo 16o.- El Consejo Nacional llevará cuenta detallada de las sumas que se recauden, con indicación de su procedencia; y distribuirá la contribución de acuerdo con lo prescrito por el artículo 14o. de la presente ley.

**EXCEPCION DEL PAGO DE TODO IM-PUESTO. LIBERACION DE LOS DERE-CHOS DE IMPUESTOS**

Artículo 17o.- Derogado.

Artículo 18o.- El Servicio Nacional de Adiestramiento de Industria y Turismo (SENATI), las actividades que desarrolle y los contratos que celebre, estarán exceptuados del pago de todo impuesto general o especial, nacional, local o arbitrio municipal. Los materiales y equipos que importe a título oneroso el Servicio Nacional de Adiestramiento de Industria y Turismo (SENATI), para el cumplimiento de sus fines, estarán, asimismo, liberados del pago de los derechos de importación tanto específicos como adicionales, siempre que se trate de artículos que no compitan con la industria nacional.

**CONSEJO NACIONAL: CELEBRACION DE CONVENIOS O CONTRATOS**

"Artículo 19o.- El Consejo Nacional podrá celebrar con personas públicas o privadas nacionales o internacionales los convenios o contratos que estime necesarios para el mejor cumplimiento de los fines del Servicio Nacional de Adiestramiento de Industria y Turismo", (D.L. No.-18983).

**AYUDA DE LOS ORGANISMOS INTER-NACIONALES**

Artículo 20o.- El Servicio Nacional de Adiestramiento de Industria y Turismo (SENATI) podrá solicitar, por intermedio de las entidades gubernativas nacionales correspondientes, la ayuda que se requiera de los Organismos Internacionales.

**FUNCIONARIOS Y EMPLEADOS DEL SE-NATI. BENEFICIOS LEY No. 4916 Y AM-PLIATORIAS.**

Artículo 21o.- Los funcionarios y empleados que presten servicios al Servicio Nacional de Adiestramiento de Industria y Turismo (SENATI) estarán comprendidos en los beneficios acordados a los empleados particulares por la ley número 4916 y ampliatorias.

Artículo 22o.- Derogado.
Artículo 23o.- Derogado.
Artículo 24o.- Derogado.
Artículo 25o.- Derogado.
Artículo 26o.- Derogado.
Artículo 27o.- Derogado.
Artículo 28o.- Derogado.
Artículo 29o.- Derogado.
Artículo 30o.- Derogado.

**DISPOSICIONES TRANSITORIAS DEL DECRETO LEY No. 18983.**

Las mayores aportaciones a que se refiere el inciso a) del artículo 3o. que por este Decreto-Ley se modifica, comenzarán a ser pagados a partir del 1o. de noviembre de 1971.

**DISPOSICIONES DEL D.L. No. 19619**
**(21 XI 1972)**

Artículo 2o.- El Servicio Nacional de Adiestramiento de Industria y Turismo (SENATI) extenderá sus labores de Calificación Profesional Extraordinaria a los trabajadores de las empresas y entidades que no se encuentren dentro de la jurisdicción administrativa del Ministerio de Industria y Comercio en base a convenios específicos aprobados por el Consejo Nacional."

Artículo 3o.- Los aspectos concernientes a la educación básica laboral que imparta el SENATI se regirán por lo dispuesto en el Título VII de la Ley General de Educación, en cuanto le sea aplicable, y por las normas estatutarias de la entidad.

Artículo 4o.- La coordinación de las acciones educativas del SENATI se llevará a efecto a través del Ministerio de Industria y Turismo de acuerdo a lo dispuesto por el Capítulo III del Título Segundo de la Ley General de Educación.

**DISPOSICIONES COMPLEMENTARIAS**

Primera.- El Centro de Tecnología Industrial será incorporado al Servicio Nacional de Adiestramiento de Industria y Turismo (SENATI).

Segunda.- Las normas contenidas en el presente Decreto Ley serán aplicadas a partir del 1o. de enero de 1973.

**DECRETO LEY No. 20631 (PARTES PERTINENTES)**

Artículo 2o.- Incorpórase a partir de la vigencia del presente Decreto-Ley, el Centro Nacional de Aprendizaje de Servidores en Hoteles y Ramos Similares -CENASH- al Servicio Nacional de Adiestramiento de Industria y Turismo —SENATI—, institución encargada de impartir la Calificación Profesional Extraordinaria en el Sector Industria y Turismo.

La incorporación a que se refiere el párrafo anterior, comprende al personal del CENASH conservando su mismo régimen laboral y presupuestal, así como a su patrimonio según Balance de Situación al 30 de abril de 1974.

Artículo 3o.- Las metas y programas del CENASH se ejecutarán por el SENATI, utilizando los Saldos de los recursos asignados al CENASH en el Presupuesto Bienal 1973-1974 del Ministerio de Industria y Turismo. El Consejo Nacional del SENATI estudiará y propondrá los dispositivos legales que se requiera para el mejor cumplimiento del presente Decreto-Ley.

Artículo 5o.- Sustitúyase en los Decretos Leyes 19619 y 20151 los términos "Industria y Comercio" por los de "Industria y Turismo".

Artículo 6o.- Derógase el Artículo 13o de la Ley 14701 y todas las disposiciones que se opongan al presente Decreto-Ley.

Dado en la Casa de Gobierno, en Lima a los cuatro días del mes de junio de mil novecientos setenticuatro.

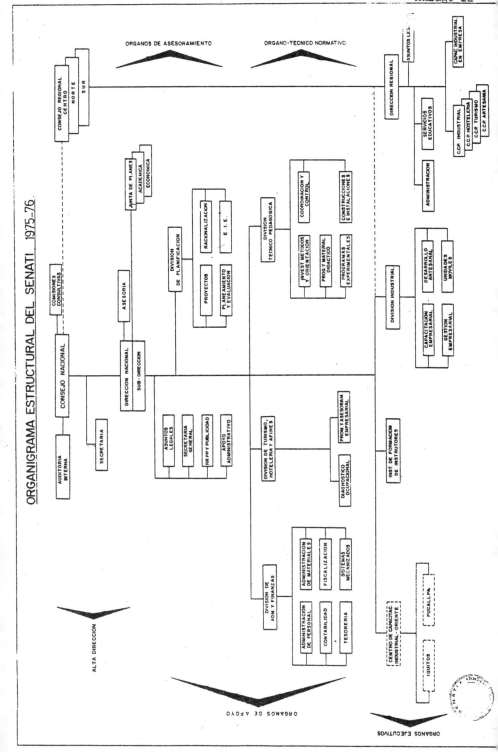

ORGANIGRAMA ESTRUCTURAL DEL SENATI 1975-76

FICHA 3: EGRESOS DE LA INSTITUCION POR TIPO, NIVEL Y MODO DE FORMACION

Período de Referencia  de __ hasta __
0 1 / 1 2  mes
1 9 7 5 / 1 9 7 5  año

| 3.A TIPO DE EGRESOS | Miles m/n | 3.B. NIVEL Y MODO DE FORMACION | Miles m/n |
|---|---|---|---|
| 1. INVERSIONES | 1 2 8 9 2 9 | 1. PERSONAL DE EJECUCION | 1 7 9 6 7 9 |
| 1.1 Construcciones | 1 0 3 3 8 5 | 1.1 Nivelación Previa | 1 6 0 1 1 5 |
| 1.2 Equipos | 2 5 5 4 4 | 1.2 Aprendizaje | 1 9 5 6 4 |
| 2. GASTOS DE FUNCIONAMIENTO | 2 8 2 9 4 0 | 1.3 Capacitación de Adultos | |
| 2.1 Personal Docente | 8 0 5 6 4 | 1.4 Promoción | 6 8 3 3 |
| 2.2 Personal Administrativo y Otros | 1 0 9 3 9 3 | 2. PERSONAL DE SUPERVISION | 6 8 3 3 |
| 2.3 Materiales de Consumo | 4 3 9 6 3 | 2.1 Formación | |
| 2.4 Servicios | 3 6 9 6 3 | 2.2 Perfeccionamiento | 6 8 3 3 |
| 2.5 Gastos de Mantenimiento | 1 7 4 9 | 3. TECNICOS | |
| 2.6 Amortización y Depreciación | | 3.1 Formación | |
| 2.7 Gastos Diversos de Funcionamiento | 1 0 3 0 8 | 3.2 Especialización | |
| 3. SERVICIO DE LA DEUDA | | 4. OTROS GRUPOS DE PERSONAS | 8 5 2 9 9 |
| | | 5. CAPACITACION DEL PERSONAL DE LA INSTITUCION | 1 1 1 2 9 |
| TOTALES | 4 1 1 8 6 9 | TOTALES | 2 8 2 9 4 0 |

173

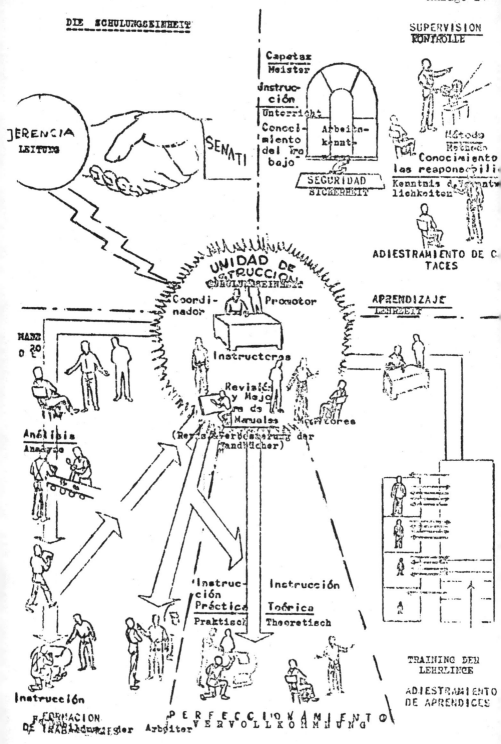

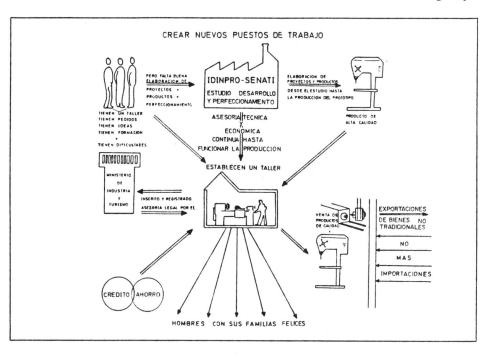

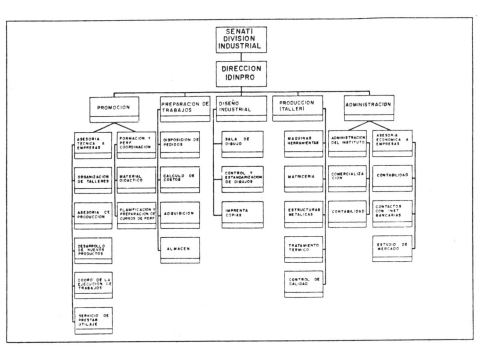

# COOPERACION
# TECNICA INTERNACIONAL

**AUSTRIA**
Implementación de un Taller de Ajuste

**BELGICA:**
Implementación de un Taller de Soldadura. Asesoramiento en la Especialidad de Soldadura.
Proyecto de Tejeduría de Lana.

**CANADA:**
Proyecto de Controles Industriales.

**DINAMARCA:**
Implementación de un Taller de Herrería.

**FINLANDIA:**
Implementación de un Taller de Carpintería

**FRANCIA:**
Proyecto de Formación de Instructores.

**ALEMANIA FEDERAL**
Implementación de talleres de:
— Matricería
— Mecánica de Automotores.
— Estructuras Metálicas
— Mecánica de Máquinas Herramientas
— Dibujo Técnico
Proyecto Asesoría a Mediana Empresa
Proyecto Evaluación y Enseñanza Programada

**GRAN BRETAÑA:**
Implementación de talleres de:
— Máquinas Herramientas
— Construcciones Industriales
Implementación de talleres de:
— Matricería
— Textilería
— Fundición y Modelería
— Artes Gráficas

**HOLANDA:**
Implementación de talleres de:
— Soldadura
— Motores a Gasolina
— Motores Diesel
Implementación del Sistema de Unidades Móviles.
Implementación de un Taller de Refrigeración en el Centro Regional Norte.

**ITALIA:**
Proyecto de Artes Gráficas.

**JAPON:**
Proyecto de Electrónica en la Región Sur.

**ESPAÑA:**
Implementación de un Taller de Máquinas Herramientas en el Centro Regional Sur.

**SUIZA:**
Implementación de talleres de:
— Mecánica de Precisión
— Relojería.

**NACIONES UNIDAS:**
Creación de Organismo Central. Implementación de talleres en el Centro Regional Norte y Centro Regional Sur.

# DOCUMENTOS:

# LA NUEVA LEY DE APRENDIZAJE

DECRETO LEY No. 20151

EL PRESIDENTE DE LA REPUBLICA

POR CUANTO:

El Gobierno Revolucionario ha dado el Decreto-Ley siguiente:

EL GOBIERNO REVOLUCIONARIO

CONSIDERANDO:

Que el Decreto-Ley 19619, que integra el Servicio Nacional de Aprendizaje y Trabajo Industrial (SENATI) al Sector Industria y Comercio, le confiere la atribución de cumplir en dicho Sector los objetivos de la Calificación Profesional Extraordinaria;

Que uno de dichos objetivos es la Formación Profesional de aprendices, para el desempeño de ocupaciones específicas, tal como lo establece la Ley General de Educación;

Que asimismo, debe tenerse en cuenta las necesidades de trabajadores integralmente formados que requiere el país para cumplir con los objetivos del Gobierno Revolucionario de la Fuerza Armada, en el Sector Industria y Comercio;

En uso de las facultades de que está investido; y

Con el voto aprobatorio del Consejo de Ministros;

Ha dado el Decreto-Ley siguiente:

Artículo 1o.- El presente Decreto-Ley regula el Aprendizaje en el Sector Industria y Comercio, cuya aplicación y control se realizará por intermedio del Servicio Nacional de Aprendizaje y Trabajo Industrial (SENATI), como Institución del Sector Industria y Comercio encargada de impartir la Calificación Profesional Extraordinaria en este Sector.

Esta Calificación Profesional Extraordinaria se realizará en armonía con las normas pertinentes del Decreto-Ley 19326. Ley General de Educación, en especial con lo dispuesto en el Título XVI y con las prioridades establecidas en el Plan de Desarrollo para el Sector Industrial.

Artículo 2o.- El aprendizaje a que se refiere el presente Decreto-Ley podrá efectuarse en las formas siguientes:

a) Aprendizaje en Centros; y,

b) Aprendizaje en la Empresa.

Artículo 3o.- El Aprendizaje en Centros se realizará bajo la administración del SENATI y de acuerdo a las necesidades específicas de las Empresas patrocinadoras según alguna de las modalidades siguientes:

a) Periodos en Centros de Aprendizaje alternados con periodos en la empresa;

b) Periodos continuos en Centros de Aprendizaje acondicionados apropiadamente para las ocupaciones específicas que así lo requieran; y

c) Periodos continuos en la empresa, con días intercalados de asistencia a Centros de Aprendizaje.

En cualquiera de dichas modalidades, el aprendizaje estará precedido de un periodo de preaprendizaje, destinado principalmente a la orientación vocacional hacia una ocupación específica. Este periodo previo al aprendizaje será, necesariamente, conducido en los Centros del SENATI.

Artículo 4o.- La formación profesional a que se refiere el presente Decreto-Ley será gratuita para el aspirante y el aprendiz.

Artículo 5o.- La admisión al preaprendizaje a que se refiere el Artículo 3o. deberá ser previa selección y mediante pruebas de ingreso. A igualdad de méritos tendrán preferencia;

a) Los huérfanos del personal que haya prestado sus servicios en las empresas del Sector Industria y Comercio; y

b) Los hijos del personal que presta sus servicios en las empresas del referido Sector.

Artículo 6o.- Los postulantes deberán ser mayores de catorce años de edad y menores de veinte. Los conocimientos básicos requeridos seran determinados por el SENATI en función de las especialidades para las que se selecciona.

Artículo 7o.- Los Contratos de Aprendizaje en Centros serán celebrados entre las empresas patrocinadoras y los padres o apoderados de los aspirantes que hayan aprobado el preaprendizaje, los que deberán hacer constar su conformidad y se ceñirán a las estipulaciones y requisitos que señale el Reglamento.

Artículo 8o.- Periódicamente el SENATI señalará el número de vacantes que deben ser cubiertas, lo que se determinará de acuerdo con los requerimientos señalados por las diversas ramas del Sector Industria y Comercio y de conformidad con las investigaciones que se realicen.

Las vacantes serán cubiertas, por las peticiones voluntarias de las empresas del Sector Industria y Comercio, sean o no aportantes al SENATI.

En el caso que el número de vacantes no sea cubierto con las peticiones voluntarias, las empresas aportantes al SENATI, que éste seleccione, estarán obligadas a patrocinar un aprendiz por cada 25 de sus trabajadores, en ocupaciones propias de su giro y de acuerdo a las normas que imparta el Consejo Nacional del SENATI.

Artículo 9o.- Son obligaciones de las empresas suscriptoras de Contratos de aprendizaje en Centros:

a) Vigilar que durante los periodos de estudios, ejercicios y trabajos prácticos en las empresas, se imparta la formación profesional que los programas del SENATI establezcan, para la ocupación específica consignada en el contrato de aprendizaje en centros;

b) Pagar al aprendiz, durante el desarrollo del aprendizaje en centros, la asignación mensual y demás derechos sociales correspondientes; y

c) Proporcionar al aprendiz que haya cumplido satisfactoriamente su periodo de aprendizaje, las mismas oportunidades para llenar las vacantes o nuevos puestos producidos en la empresa, que ésta ofrece a los trabajadores que hayan aprobado los cursos de perfeccionamiento y especialización dados por el SENATI.

Artículo 10o.- Son obligaciones del aprendiz.

a) Cumplir con diligencia durante el periodo de aprendizaje, las normas establecidas por el SENATI.

b) Al terminar el periodo de aprendizaje, prestar sus servicios eficientemente a la empresa que lo contrató, por un periodo máximo de dos (2) años consecutivos cuando el contrato exceda este lapso y por un periodo no mayor de un año si el contrato señalara un plazo menor, salvo dispensa expresa de la Empresa a pedido del aprendiz; y

c) Reembolsar a la empresa patrocinadora las asignaciones recibidas en caso de rescisión del contrato de aprendizaje en centros, por causa imputable al aprendiz o por el incumplimiento de la obligación a que se refiere el inciso anterior.

Artículo 11o.- Durante la vigencia del contrato de aprendizaje, el aprendiz percibirá de la empresa patrocinadora una asignación mensual no inferior al 50 o/o de la remuneración mínima vital vigente en la localidad donde se encuentra el centro de aprendizaje.

Durante el preaprendizaje, el aspirante recibirá del SENATI una asignación mensual fijada por el Consejo Nacional.

Artículo 12o.- Las inasistencias injustificadas del aprendiz le harán perder las asignaciones mencionadas en el Artículo 11o., correspondientes a esos días. Sólo se considera justificada la inasistencia por enfermedad debidamente comprobada.

Artículo 13o.- Las asignaciones que se abonen al

aprendiz, serán registradas en planilla. Estos egresos estarán exonerados del pago del impuesto a las remuneraciones.

Artículo 14o.- El aspirante y el aprendiz son asegurados obligatorios de la Caja Nacional de Seguro Social y del Sistema Nacional de Pensiones de la Seguridad Social, quedando exceptuados de las aportaciones que como tales les correspondan.

Artículo 15o.- El SENATI, durante el preaprendizaje y las empresas patrocinadoras, durante el período de aprendizaje, quedan obligados al pago de las aportaciones a la Caja Nacional de Seguro Social y al Sistema Nacional de Pensiones de la Seguridad Social que corresponde a los empleadores, respecto de los aspirantes y aprendices, respectivamente.

Las aportaciones a la Caja Nacional de Seguro Social, serán las que correspondan a la categoría más baja de cualquier escala de aportaciones que se establezca, prescindiéndose del monto de la asignación que se otorga al aspirante y al aprendiz.

Artículo 16o.- El aspirante y el aprendiz, así como el SENATI y las empresas patrocinadoras, durante los períodos de preaprendizaje y aprendizaje en centro, están comprendidos en los alcances del Decreto-Ley 18846.

Artículo 17o.- Los aspirantes y los aprendices en edad militar, están dispensados del Servicio en el Ejército, Fuerza Naval y Fuerza Aérea, pero pertenecen a sus respectivas reservas de conformidad con la Ley de Servicio Militar Obligatorio vigente.

Artículo 18o.- El aprendiz que, al término del aprendizaje en centros, prefiriese trabajar en empresa distinta de la que lo contrató como aprendiz, estará obligado a reembolsar a su patrocinador la suma que éste hubiera invertido en su aprendizaje. La obligación de reembolso podrá ser asumida por la empresa que lo emplee.

Igual procedimiento se observará cuando el aprendiz, después de haber trabajado en la empresa que lo patrocinó, fuese a trabajar a otra empresa, antes de cumplir la obligación que tiene conforme al Artículo 10o. inciso b) de este Decreto-Ley.

Artículo 19o.- Las empresas a que se refiere el último párrafo del Artículo 8o. estarán obligadas al pago al SENATI de las asignaciones y gastos, así como al cumplimiento de las otras obligaciones que asumen las empresas que hubieran suscrito los Contratos de Aprendizaje en Centros.

Artículo 20o.- La cantidad que se recaude conforme al Artículo anterior, concurrirá a sufragar los gastos que demande el aprendizaje en Centros, asumiendo el SENATI las obligaciones pertinentes.

Artículo 21o.- Para hacer efectiva la obligación impuesta en el Artículo 19o. y la establecida en el inciso b) del Artículo 9o., el SENATI podrá hacer uso de las facultades coactivas a que se refiere el Decreto-Ley 17355.

Artículo 22o.- El Consejo Nacional del SENATI es el único organismo que puede exonerar de la obligación de patrocinar aprendices, teniendo en cuenta las comprobaciones y estudios técnicos que haga la Dirección Nacional del SENATI.

Artículo 23o.- El SENATI, determinará los cursos, períodos de estudios, aspectos de la acción educativa y sistema de evaluación que requerirá la formación de aprendices en Centros, observando lo dispuesto en los Artículos 59o. y 217o. del Decreto-Ley 19326. Asimismo establecerá los requisitos para la selección de los aspirantes y aprendices.

Artículo 24o.- La jornada requerida por el aprendizaje en Centros para los menores de dieciocho (18) años de edad, no podrá exceder de 8 horas diarias, ni de 45 horas semanales, considerándose como descanso obligatorio los días domingos y feriados no laborables.

Artículo 25o.- Los períodos de duración del aprendizaje en Centros señalados en los programas aprobados por el SENATI, determinarán la duración de los respectivos contratos.

Artículo 26o.- El SENATI, certificará la terminación del aprendizaje en Centros a quienes hayan completado satisfactoriamente su formación, en concordancia con lo establecido en el Artículo 218o. del Decreto-Ley 19326.

Artículo 27o.- El Contrato de Aprendizaje en Centros termina por:

a) Vencimiento del período de aprendizaje;

b) Muerte del aprendiz;

c) Enfermedad grave contagiosa del aprendiz que ponga en peligro la salud de los demás aprendices o enfermedad del aprendiz por más de seis (6) meses o alteraciones mentales que ocasionen incapacidad;

d) Liquidación de la empresa contratante; y

e) Condena del aprendiz en proceso penal.

Artículo 28o.- Cuando el contrato de aprendizaje en Centros termine por liquidación de la empresa contratante, el SENATI sufragará los gastos propios del aprendizaje mientras se celebra un nuevo contrato con otra empresa patrocinadora, la que reembolsará al SENATI, el gasto efectuado por éste.

Artículo 29o.- Durante el aprendizaje en Centros, el contrato puede rescindir a petición de la empresa, padre o apoderado del aprendiz y por decisión del SENATI, mediante resolución de la respectiva Dirección Regional, por las siguientes causales;

a) Falta grave del aprendiz en perjuicio de la Empresa u otra de conformidad con lo que establezca el Reglamento;

b) Inasistencia injustificada del aprendiz computada en la forma y porcentaje que establezca el Reglamento;

c) Incumplimiento de los requisitos exigidos por el sistema de evaluación establecido por el SENATI;

d) Incumplimiento de la empresa en el pago de la asignación en perjuicio del aprendiz;

e) Incumplimiento de alguna cláusula esencial del Contrato de Aprendizaje.

Artículo 30o.- La rescisión de contrato por causa imputable a la empresa patrocinadora, será declarada por la respectiva Dirección Regional del SENATI, quedando obligada la empresa al pago de un monto equivalente al total de la cantidad que había tenido que invertir hasta la finalización del respectivo contrato. Este monto servirá para financiar la continuación regular del aprendizaje en Centros.

Artículo 31o.- Las divergencias que se suscitaren con relación al cumplimiento del contrato de aprendizaje en Centros, serán sometidos a la consideración y Resolución de la respectiva Dirección Regional del SENATI.

Artículo 32o.- Contra las resoluciones de los Directores Regionales, procede el recurso de apelación ante el Consejo Regional respectivo, dentro de los cinco días útiles de recibida la notificación.

Artículo 33o.- Las disposiciones del presente Decreto-Ley no excluyen la jurisdicción de los Juzgados de Menores ni la del Poder Judicial en los asuntos de su competencia, conforme al Código de Menores y a la Ley Orgánica del Poder Judicial.

Artículo 34o.- El SENATI, llevará un registro de los contratos de aprendizaje en Centros.

Artículo 35o.- Para los casos de adición, modificación o supresión de las disposiciones contenidas en el presente Decreto-Ley, se solicitará la opinión del Consejo Nacional del SENATI.

Artículo 36o.- El Consejo Nacional del SENATI, queda encargado de elaborar el proyecto de reglamento para el Aprendizaje en Centros dentro del término de noventa días computado a partir de la fecha de promulgación de este Decreto-Ley.

Artículo 37o.- El Aprendizaje en la Empresa se efectuará mediante la suscripción de contratos de aprendizaje.

Por el Contrato de Aprendizaje en la Empresa, una empresa imparte formación profesional dentro de sus instalaciones u oficinas a un aprendiz menor de edad pagándole la remuneración correspondiente y demás derechos sociales; y el aprendiz presta servicios en dicha empresa durante el periodo de aprendizaje y sigue los cursos a que hubiere lugar dentro o fuera de la empresa.

Artículo 38o.- El Contrato de Aprendizaje en la Empresa, en las empresas del Sector Industria y Comercio, será reglamentado por Decreto Supremo refrendado por los Ministros de Educación, Trabajo e Industria y Comercio.

Artículo 39o.- Derógase el Decreto-Ley 14553, el Artículo 24o. de la Ley 13771 y las disposiciones que se opongan al presente Decreto-Ley.

Dado en la Casa de Gobierno, en Lima, a los veinticinco días del mes de setiembre de mil novecientos setentitrés.

General de División EP. JUAN VELASCO ALVARADO, Presidente de la República.

General de División EP. EDGARDO MERCADO JARRIN, Presidente del Consejo de Ministros y Ministro de Guerra.

Teniente General FAP. ROLANDO GILARDI RODRIGUEZ, Ministro de Aeronáutica.

Vicealmirante AP. LUIS E. VARGAS CABALLERO, Ministro de Marina.

Teniente General FAP. PEDRO SALA OROSCO, Ministro de Trabajo.

General de División EP. ALFREDO CARPIO BECERRA, Ministro de Educación.

General de División EP. ENRIQUE VALDEZ ANGULO, Ministro de Agricultura.

General de División EP. FRANCISCO MORALES BERMUDEZ CERRUTTI, Ministro de Economía y Finanzas.

General de División EP. JORGE FERNANDEZ MALDONADO SOLARI, Ministro de Energía y Minas.

General de Brigada EP. JAVIER TANTALEAN VANINI, Ministro de Pesquería.

Mayor General FAP. FERNANDO MIRO QUESADA BAHAMONDE, Ministro de Salud.

Contralmirante AP. RAMON ARROSPIDE MEJIA, Ministro de Vivienda.

Contralmirante AP. ALBERTO JIMENEZ DE LUCIO, Ministro de Industria y Comercio.

General de Brigada EP. PEDRO RICHTER PRADA, Ministro del Interior, Encargado de la Cartera de Relaciones Exteriores.

General de Brigada EP. RAUL MENESES ARATA, Ministro de Transportes y Comunicaciones.

# DOCUMENTOS

# NUEVO REGLAMENTO DE APRENDIZAJE EN CENTROS DEL SECTOR INDUSTRIA Y TURISMO

### DECRETO SUPREMO
### No. 012-74-IT/DS

EL PRESIDENTE DE LA REPUBLICA

CONSIDERANDO:

Que por Decreto Ley 20151, normativo del Aprendizaje en el Sector Industria y Turismo, se encargó al Consejo Nacional del Servicio Nacional de Aprendizaje y Trabajo Industrial (SENATI) la elaboración del Proyecto de Reglamento para el Aprendizaje en Centros;

Que el Consejo Nacional del SENATI ha cumplido con presentar el Proyecto respectivo al Ministerio de Industria y Turismo, que lo ha encontrado conforme;

En uso de la facultad concedida en el inciso 8o. del artículo 154o. de la Constitución;

DECRETA:

Artículo Unico.— Apruébase el Adjunto Reglamento para el Aprendizaje en Centros del Sector Industria y Turismo, que consta de 62 Artículos contenidos en siete Capítulos.

Dado en la Casa de Gobierno, en Lima, a los siete días del mes de Mayo de mil novecientos setenticuatro

General de División EP., JUAN VELASCO ALVARADO, Presidente de la República.

Contralmirante AP., ALBERTO JIMENEZ DE LUCIO, Ministro de Industria y Turismo.

**REGLAMENTO PARA EL APRENDIZAJE EN CENTROS DEL SECTOR INDUSTRIA Y TURISMO**

### CAPITULO I

### DE LAS DISPOSICIONES GENERALES

Artículo 1o.— El Aprendizaje es el programa de Calificación Profesional Extraordinaria que permite la formación profesional sistemática e integral de jóvenes para el desempeño de ocupaciones específicas, como una modali-

dad del Sistema Educativo que cumple el primer objetivo del artículo 209o. del Decreto Ley 19326, Ley General de Educación.

Artículo 2o.— El presente Reglamento norma el Aprendizaje en Centros en el Sector Industria y Turismo, cuya aplicación y control se realiza por intermedio del Servicio Nacional de Aprendizaje y Trabajo Industrial (SENATI), como Institución encargada de impartir la Calificación Profesional Extraordinaria en este Sector de conformidad con lo dispuesto en el Decreto Ley 20151.

El Aprendizaje en Centros se realizará en armonía con las normas pertinentes del Decreto Ley 19326, Ley General de Educación, en especial con lo dispuesto en el Título XVI, y con las prioridades establecidas en el Plan de Desarrollo para el Sector Industria y Turismo.

Artículo 3o.— El Aprendizaje en Centros, que se realiza bajo la administración del SENATI, se desarrolla mediante el patrocinio de una empresa, del cual se derivan derechos y obligaciones.

Artículo 4o.— Las modalidades del Aprendizaje en Centros, de acuerdo al artículo 3o. del Decreto Ley 20151, podrán ser:

a. Períodos en Centros de Aprendizaje alternados con períodos en la empresa;

b. Períodos continuos en Centros de Aprendizaje acondicionados apropiadamente para las ocupaciones específicas que así lo requieran; y

c. Períodos continuos en la empresa, con días intercalados de asistencia a Centros de Aprendizaje.

Artículo 5o.— El SENATI determinará la aplicación de las modalidades del Aprendizaje en Centros, según las características de los grupos ocupacionales.

Artículo 6o.— El SENATI se encargará de planificar su acción educativa, elaborando y aprobando los planes y programas de formación profesional para las modalidades del Aprendizaje en Centros.

Artículo 7o.— En el caso de que sea necesario que exista una planificación y elaboración de planes y programas de Aprendizaje en Centros, por parte de una empresa o grupos de empresas, el SENATI prestará asesoramiento u orientación y aprobará o modificará los mismos.

Artículo 8o.— Las empresas patrocinadoras y los aprendices se ceñirán a los planes, programas y reglamentos aprobados por el SENATI.

Artículo 9o.— El SENATI fijará la duración del Aprendizaje de acuerdo a las necesidades de cada ocupación específica.

Artículo 10o.— Los contenidos educativos serán desarrollados por el SENATI o por la empresa y el SENATI, según la modalidad del Aprendizaje.

Artículo 11o.— La acción educativa del Aprendizaje comprenderá los aspectos considerados en el artículo 59. del Decreto-Ley No. 19326, a fin de posibilitar los fines de la política educacional establecidos en los artículos 6o. y 7o. de dicho Decreto-Ley. La dosificación de la acción educativa será hecha por el SENATI, la cual podrá ser adaptada de acuerdo a las características y posibilidades, en coordinación con las Empresas.

Artículo 12o.— El SENATI realizará las investigaciones

necesarias que le permitan determinar los planes de acción educativa en el desarrollo de sus programas de Aprendizaje. Las prioridades de los programas serán establecidas en base al resultado de dichas investigaciones y en concordancia con el Plan de Desarrollo del Sector Industria y Turismo.

Artículo 13o.– Durante las etapas del Aprendizaje en Centros, los postulantes, aspirantes y aprendices sólo podrán agruparse en Clubes para realizar actividades sociales, culturales, artísticas, técnicas y deportivas.

Artículo 14o.– La formación profesional del Aprendizaje en Centros comprende las siguientes etapas:
– Convocatoria, inscripción y selección.
– Pre-aprendizaje.
– Aprendizaje y contrato
– Evaluación final y certificación.

## CAPITULO II

## DE LA CONVOCATORIA, INSCRIPCION Y SELECCION

Artículo 15o.– El SENATI determinará periódicamente las ocupaciones específicas que han de servir para declarar las vacantes en concordancia con el Plan de Desarrollo del Sector Industria y Turismo.

Artículo 16o.– El número de vacantes para el Aprendizaje será fijado anualmente por el SENATI, conforme a las pautas señaladas en el artículo 8o. del Decreto Ley No. 20151.

Artículo 17o.– Determinadas las ocupaciones específicas y fijado el número de vacantes, el SENATI realizará las campañas de información necesarias que le permitan lograr una adecuada selección de postulantes por grupos ocupacionales.

Artículo 18o.– Para la inscripción, el postulante deberá reunir los requisitos siguientes:

a. Tener más de 14 y menos de 20 años de edad, acreditada con partida de nacimiento. La edad del postulante se computará al momento de su inscripción.

b. No padecer de enfermedad grave infecto-contagiosa, acreditada con Certificado del Area de Salud, ni alteraciones mentales que imposibiliten los estudios, lo que se acreditará cuando sea requerido, con Certificado Médico idóneo a juicio del SENATI.

c. Boleta de inscripción militar, para los que están obligados a tenerla.

d. Buena conducta, acreditada con Certificado idóneo a juicio del SENATI para los menores de 18 años y con Certificado PIP para los mayores de 18 años.

e. Aquellos conocimientos básicos y condiciones físicas que determine el SENATI en función de los grupos ocupacionales para los que se les seleccione.

Artículo 19o.– Podrán postular tanto varones como mujeres.

Artículo 20o.– Los postulantes inscritos pasarán a la selección que comprenderá pruebas de:
a. Conocimientos.
b. Psicotécnicas.
c. Especiales que se consideren necesarias en función

de los grupos ocupacionales para los que se les selecciona.

Artículo 21o.– Las vacantes para el Pre-Aprendizaje serán cubiertas según orden de mérito de resultados de las pruebas de selección por grupos ocupacionales. A igualdad de méritos tendrán preferencia los jóvenes que, con los documentos correspondientes, acrediten estar comprendidos en lo dispuesto en el artículo 5o. del Decreto Ley No. 20151.

Artículo 22o.– Se podrá postular más de una vez siempre que el postulante reúna en cada oportunidad los requisitos mencionados en el artículo 18o. del presente Reglamento y se someta a las pruebas respectivas, aunque anteriormente hubiere obtenido nota aprobatoria.

Artículo 23o.– En el caso de postulantes con puntaje aprobatorio y que no alcanzaren vacantes para el grupo ocupacional por el que han mostrado interés, el SENATI podrá desarrollar un corto período de orientación vocacional con el objeto de dar una nueva oportunidad al postulante de participar en el Pre-aprendizaje de otro grupo ocupacional, previa evaluación de sus condiciones.

## CAPITULO III

## DEL PRE–APRENDIZAJE

Artículo 24o.– El Pre-Aprendizaje es un período destinado principalmente a la orientación vocacional del aspirante hacia una ocupación específica y será necesariamente conducido en los Centros del SENATI.

Artículo 25o.– El Pre-Aprendizaje tiene los siguientes objetivos:

a. Apreciar las condiciones y el comportamiento del aspirante.

b. Orientar al aspirante hacia una ocupación específica en función de sus aptitudes y actitudes.

c. Determinar el grado de capacidad del aspirante para el Aprendizaje y confirmar su potencialidad para el desarrollo de habilidades y actitudes sociales.

d. Informar al aspirante sobre la realidad laboral, desarrollar en él hábitos de trabajo y estimular principios de participación y de ética profesional.

e. Impartir los conocimientos básicos polivalentes del grupo ocupacional que le corresponde.

Artículo 26o.– Aceptado el postulante para el Pre-Aprendizaje, firmará un compromiso ante el SENATI, que será refrendado por uno de los padres o representante legal en el cual se obligan a acatar las disposiciones que rigen el Pre-Aprendizaje.

Artículo 27o.– Durante el Pre-Aprendizaje, el aspirante recibirá del SENATI una asignación mensual fijada por el Consejo Nacional. Con la asignación mensual que reciba el aspirante cubrirá los gastos de útiles de estudio de uso personal, uniformes, alimentación, pasajes o cualquier otro servicio que se le suministre.

Artículo 28o.– Al finalizar el Pre-Aprendizaje los aspirantes serán evaluados integralmente, estableciéndose un cuadro de mérito de acuerdo a las vacantes que se hayan declarado para el Aprendizaje en cada ocupación específica. En el caso de que un aspirante no haya alcanzado las vacantes declaradas para una determinada ocupación específica, no obstante haber obtenido nota aprobatoria, podrá ser considerado para otra ocupación específica de acuerdo a sus aptitudes y a las vacantes disponibles.

## CAPITULO IV

### DE LAS EMPRESAS PATROCINADORAS

Artículo 29o.— Todas las empresas del Sector Industria y Turismo, sean o no aportantes al SENATI, pueden patrocinar aprendices de acuerdo al artículo 8o. del Decreto-Ley No. 20151.

Artículo 30o.— En el caso de patrocinios voluntarios de las empresas del Sector Industria y Turismo para cubrir las vacantes señaladas por el SENATI, tendrán preferencia las empresas aportantes y dentro de éstas las que tengan Unidades de Instrucción.

Artículo 31o.— Cuando el número de vacantes ofrecidas no sea cubierto en su totalidad por peticiones voluntarias de empresas del Sector Industria y Turismo, sean o no aportantes, el SENATI seleccionará a las empresas que están obligadas a patrocinar aprendices, en la proporción de una por cada 25 de sus trabajadores en ocupaciones propias de su giro y de acuerdo a las normas que imparta el Consejo Nacional del SENATI.

Artículo 32o.— Para la aplicación del artículo anterior, se consideran ocupaciones propias del giro de la empresa, todas aquellas que contribuyen directa o indirectamente a su proceso de producción y/o distribución de bienes y servicios, o comercialización de los mismos.

Artículo 33o.— El número de patrocinios que corresponde a una empresa de acuerdo a la proporción señalada en el artículo 31o. del presente Reglamento, resultará del promedio anual que se obtenga de dividir el total de trabajadores día en un año, entre el número de días trabajados en el mismo período. Este lapso se computa a la fecha de cálculo. Las fracciones que resulten mayores a 0.5 se considerarán como una unidad. La obligación de una empresa patrocinadora para nuevos patrocinios resulta de la diferencia entre el cálculo realizado y el número de patrocinios vigentes.

En los casos de reducción o disminución de trabajadores, el número de los patrocinios establecidos en base a la proporción antes mencionada, continuará hasta la terminación de los patrocinios. En el caso de aumento de personal podrá establecerse nuevos patrocinios.

Artículo 34o.— Las empresas que el SENATI haya tenido que seleccionar de acuerdo al artículo 31o. del presente Reglamento para que patrocinen aprendices a fin de completar el número de vacantes disponibles, estarán obligadas al pago del íntegro de las asignaciones y gastos mencionados en el artículo 19o. del Decreto Ley No. 20151.

Artículo 35o.— En el caso señalado en el artículo anterior, los aprendices no tendrán ninguna de las obligaciones señaladas en los incisos b) y c) del artículo 10o. del Decreto Ley No. 20151, en relación con las empresas, subsistiendo todas las obligaciones del aprendiz con respecto al SENATI lo que constará en un documento que suscribirá

el aprendiz y uno de sus padres o representante legal con el SENATI y que será autorizado por el Juez de Menores.

Artículo 36o.— Las empresas que habiendo hecho peticiones voluntarias se nieguen a suscribir los contratos de Aprendizaje, estarán obligadas al pago a que se refiere el artículo 19o. del Decreto Ley No. 20151.

### APITULO V

### DEL APRENDIZAJE Y DEL CONTRATO

Artículo 37o.— El Contrato de Aprendizaje en Centros regula las condiciones bajo las cuales una empresa tiene la calidad de patrocinadora y, como tal, asume los derechos y obligaciones que emanan de su patrocinio durante la formación profesional de un aprendiz para una ocupación específica, que se imparte mediante cualquiera de las modalidades señaladas en el artículo 4o. del presente Reglamento.

Artículo 38o.— El Contrato de Aprendizaje contendrá lo siguiente:

a. Razón social de la empresa patrocinadora, el domicilio legal y el del centro de trabajo;

b. Nombre y apellido del representante legal de la empresa patrocinadora, nacionalidad y número de libreta tributaria, libreta electoral, libreta militar o carnet de extranjería, y la referencia de donde emane el poder como representante legal de la empresa patrocinadora;

c. Nombre y apellido del padre, la madre o representante legal, número de libreta tributaria, libreta electoral, libreta militar o carnet de extranjería y domicilio; así como nombre y apellido, nacionalidad y domicilio del aprendiz.

d. Ocupación específica para la que el aprendiz será formado;

e. Duración del Aprendizaje;

f. Derechos y obligaciones del aprendiz;

g. Derechos y obligaciones de la empresa patrocinadora;

h. Asignación que percibirá el aprendiz durante el Aprendizaje;

i. Causales de modificación, suspensión, rescisión y terminación del contrato;

j. Sanciones aplicables en los casos de incumplimiento del contrato por cualesquiera de las partes;

k. Fechas de la firma del contrato y de la iniciación del Aprendizaje;

l. Declaración expresa de que el aprendiz perderá la asignación que corresponda a los días de ausencia injustificada a las clases teóricas o prácticas, tanto en el Centro como en la empresa, así como a todas las otras actividades formativas y educativas programadas por el SENATI dentro de la jornada señalada en el artículo 24o. del Decreto Ley No. 20151. Sólo se considera justificada la ausencia por enfermedad comprobada por el Seguro Social del Perú;

m. Obligación del aprendiz a someterse a los reglamentos del SENATI y a los de la empresa patrocinadora, según fuere el caso y la oportunidad;

n. Acatamiento del padre o representante legal a los reglamentos del SENATI y de la empresa donde se forme el aprendiz, comprometiéndose a orientar al aprendiz para su contracción al estudio, obediencia a las normas establecidas, la puntualidad, la asistencia y el respeto a las personas e instituciones;

o. Acatamiento de la empresa patrocinadora a los reglamentos del SENATI;

p. Cláusulas esenciales cuyo incumplimiento pueda dar lugar a la rescisión;

q. Sometimiento de las partes a la consideración y resolución del SENATI, para solucionar las divergencias que se suscitaren con relación al cumplimiento del contrato, de conformidad con los artículos 31o. y 32o. del Decreto Ley No. 20151;

Artículo 39o.— El Contrato de Aprendizaje será firmado por el representante legal de la empresa patrocinadora, por el aprendiz y por uno de sus padres o representante legal. Este contrato será aprobado por el correspondiente Director Regional del SENATI y autorizado por el Juez de Menores de la localidad de ubicación del Centro.

Artículo 40o.— El Contrato de Aprendizaje en Centros es un contrato especial que no tiene naturaleza de contrato de trabajo ni de locación de servicios.

El aprendiz no está comprendido en los alcances de las disposiciones legales que regulan los beneficios sociales de los trabajadores, salvo los casos considerados en los artículos 13o., 14o., 15o. y 16o. del Decreto Ley No. 20151.

Artículo 41o.— El Contrato de Aprendizaje se extenderá por quintuplicado, correspondiendo un ejemplar a la empresa patrocinadora y otro al padre o representante legal. De los otros tres ejemplares, dos corresponderán al SENATI y el otro al Juzgado de Menores, para su correspondiente registro y archivo.

Artículo 42o.— La supervigilancia del cumplimiento del Contrato de Aprendizaje estará a cargo del SENATI. Este contrato se rige exclusivamente por las disposiciones contenidas en el Decreto-Ley No. 20151 y en el presente Reglamento.

Artículo 43o.— La duración del Contrato de Aprendizaje estará determinado por el tiempo que demande la formación profesional, el mismo que será señalado por el SENATI para cada ocupación específica.

Artículo 44o.— Durante el Aprendizaje, la empresa patrocinadora tiene el derecho y la obligación de vigilar el cumplimiento de los programas teóricos y/o prácticos que el SENATI ha establecido para la formación profesional del aprendiz. Cuando parte de esta instrucción se realice dentro de la empresa patrocinadora, el SENATI coordinará previamente con dicha empresa los programas por desarrollarse, para que la instrucción no interfiera con la labor administrativa interna de la misma, ni con la producción y/o distribución, ni con la comercialización.

Artículo 45o.— Cada Dirección Regional llevará, de acuerdo con el artículo 34o. del Decreto Ley No. 20151, un Registro de los Contratos de Aprendizaje en Centros, así como de los Documentos de los Patrocinios.

Artículo 46o.— El Contrato de Aprendizaje termina o se rescinde por las causales consideradas en los artículos 27o. y 29o. del Decreto Ley No. 20151, respectivamente. El Patrocinio puede concluir por las mismas causales.

Artículo 47o. La causal a que se refiere el inciso c) del artículo 27o. del Decreto Ley 20151 que pone término al Contrato de Aprendizaje, se acreditará con Certificado Médico expedido por el Seguro Social del Perú.

Artículo 48o.— De conformidad con el artículo 29o del Decreto-Ley No. 20151, además de la falta grave del aprendiz en perjuicio de la empresa son faltas graves que dan lugar a la rescisión, las siguientes:

a. Ocasionar perjuicio grave al SENATI o daño a su propiedad o a la propiedad de la empresa.

b. Ocasionar daño al personal de trabajadores del SENATI o de la empresa.

c. Realizar actos graves reñidos con la moral y la disciplina.

d. Realizar actos que transgredan las leyes y los reglamentos relacionados con el Aprendizaje en Centros.

Artículo 49o.— Las inasistencias injustificadas de más de tres (3) días útiles consecutivos, o de más del 5 o/o de días útiles de cada ciclo del Aprendizaje, darán lugar a la rescisión del Contrato de Aprendizaje.

Artículo 50o.— El Contrato de Aprendizaje puede quedar suspendido a petición justificada de la empresa o del aprendiz, o a iniciativa del SENATI.

La suspensión del Contrato de Aprendizaje será autorizada por Resolución del correspondiente Director Regional del SENATI, en base a la solicitud que presente el representante legal de la empresa o del aprendiz y que demuestre fehacientemente la justificación de la causal que invoca. La autorización de la suspensión estará condicionada a la posibilidad de continuación futura en la modalidad y ciclo de formación para la ocupación específica, materia del aprendizaje. Igualmente, se requerirá resolución del correspondiente Director Regional para suspender el patrocinio.

Artículo 51o.— Cuando hubiere que celebrar un nuevo Contrato de Aprendizaje con otra empresa patrocinadora, por haber terminado el anterior por liquidación de quien patrocinó originalmente al aprendiz y no hubiere peticiones voluntarias, se hará efectiva la obligación del patrocinio de acuerdo a las pautas señaladas en el Artículo 8o. del Decreto Ley No. 20151, aplicándose, si así fuere el caso, lo establecido en el Artículo 31o. del presente Reglamento.

Artículo 52o.— Para que una empresa o grupos de empresas puedan patrocinar aprendices en la modalidad c) a que se refiere el Artículo 4o. del presente Reglamento, deberán solicitar al SENATI la aprobación de sus planes y programas de aprendizaje.

Artículo 53o.— Durante el Aprendizaje, el aprendiz percibirá de la empresa patrocinadora, por el intermedio del SENATI, una asignación mensual no inferior al 50 o/o de la remuneración mínima vital vigente en la localidad donde se encuentra el Centro de aprendizaje.

La asignación mensual del aprendiz será reajustada en el momento en que varíe la remuneración mínima vital vigente en la localidad donde se encuentra el Centro de Aprendizaje.

Artículo 54o.— El aprendiz abonará, del importe de la asignación que reciba, los útiles de uso personal, uniforme, alimentación y pasajes, así como la reposición de herramientas, equipos o utensilios perdidos o deteriorados por uso indebido o negligencia comprobada y daños ocasionados al SENATI o a la empresa por causas imputables al aprendiz.

Artículo 55o.— Durante los períodos de permanencia en los Centros del SENATI, los aspirantes y los aprendices están obligados a tomar los alimentos en los Centros cuando éstos lo proporcionen.

Artículo 56o.— Las inasistencias injustificadas del aprendiz le harán perder la asignación correspondiente a esos días en la proporción de un veinticinco avo (1/25) de la asignación mensual por cada día de inasistencia.

Artículo 57o.— Los reclamos que formularen tanto la empresa patrocinadora como el representante legal del aprendiz, en relación al incumplimiento de las estipulaciones contenidas en el Contrato de Aprendizaje, deberán ser presentados por escrito al Director Regional respectivo, con especificación de los hechos y de los fundamentos legales pertinentes.

Artículo 58o.— Los reclamos a que se refiere el artículo anterior, deberán ser presentados dentro de los veinte días útiles posteriores a los hechos que los motiven. La Dirección Regional, previos los informes que estime convenientes y el dictamen legal, procederá a emitir la resolución correspondiente en un plazo no mayor de veinte días útiles contados desde la fecha en que se interpuso el reclamo.

## CAPITULO VI

### DE LA EVALUACION FINAL Y CERTIFICACION

Artículo 59o.— Bajo las normas que apruebe la Dirección Nacional del SENATI, se efectuará la Evaluación Final y la Certificación del Aprendizaje, en la que participarán el personal técnico del SENATI y demás representantes de las actividades públicas y privadas, vinculadas al Sector Industria y Turismo.

Artículo 60o.— La nota aprobatoria en la evaluación final, permite al aprendiz que aprobó satisfactoriamente todas las etapas anteriores, obtener oficialmente la Calificación Profesional Extraordinaria en la ocupación específica materia del aprendizaje.

Artículo 61o.— La Evaluación Final del Aprendizaje y la Certificación es la etapa con la cual termina el aprendizaje.

## CAPITULO VII

### DE LAS DEFINICIONES

Artículo 62o.— Para los efectos del presente Reglamento, se entiende por:

**a. ACCION EDUCATIVA DEL APRENDIZAJE**
Desarrollo del contenido educativo para alcanzar los objetivos de la formación profesional de los aprendices.

**b. APRENDIZ**
Quien después de haber aprobado el Pre-Aprendizaje, participa en el Aprendizaje patrocinado por una empresa.

**c. ASPIRANTE**
Quien ha sido aprobado en la selección y participa en el período de Pre-Aprendizaje, recibiendo una asignación económica directa del SENATI.

**d. CENTROS DE APRENDIZAJE**
Ambientes determinados y calificados por el SENATI, acondicionados apropiadamente para desarrollar las acciones educativas del aprendizaje.

**e. CICLOS DE APRENDIZAJE**
Unidades de contenidos educativos de determinado lapso, en las que se divide cualquiera de las modalidades del Aprendizaje en Centros.

Los ciclos del aprendizaje constituyen las bases para alcanzar los diferentes niveles del proceso de aprendizaje, por lo que son unidades completas sujetas a una evaluación integral que determina el paso al siguiente ciclo.

**f. COMPROMISO DE PRE—APRENDIZAJE**
Documento que firma el aspirante refrendado por el padre, madre o representante legal, mediante el cual se obligan a cumplir las disposiciones establecidas por el SENATI que rigen el Pre-Aprendizaje.

**g. CONTENIDO EDUCATIVO**
Conjunto de elementos técnico-científicos y otros factores del saber teórico, práctico y del comportamiento humano como futuro trabajador y de su rol dentro de los nuevos esquemas de participación en el marco de la educación integral, que son empleados en los ciclos de aprendizaje.

**h. CONTRATO DE APRENDIZAJE**
Instrumento legal que regula las obligaciones y derechos de la empresa patrocinadora y del aprendiz, que se celebra entre el representante legal de una empresa y el padre, madre o representante legal del aspirante que haya aprobado el Pre-Aprendizaje.

**i. GRUPO OCUPACIONAL**
Ocupaciones específicas de características similares, que permiten su agrupación homogénea para el Pre-Aprendizaje.

**j. OCUPACION ESPECIFICA**
Campo de la actividad profesional en la que, como trabajador calificado, se desempeñará el aprendiz al finalizar su formación.

**k. PATROCINIO**
Apoyo económico que recibe un aprendiz durante su formación profesional mediante el pago de una asignación mensual que efectúa una empresa por intermedio del SENATI, sea por Contrato de Aprendizaje o por mandato de la Ley.

**l. POSTULANTE**
Quien tiene catorce años de edad y menos de veinte e interviene en la etapa de convocatoria, Inscripción y Selección.

**ll. UNIDAD DE INSTRUCCION**
Organismo de la empresa que, con la supervisión y asesoría del SENATI, apoya la realización del aprendizaje en Centros.

(Abschrift)

PROGRAMA DEL APRENDIZAJE EN CENTROS DEL SENATI

("a" y "b")

Anexo 6

| Grupos Ocupacionales | Ocupaciones Específicas | Centros |
|---|---|---|
| 1  Artes Gráficas | 1. Compositor Manual | L |
| | 2. Fotomecánico | L |
| | 3. Impresor Off-Set | L |
| | 4. Impresor Tipográfico | L |
| | 5. Roto-Grabador | L |
| | 6. Encuadernador | L |
| | 7. Serígrafo | L |
| | 8. Dibujante Gráfico | L |
| 2  Construcciones Industriales | 9. Calderero | C-A-L |
| | 10. Herrero - Forjador | L |
| | 11. Mecánico de Estructuras Metálicas | A-L |
| | 12. Soldador | A-L |
| 3  Controles Industriales | 13. Instrumentista de Controles Industriales | L |
| 4  Electricidad | 14. Electricista de Instalaciones | C-A-L |
| | 15. Electricista de Máquinas | C-A-L |
| 5  Electrónica | 16. Reparador de aparatos electrónicos | A |
| 6  Fundición y Modelería | 17. Fundidor | L |
| | 18. Modelero | L |
| 7  Mecánica | 19. Dibujante Técnico | L |
| | 20. Matricero | L |
| | 21. Mecánico Ajustador | A-L |
| | 22. Fresador | C - L |
| | 23. Mecánico de Mantenimiento | C-A-L |
| | 24. Mecánico de Precisión | L |
| | 25. Mecánico de Refrigeración | C |
| | 26. Mecánico de Taller | L |
| | 27. Tornero | C-A-L |

PROGRAMA DEL APRENDIZAJE EN CENTROS DEL SENATI
(Modalidades "a" y "b")

2.

| Grupos Ocupacionales | Ocupaciones Específicas | Centros |
|---|---|---|
| 8  Mecánica Automotriz | 28. Mecánico de Automotores a Gasolina | C-A-L |
|  | 29. Mecánico de Automotores Diesel | C-A-L |
| 9  Mecánica Textil | 30. Mecánico de Hilandería | L |
|  | 31. Mecánico de Tejeduría | L |
| 10 Controles Textiles | 32. Laboratorista Físico Textil | L |
|  | 33. Laboratorista Químico Textil | L |
| 11 Textiles Fibra Larga | 34. Controlador Tejedor en fibra larga | L |
|  | 35. Controlador Hilandero en fibra larga | L |
|  | 36. Controlador Tejedor de punto | L |
| 12 Relojería | 37. Reparador de relojes | L |

C = CHICLAYO
A = AREQUIPA
L = LIMA

## 2. UBICACIÓN DE LA MODALIDAD "c" DEL APRENDIZAJE EN CENTROS EN EL SISTEMA DE LA EDUCACIÓN PERUANA

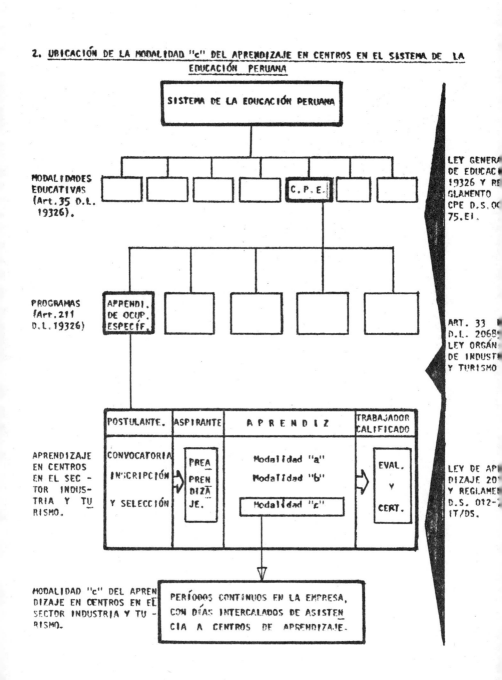

# CUESTIONARIO DE EXAMENES

ASIGNATURA: MATEMATICA

1.- NUMERACION: Sistema de numeración decimal. Cuadro de numeración de números. Período, clase y orden. Lectura y escritura de números.

2.- CONJUNTO DE NUMEROS NATURALES : Conjunto de números naturales. Relaciones de igualdad y desigualdad. Adición, multiplicación, potenciación, sustracción, división y radicación de números naturales. Representación geométrica del cuadrado y cubo de un número natural.

3.- CONJUNTO DE NUMEROS ENTEROS: El conjunto de números enteros. Notación :elementos. La recta numérica - Reducción de números enteros. Adición, multiplicación , potenciación, sustracción, división y radicación de números enteros. Operaciones combinadas de números enteros.

4.- CONJUNTO DE NUMEROS RACIONALES : Números racionales : elementos.Formas:fraccionaria y decimal. Fracciones homógenas y heterogéneas. Fracciones equivalentes;simplificación de fracciones. Adición,multiplicación ,potenciación,sustracción, división y radicación de fracciones. Adición,multiplicación,potenciación, sustracción,división y radicación de decimales.Operaciones combinadas.

5.- RAZONES Y PROPORCIONES: Razón : concepto. Elementos. Proporción. Propiedades fundamentales de las proporciones . Magnitudes directas e iversamente proporcionales. Regla de tres simple directa e inversa . Tanto por ciento. Elementos de porcentaje. Problemas a que da lugar el porcentaje.

6.- SISTEMAS DE MEDICION: El Sistema Métrico decimal y el Sistema Métrico Inglés. Medidas de Longitud, superficie, volumen, capacidad y peso. Equivalencias del Sistema Métrico Decimal con el Sistema Métrico Inglés. Conversiones y transformaciones.

7.- GEOMETRIA ELEMENTAL: El punto, la recta y el plano como conceptos primitivos . Notación y representación . Semirecta, rayo, segmentos de recta, segmentos congruentes. Angulos :concepto, no

bisectriz, medición y clases de ángulos. Polígonos : elementos , clasificación. Triángulos: elementos, clases, perímetro y área del triángulo . Cuadriláteros: clasificación, perímetros y área de los cuadriláteros más comunes. Polígonos regulares:apotema, perímetros y áreas . Circunferencia: elementos, longitud de la circunferencia y arco de circunferencia. Circulo: área del circulo Los sólidos geométricos.paralelepípedos:área lateral total y volumen. Cubo: área total y volumen. Cilindro: área lateral , total y volumen . Cono: generatriz,altura, área lateral  total y volumen Esfera: área total y volumen. Pirámide

8.- INTRODUCCION AL ALGEBRA :Expresión y términos algebraicos. Términos semejantes. Reducción de Términos semejantes. Valor numérico de expresiones algebraicas idea de fórmula y su desarrollo. Operaciones con expresiones algebraicas :adición de monomios y polinomios, sustracción de monomios y polinomios,multiplicación de monomios y polinomios, potenciación de monomios y polinómios (binomios)división de dos monomios y de un polino - mio con un monomio. Ecuaciones: concepto. Resolución de ecuaciones sencillas de primer grado con una incógnita,Verificación de una ecuación.

CIENCIAS BASICAS

1.- Materia y energía . Estructura de materia.Elementos y compuesto. Mezcla y combinación. Estados de la materia. Propiedades de la materia.

2.- Fuerza: concepto. Unidades. Dinamómetro.Composición de fuerzas.

3.- Trabajo: concepto. Unidades.

4.- Movimiento:concepto:Clases :movimiento uniforme y uniformemente variado. Aceleración.

5.- Máquinas simples. Palanca:clases. Aplicaciones. Polea: clases. Polipasto. Plano inclinado.

6.- Termología:calor y temperatura: concepto.Efectos del calor. Dilatación .Cambios de estado.Propagación del calor.

7.- Electricidad : corriente eléctrica:concepto.

trica . Ley de Ohm . Circuitos eléctricos básicos.

ESPAÑOL

1.- El Lenguaje:concepto de lenguaje.Lengua o idioma . Habla y dialecto.

2.- Conocimientos:gramaticales: elabecedario,vocales y consonantes.

3.- La sílaba. Sílabeo, Diptongo , Acentuación.

4.- Palabras agudas, graves o llanas, esdrújulas y sobresdrújulas.

5.- Palabras sinónimas antónimas homófanas y parónimas.

6.- La oración: concepto. Elementos principales

7.- Las palabras como parte de la oración. El sustantivo : concepto.Clases de accidentes grama ticales del sustantivo.

8.- El adjetivo: concepto y clases. Accidentes . Grados del adjetivo. Concordancia entre sustantivo y adjetivo

9.- El artículo: concepto.Clases de artículos.Artículos contractos al y del.

10- El pronombre : concepto . Clases de pronombre . Accidentes . La persona gramatical.'.

11- El verbo: concepto. Principales clases de verbos . Accidentes. Conjugación de los ve r v s amar temer y partir. Concordancia entre sujeto y verbo

12- Ortografía : Ejercicios de acentuación de palabras agudas, graves o llanas esdrújulas y sobresdrújulas

13- Acentuación de palabras compuestas

14- Acentuación diacrítica de tú,él,mí,sí,dé,sé,más, sólo y aún.

15- Acentuación de los pronombres demostrativos e interrogativos.

16- Empleo correcto de las consonantes gráficas b, v, s, c,z, x, r,rr, h.

17- Acentuación : Redacción de cartas familiares y comerciales.

18- Redacción de solicitudes.

19- Lectura: Comprensión y apreciación de textos.

PERU

LIMA

PLAN EXPERIMENTAL SENATI

CUADRO N° 11..

## DISTRIBUCION DE CURSOS Y TIEMPO DE DURACION

| HORAS SEMANALES | CURSOS | C I C L O S | | | | | | | | | TOTAL 37 meses |
|---|---|---|---|---|---|---|---|---|---|---|---|
| | | PRE-APRENDIZAJE (3 meses) 3 m. | BASICO (18 meses) 9 m. | VACACIONES (1 mes) 1m. | PRACTICA EN EMPRESA (5 meses) 5m. | AVANZADO (12 meses) 6m. | VACACIONES (1 mes) 1m. | PRACTICA EN EMPRESAS (5 meses) 5m. | ESPECIALIZACION 6m. | VACACIONES (1 mes) 1m. | |
| 15 | PRACTICA DE TALLER | | 540 HORAS | | | 360 HORAS | | | 360 HORAS | | 1260 HORAS |
| 5 | TECNOLOGIA | | 180 HORAS | | | 120 HORAS | | | 120 HORAS | | 420 HORAS |
| 5 | MATEMATICAS DE TALLER | | 180 HORAS | | | 120 HORAS | | | 120 HORAS | | 420 HORAS |
| 4 | CIENCIAS BASICAS | | 144 HORAS | | | 96 HORAS | | | 96 HORAS | | 336 HORAS |
| 4 | DIBUJO | | 144 HORAS | | | 96 HORAS | | | 96 HORAS | | 336 HORAS |
| 3 | ESPAÑOL | | 108 HORAS | | | 72 HORAS | | | 72 HORAS | | 252 HORAS |
| 2 | SEGURIDAD E HIGIENE INDUSTRIAL | | 72 HORAS | | | 48 HORAS | | | 48 HORAS | | 168 HORAS |
| 2 | GIMNASIA | | 72 HORAS | | | 48 HORAS | | | 48 HORAS | | 168 HORAS |

GRAFICO N° 1.01

COMPARACION DEL SISTEMA EDUCATIVO ANTERIOR CON EL NUEVO QUE ESTABLECE LA LEY GENERAL DE EDUCACION

## SISTEMA REGULAR

NIVEL SUPERIOR — NIVEL BASICO — INICIAL

NUEVA (LEY 19326)

| III CICLO | II CICLO | I CICLO | III CICLO | II CICLO | I CICLO | | |

OTRAS ESCUELAS

DOCTORADO — UNIVERSIDAD-ENAE — MAESTRIA UNIVERSIDAD — LICENCIATURA (DURACION DIVERSA) — E S E P (BACHILLERATO) — 9° GRADO — 8° GRADO — 7° GRADO — 6° GRADO — 5° GRADO — 4° GRADO — 3° GRADO — 2° GRADO — 1° GRADO — JARDIN — CUNA

15 AÑOS APROXIMADAMENTE — 6 AÑOS PREFERENTEMENTE — 5 NIVELES — 3 AÑOS PREFERENTEMENTE — 0 AÑOS

ANTERIOR

OTRAS ESCUELAS

DOCTORADO — ESTUDIOS PROFESIONAL — U (4 a 6 años) — ESTUDIOS — PROFESIONES — OPERACIONALES GENERALES — 5° SECUNDARIA — 4° SECUNDARIA — 3° SECUNDARIA — 2° SECUNDARIA — 1° SECUNDARIA — 5° PRIMARIA — 4° PRIMARIA — 3° PRIMARIA — 2° PRIMARIA — 1° PRIMARIA — TRANSICION — CUNA Y JARDIN — NIDO

ED. SUPERIOR | ED. SECUND. DIURNA | EDUC. PRIMARIA | PRE-ESCOLAR

EDAD 17 AÑOS — EDAD 6 AÑOS

Conviene señalar que las comparaciones graficadas se refieren fundamentalmente al numero de años de estudios y a las correspondientes edades de los educandos en el Sistema anterior asi como a los probables duraciones y edades en el Nuevo Sistema. No es posible, dada la profunda diferencia de ambos sistemas, pretender equivalencias en el contenido y cualidad de la Educación

## SISTEMA LABORAL

( Preferentemente a partir de los 15 años )

NIVEL SUPERIOR — NIVEL BASICO

NUEVA (LEY 19326)

| III CICLO | II CICLO | I CICLO | III CICLO | II CICLO | I CICLO |

OTRAS ESCUELAS

DOCTORADO — UNIVERSIDAD-ENAE — MAESTRIA UNIVERSIDAD — LICENCIATURA (DURACION DIVERSA) — E S E P (BACHILLERATO) — 9° GRADO — 8° GRADO — 7° GRADO — 6° GRADO — 5° GRADO — 4° GRADO — 3° GRADO — 2° GRADO — 1° GRADO

ANTERIOR

OTRAS ESCUELAS

DOCTORADO — ESTUDIOS PROFESIONAL — U (4 a 6 años) — ESTUDIOS — PROFESIONES — OPERACIONALES GENERALES — 6° SECUNDARIA — 5° SECUNDARIA — 4° SECUNDARIA — 3° SECUNDARIA — 2° SECUNDARIA — 1° SECUNDARIA — 5° PRIMARIA — 4° PRIMARIA — 3° PRIMARIA — 2° PRIMARIA — 1° PRIMARIA — REAFIRMACION INICIACION

ED. SUPERIOR | ED. SECUNDARIA | ED. PRIMARIA

Los fines del Nuevo Sistema, la naturaleza Terminal y completa de dichos niveles y sus correspondientes ciclos, las caracteristicas y contenido de los curriculos, los mecanismos de promoción y evaluación las técnicas y métodos, constituyen una estructura Substancialmente distintas.

ESQUEMA DEL PROGRAMA ESCOLAR PROPUESTO

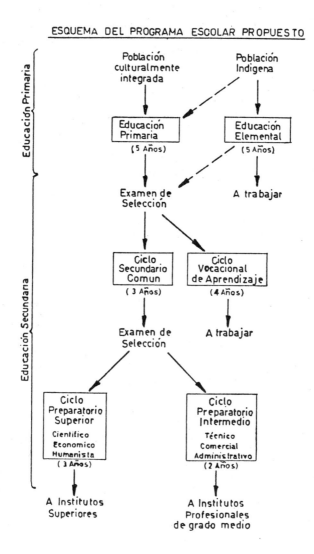

| ABSCHNITT | TITEL | KAPITEL | ARTIKEL |
|---|---|---|---|
| | | | 1 |
| | | | 2 |
| | | | 3 |
| | | | 4 |
| | | | 5 |
| | | | 6 |
| | | | 7 |
| | | | 8 |
| | | | 9 |
| | | | 1o |
| | | | 11 |
| | | | 12 |
| | | | 13 |
| | | | 14 |
| Grundlegende | (ohne Benennung) | | 15 |
| Bestimmungen | (1) | | 16 |
| (1) | | | 17 |
| | | | 18 |
| | | | 19 |
| | | | 2o |
| | | | 21 |
| | | | 22 |
| | | | 23 |
| | | | 24 |
| | | | 25 |
| | | | 26 |
| | | | 27 |
| | | | 28 |
| | | | 29 |
| | | | 3o |
| | | | 31 |
| | | Allgemeine | 32 |
| | | Organisation | 33 |
| | | (1) | 34 |
| | | | 35 |
| | | | 36 |
| | | | 37 |
| | Struktur (2) | | 38 |
| | | | 39 |
| | | Stufen und Modali- | 4o |
| | | täten (2) | 41 |
| | | | 42 |
| | | | 43 |
| | | | 44 |
| | | | 45 |
| | | | 46 |
| | | Koordinierungsmaß- | 47 |
| | | nahmen (3) | 48 |
| | | | 49 |
| | | | 5o |
| | | | 51 |
| | | | 52 |
| Das peruanische | | | 53 |
| Bildungssystem | | | 54 |
| (2) | Anwendung (3) | | 55 |

| ABSCHNITT | TITEL | KAPITEL | ARTIKEL |
|---|---|---|---|
| | | | 56 |
| | | | 57 |
| | | | 58 |
| | | | 59 |
| | | | 6o |
| | | | 61 |
| | | | 62 |
| | | | 63 |
| | | Beschreibung und Ziele (1) | 64 |
| | | | 65 |
| | | | 66 |
| | | Struktur (2) | 67 |
| | | | 68 |
| | Bildungszentren (4) | | 69 |
| | | | 7o |
| | | | 71 |
| | | | 72 |
| | | Organisation und Verwaltung (3) | 73 |
| | | | 74 |
| | | | 75 |
| | | | 76 |
| | | | 77 |
| | | Beschreibung und Ziele (4) | 78 |
| | | | 79 |
| | | | 8o |
| | | | 81 |
| | | | 82 |
| | | | 83 |
| | Anfangsbildung (5) | | 84 |
| | | Zugang und Institutionalisierung (2) | 85 |
| | | | 86 |
| | | | 87 |
| | | | 88 |
| | | | 89 |
| | | | 9o |
| | | Beschreibung und Ziele (1) | 91 |
| | | | 92 |
| | | Zugang (2) | 93 |
| | | | 94 |
| | | | 95 |
| | Allgemeine Grundbildung (6) | Bildungsgänge (3) | 96 |
| | | | 97 |
| | | | 98 |
| Stufen der Anfangs- und Grundbildung (3) | | Prüfung, Versetzung und Zeugnis (4) | 99 |
| | | | 1oo |
| | | | 1o1 |
| | | Beschreibung und Ziele (1) | 1o2 |
| | | | 1o3 |
| | | Zugang (2) | 1o4 |
| | | | 1o5 |
| | | | 1o6 |
| | | Bildungsgänge (3) | 1o7 |
| | Arbeitsgrundbildung (7) | | 1o8 |
| | | | 1o9 |
| | | | 11o |

| ABSCHNITT | TITEL | KAPITEL | ARTIKEL |
|---|---|---|---|
| | | Prüfung, Versetzung und Zeugnis (4) | 111 |
| | | | 112 |
| | | | 113 |
| | | | 114 |
| | Institutionalisierung der Grundbildung (8) | | 115 |
| | | | 116 |
| | | | 117 |
| | | | 118 |
| | | | 119 |
| | | | 120 |
| | | | 121 |
| | Erste Periode der höheren Bildung (9) | Beschreibung und Ziele (1) | 122 |
| | | | 123 |
| | | | 124 |
| | | | 125 |
| | | Zugang u. Bildungsgänge (2) | 126 |
| | | | 127 |
| | | | 128 |
| | | | 129 |
| | | Prüfung und Zeugnis (3) | 130 |
| | | | 131 |
| | | | 132 |
| | Berufliche höhere Schulen (Organisation und Verwaltung) (10) | | 133 |
| | | | 134 |
| | | | 135 |
| | | | 136 |
| | | | 137 |
| | | | 138 |
| | | | 139 |
| | | | 140 |
| | | | 141 |
| | | | 142 |
| | | | 143 |
| | | | 144 |
| | | | 145 |
| | | | 146 |
| | | | 147 |
| | | | 148 |
| | | | 149 |
| | | | 150 |
| | | | 151 |
| | Zweite Periode der höheren Bildung (11) | Beschreibung und Ziele (1) | 152 |
| | | | 153 |
| | | | 154 |
| | | | 155 |
| | | Zugang (2) | 156 |
| | | | 157 |
| Stufe der höheren Bildung (4) | | Bildungsgänge (3) | 158 |
| | | | 159 |
| | | | 160 |
| | | | 161 |
| | | Prüfung und Zeugnis (4) | 162 |
| | | | 163 |
| | | Beschreibung und Ziele (1) | 164 |
| | | | 165 |

| ABSCHNITT | TITEL | KAPITEL | ARTIKEL |
|---|---|---|---|
| | Dritte Periode der höheren Bildung (12) | Zugang u. Bildungsgänge (2) | 166 |
| | | | 167 |
| | | | 168 |
| | | | 169 |
| | Die peruanische Universität (13) | Grundl.Prinzipien (4) | 170 |
| | | Gliederung der Universität (2) | 171 |
| | | | 172 |
| | | | 173 |
| | | | 174 |
| | | | 175 |
| | | | 176 |
| | | | 177 |
| | | | 178 |
| | | | 179 |
| | | Lehrpersonal (3) | 180 |
| | | | 181 |
| | | | 182 |
| | | | 183 |
| | | | 184 |
| | | | 185 |
| | | Studenten (4) | 186 |
| | | | 187 |
| | | | 188 |
| | | Finanzierungsrege-lungen (5) | 189 |
| | | | 190 |
| | | | 191 |
| | | | 192 |
| | | | 193 |
| | Die Universitäten und das Nationale Institut für hohe Studien (14) | Die Universitäten (1) | 194 |
| | | | 195 |
| | | | 196 |
| | | | 197 |
| | | | 198 |
| | | | 199 |
| | | | 200 |
| | | | 201 |
| | | | 202 |
| | | Nationales Institut für hohe Studien (2) | 203 |
| | | | 204 |
| | Koordinierung der höheren Bildung (15) | | 205 |
| | | | 206 |
| | | | 207 |
| | Berufsbildung (16) | Beschreibung und Ziele (1) | 208 |
| | | | 209 |
| | | Zugang und Programme (2) | 210 |
| | | | 211 |
| | | | 212 |
| | | | 213 |
| | | | 214 |
| | | | 215 |
| | | | 216 |
| | | Prüfung und Zeugnis (3) | 217 |
| | | | 218 |
| | | Beschreibung u. Ziele (1) | 219 |
| | | | 220 |

| ABSCHNITT | TITEL | KAPITEL | ARTIKEL |
|---|---|---|---|
| Weitere Bildungs-modalitäten und Sonderprogramme (5) | Sonderbildung (17) | Zugang (2) | 221 |
| | | | 222 |
| | | Bildungsmaßnahmen (3) | 223 |
| | | | 224 |
| | | | 225 |
| | | | 226 |
| | | Institutionalisierung (4) | 227 |
| | | | 228 |
| | | | 229 |
| | | | 230 |
| | | Prüfung, Versetzung u. Zeugnis (5) | 231 |
| | | | 232 |
| | | | 233 |
| | | | 234 |
| | | | 235 |
| | Weiterbildung (18) | | 236 |
| | | | 237 |
| | | | 238 |
| | | | 239 |
| | Sonderprogramme (19) | Programme der Bildungsförderung für die Landwirtschaft (1) | 240 |
| | | | 241 |
| | | | 242 |
| | | | 243 |
| | | | 244 |
| | | | 245 |
| | | | 246 |
| | | Bildung zur integralen Sicherheit und nationalen Verteidigung (2) | 247 |
| | | | 248 |
| | | | 249 |
| | | | 250 |
| | | | 251 |
| | | Bildung für die lateinamerik. Integration (3) | 252 |
| | | | 253 |
| Zusatzmaßnahmen (6) | Bildungsforschung(2o) | | 254 |
| | | | 255 |
| | Bildungsberatung (21) | | 256 |
| | | | 257 |
| | | | 258 |
| | | | 259 |
| | | | 260 |
| | | | 261 |
| | | | 262 |
| | Stipendien (22) | | 263 |
| | | | 264 |
| | | | 265 |
| | | | 266 |
| | | | 267 |
| | | | 268 |
| | | | 269 |
| | Lehr- u. Lernmittel (23) | | 270 |
| | | | 271 |
| | | | 272 |
| | | | 273 |
| | | | 274 |
| | | | 275 |

| ABSCHNITT | TITEL | KAPITEL | ARTIKEL |
|---|---|---|---|
| Bildungstech-<br>nologie (7) | | | 275 |
| | | | 277 |
| | | | 278 |
| | Gebäude und Ein-<br>richtungen (24) | | 279 |
| | | | 28o |
| | | | 281 |
| | | | 282 |
| | | | 283 |
| | | | 284 |
| | Fernunterricht (25) | | 285 |
| | | | 286 |
| | | | 287 |
| | | | 288 |
| Lehrpersonal<br>(8) | (ohne Benennung)<br>(26) | | 289 |
| | | | 29o |
| | | | 291 |
| | | | 292 |
| | | | 293 |
| | | | 294 |
| | | | 295 |
| | | | 296 |
| | | | 297 |
| | | | 298 |
| | | | 299 |
| | | | 3oo |
| | | | 3o1 |
| Bildungsfinan-<br>zierung (9) | Einteilung der<br>Mittel (27) | | 3o2 |
| | | | 3o3 |
| | | | 3o4 |
| | | | 3o5 |
| | | | 3oo |
| | | | 3o7 |
| | | | 3o8 |
| | | | 3o9 |
| | Finanzierungsbeziehg.(28) | | 31o |
| | Kostenminimierung u.optim.<br>Nutzung d.Einrichtg. (29) | | 311 |
| | | | 312 |
| Beteiligung der<br>Gemeinschaft (1o) | Allgemeine Normen (3o) | | 313 |
| | | | 314 |
| | | | 315 |
| | Private Bildung<br>(31) | | 316 |
| | | | 317 |
| | | | 318 |
| | | | 319 |
| | | | 32o |
| | | | 321 |
| | | | 322 |
| | | | 323 |
| | | | 324 |
| | | | 325 |
| | | | 326 |
| | | | 327 |
| | | | 328 |
| | | | 329 |
| | Bildungskooperation(32) | | 33o |

| ABSCHNITT | TITEL | KAPITEL | ARTIKEL |
|---|---|---|---|
| | | | 331 |
| | | | 332 |
| | | | 333 |
| | Studentenzivildienst (33) | | 334 |
| | | | 335 |
| | | | 336 |
| | | | 337 |
| | | | 338 |
| | | | 339 |
| | | | 340 |
| | | | 341 |
| | | | 342 |
| | | | 343 |
| | | | 344 |
| | | | 345 |
| | | | 346 |
| | | | 347 |
| | | | 348 |
| | | | 349 |
| | | | 350 |
| | | | 351 |
| | | | 352 |
| | | | 353 |
| | | | 354 |
| | | | 355 |
| | | | 356 |
| Übergangs- und Schlußbestimmungen (11) | Übergangsbestimmungen (34) | | 357 |
| | | | 358 |
| | | | 359 |
| | | | 360 |
| | | | 361 |
| | | | 362 |
| | | | 363 |
| | | | 364 |
| | | | 365 |
| | | | 366 |
| | | | 367 |
| | | | 368 |
| | | | 369 |
| | | | 370 |
| | | | 371 |
| | | | 372 |
| | | | 373 |
| | | | 374 |
| | | | 375 |
| | | | 376 |
| | | | 377 |
| | | | 378 |
| | | | 379 |
| | | | 380 |
| | Schlußbestimmungen (35) | | 381 |
| | | | 382 |
| | | | 383 |

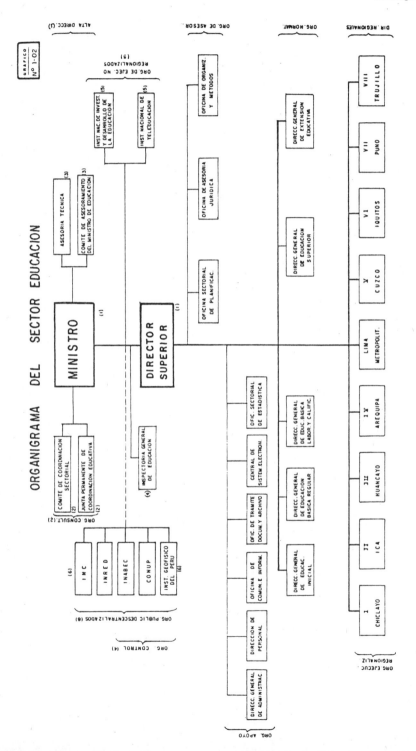

ORGANIGRAMA DEL SECTOR EDUCACION

# SECCION QUINTA

## OTRAS MODALIDADES DE LA EDUCACION Y PROGRAMAS ESPECIALES

### TITULO XVI

### CALIFICACION PROFESIONAL EXTRAORDINARIA

#### CAPITULO I

#### Descripción y Objetivos

Artículo 208º.- La Calificación Profesional Extraordinaria es una modalidad básicamente no escolarizada del sistema educativo destinada a la capacitación permanente de los trabajadores de los diversos sectores de la actividad social y económica nacional y la actualización periódica de su educación.

Artículo 209º.- Son objetivos de la Calificación Profesional Extraordinaria:

a. Formar profesionalmente a los aprendices para el desempeño de ocupaciones específicas;

b. Perfeccionar y especializar en ciclos periódicos a los trabajadores en actual servicio;

c. Capacitar a las personas que trabajan independientemente para el mejor desempeño de sus actividades ocupacionales;

d. Capacitar al personal desocupado y subempleado para el ejercicio útil de ocupaciones específicas; y

e. Contribuir a la reconversión profesional y a la rehabilitación de trabajadores para incorporarlos a la vida activa del país.

#### CAPITULO II

#### Acceso y Programas

Artículo 210º.- Tienen acceso a esta modalidad los adolescentes y adultos, estén o no en actividad laboral. Los requisitos exigidos para el acceso serán diversos según las edades, aptitudes, conocimientos y experiencias requeridos por los respectivos programas.

Artículo 211º.- La Calificación Profesional Extraordinaria comprende, entre otros, los siguientes programas:

a. Aprendizaje de ocupaciones específicas;

b. Capacitación de trabajadores en servicio y actualización de su formación técnica;

c. Capacitación de trabajadores independientes;

d. Capacitación del personal sin ocupación o subempleado; y

e. Reconversión laboral y profesional.

Artículo 212º.- Los programas de Calificación Profesional Extraordinaria cubrirán, de acuerdo a los requerimientos de la modalidad, los diversos aspectos de la acción educativa señalados en el Artículo 59º.

Artículo 213º.- Los programas de Calificación Profesional Extraordinaria serán integrales, flexibles y coordinados inter-sectorialmente.

Artículo 214º.- La Calificación Profesional Extraordinaria es una responsabilidad que alcanza a todos y cada uno de los sectores de la actividad económica nacional. Las empresas darán a sus trabajadores las licencias y facilidades necesarias para asegurar su calificación.

Artículo 215º.- Los programas de Calificación Profesional Extraordinaria, para su realización, tendrán como elementos de apoyo a los centros de Calificación Profesional Extraordinaria y a las unidades de instrucción de las empresas de los diferentes sectores de la actividad económica nacional.

Artículo 216º.- Los programas de Calificación Profesional Extraordinaria estarán sujetos a las normas establecidas por el órgano pertinente del Ministerio de Educación, con participación especial del Ministerio de Trabajo.

#### CAPITULO III

#### Evaluación y Certificación

Artículo 217º.- La evaluacion de los participantes en los programas de Calificación Profesional Extraordinaria será integral, adecuándose a las características de los diferentes programas.

Artículo 218º.- Los certificados de Calificación Profesional Extraordinaria se expedirán de conformidad con las normas que formule el órgano pertinente del Ministerio de Educación.

Los órganos técnico-pedagógico del Ministerio de Educación y del Sistema Universitario, en su área de competencia, establecerán las equivalencias entre los estudios de esta modalidad y los de otras modalidades del Sistema.

Artículo 59º.- En los diversos niveles y modalidades, la acción educativa cubrirá, en forma integrada:

Conocimientos, que comprenden las informaciones, nociones e inferencias científicas y otros contenidos del saber teórico y práctico.

Actividades, que comprenden las experiencias, procesos y formas de ejercitamiento de valor formativo.

Capacitación para el trabajo, que comprende la adquisición de todos aquellos instrumentos simbólicos, técnicas, habilidades y destrezas requeridos en los diferentes procesos productivos.

Orientación del educando, que comprende el apoyo metodológico, vocacional, psicológico y asistencial correspondiente.

S.E.N.A.T.I.

ESTRUCTURA DEL NUEVO SISTEMA EDUCATIVO

DECRETO LEY N°19326

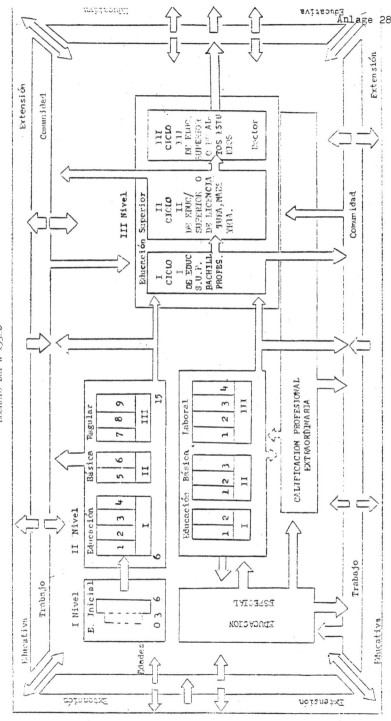

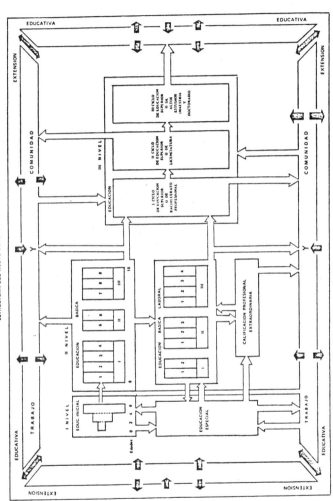

ESTRUCTURA DEL NUEVO SISTEMA EDUCATIVO

Gliederung der Verordnung über die peruanische Berufsbildung

| TITEL | KAPITEL | ARTIKEL |
|---|---|---|
| | | 1 |
| | Allgemeine Bestimmungen (1) | 2 |
| | | 3 |
| | Ziele der Berufsbildung (2) | 4 |
| | Zugänge (3) | 5 |
| | | 6 |
| | | 7 |
| | | 8 |
| Modalität der Berufsbildung (1) | Intersektorale Koordinierung (4) | 9 |
| | | 1o |
| | | 11 |
| | | 12 |
| | | 13 |
| | | 14 |
| | Prüfungen und Zeugnis (5) | 15 |
| | | 16 |
| | | 17 |
| | | 18 |
| | Arten und Organisationen der Programme (1) | 19 |
| Programme der Berufsbildung (2) | | 2o |
| | | 21 |
| | | 22 |
| | Programme (2) | 23 |
| | | 24 |
| | | 25 |
| | | 26 |
| | Betriebliche Berufs-bildungsstätten (1) | 27 |
| | | 28 |
| | | 29 |
| | | 3o |
| | | 31 |
| | | 32 |
| | | 33 |
| | Überbetriebliche Berufs-bildungsstätten (2) | 34 |
| | | 35 |
| | | 36 |
| | | 37 |
| | | 38 |
| | | 39 |
| | | 4o |
| | | 41 |
| | | 42 |
| | | 43 |
| | | 44 |
| Berufsbildungsstätten und Durch-führung der Berufsbildung (3) (Berufsbildungszentren) | | 45 |
| | | 46 |
| | | 47 |
| | | 48 |
| | | 49 |
| | | 5o |
| | | 51 |
| | | 52 |

| TITEL | KAPITEL | ARTIKEL |
|---|---|---|
| | | 53 |
| | | 54 |
| | | 55 |
| | | 56 |
| | Private überbetriebliche Be-<br>rufsbildungsstätten (3) | 57 |
| | | 58 |
| | | 59 |
| | | 60 |
| | | 61 |
| | | 62 |
| | | 63 |
| | | 64 |
| | | 65 |
| | | 66 |
| | | 67 |
| | | 68 |
| | | 69 |
| | | 70 |
| | | 71 |
| | | 72 |
| | | 73 |
| | | 74 |
| | | 75 |
| | | 76 |
| | | 77 |
| | | 78 |
| | Berufsbildender Fernunterricht<br>(4) | 79 |
| | | 80 |
| | | 81 |
| Übergangsbestimmungen (4) | | 82 |
| | | 83 |
| | | 84 |

Anexo del Artículo 38

REPUBLICA PERUANA
SECTOR
(Ejemplo: INDUSTRIA Y TURISMO)
INSTITUCION RESPONSABLE
(Ejemplo: EL SERVICIO NACIONAL DE ADIESTRAMIENTO DE INDUSTRIA Y TURISMO)

Foto

otorga a : _____ el presente

# CERTIFICADO de
LOGOTIPO
(Ejemplo: SENATI)

# CALIFICACION PROFESIONAL EXTRAORDINARIA

OCUPACIÓN ESPECÍFICA: _____

PARA QUE SE LE RECONOZCA . COMO TAL DE CONFORMIDAD CON LOS ARTS 62 ; 2º3 DEL D.L. 19326 (LEY GENE-
RAL DE EDUCACION) EN MERITO A HABER APROBADO EL PROGRAMA DE _____

_____ de _____ de 19 ____

_____        _____
Jefe de Registro d'el Secretario        Participante        Director de la Institución

## ESQUEMA DEL PROGRAMA DE A- PRENDIZAJE DE OCUPACIO. ESPECI.

DURACION _____ MESES

INICIO _____ TERMINO _____

| CICLOS | GRADOS |
|---|---|
| I | 1 |
| | 2 |
| II | 1 |
| | 2 |
| | 3 |

**AREAS DE LA ACC. EDUCATIVA**

I.- APEA. TEC. _____ h

II.- AREA SOC. _____ h

III.- OFIENDICION a través de todo el Aprendizaje.

TOTAL _____ h

---

## SINTESIS DE HABILIDADES PRACTICAS Y CONOCIMIENTOS

(Unidades y Líneas de Acción Educativa de la Ocupación Específica )

Registrado con el Nº _____ en el libro _____

_____
Jefe de Registro

N°............

MINISTERIO DE EDUCACION

CALIFICACION PROFESIONAL EXTRAORDINARIA

# CERTIFICA

*Que,*

*ha aprobado el curso* ........................................................

*desarrollado del* .......... *al* .......... *de 19* ..... *con una duración*

*total de* .......... *horas*

.................................. *de* .......................... *de 19*

DIRECTOR O COORDINADOR            DIRECTOR DEL NEC N°.......            INSTRUCTOR

---

N°............

MINISTERIO DE EDUCACION

REGION ☐  ZONA ☐  NEC ☐

CALIFICACION PROFESIONAL EXTRAORDINARIA

.........................................................

*Expide el presente* CERTIFICADO

*a,* .........................................................

*quien ha aprobado el curso* ..................

*desarrollado del* ..... *al* ........... *de 19* ......

*con una duración total de* ........... *horas*

.......... *de* .......... *de 19* .....

SECRETARIO
(FIRMA Y SELLO)

RECIBI CONFORME

*Fecha de entrega* .......... *de* .......... *de 19* ........

CURSO: _____ TIPO: _____   ..

| OBJETIVOS DEL CURSO, AREA O LINEA DE ACCION EDUCATIVA | DURACION HORAS | APRE- CIA- CION |
|---|---|---|
| | | |
| DURACION Y APRECIACION GENERAL | | |

---------------------------
SECRETARIO
(FIRMA Y SELLO)

# Gliederung des
## ministeriellen Beschlusses über die Berufsbildungsstätten

| TITEL | KAPITEL | ARTIKEL |
|---|---|---|
| Allgemeine Bestimmungen (1) | Definition und Ziel (1) | 1 |
| | | 2 |
| | Geltungsbereich (2) | 3 |
| | Novellierung (3) | 4 |
| | | 5 |
| Merkmale der Berufs- bildungsmaßnahmen (2) | | 6 |
| | | 7 |
| | | 8 |
| | | 9 |
| | | 1o |
| | | 11 |
| Organisation der Berufsbildungsstätten (3) | | 12 |
| | | 13 |
| | | 14 |
| Berufsbildungspläne (4) | | 15 |
| | | 16 |
| | | 17 |
| | | 18 |
| | | 19 |
| Programme der Berufsbildung (5) | | 2o |
| | | 21 |
| | | 22 |
| | | 23 |
| | | 24 |
| | | 25 |
| | | 26 |
| | | 27 |
| | | 28 |
| Berufsbildungsmaß- nahmen (6) | Lehrgänge (1) | 29 |
| | | 3o |
| | | 31 |
| | | 32 |
| | | 33 |
| | andere Maßnahmen (2) | 34 |
| | | 35 |
| | | 36 |
| | | 37 |
| Curricula (7) | | 38 |
| | | 39 |
| | | 4o |
| | | 41 |
| | | 42 |
| | | 43 |
| | | 44 |
| | | 45 |
| | | 46 |
| | | 47 |
| | | 48 |
| | | 49 |
| | | 5o |
| | | 51 |
| | | 52 |

| TITEL | KAPITEL | ARTIKEL |
|---|---|---|
| Infrastruktur der Berufsbildungsstätten (8) | | 53 |
| | | 54 |
| | | 55 |
| | | 56 |
| Berufsbildungstechnologie (9) | | 57 |
| | | 58 |
| | | 59 |
| Zugang zur Berufsbildung (10) | | 60 |
| | | 61 |
| | | 62 |
| | | 63 |
| | | 64 |
| | | 65 |
| | | 66 |
| | | 67 |
| | | 68 |
| | | 69 |
| Prüfungen und Zeugnisse (11) | Prüfungen (1) | 70 |
| | | 71 |
| | | 72 |
| | | 73 |
| | | 74 |
| | | 75 |
| | | 76 |
| | | 77 |
| | | 78 |
| | | 79 |
| | | 80 |
| | | 81 |
| | | 82 |
| | | 83 |
| | | 84 |
| | | 85 |
| | Zeugnisse (2) | 86 |
| | | 87 |
| | | 88 |
| | | 89 |
| | | 90 |
| | | 91 |
| | | 92 |
| | | 93 |
| | | 94 |
| Intersektorielle Koordinierung (12) | | 95 |
| | | 96 |
| | | 97 |
| | | 98 |
| | | 99 |
| Übergangsbestimmungen (13) | | 100 |

## 7. DESARROLLO DEL APRENDIZAJE EN LA MODALIDAD "c"

Esta modalidad se desarrolla en períodos continuos en la empresa, con días intercalados de asistencia a Centros de Aprendizaje.

### 7.1 Período en la Empresa

Este período, que se desarrolla de acuerdo al Plan Específico de Aprendizaje, determina las habilidades prácticas y conocimientos relacionados inmediatos a proporcionarse en cada una de las áreas de trabajo afines a la ocupación.

Este Plan se elabora en base al perfil ocupacional de la correspondiente ocupación específica.

La permanencia de un aprendiz, en cada una de las áreas anotadas anteriormente, es variable en relación con el logro de los objetivos institucionales fijados en el perfil ocupacional.

#### 7.1.1. Esquema del Desarrollo del Aprendizaje en la Empresa, de acuerdo al Plan Específico de Aprendizaje

Se proporcionará las habilidades prácticas y conocimientos relacionados con los trabajos de cada área, siempre que guarden relación con la Ocupación Específica que se imparte.

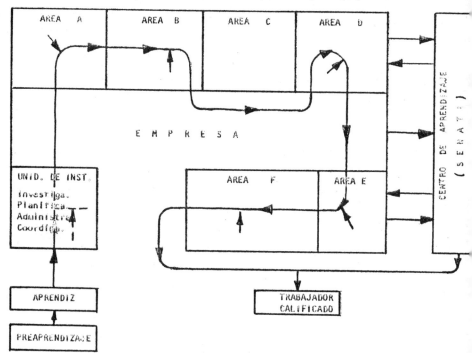

SENATI                                                                 PERU

## FICHA 4: RESULTADOS DE ACTIVIDADES CLASIFICADAS POR NIVEL Y MODO DE FORMACION

Período de Referencia de hasta — año 1.9.7.5. / 1.9.7.5. — mes 01. / 12.

| Niveles y Modos / Resultados | a. Personal de Ejecución | | | | | b. Personal de Supervisión | | c. Técnicos | | d. Otros Grupos (Especificar) Cursos de gestión para ejecutivos | Capacitación del Personal para la F.P. | | Totales |
|---|---|---|---|---|---|---|---|---|---|---|---|---|---|
| | Nivelación Previa | Aprendizaje | Capacitación de Adultos | Promoción | Formación | Formación | Perfeccionamiento | Formación | Especialización | | Docentes | Gerencia y Dirección | |
| 1. Nº DE CURSOS INICIADOS | 4 | 7 | 913 | | | | 378 | | | 58 | 52 | | 1.412 |
| 2. ASPIRANTES-CURSO | 138 | 2.847 | 13.284 | | | | 5.631 | | | 1.296 | 560 | | 23.756 |
| 3. TOTAL DE HORAS-CURSO (En miles) | 1 | 180,6 | 84,7 | | | | 12,6 | | | 1,3 | 2,7 | | 282,9 |
| 4. PARTICIPANTES MATRICULADOS | 138 | 1.177 | 13.284 | | | | 5.631 | | | 1.296 | 560 | | 22.086 |
| 5. PARTICIPANTES EN PROCESO DE FORMACION | | 1.420 | 464 | | | | | | | | 23 | | 1.907 |
| 6. PARTICIPANTES APROBADOS | 130 | 654 | 10.540 | | | | 4.948 | | | 1.125 | 433 | | 17.830 |

FLUJO LOGICO PARA LA UBICACION DE UN TRABAJADOR CALIFICADO

Cuadro 1

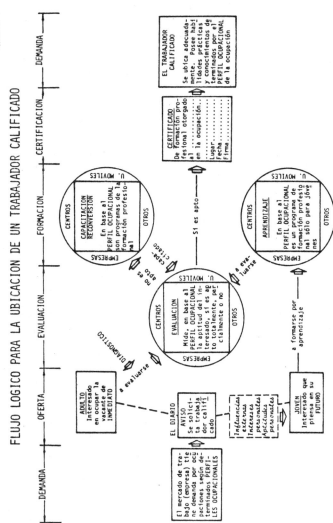

ANEXO 1

PERFIL OCUPACIONAL DEL SOLDADOR UNIVERSAL

| N° | UNIDAD | HABILIDADES PRACTICAS Y CONOCIMIENTOS A MEDIR Y/O PROPORCIONAR | UBICACION DENTRO DE LOS MESES DEL APRENDIZAJE |
|---|---|---|---|
| 1 | 2 | 3 | 4 |
| 1 | Prácticas básicas de mecánica | a. Realizar trabajos simples de banco, especialmente:<br>- medir,<br>- limar bordes a mano,<br>- trazar y granetear,<br>- aserrar a mano y a máquina,<br>- esmerilar,<br>- taladrar, y<br>- cincelar. | 1 al 24 |
|  |  | b. Realizar trabajos simples de forja, especialmente doblar en frío y en caliente. | 1 al 3 |
|  |  | c. Realizar trabajos simples con planchas y perfiles, especialmente: cortar con cizalla manual y a máquina. | En el 3 |
|  |  | d. Realizar tratamientos térmicos. | En el 3 |
|  |  | e. Describir efectos de la temperatura en la forja. | En el 3 |
|  |  | f. Determinar velocidad de corte para taladrar. | 1 al 3 |
| 2 | Instalación, manejo y mantenimiento de máquinas y equipos comunes | a. Instalar máquinas y equipos de soldadura al arco eléctrico. | 10 al 18 |
|  |  | b. Instalar equipos de soldadura oxiacetilénica. | 4 al 9 |
|  |  | c. Instalar equipos de oxicorte. | En el 8 |
|  |  | d. Realizar trabajos simples de electricidad, especialmente empalmes y conexiones. | En el 10 |
|  |  | e. Identificar fuentes de corriente eléctrica, especialmente para instalar máquinas de soldadura. |  |

| N° | UNIDAD | HABILIDADES PRACTICAS Y CONOCIMIENTOS A MEDIR Y/O PROPORCIONAR | UBICACION DENTRO DE LOS MESES DEL APRENDIZAJE |
|---|---|---|---|
| 1 | 2 | 3 | 4 |
| 7 | Clases de metales no ferrosos a soldar | a. Unir soldadura, especialmente planchas de cobre, bronce y latón. | 7 al 17 |
|  |  | b. Unir planchas de plomo y cinc, con soldadura blanda y fuerte. | 4 al 9 |
|  |  | c. Unir con soldadura planchas de aluminio y antimonio. | 8 al 24 |
|  |  | d. Identificar y seleccionar metales no ferrosos. | 7 al 24 |
| 8 | Clases de materiales para soldar | a. Utilizar electrodos para soldadura al arco eléctrico. | 11 al 24 |
|  |  | b. Utilizar metal de aporte y fundentes para soldadura oxiacetilénica. | 4 al 9 |
|  |  | c. Emplear metal de aporte y fundentes para soldadura por capilaridad. | 4 al 9 |
|  |  | d. Clasificar y seleccionar electrodos, según normas. | 4 al 24 |
|  |  | e. Clasificar y seleccionar metal de aporte y fundente. | 4 al 9 |
|  |  | f. Describir propiedades y obtención del oxígeno y acetileno. | 4 |
|  |  | g. Precisar consumo de electrodos y metal de aporte. | 5 al 24 |
| 9 | Normas técnicas y procesos en la soldadura por fusión | a. Soldar con llama oxiacetilénica, especialmente juntas:<br>- a tope I - V,<br>- a reborde, y<br>- angulares sin preparación y con ella, en ángulo interior y exterior. | 4 al 9 |
|  |  | b. Soldar al arco eléctrico, especialmente juntas:<br>- a tope en I - V - E - X, y<br>- angulares, sin preparación y con ella, en ángulo interior y exterior. | 10 al 17 |
|  |  | c. Ejecutar soldadura, por proceso TIG. | 22 al 24 |
|  |  | d. Ejecutar soldadura, por proceso MIG. | 22 al 24 |

| N° | UNIDAD | HABILIDADES PRACTICAS Y CONOCIMIENTOS A MEDIR Y/O PROPORCIONAR | UBICACION DENTRO DE LOS MESES DEL APRENDIZAJE |
|---|---|---|---|
| 1 | 2 | 3 | 4 |
|  |  | f. Describir reglas de mantenimiento de máquinas y equipos. | 1 al 10 |
|  |  | g. Calcular presión, volumen y consumo de gases en recipientes. | En el 5 |
|  |  | h. Identificar generadores de gas. | En el 5 |
|  |  | i. Identificar máquinas de soldar. | En el 10 |
| 3 | Instalación, manejo y mantenimiento de máquinas y equipos especiales | a. Operar máquinas de soldadura de proceso TIG. | 22 al 24 |
|  |  | b. Operar máquinas de soldadura de proceso MIG. | 22 al 24 |
|  |  | c. Operar máquinas de soldadura al arco sumergido. | 22 al 24 |
|  |  | d. Identificar máquinas y equipos de soldar. | En el 22 |
| 4 | Cortes en soldadura | a. Cortar con llama oxiacetilénica. - A mano, en posiciones:<br>plana,<br>vertical,<br>corniza, y<br>sobre cabeza.<br>- Con máquina semiautomática. | En el 8 |
|  |  | b. Ejecutar cortes con arco eléctrico | En el 16<br>4 al 24 |
|  |  | c. Clasificar temperatura de fusión de los metales. |  |
|  |  | d. Identificar sopletes para cortar. | En el 4 |
|  |  | e. Identificar electrodos para cortar. | En el 16 |
| 5 | Tipos de juntas | a. Preparar juntas en filete. | 8 al 24 |
|  |  | b. Preparar juntas a tope. | 8 al 24 |
|  |  | c. Hacer juntas a tapón o canal. | 8 al 24 |
|  |  | d. Hacer juntas a solape. | 8 al 24 |
|  |  | e. Decidir formas de juntas. | 8 al 24 |
| 6 | Clases de metales ferrosos a soldar | a. Emplear aceros comunes y especiales. | 4 al 24 |
|  |  | b. Unir los metales recubiertos con soldadura blanda y fuerte. | 4 al 9 |
|  |  | c. Unir fierro fundido con soldadura. | 8 al 17 |
|  |  | d. Identificar y seleccionar metales ferrosos apropiados. | 4 al 2? |

| N° | UNIDAD | HABILIDADES PRACTICAS Y CONOCIMIENTOS A MEDIR Y/O PROPORCIONAR | UBICACION DENTRO DE LOS MESES DEL APRENDIZAJE |
|---|---|---|---|
| 1 | 2 | 3 | 4 |
| | | e. Ejecutar soldadura fuerte, por capilaridad. | 4 al 24 |
| | | f. Unir con soldadura el arco sumergido. | 22 al 24 |
| | | g. Describir normas técnicas de soldadura. | En el 4 |
| | | h. Describir principio del mezclador. | 4 al 9 |
| | | i. Citar principios de electricidad. | En el 10 |
| | | j. Nombrar la soldadura aluminotérmica y el colado. | En el 9 |
| | | k. Determinar la conducción del electrodo, soplete y metal de aporte, especialmente: - avances, - oscilaciones, - ángulos, y - alturas. | 11 al 24 |
| | | l. Identificar sopletes para soldar. | 4 al 22 |
| 10 | Normas técnicas y procesos en la soldadura por presión | a. Ejecutar soldadura de punto por resistencia eléctrica. | En el 14 |
| | | b. Describir normas técnicas en soldadura. | En el 14 |
| | | c. Reconocer soldadura a tope por resistencia eléctrica. | En el 14 |
| | | d. Describir soldadura por resistencia eléctrica. | En el 14 |
| | | e. Describir magnitudes y unidades eléctricas básicas. | En el 14 |
| | | f. Verificar resistividad del conductor. | En el 14 |
| | | g. Indicar soldadura por fragua. | En el 14 |
| 11 | Posiciones en la soldadura | a. Soldar en posición plana, con llama oxiacetilénica y al arco eléctrico. | 4 al 24 |
| | | b. Soldar en posición vertical, con llama oxiacetilénica y al arco eléctrico, especialmente ascendente y descendente. | 4 al 24 |

| N° | UNIDAD | HABILIDADES PRACTICAS Y CONOCIMIENTOS A MEDIR Y/O PROPORCIONAR | UBICACION DENTRO DE LOS MESES DEL APRENDIZAJE |
|---|---|---|---|
| 1 | 2 | 3 | 4 |
| | | c. Ejecutar soldadura en posición horizontal (cornisa), con llama oxiacetilénica y al arco eléctrico. | 8 al 17 |
| | | d. Ejecutar soldadura en posición sobre cabeza, con llama oxiacetilénica y al arco eléctrico. | 8 al 17 |
| | | e. Aplicar dispositivos para colocar y fijar piezas a soldar. | 4 al 17 |
| | | f. Fijar la intensidad, de acuerdo a la posición. | 10 al 17 |
| | | g. Decidir la boquilla apropiada, de acuerdo al espesor del metal. | 4 al 17 |
| | | h. Describir las características de las posiciones. | 4 al 24 |
| 12 | Influencia del calor en la soldadura | a. Soldar juntas, evitando dilataciones y contracciones. | 4 al 24 |
| | | b. Emplear procedimientos para aliviar tensiones, especialmente precalentamiento y recocido. | 4 al 24 |
| | | c. Utilizar llamas y zonas de calentamiento apropiadas. | 4 al 24 |
| | | d. Reparar deformaciones en las piezas soldadas. | 4 al 24 |
| | | e. Reconocer influencia del soplete magnético. | 10 al 17 |
| | | f. Aplicar propiedades de los metales. | 4 al 24 |
| | | g. Precisar regulación de la intensidad, para evitar los efectos del calor. | 4 al 24 |
| 13 | Control y ensayo de la soldadura | a. Ejecutar ensayo mecánico de la soldadura. | 15 al 17 |
| | | b. Indicar resistencia de la soldadura. | 7 al 24 |
| | | c. Describir ensayo macrográfico (corrosión). | 4 al 17 |
| | | d. Indicar ensayo con ultrasonido. | 16 al 24 |
| | | e. Indicar ensayo radiográfico y gamagráfico. | 16 al 24 |

| N° | UNIDAD | HABILIDADES PRACTICAS Y CONOCIMIENTOS A MEDIR Y/O PROPORCIONAR | UBICACION DENTRO DE LOS MESES DEL APRENDIZAJE |
|---|---|---|---|
| 1 | 2 | 3 | 4 |
| | | g. Determinar el tipo de extintor para la clase de incendio. | 1 al 24 |
| | | h. Describir las causas de los accidentes y sus tratamientos. | 1 al 24 |

| N° | UNIDAD | HABILIDADES PRACTICAS Y CONOCIMIENTOS A MEDIR Y/O PROPORCIONAR | UBICACION DENTRO DE LOS MESES DEL APRENDIZAJE |
|---|---|---|---|
| 1 | 2 | 3 | 4 |
| | | f. Indicar procesos para probar recipientes. | 8 al 24 |
| | | g. Verificar la soldadura con tablas y galgas. | 10 al 24 |
| 14 | Soldadura de tuberías | a. Ejecutar soldadura en acueducto, con llama oxiacetilénica y al arco eléctrico. | En el 18 |
| | | b. Unir con soldadura oleoducto al arco eléctrico. | En el 18 |
| | | c. Unir con soldadura gasoducto, con llama oxiacetilénica y al arco eléctrico. | En el 18 |
| | | d. Clasificar materiales de las tuberías. | En el 18 |
| 15 | Dibujo técnico aplicado | a. Leer e interpretar planos y símbolos de soldadura. | 4 al 24 |
| | | b. Ejecutar croquis de trabajos de soldadura. | 8 al 24 |
| | | c. Ejecutar dibujos simples de estructuras metálicas, con aplicación de soldadura. | 4 al 24 |
| | | d. Realizar desarrollo de cuerpos geométricos simples. | 8 al 24 |
| 16 | Normas de seguridad y prevención de accidentes | a. Utilizar medios de seguridad con las máquinas y equipos. | 1 al 24 |
| | | b. Utilizar implementos de seguridad personal. | 1 al 24 |
| | | c. Emplear medios de transporte adecuados y almacenamiento. | 1 al 24 |
| | | d. Determinar colores normalizados, en Seguridad Industrial. | 1 al 24 |
| | | e. Describir el área de trabajo adecuada. | 1 al 24 |
| | | f. Nombrar los principales dispositivos legales sobre Seguridad Industrial. | 1 al 24 |

Cuadro 3

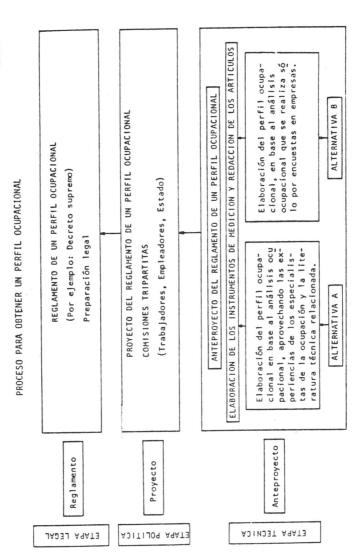

PROCESO PARA OBTENER UN PERFIL OCUPACIONAL

**REGLAMENTO DE UN PERFIL OCUPACIONAL**
(Por ejemplo: Decreto supremo)
Preparación legal

**PROYECTO DEL REGLAMENTO DE UN PERFIL OCUPACIONAL**
COMISIONES TRIPARTITAS
(Trabajadores, Empleadores, Estado)

ANTEPROYECTO DEL REGLAMENTO DE UN PERFIL OCUPACIONAL

ELABORACION DE LOS INSTRUMENTOS DE MEDICION Y REDACCION DE LOS ARTICULOS

Elaboración del perfil ocupacional en base al análisis ocupacional, aprovechando las experiencias de los especialistas de la ocupación y la literatura técnica relacionada.

ALTERNATIVA A

Elaboración del perfil ocupacional, en base al análisis ocupacional que se realiza sólo por encuestas en empresas.

ALTERNATIVA B

Reglamento

Proyecto

Anteproyecto

ETAPA LEGAL

ETAPA POLITICA

ETAPA TECNICA

*Cuadro 4*

**CONTENIDO DEL PERFIL OCUPACIONAL**

**GRADOS DE DIFICULTAD**

Habilidades prácticas (Psicomotor):
- A — Atención
- B — Manipulación
- C — Ejecución
- D — Dominio

Conocimientos (Cognoscitivo):
- a — Conocimiento
- b — Comprensión
- c — Aplicación
- d — Evaluación

**A PROPORCIONAR EN EL APRENDIZAJE DURANTE LOS MESES**

1 2 3 4 5 6 7 8 9 10 11 12 13

Habilidades prácticas y conocimientos (en conductas finales)

Unidades

# LA FORMULA DEL ANALISIS OCUPACIONAL

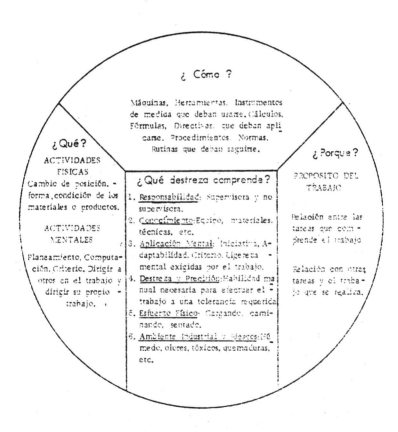

¿ Cómo ?

Máquinas, Herramientas, Instrumentos de medida que deban usarse, Cálculos, Fórmulas, Directivas que deban aplicarse, Procedimientos, Normas, Rutinas que deban seguirse.

¿Qué?

ACTIVIDADES FISICAS
Cambio de posición, forma, condición de los materiales o productos.

ACTIVIDADES MENTALES

Planeamiento, Computación, Criterio, Dirigir a otros en el trabajo y dirigir su propio trabajo.

¿Qué destreza comprende?

1. Responsabilidad: Supervisora y no supervisora.
2. Conocimiento:Equipo, materiales, técnicas, etc.
3. Aplicación Mental: Iniciativa, Adaptabilidad, Criterio, Ligereza mental exigidas por el trabajo.
4. Destreza y Precisión:Habilidad manual necesaria para efectuar el trabajo a una tolerancia requerida.
5. Esfuerzo Físico: Cargando, caminando, sentado.
6. Ambiente Industrial y Riesgos:Húmedo, olores, tóxicos, quemaduras, etc.

¿Porque?

PROPOSITO DEL TRABAJO

Relación entre las tareas que comprende el trabajo

Relación con otras tareas y el trabajo que se realiza.

Cuadro 5

REUNIONES TRIPARTITAS
Plenarias y por sectores

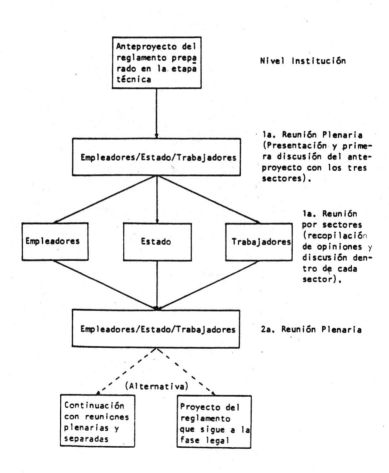

| | |
|---|---|
| Anteproyecto del reglamento prepa rado en la etapa técnica | Nivel Institución |
| Empleadores/Estado/Trabajadores | 1a. Reunión Plenaria (Presentación y primera discusión del anteproyecto con los tres sectores). |
| Empleadores   Estado   Trabajadores | 1a. Reunión por sectores (recopilación de opiniones y discusión dentro de cada sector). |
| Empleadores/Estado/Trabajadores | 2a. Reunión Plenaria |

(Alternativa)

| Continuación con reuniones plenarias y separadas | Proyecto del reglamento que sigue a la fase legal |
|---|---|